研究叢書23

アジア史における法と国家

中央大学人文科学研究所 編

中央大学出版部

目　次

目　次

目次

アジア史における法と国家

国家制度の比較史的分析のための序説

菊池英夫

近年アジア各地域史研究の中で、屢々前近代の「国家」形態や「国家」と「法」の観念が問い直されている。それには従来歴史的「国家」を扱う際、ともすれば「近代国民国家」の概念に引きずられる傾向があった点への反省が含まれていると見ることができよう。例えば殆ど無条件に「領土」や「国民」（明確な国籍制度の有無は別にしても）「国家主権」の絶対性、「民族国家」的イメージ等々を前提とする「国家」観が、歴史上の諸国家に無意識のうちに投影され、その内政・外交を論じて実在以上に強固な統一体をなしていたかの如く扱ってしまう場合があったことは否めない。現代の現象として自明の如く思われた「国民国家」の統合力の限界が問われ、「近代国民国家」の観念的構築物としての側面や〝制度疲労〟を起している点のあることが論ぜられるに至って、あらためて「前近代国家」とは何であったのか、そもそも「国家」とは何であるのかを再定義する必要が感ぜられることとなったのである。それは又ポストモダンの将来の「国家」像を模索する動きとも通底していると見ることができる。

こうした傾向のなかから、歴史的諸「国家」の姿に多民族的・重層的ないし多元的な緩やかな政治統合、あるいは人的連鎖によって形成される信頼関係の組織こそが重視され、国境によって区切られた「国土」観念の稀薄な「人主地従」型の統合を「国」と考える如き例が注目を浴びるようになって、アジアの歴史的諸国家における

「国家」観念の諸特徴が再検討されることとなってきた。

他方、国家の本質論・機能論の分野においても、嘗ては諸階級・階層・民族集団相互間の闘争を基底に置き、その調停と社会的統合のための権威、ないしは支配抑圧のための権力機構、更に支配者層ないし支配者個人の収奪・搾取機構という側面のみを重視する傾向が強かった。これに対し、特にアジアの歴史的諸「国家」が、むしろ社会関係全般の継続的再生産に不可欠な日常的生産・再生産や市場流通の安定的維持発展、弱者保護などの如き社会政策、教化教育政策等々を含む公共的機能、諸地域および社会集団間の均衡を保ち平和的秩序を維持する統合的管理システムとしての機能の点で重要な役割を果していた点にこそ関心が払われることが多くなった。それは宗教的（例えばイスラム教や仏教）倫理思想的（例えば儒教）イデオロギーの建て前としての言説そのままではないとしても、決して世俗的階級的支配権力者の偽瞞や粉飾（勿論それが無いとは言わないが）に止らざる現実的効用を発揮した事実を認め、一定の評価を与えんとする立場といえる。これ又〝革命の世紀〟が終りを告げ、抑圧からの解放を武力に訴えた場合の〝栄光と悲惨〟、権力奪取が生み出す際限なき党派闘争・政敵の物理的抹殺の連鎖によって〝理想の炬火〟が〝暗黒の暴力〟に転化する現実を直視せざるを得ず、人間的社会秩序の再生・再建を希求するに至った現代の思潮を背景としていると見ることができよう。

加えて現れてきた傾向は、異文化理解に効果を発揮してきた人類学的思考方法を過去の社会にも適用せんとする「人類学的歴史学」や、そこから派生した生態史観等の影響である。東南アジア地域史の分野で提唱された河川流域に形成される「小型家産制国家」論や、王権と民衆を結合する祭儀祭礼の場を演出する「劇場国家」論、海上通商・交通網の結節点に形成される「港市国家」類型等々の提唱をこれに算え得る。こうした「国家」類型の設定や「国家」形成要素・「国家」的統合契機の抽出・概念化は、「時代」も重要条件ではあるが、より直接的には「地域」を限定して取り上げることによってこそ明確な具体的事例を構成し易い。又限定された地域社会の基礎構造から如何にして「国家」的広域統合が構築されて行くか説明の筋道も立て易い。その故か競って「地域史（誌）」的方法を流行せしめることとなった。このような概括には当然「地域研究」を推進してきた研究者からは異論が唱えられるとは思うが、こうした次々生み出される社会結合原理に関する新たな社会科学的新概念を駆使して、古典的「国家」史・政治史の枠組や発展史観に代る新史観を提示せんとする傾向が一つの流行となった感さえある。そのなかの一つとしていわゆる「ネットワーク」論を挙げてもよいであろう。中国史に関して一例を示せば、宋代史研究会編（研究報告第六集）『宋代社会のネットワーク』（汲古書院、一九九八）所収の諸論稿を推すことができる。そこでは古典的「国家」的統合の形象はもはや主役ではなく、その表皮の下で現実に生きている結合原理を求めて政治的・社会的・流通経済的・文化的・思想的「ネットワーク」[1]の多元的重層的複合こそが重視さるべきものと考えられている。現実の生活経験を基本に考えればある意味では当然の認識といえるが、それがあらためて歴史学的分析対象となるという傾向も、今日顕著となっている徹底的に個人化し多元化し、明確な輪廓を失った社会集団が相互に〝越境〟する現実の反映と考えることができよう。

我々は自らが生きてきた、又生きつつある現実に触発されて、既成の歴史観の枠組に疑問符を投じ、特に今、何等かの根本的発想の転換が必要なのではないかと感じている。流行語的表現で用いられることの多い〝パラダイムの変換〟を要求されているということになろう。しかし他方、新概念を摂取することにおいて吝ではないとしても、古典的概念や古典的史観の遺産の蓄積の中にも、未だ十分に利用し尽されたとは言い難い多くの理論的遺産が存在するのを見逃すわけにはゆかないのである。本章で、私が敢えて試みようとするのは、そうした旧来の理論の武器庫の再点検の一部である。その点あらためて私自身の学問的思想形成時代（一九四五―六〇年代）の刻印を自ら再確認する点も多々あって、些か〝化石人間〟世代との感を抱かれる向きもあろうかと思う。暫く御寛恕願いたい。

戦後、中国史を伝統的王朝史体系から解き放ち、科学的基礎の上に据え直すことが叫ばれ、様々な構造図式が提案されたが、未だ時代区分論一つ取っても綜合的視点・統合的方向性が見えたとは言い難い。今日の学界状況は、むしろそうした「世界史的体系化」を断念して、個別事象の究明に集中することこそが肝要とされ、研究の主流となっている。確かに抽象的図式化の空論を重ねるよりは健全にして建設的方向と言える。但し個別具体的問題の実証的分析と、全体史的体系化および構造史的比較との絶えざる緊張関係こそが歴史研究の基底を支えるものであることは間違いない。その何れを欠いても学問は些末主義の袋小路に入り込む恐れがあると思う。そこで私は敢えて当節あまり流行《はや》らない「世界史的図式化」の試みに挑戦したいと考えた。そうした折も折、足立啓二著『専制国家史論――中国史から世界史へ』（柏書房〈叢書・歴史学と現在〉一九九八）が現われ、第一章に収められた「専制国家認識の系譜」が、戦前以来の中国史研究およびそれと相互に影響を与え合った中国社会論の交錯を極めて明快に整理して見せられた。更に第二章「専制国家と封建社会」第三章「専制国家の形成」第四章「封建社会と専制国家の発展」第五章「近代への移行――その一、経済」第六章「近代への移行――その二、政治」の諸章で展開された体系的整理は概ね首肯し得るところで、前国家段階からの人類社会の発展を、嘗ていわゆる「戦後歴史学」の中では極めて一般的であった「共同体解体」史観（その典型は大塚史学の理論とされる）から、逆の「団体形成」史観へと視点を転換すべきことを指摘し、その上で、「団体重積」型の封建社会と、これと対蹠的な共同体的意思決定原理を圧倒する指揮管理機能の拡大強化によって実現した「専制国家」型の権力編成形態の形成・発展のメカニズム、および発展の諸段階を、日本封建社会を対比の実例としつつ、多岐に亙って好く整理された。実は私自身別途に類似の構想を立てて作業を続けていたので(2)、足立氏の仕事の意味と成果を最も好く理解し得た一人であろうと思うし、その整理に費された精力と時間に敬意を表すると共に、現在の段階までの体系化の主要課題の大半は氏によって見取図を既に与えられた感がある。特に共同体型社会の団体を基底とする封建制と専制国家とに分岐する「国家」形成における〝二つの途〟を、紛争処理様式＝裁判制度の発達類型との関係に注目して説明され、古典古代における「アゴン型訴訟」と中国専制国家の「訴え型訴訟」との対比に焦点を当てられたのは我が意を得た思いがした。嘗て私も中国法系の特質を明らかにせんとして「古代法形成の〝二つの途〟」に加え「民族固有法の性格を規定する第三の要素」として争訟の持ち出される法廷の構造を、審判の仕組み、争訟解決方式の点に注目して多少論じたことがあった[3]からである。ただ私の構想の側から見た多少の不満、ないしは補足を加えたい点として、古代オリエントを中心とする国家形成史への言及、およびそれと関連するM・ウェーバーのいわゆる「城砦王制」から「世界帝国」への途[4]こそが「国家」発展史の主流となるべき類型で、古典古代型ポリス社会はその脇路が肥大化した特殊な場合と見るべきで、結局ヘレニズム帝国に収斂するとする見方が有力であること、又社会科学的諸概念・諸理論の形成母体とされてきたヨーロッパ地域の「国家」「国制」発展史、就中古ゲルマン社会・ゲルマン法の伝統から「中世国家」形成へ、そして絶対王政成立への途について、研究の現状とアジア型「専制国家」との対比が言及されれば、と望まれた。[5]又、アジアの諸「国家」類型の考察には欠かせない「遊牧封建制」「遊牧帝国（草原国家）」「征服王朝」論への一瞥なども求めたい気がするが、それは却って論点の拡散を招くことにもなりかねないから、著者の主題限定こそがむしろ賢明であったと認むべきであろう。

足立氏が明確化した中国専制国家の成立条件ないしは基本的特徴は、その基礎たるべき社会構造の特色として「共同体（団体）の欠如」ないし「不成立」である。日本近世の村落（「ムラ」）が「自治団体」としての機能を果した点について足立氏は次の点を挙げられた。第一に、日本でも中世ヨーロッパでも、村落の境界が劃定され、居住地部分、耕作地部分の外、薪炭採草地の如き非耕作地部分が留保されて、団体としての「ムラ」が所有する固有の空間領域＝入会地が設けられていた。しかし中国では、華北の集村型聚落で居住地区を土壁で囲み防備する場合がある外は、華中南の散村型式の場合は勿論、一般に境界は劃定されず、団体としての村落固有の共有地は存在しない（これには農法の相異や立地条件、自然災害の頻度や平常時でも見られる年間を通じての地表面の変化の激しさ等々の条件が関っていると思われるが、ついでにヨーロッパ中世の場合に触れておくと、広いまとまった土地を必要とする三圃農法の普及に伴い、農村は単なる農民家族の集合体から農業生産共同体となって、農民はもはやこの地縁的経済組織の一員となることによってのみ生産者たり得る状況となり、その組織を維持する共同規範として共同体の慣習法が生れ、その強制力を保証する者が必要とされたため、要求に応えて一円的物理的強制力の独占者として領主権力が形成されたと見ることができる）。

第二に、日本の「ムラ」は特定の範囲の「イエ」によって構成される排他的閉鎖的集団で、個々の「イエ」も家名・家業・家産を継承する極めて安定性の高い団体とされる。これに対し中国の村落は開放的で構成員の流動性が高い。

第三に、右の如き基礎に立つ日本の「ムラ」は、水利・河川管理・入会山林管理・防災等々の団体としての共同業務を遂行するのみならず、本来個別の小農経営の仕事である生産・再生産業務の範囲についても、個別家族の労働力や資力のみでは遂行困難な事業（建築・婚葬祭礼など）は「ムラ」の互助的事業として行うなど、個別小経営を支える補完機能を果していた。

第四に、成員の共同責務となるべきすべての業務が、規範を共有する構成員の合議で自主的に運営されるよう、団体としての決定と執行の機関（村民集会）を備えていた。

第五に、紛争処理について「ムラ」独自の掟を持ち、「ムラ」の名の下に独自の裁判を行い、村八分・科料等々刑罰を含む判決の執行をも担任できる一つの自立した公権力主体であった。これに反し中国の村落は特定された規則と機構を欠き、「郷約」はあっても団体としての「村」が主体となって定めたものではなく、県司等地方行政機関から頒布されたものか、村内の郷紳等の有力者・名望家の影響力で頒布されたもので、紛争処理も有力者による調停に依るか、直接県司に告訴して争訟事件とするか、個々人が有利と判断した途を選択したに過ぎなかった。

かくて中国では、例えば住宅・道路の建設や保守、農業生産を廻る諸業務、葬儀等々に至るまで、日本ならばムラの共同事業とされるようなことまでが個別農民家族によって遂行されることになり、労働力編成に当っても個別的解決法しかなく、個人的二者間の労働・財物・貨幣等による交換を組織する以外にない。それが中国において極めて早期から広範な雇傭労働の展開が見られた理由であるとされるのは慧眼である。そしてそれでも個人的個別的に遂行困難な業務に関しては、やがて目的別任意団体が生れて担任することとなる。そして目的別任意団体は決していわゆる「共同体」たり得ないとされるのである。

確かに、一般論として「共同体」の概念はこれには妥当しそうにない。「共同体」(Gemeinde, Gemeinschaft, community) の概念としては、経済史的には広く先資本主義的生産関係における社会組織の諸形態を指す場合さえあり、人と人との関係が商品と言う外的な物（換言すれば商品交換関係）によって媒介されることなく、直接的人格的《ペルゼーンリヒ》なつながりによって組織されている社会関係を言うと解される。しかし社会学的には、一般に人々の自然発生的生活体もしくは地域社会を指し、成員の間における共同体意識、共属感情の有無が重視される。従って特定業務遂行を目指して結成される目的別任意団体は、これと対極に立つ「結社」(association, Gesellschaft もその拡大概念と言ってよいか）概念と言える。共同体感情 (community sentiment) とは、R・マッキーヴァーによれば、共通の生活の場によって住民間に生ずる一体感で、(1)共通の利害を持つところに生ずる相手に対する同一視と親密性の「我々感情」(2)地域社会の諸場面で自己の果すべき役割を分ち持っているという「役割感情」(3)自己の存在が多かれ少かれコミュニティーに依存しているという「依存感情」等を構成要素としていると言う。

しかしこのように分析してみても「共同体」の定義には些か曖昧さが残るのも否定できないところである。何故ならば理想型（理念型）としての「共同体」は、一つの「全体社会」として基本的には成員の欲求充足手段のすべてがその内部で調達され得るような自己完結的団体で、歴史と共にその範囲は変化して来た。未開社会では家族・親族・血縁団体、農業社会では村落、近代産業社会では一国規模の国民経済（そして現代では世界市場で結ばれた国際社会にまで拡散して来たが、「共同体意識」を保持できるのは今日でも一国規模の「国民」や人種・言語・文化・宗教・習俗・歴史を共有する「民族」が限界かも知れぬ。）にまで拡大されて来た。前近代においては生産・消費・祭祀・教育・統治等の殆どすべての機能を「共同体」が引き受けていたのが、近代以降特定機能別に分解し分化を遂げて「部分社会」化が進行して来た。否、溯ればかなり古くから、極めて原始的な社会を除けば、人が単一の社会組織、社会関係の中でのみ生活を再生産すると言う事は考え難い。人々は自ずと複数の「共同体」関係や「結社」体の複合的重層的諸関係の中に身を置くことにならざるを得ず、かくて社会的人間存在は多くの場合「共同体的諸関係」の中で生きていると言わざるを得ない。その何れかだけで完結した団体と言うのは一つの神話に過ぎなかった。更に複雑なのは、現実に生じて来るのは「共同体」と「結社」との相互転化である。社会分業が極端まで進み、それが市場メカニズムを通じて再組織されるのが近代資本主義社会だとすれば、それに先行する「共同体」的社会組織で支配的な労働形態は共同労働（collaboration）であろう。労働形態の歴史的分析を行ったK・ビュッヒャーは、一つの労働任務を遂行するため多数の構成員の労働を同時に使用する協力の形態を⑴寄合仕事⑵合力⑶連力に分類したが、基本的には個別家族労働による労働＝生産過程でも、一斉作業として共同（協働）労働の形を必要とする場合（例えば田植え、灌漑、収穫作業等）には合目的協同組織として「結社」（目的別任意団体）が臨時的ながら生み出される。もしもその目的が恒常的に持続したり、長期間に及び、或いは定期的に反復する場合には、任意団体とはいえ構成員の固定化・恒久化・親密化・役割意識・責任意識・依存感情などを生じ、離脱困難な共同体的一体感・義務感を生ぜしめる結果となる。本来の共同体の共有地の利用・管理等の場合は勿論、目的別任意団体においても、目的とする生産・再生産の維持達成のためには、一定時期内に一定の業務が全構成員によって遂行されねばならない。その場合、仮令本来の「共同体」であっても単なる共通利害感情や役割意識のみに頼ってはいられない分担責任の義務づけが必要となる。こうして所謂「共同体規制」→強制が加えられ、恣意的離脱行為者に対しては制裁(sanction)を伴わざるを得ない。かくて「共同体規制」はいずれは「強制」に転化すると共に、本来の「共同体」自体の「目的別ないし機能分化型団体」への接近と、逆に「目的別任意団体」の離脱困難な「共同体」への転化が進行することになる。こう考え(観察す)ると「共同体」か「結社」かを、一般的抽象概念で二者択一的に両断することは却って実態を見誤る可能性も無いとは言えない。我々は基本概念の特徴は明確にしておくべきであるが、それが固定観念化して流動性を持った現実を裁断してしまう危険性をも常に意識している必要があろう。

中国における村落的「共同団体」の存否の問題を特に「法」の構造と関連させて取り上げたのが、先掲論集『宋代社会のネットワーク』収載の川村康「宋代〈法共同体〉初考」である。即ち嘗ては強固な共同体の存在こそがアジア的専制主義の基礎とされ、中国の家族・宗族・村落こそがそれであると考えられた。しかし実態はそれらの自律(立)性には限界があり、国家権力の浸透を受け、むしろ制裁決定権を進んで官司に委ねている如くで、ヨーロッパ中世や日本での領主制・封建制の基盤となった自己完結的「法共同体」は存在せず、社会基底における共同体の欠如こそが封建制不成立=専制国家成立の基礎条件ではないかとする見解が、現状ではむしろ支配的となりつつあるとして、裁判の判集に現れた事例を以て家長・族長等の制裁権と国家法との関係を中心に検証を試みようとされた。そして確かに家長・族長は国家法の枠内で限定された制裁権しか与えられていなかった如く見えるが、但しそれには官司に提訴された裁判史料の範囲内ではという制約ないし保留が付くので、結論を出すには慎重を期すべきを述べられた。重要な論点と思うが私には二つの問題が気になった。第一に、中国には強固な家父長権・族長権を保有する自立的団体としての家族・宗族は果して存在しなかったと言えるのかと言う反問である。少くとも牧野巽氏の『近世中国宗族研究』（一九四四）に示された如き、祠堂・族産を中心に結集をはかり、族譜・族規・族訓を制定して自治・自衛をはかって来た宗族集団の姿には、氏族《ジッペ》組織の団結力の強固さが国家行政・司法の末端への浸透を拒み通したとするM・ウェーバーの見解（『儒教と道教』）を首肯せしめる点がある。但し勿論彼の見解の根拠となっているのは中国古典と清末宣教師の報告等を大胆に結びつけた場合も少くないし、更にもう一つ彼が用いた「氏族《ジッペ》」（と訳されている場合が多いが）の概念そのものと、それを適用できると考えた中国史上ないし中国社会における団体の実体——多分「宗族」か——が何かという点にも問題はある。Sippeの概念は彼の場合恐らくドイツ法制史・社会経済史の古典学説の範囲にあると思われるが、ダンネンバウアーの問題提起以後、今日ではその幾つかの点についてゲンツマー、クレッシェル等の鋭い批判が加えられていて、ゲルマンのジッペ概念自体が再検討の時期を迎えているからである。ウェーバーの見解が果して中国社会の実体を反映したものと言い得るか、それを「ジッペ」と言う概念で包括し説明することに異論はないか、と言った点は別に検討すべき問題であろう。その点は暫らく措き、国家権力の浸透に対して頑強に抵抗した家父長制的宗族団体の存在は、決して想像の産物とは断じ得ない。そう見たくなる報告も確かにある。全時代に亙り全中国において普遍的であったとは言い得ない地方的特殊事例かも知れないが、広大な中国の地方的差異の大きさ、都市近郊と僻村、海岸部と内陸奥地の環境落差の懸絶ぶり、多民族混交の土俗的慣習の多様さと根強さを考えるとき、一般論としてある制度や慣習の存否を言うことは難しいと思う。そして文献上我々が目にする官治行政末端の基層社会との接点における裁判関係の報告の中では、族長・親戚・郷紳等による私的調停の場でも刑罰を課すことが公認され、一種の司法機関化していた例が少くない。(6) 但し此処でも私的調停に委ねられる範囲や加罰権の大きさは印象づけられるものの、結局は官許の範囲内で特に刑事的案件の場合、族内で生殺与奪の重刑を課した事例も無くは無いが、それはやはり発覚した時点で国法の裁きを受けねばならなかったようである。しかし時には官司によって黙認された如くで、族長制裁権の範囲はかなりの程度地方官の政治的判断に依ったように見受けられる。(7)

第二に問題となるのは「法共同体」なる概念についてである。川村氏は「ある団体が強固な法的自律性を有し、その団体における規範の違反者に独自の制裁力を行使でき、構成員間の紛争解決や利害調整のすべてを内部で処理できる団体で、国家はその外部にあって団体間の紛争解決や利害調整のみを役割として団体内部の問題には介入しない。従って国家法は立ち入ることをせず、団体内ではその団体の規範のみが法であるような団体」と説明されているが、もし歴史上それに近い団体があったとすれば早期ローマの家父長制家族における家長権ぐらいのものであろうか。(8) ヨーロッパで中世以降に成立・出現した村落の農村共同体《コンミュノーテ》の中には様々な形態で多少の自由と行政面での自治権を獲得し、領主の裁判権の一部を譲与された場合があり、都市のコンミュンの場合と同様、下級・中級裁判権を付与されていた。しかしその場合も上級裁判権は領主の手中にあり、又事件の内容によっても肝腎の裁判権は領主に保留されていた。村落の自由人身分の成員は村民集会を持ち共同体規制の実施主体となり、諸事業の自主管理を行った場合もあり、領主裁判の法廷を補佐する役割を果すこともあったが、村内秩序は多くの場合村落内の裕福な有力者達によって支配されていたとされる。右の如き実態を知って見ると、領主権力か中央集権的官僚国家かの相異はあっても村落内部への権力の浸透という点では果して洋の東西でどれだけの本質的差異があったか、安易な理想化による空想の「共同体」の存否を問うことにならぬ用心は必要であろう。翻って今日法学用語としての「法共同体」(Rechtsgemeinschaft, communauté juridique) の語義を問えば、同一法秩序(法秩序とは複数の法規が一群をなして体系的全体を形成しているものを指す。)の法律の下に成り立つ社会集団の意に用いられ、例えば労働法秩序の下にある労働者の法共同体、商法秩序の下にある商人や企業の法共同体等々の部分的法共同体を措定できるが、代表的なものは一国の法秩序によって包括される「国家」そのものと言うことになる。更に国際法秩序の承認によって生れる国際的法共同体と言った用例もあり、新学説の提起には新概念の提出が必要となるわけであるが、専門用語として広く一般的承認を得るには既存の用語との関係を整理しておく必要があろう。

確かにヨーロッパ（特にドイツ）法制史の中で「法共同体《ゲマインシャフト》」（Rechtsgemeinschaft）（「法仲間」と訳される場合もあって、対応する原語を確めていないが、身分的な横の共同体関係を強調した「仲間《ゲノッセンシャフト》」の語も用いられるようである。）と言う語が重要な概念として用いられることはある。しかし私の理解するところでは、それはオットー・ブルンナーの提起した中世国家像と不可分の、かなり特殊ドイツ的問題として今日迄の論争史を背負った概念である。ブルンナーの思想は戦間期ドイツ、特に一九三〇年代（ナチズムの興隆期、彼の主著 Land und Herrschaft の刊行が三九年）の民族主義的時代思潮が色濃く刻印されており、事実彼は一時期ナチズムのイデオローグの一人と言わざるを得ぬような言説を残してもいる。それにも拘らずヨーロッパ中世史の研究方法や近世史への新展望開拓の画期的提言者として高く評価され、大きな影響を与えている。それは中世を理解し説明するには「近代国家」（「制度的領域国家」テオドール・マイヤー）の観念を投影しその萌芽を探し求める一九世紀以来の「国家史《シュターテンゲシヒテ》」的観点、官僚制発達史＝行政史的観点を根本から覆し、正に当時人の意識・観念世界を含めた生活実体[9]に即して、その政治形態の特質（「人的結合国家」）を形象化しようとした点である。彼は従来の「国家史」に代るべきものとして「国制史《フエアフアッスングスゲシヒテ》」なる枠組を提示した[10]。私の理解する範囲でもそれを正確に表現することは難しいが、水林彪氏の解説[11]を借りつつ述べれば、近代の「国制」（私は「政治的統合形態《フエアフファッスング》」とでも訳すべきものではないかと思っているが）は「国家」（正当な暴力を独占する政治的公法的組織）と「社会」（諸「個人」を法的主体とする非政治的私法的世界）との二元的対立から成り、「国家」の法体系が「社会」を紀律する形となっている。これに対し中世の国制は、正当な暴力が一元化されず諸身分間に分有され、「家《ハウス》」を基礎単位として構成される公私未分の自力救済（復仇《フェーデ》・私戦権）が広汎に行われる社会であった。そこでは社会関係が直接政治的支配形態としての性格を帯びた。その構造を象徴する基礎として措定されたのが「身分制的法共同体」としての「ラント」である。ブルンナーの観点が画期的であったのは、それまで公権力秩序を乱す私闘と捉えられていたフェーデを、むしろ中世的法意識においてはそれこそが合法的理念に支えられた中世固有の社会秩序の表現と解し、近代的公権力としての国家の存在せざる状態から中世的政治統合形態《フェアファッスング》が生み出される内的法則を示した点にある。

開拓植民を含めて、ゲルマン民族《フォルク》諸集団の定住域は「ラント」と呼ばれ、ラント内には多くの「領主《グルントヘル》」が生れたが、当初秩序の基礎がフェーデ権にあった以上、「力《マハト》」が即「正義《レヒト》」と言う社会であった。しかしそれは反面力ある者が正義の守り手として行動した時はじめて身分的栄誉を受ける「ヘル」として支持されると言うことでもある。いずれにせよ際限なき実力行使の私戦に終止符を打ち、地域的平和《ラントフリーデ》を保ち安定を求める要求が強まる。上からの行政史的・官僚制発達史的国家史観においては、皇帝（王）から裁判権を与えられた有力君侯がラントの支配者《ランデスヘル》となって「領域支配制《ランデスヘルシャフト》」を実現したと説明されてきたが、ブルンナーは言わば下からの「フォルク」「ラント」に内在する自律性にこそ秩序形成の原動力を見ようとする。即ち各「ラント」には元来固有の地方的慣習法「ラント法」が存在した。それは溯れば部族法 Volksrecht に由来する「古き良き法」(das alte und gute Recht）と意識された伝統的慣習法で、九世紀末フランク王国滅亡後古部族法典も王の勅令も忘れ去られ、神聖ローマ帝国下に継受に務めたローマ法や教会法《カノン》も定着せず、いわゆる不文法時代において唯一拠所とされた「法」であった。強制権を有する権威が不在である以上、ラント慣習法は倫理規範の域を脱し得ないかの如くであるが、深く「フォルク」の共通意識に根ざし、神によって授けられたと観念された「ラント法」は、ラント構成員の全員が共有し、主観的行為規範として地位や勢力に拘らず全員を拘束し、「ラントの平和《ラントフリーデ》」実現の至上権威は「ラント法」そのものにあり、万人はその前で平等であった。ただ違反者に対する法的執行権は実力者間で分有されていて、フェーデの形で遂行されたわけである。かかる「ラント法」を共有する「ラントとその民」(Land und Leute) の団体こそが「法共同体」(Rechts gemeinschaft) ないし「法=平和共同体」と呼ばれることとなる。初め執行権の分有と言う非体系的権力構造であったラントにおいても地域平和《ラントフリーデ》を求める運動の拡大と共に、その中心に「ラント法」の守護者としてラント内に城砦《ブルク》を構え、ラント全域の領民を保護する実力者が現われ、「法共同体」の総意に基いて「領邦君主《ランデスヘル》」の地位に就く。ラント内に土地を所有し「家《ハウス》」(城館)を構え、領主《グルントヘル》としてフェーデ秩序の体現者であった「ラントロイテ」層は、最高実力者たる領邦君主《ランデスヘル》に平和維持《ラントフリーデ》・領民保護の責任とラント法の具体的執行権を集中・委任する一方、身分的団体《ラントフォルク》を形成しフェーデ権を留保しつつ「ラント会議」Landtag を通じて領邦君主《ランデスヘル》の領域支配=保護権を補佐・補完する立場を取り、両者の間にはその任務に忠実である限り信頼と誠実(忠誠・Treue)関係が結ばれた。「古き良き法」たるラント法は法思想においては属人法原理に貫かれ、それを基礎とする統合秩序は正に「人的結合国家」としての性格を帯びることとなる。ラントロイテの身分団体はやがて「等族《シュテンデ》」と称せられ等族議会を通じて領邦君主を支えつつ又拘束する「身分制国家」段階へと展開してゆくこととなるのである。

　右の如きラントの構造・ラント法の在り方を背景とする「法共同体」概念を知るとき、その意味内容は前掲川村氏の概念とは全く懸け離れていると言わざるを得ない。もしも前近代の統治構造の東西比較を成り立たせようとするならば、一応ヨーロッパ法制史における用語の意味内容を踏まえた上で、対比の軸線をあらためて考案し引き直さねばならない。

　抑々果して中国史上において、ゲルマン社会に見られた如き自力救済の広範な作用を基礎とする社会秩序が支配的であった時代が存在したのか？　先秦時代まで溯ってゆけば比較の対象を発見できるのではないかという気がするが、「帝国」成立時代となれば、中国はわずかに私的領域の慣習として「復仇」を残存せしめる程度で、国家制定法の下での公刑主義が確立し、国内は見事に「平和化」されて、武装力は公権力としての国家「官」に集中され、「民」は武装解除されていた。但し現実には、中央政権が上から組織し配置した官僚機構（制度の書に記録された型は極めて整然とした姿を示しているが）が実際に機能を発揮するには何時の時代にも官治行政の最末端に組み込まれて官・民の間をつなぐ自治的団体の下支えが必要とされた。広大な領域と多数の異民族集団を統治する巨大「帝国」の統治構造は、地域の特性・地理的風土・民族集団等々の多様性に応じて常に重層的であり、多元的たらざるを得ず、中央から地方末端まで単一の原理によって貫通されることは殆ど不可能であった。而して更に最下層の基層社会の中では、国家法の建て前とは矛盾し国法の禁ずるところとなっていたような慣習が生き残って（或いは条件によっては再生ないし新たに生れて）いたりする場合があり得た。そうした風習は時代を降って地方的記録が豊富になって初めて我々の眼に触れる場合もあるが、王朝末期の混乱期になると時として歴史の表面に噴出し、支配を揺がす叛乱の発端や拡大の素地をなした場合が見受けられる。又著名な例として、明清時代の華中・南農村の、特に同族村落（ゲルマン社会においてジッペの機能の重要な一つがフェーデの単位であったことを連想せしめる。）において見られた「械闘」がある。これらの村落は強い排他的閉鎖性が指摘され、個人的報復のみならず聚落全体の利害に関わる地境・水利・墳墓地等の争いを、官憲に頼らず自ら武器を執って実力で解決せんとする慣習であった。闘争の資金は多くの場合族田からの収益や寄付金によって賄われた如くである。特に盛んであった福建の漳州や泉州、広東の潮州などは開拓の経過からして村落の歴史もそれ程古くなく、集団移住や多数の海外華僑集団を送り出したと言う特殊な歴史的背景を有する点も研究されている。従って中国全体との関連での評価は難しいが、ある意味で中国においても基層社会の中に自力救済の慣習や伝統が無かったわけではなく、条件次第で残存・復活・再生することもあり得た一証と言い得るであろう。「中華帝国」の形式的統一機構・官治行政の陰に蔽われている重層的多元的基層社会秩序に常に注意を払うことを忘れてはならないと考える。(12)

様々な確かめるべき点はあるが、総体として「中華帝国」構造とヨーロッパ中世の「国制」が前近代社会として僅かながら共通性を有するが、そこから生み出された政治統合形態や法は顕著な対照をなす異質な姿を取ったことは今更言うまでもない。しかしその異質性を浮き彫りにすべき比較対比の基軸を如何に設定するか、質的相異を何によって分析的に明示するかは本稿の究極的課題である。以上述べて来たことから想起されるのは、中国の国家構造と法の類型に関するM・ウェーバーの見解である。彼の前近代国家と法の類型学的分類においては、中国も中世ヨーロッパも「家産制国家」としての共通性を有しつつ、形態的には全く対蹠的な「家父長制的家産制」類型と「身分制的家産制」類型の特徴を具え、それに対応してそれぞれの「国家」形態に固有の特徴を持った法が生み出されたことを示している。（表Ⅰ参照）国家制定法を中心とした、かかる一般論としての類型に対して現実に行われていた地域社会や社会集団における慣習・慣行の領域では如何であったか。滋賀秀三氏の答えは次の如くである。(13)「伝統中国の法律文献ならびにその他一般文献のうちに（法源――法の存在形式――としての）慣習のいかなる定義をも見出すことができない。」「法源としてのcustomないしcoutumeに対応するような言葉がそもそも中国語の伝統的語彙の中に見当らない。」古典においても「韓非の定義においては法は〔統制の〕手法（術）と対置されている。」「広い意味での慣習に当る中国の伝統的用語としては〈風〉〈俗〉〈習〉〈例〉などを基幹文字として合成された熟語がいろいろある。しかしこれらの用語はみな法源としての慣習ではなくして事実としての風習、慣行を意味している。」「もう一つ〈規〉（コンパス。転じて規則、慣習。また手数料の意味ともなる）もまたよく注意する必要のある基幹文字である」が「〈規〉とは各種の会の自治的規律（たとえば〈祖規〉

表I　M. Weberにおける「家産制国家」と法の類型

国家類型	君主権の正当性	家産君主の法の一般的傾向	家産制の二類型に対応する法の特徴
家父長制的家産制	伝統的 家父長的 （中国はこれに属する） 権威に対する恭順	(1) 形式合理性の欠如。家産君主が追求するのは専ら権力者の実利的・功利的・倫理的要求に合致した特質で、法は権力者のための政策実現・民衆教化の手段であって、形式に拘束された合理的体系を目指すものではない。 (2) 司法と行政は形式的に区別されない。 (3) 訴訟は職権主義にもとづく実体的真実の発見が目標とされ、形式に拘束された証拠法や、弁論主義による相対的真理の探求ではない。 (4) 法発見（法の適用）は、倫理的・政治的な考量に基づき、実質的正義と衡平の見地から行われ、専ら実質的合理性を追求する衡平裁判である。	(1) 君主は行政幹部に権利を分割付与することなく、自由裁量によって個別的命令（勅令）を与えるか、官吏に対する一般的指令を内容とする規則を発布するか、のいずれかの仕方で法創造（法規範の創出）を行う。 (2) 客観的「法」や主観的「権利」という概念すら存在せず、結局のところ「法」は個人の主観的権利を設定する請求権規範ではなくして、君主が彼の官吏・行政機関に対して発する指令、ないし「行政規則」の総体を意味する。すべての「法」は「統治」に解消される。
身分制的家産制	名望家的 身分的 権威に対する服従		(1) 君主は自己の政治権力を私有財産視し、その全体権力の中から一部を行政幹部（封臣）に権利付与の形式で割譲する仕方で法創造（法規範の創出）が行われる。 (2) 客観的法規範あるいは今日のいわゆる公法に当るものが、主観的法＝権利（私法上の請求権）と同一視される。 (3) 法秩序は純然たる「諸権利の束」とみなされる。 (4) 権利の分割譲渡によって、君主は自己および裁判所を拘束することになる。 (5) あらゆる管理行政は、特権をめぐる取引・交渉・

	(3) 裁判において被支配者が期待できるのは、単にその「行政規則」の「反射効果」に過ぎず、「国父的」配慮の恩恵、全く形式的規準ではなく実質的・個別的衡平を志向して介入して来る皇帝の勅裁が、法的思考手段の論理性や厳格な証拠法の形式を破ってしまう。	協定となり、行政は一種の裁判手続の如きものとなる。 (6) 法は確かに厳格に形式的なものとなる。しかし内容的には全く個別具体的で、その意味で非合理的である。 (7) 経験的な法律解釈のみが展開される（だがやがてその中から、形式合理性追求を志向する途が開けてくる）。
法思想 法意識	（宗教的に権威づけられた）身分的差別の永遠性に関心を抱く。伝統的秩序の「永遠不変の法」。法を権力の手段として「実質的合理化」を図る。	共同体（身分団体、法仲間）成員の「自律的法」（〃古き良き法〃）
法発展 の基軸	君主の無制約的家父長的関心—→内部的管理・行政関心の極大化（行政の一部としての裁判・司法）。法を統治の手段として実質的に合理化する。	（カリスマ的性格を残す）名望家達の合意による判決発見（法の適用）—→ {法の形式的拘束性の発展 合議制の発達へ向う可能性}
刑法の 発展	内部刑法中心に発達、君主権発達と共に君主に対する軍事的・政治的違反を重視する。兵刑不分。糾問訴訟と職権主義裁判。	外部刑法（復讐）中心に発達。復讐のルール化、〃フェーデ〃、法発見集会、—→
法典編纂 の目的	行政の技術的要請 官僚の服務規定の一覧性のため } 目的主義的体系的編纂 官憲的法令の機械的蒐集。	法的安定性のため。 （法名望家によるカリスマ的宣示で）国家法以外の民衆法慣行をも実定化。既存の法の組織的記録を目指す。

すなわち宗族の規律）および関係する民衆の協同によって遂行される特定の要務をめぐる規則（たとえば〈渠規〉すなわち水利をめぐる規則）——そのどちらも成文の協約でもあり得るし慣習的な規則でもあり得る——を意味す

る。」「中国人の社会生活にとって各種の〈規〉の持つ重要さは大いに強調されなければならない。しかしその意味は法源とは少し違う。」イングランド法の基礎は折にふれて司法裁判所の判決で宣言される古来の一般的慣習、コンモン・ローであり、その判決は公的記録として保存され、判例集が作られ、それが実定法体系を形成した。フランスでも慣習は裁判所の判決を通じて実定法の性格を帯びるようになった。しかし中国においては、争訟に際し裁判官は直接事案に関わる〈規〉には注意を怠らなかったとはいえ、(14)ヨーロッパの判告集・慣習法集に対応するような公権力または私人の手による慣習の法典化は考えられたこともなかった。その「根底には訴訟制度の基本理念、またその実際の構造の相違が横たわっている。」「中国における社会集団や地域社会は、仲間の紛争に対して指導者たちが裁判するというよりも（妥協的手法によって）和解させ（事件を解決す）るのを常とした」が、判断の基準は常に「常識的衡平感覚」（情理）(15)であって、「中世および近世初期ヨーロッパ大陸における裁判権をもつ小地域ないしその他の単位——それぞれが自己の裁判所（その団体に属する人々はその判事たちを彼等自身の慣習＝法の受託者と認めていた。）によって確認を受けた独自の慣習を持っていた——と同類のもの」は中国には存在しなかった。「民間人による非公式な調停、および団体や地域社会（宗族、行会《ギルド》、村落）によって行使されたという漠たる意味でのいわゆる（自治的）裁判権によるいくらか公式の解決についても、そこでは知州知県の下における〈争訟〉よりもいっそう自由なその場限りの解決が可能であったのであるから」〈情理〉による調停の役割は一層大きかったと見られる。従ってその解決は、言わば「その場限りの」結論という性格しか持ち得なかったので、恒久的・安定的国家法の次元とは、運用において民間の調停者や官人・官司の間で共通する「常識的衡平感覚」が保持されていること以外、共通基盤は無かったのであり、而して官人の判断は往々にして政治的考慮を重視したから、民間の〈情理〉そのままと言うわけにはゆかなかった。特に地方的習俗を背景とした地方的《ローカル》な〈常識〉とは時に衝突することもあり得たわけである。

足立氏の著書に触発されてその周辺の若干の概念規定を検討することから始めたが、些か論点が拡散し主題が不明確となってしまった。ここで序説としての一応の結末をつけておくと、要は如何なる分野・領域に限定したとしても、比較史的取扱いのためには用意すべき枠組み作りに不可欠な諸概念の明確化に力を注がねばならないのは勿論であるが、特に比較のための対立概念、対抗軸を明確に設定することが最重要事で、そのためには多くの関連分野への越境を試みつつ、時には敢てドグマに陥る危険を冒しても、体系化への意欲を失ってはならないと考えるのである。

（1）「ネットワーク」の語は明確な概念規定もなく、曖昧なまま用いられている感があるが、その発生・形成史を含め次第に多義的拡張的使用が拡がった現状を、一応広く眼配りして解説し、歴史研究における枠組としての有効性を検討しようとしているのは、論集所収論文の中では、金子泰晴「宋代流通史におけるネットワーク論の効用――市場・商人・情報」である。

（2）その一部を発表したものが拙稿「隋唐律令法体系の歴史的位置づけをめぐる試論――「家産官僚制国家」の法と「封建法制」論――」（唐代史研究会編『律令制――中国朝鮮の法と国家』汲古書院、一九八六年所収）および「中国都市・聚落史研究の動向と《城郷（都鄙）問題》についての私的展望」（唐代史研究会編『中国の都市と農村』汲古書院。一九九二）である。

（3）拙稿「律令法系の特質の成立過程について――比較法史学的考察のための序論・礼と法と刑と兵――」（唐代史研究会編『中国律令制の展開とその国家・社会との関係』唐代史研究会報告集Ⅴ、刀水書房、一九八四所収）

（4）M・ウェーバー『古代農業事情』一九二四（邦訳『古代社会経済史』）の中で展開した国家形態の発展概念図式を、わかり易い図にまとめられたのは安藤英治氏である。初出の論文が今手許にないので確認できないが、ここでは同氏著『マックス・ウェーバー』（講談社、〈人類の知的遺産〉62、一九七九）二八四頁より引用しておく。

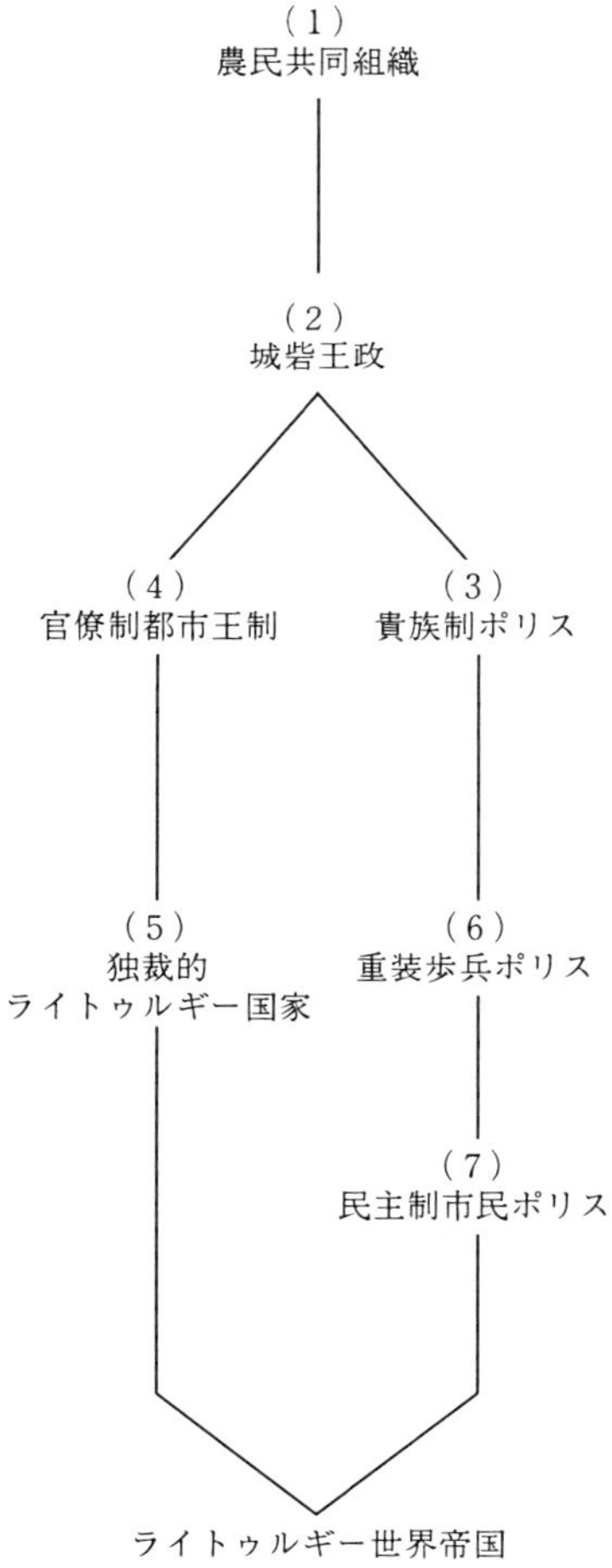

なおウェーバーの構想は全体的にはかなり複雑な多系的発展の途筋を考えていた如くで、内田芳明氏は他の多くの論文をも参照して次頁別掲の如く整理された。（なお内田氏は安藤氏が「独裁的ライトゥルギー国家」と訳された箇所に「専制的賦役国家」の訳語を充てられている。）同氏『マックス・ヴェーバーと古代史研究』（岩波書店、一九七〇）四三頁より引用。更に加えれば、村上泰亮氏の諸著作があるが、著者自身によるその見解の要約と言ってよい『文明の多系史観――世界史再解釈の試み』（中公叢書、一九九八）を挙げておく。具体的問題点として、「封建制」概念に関連して別稿に再論する。

（5）これ等の論点については、かなり教条主義的マルクス主義臭の強い立場からではあるが、在野の理論家として異彩を放っていた滝村隆一『国家の本質と起源』（勁草書房、一九八一、著者の『歴史的国家の理論』第一巻に該当。）『アジア的国家と革命』（三一書房、一九七八、同上第三巻に該当。）が理論化を試みていたのが記憶に残っている。その中心部分として、第二巻に該当する『アジア的国家論』の刊行（勁草書房？）が予告されていたが、実

古代社会（都市）発展段階図

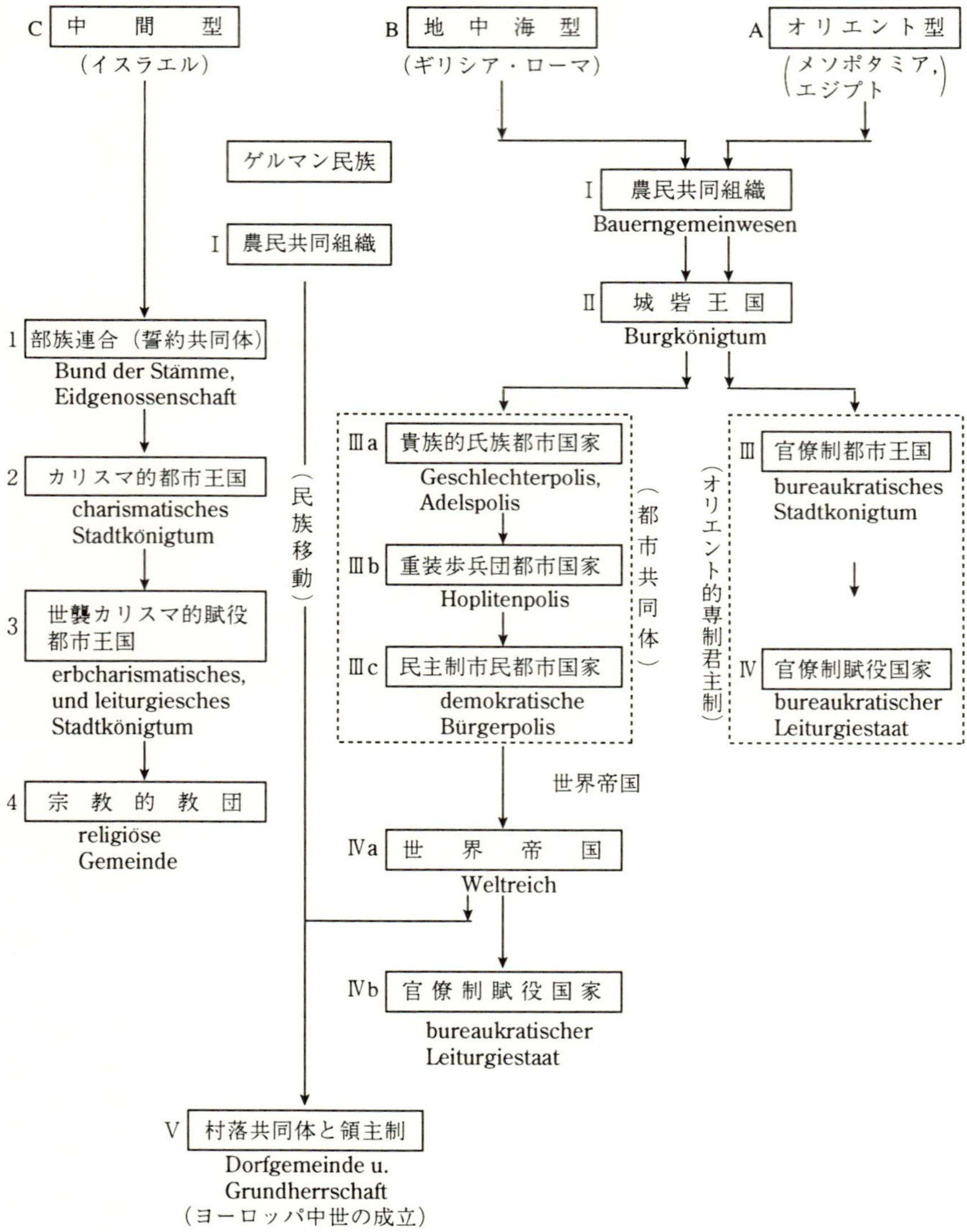

際出版されたか否かは未確認。その基礎となるべき論稿と思われるものが、「アジア的国家の論理構造」(『展望』一九七六年三月号)をはじめ幾つかの雑誌論文として発表された記憶がある。勿論、遊牧封建制、遊牧帝国、征服王朝論、草原国家論等を廻っては多くの重要な専論と研究史が発表されている。なお「国家」の概念および「国家」形成に関する人類学的諸理論については別稿で触れる。

(6) 例えば、曹培「清代州県民事訴訟初探」(『中国法学』一九八四年第二期)は、順天府宝坻県檔案を材料としているが、そこで特徴的なことは「調処」と呼ばれる調停の広範な作用である。①「官休」と呼ばれる官府調処(裁判調停)②「郷保調処」と呼ばれる準民間調停(結果は官府に報告し批准を受けなければならない。)③族長・友人・親族・郷紳による調処(民間調停、これもやはり官府に報告する義務あり。)のほか、④「私休」と称する裁判以前の調停があり、その中で刑罰を加えることも認められ、一種の司法機関化していた。族長の権限は大きく、家規・族規が国家法の欠を補っていたとされる。又注目される論点として、中国法では元来独立の民事法と民事訴訟の原則がなかったため、民事の紛争を平和的態度で法律に訴えて解決する習慣が育たず、軽々しく罵詈殴闘におよび、訴訟を恥辱と考え両当事者が宿仇となり、些細なことから闘殴・傷害・殺人にまで及ぶことが少くなかったと説明している。

(7) 仁井田陞「中国旧社会の構造と刑罰権——国家的・非国家的とは何か——」(法制史学会編『刑罰と国家権力』創文社、一九六〇)参照。「三、国家的刑罰権の成立と私刑主義」において㈠政治的権威確立後の中国では、ゲルマン法のフェーデ(私戦権)のような自力救済や賠償を原則として是認しなかった。㈡しかし政治権力は復讐のような私刑主義をすべて抑止できる程の実力は唐代でも仲々実現できていない。㈢但し復讐にも賠償による和解、名望家による調停は早くから行われていたこと等が述べられ、「四、家刑罰権と国家刑罰権との関係」においては、家長の刑罰制裁権は国家的刑罰権の中に位置付けられ、一貫した権威秩序が立てられていたが、懲戒権をはじめ家の内部支配については(特に唐律以前の法律では)国家法においてもある程度家父長権に委ねていたと見られること、「五、村その他諸集団の刑罰権と国家的刑罰権との関係」では㈠古代以来共同体(行政制度の基礎として自治機関と位置付けられた聚落「里」）のような集団は自律的秩序を有し、属地法主義の原則が存した。㈡三国時代には豪族が自己の支配下の五千余家に対して重罪には死刑を科すことをも含む刑法を定めていた例がある。㈢国家はこのような対抗勢力を解体すべく郷村隣里の行政村への改編を進め、唐代には国家権力が末端まで滲透して行った。㈣しかし一〇世紀、唐末五代から宋へかけて、新地主制の展開と共に農村社会の再編成が進行し、以後明清時代にかけて郷紳・地主・族長を中心に郷村の自律的規約が作られ、裁判と刑罰が強化される傾向にあった。清代には一部の地方で村落の長老が裁判官となって死刑をも含む酷烈な刑罰を科した例さえある。一般的には死刑や肉刑などの重罰は国法の禁止するところであったが、重刑に至らぬ程度の制裁は官憲によって黙認され、一時は積極的に裁判・刑罰権を委ねる制度を定めた時期もあった、等のことが論ぜられている。その後、州県レベルの官司における現実の裁判記録である判牘類を中心とする研究が盛んとなって、仁井田氏の論述の枠組そのものに対しても一部疑問が提出されることとなったが、他方、具体的地方的事例の集積が進む程、安易な一般化は難しい点も感ぜられることとなったように思う。

（8）　古ゲルマン社会に由来する家父長制家長の保護＝支配権（ムント、Munt「保護」を意味する古高・中高地ドイツ語に由来する）も、自力救済機能を中心とした強固さにおいて知られ、家族に対し体罰を含む懲戒権を認められていたが、フェーデ（復仇・私戦権）血讐（やがて賠償金・人命金《ウエアーゲルト》の授受）の単位はジッペ（連帯意識をもつ血縁諸家族の共同体？）であり、中世の裁判においてもジッペ成員が原告・被告と共に出廷して宣誓補助者・保証人を引き受けたので、「法的組織」（Rechts gebilde）として確認されていたわけではないが、法生活の各領域で協力関係を保持する「法共同体」とみなすべきだと言う説もある。しかしそれには批判もある。既に古ゲルマン時代に小（個別）家族が一般化していたが、それは部族・ジッペやハウスと言うもっと大きな共同体に組み込まれており、それぞれ機能を異にしつつ強制力・支配権を分有する諸団体の重層的多元的関係の中で、果して自己完結的単位は何処にあると言えるのか問題である。因みに中世に入っての、外部からの（例えばランデスヘルの）介入を拒否できるイムニテート（不入）領域の中核＝最小単位は「家《ハウス》」（Haus）であるが（その軍事形態は「城砦・城館」

Burg）ハウスヘルはその保護＝支配下のラントロイテ（その各々がグルントヘルでもある）と忠誠（Treue）関係で結ばれた存在で、ムント権の次元とは異る。

（9）ブルンナーは、歴史にとって最も重要なのは政治的事件などではなく、歴史を形成してゆく主体であるが、それは近代的「国民」や「階級」ではない。何よりも血や人種としての同胞意識、同一言語による一体感を有して生活している民衆「フォルク」であると考える。Volk は通常「民族」と訳され、近代「国民国家《ナツィオーン》」における「民族」と「国家」の概念の重なりによって「国民」とも訳されるが、古ゲルマン社会の部族集団にまで溯る観念で、カール・シュミット、ハンス・フライヤー等の影響下にブルンナーやワルター・シュレジンガーによって発展させられ、むしろ「ナツィオーン」と鋭く区別される概念となった。「国民」が法的国家組織と法体系によって範囲を規定される存在であるのに対し、「フォルク」は実体としての生活秩序や、それを生み出す内的秩序、意識を共有する集団を包括し、それが形を取って現れれば「民族共同体《フォルクスゲマインデ》」となる。「フォルク」の定住空間《ラウム》は実定法上の国家的支配領域とは必ずしも重ならず、それを超えて拡がっている場合も生ずる。かくて「フォルク」は一体性を要求して時代の要請に応ずる一定の支配権力、支配システムを創り出そうとする。このような「国家形成原理」を生み出す母体ともなる「フォルク」の定住域こそが「ラント」となる。そこで生み出された「政治的フォルク」の歴史を明らかにしてゆくのが「国　制　史《フェアファッスングスゲシヒテ》」である。

（10）現代の通常の法制用語としては「憲法」と訳される Verfassung は、Konstitution（↑組織・構成する Konstituieren）と同義とされ、「制度」（規約）などとも訳される。近代国家の憲法（国家根本組織法）に相当するようなものが中世にも存在したのか、と言う反問に応え、呼称としての簡潔さを考慮して「国制」と言う訳語が与えられたものかと思うが、訳語の考案者や選択の根拠については詳かにできなかった。近代国家とは異質の統治構造を表現せんとしたブルンナーの意図を生かそうとすれば、「政治的統合形態」の語がそれに近いかと愚考する。（ver は強意の前綴、fassen は摑む・つめ込む・囲い込む・束ねる。日常語で Verfasser と言えば「著者・編者」の意）。

以上の諸点に関しては、西川洋一「Volksgeschichte と Verfassungs geschichte ――ドイツ国制史研究史への一視角――」(『国家学会雑誌』一〇九巻九・一〇号、一九九六) 成瀬治「身分制社会の構造史的考察について――オットー・ブルンナーの理論の再検討を中心に――」(堀米庸三『西洋中世世界の展開』東京大学出版会、一九七三) 同、「〈近代国家〉の形成をめぐる諸問題――〈等族制〉から〈絶対制〉への移行を中心として――」(吉岡昭彦・成瀬治編著『近代国家形成の諸問題』木鐸社、一九七九) 山田欣吾「国家史を記述すること―― Verfassungs geschichte について――」(『国家そして社会――地域史の視点』創文社、一九九二) などを参照。

(11) 『歴史学事典』第6巻「歴史学の方法」(弘文堂、一九九九)「国制史」の項目。

(12) これに関連して嘗て一文を草したことがある。伊藤敏雄氏の学会報告への批評の中であったので、余り注意を惹くことはなかったと思うので、中心部分を再録しておく。伊藤氏の報告の主題は「魏晋期における在地社会と国家権力」であったから、拙文が念頭に置いたのも主としてその時代の現象であるが、論旨としては一般論を展開したものである。(『歴史学研究』第六五三号、一九九三年度大会報告批判〈古代史部会〉)

(1) 中国史における国家論は、かつては「皇帝権対小農民」を基軸とした論理で貫かれる傾向にあった。依拠する史料が上からの制度的記録や皇帝権の側の政策が生み出した文書を中心としたものである限り、どうしてもこのような制度的虚構の論理の枠組を抜け出し得ない傾向がある。それに対して近年、皇帝権ないし国家と小農民社会とを結ぶ現実の中間的媒介物として、重層的諸社会集団、中間団体、《社団》《在地社会》ないし《共同体》(《共同体》概念の混乱による論議の空転を回避すべく、多様な実体に則して意図的に漠然たる《在地社会》の語を採用した経緯があったと承知している)を措定し、それらの機能を論ずるようになったのは、抽象的構造論からの脱皮として一つの重要な前進であると考える。但しその中間団体を農村社会中心に考えるのは良いとしても、専ら自己完結的農村モデル内部に局限した視野で単純化・図式化する傾向があったように思われる。現実は宗族、村落、水利、廟会、ギルド、相互扶助、市場、防衛と様々な機能別の重層的団体の集積の上にはじめて広域的政治権力(私は前近代的《国家》について、むしろこの言葉を代用したいと思っている)が成立しているのであって、《在地社会》とは、そのような諸要素の錯綜する場と考えるべきではなかろうか。しかもそこに生ずる共同体的団体性には、下からの自生的まとまりである場合と、上からの働きかけ、例えば税役徴収の連帯責任制に応ずるために組織される団体と言った場合もあることを常に念頭に置いている必要があろう。

(2) さて《在地社会》の実存形態として最底辺にあるもの、あるいは原初形態、社会の細胞を求めれば、それは農業の再生産単位であると言えよう。それが成立するには、おおむね二重の契機が働いている。即ち(a)血族的契機として、家族、宗族（拡大家族）集団（勿論、各種非血縁従属者を包含する）が生活集団として労働力結集の核となり易い（なお敢えて付言すれば、単婚家族労作経営が成立している場合でも、特殊な条件を除けばそれは現実には決して単独で存立する自己完結的再生産単位とは見なし難いであろう）。その集団の指導者として想定されるのが、ある時期《父老》と表現されたものであろう。一方(b)地縁的契機によって、水利や協働労働、相互扶助等の機能的共同体関係が形成されるが、そうした集団の指導層として想定されるのが魏晋期の前後に亙る《豪族》と呼ばれた首領達といい得よう。(a)(b)両集団が重なり合う場合、同族・同姓村落として結合紐帯・結束力は特に強固となろう。《郷党》あるいは《宗族郷党》と連称する表現は、こうした形態の集団を対象としている場合が多いと思われる。一つの《在地社会》集団において、何れの契機が主要に働いているかは、対象となる《在地社会》の規模による。再生産単位が一応の完結を見せるのが村落規模である場合と、幾つかの村落を含む地域（例えば一定の渠や陂塘による灌漑網、水系などを結合単位とする場合）とでは、結合の契機に応じて中核となる指導層のレベルも役割も異なってくる筈である。正史列伝を史料とする場合、そこに記されている対象がそれぞれ如何なるレベルの《在地集団》であるのかを分析する必要がある。その上で移動・防衛単位としての集団が如何なる範囲で形成されているか、拡大成長の範囲とその内部構造、対外結集力の差等について、地理的条件と共に更に幾つかの類型化が可能ではなかろうか。

(3) 《在地社会》において指導層たり得るには、直接再生産活動の中心に立つと共に、例年の端境期をしのぐつなぎ貸付から飢饉年や災害時における救災まで、一定の救済機能を担い得る存在でなければならぬ。即ち賑恤能力は彼等が結集し得る《在地社会》の範囲を規定すると言い得る。その賑恤の財源が何であるかも重要な意味をもつ。即ち①豪族としての自立性の基礎となる自己の庄園収益を以てする賑恤は、中央集権を指向する政治権力に対する潜在的遠心作用、独立勢力形成への指向を秘めている。その対極に立つのが、②豪族的基盤を有するにせよ、官僚として皇帝権力から受けた賜与や俸禄を散施する場合で、これはむしろ国家的秩序形成機能を果す求心作用を生むであろう。但し①の豪族としての自己収益による賑恤救済においても二つの方向があり得る。即ち(a)専ら宗族防衛的立場で行われる規模のもので、それは彼等が結集する地主武装力の維持と表裏の関係にある。これに対し(b)むしろ勢力拡大目的の賑貸がある。即ち《郷里》の人身的依付関係を強化し、有事の際の軍事的基礎、《郷里部曲》の結集・拡大の資とするもので、更に発展すれば募兵による軍事力拡大へと進むタイプである。これは中央権力にとって特に注意すべき遠心性を孕んでいる。しかし(a)(b)共に中央権力側の働きかけ如何でその末端に組み入れて却って基盤強化に役立て得る可能性を有する。これは裏を返せば先述の俸禄散施の如き求心力を生み出す筈の賑恤も、その主体である官僚がそれを自己の基盤強化に利用すれば私的勢力拡大の資本に転化し、遠心力を生み出す場合を生ずる。こうしたベクトルについて一つ一つの事例を検証する必要がある。

(4)　《在地》指導層の賑恤機能と中央権力との関係について言えば、魏晋南北朝を通じて中央政府は社会の安定を確保すべき救災機能を地方豪族の手に委ね、彼等の蓄積に依存してきたと言える。中央政府の救済能力の限界のため、飢饉対策としては豪族に対する蓄積放出令しか打つ手がなかった。かくて「三十家五十家を以て一戸と為す」在地権力者を規制し難く、地主武装力の周囲に賑貸によって広範な小農を緊縛し、契券を焼いて債務を免除するという恩恵を施して一層依付関係を強化し、有事の際の軍事力として動員する体制を作り上げるのを黙認せざるを得なかった。しかし政治情勢と各種施策の相乗効果によって中央権力の強化が一定段階に達するや、隋の開皇五年（五八五）工部尚書長孫平の上奏によって、国家管理の備荒貯蓄として義倉制度が生れ、救済機能の国家への一元化が実現する。これと表裏して財政家高熲を中心に進められたのが戸籍の大整理で、開皇九年（五八九）の全国統一と共に、「浮客として公税を避ける代りに豪強に依付して佃家となり、大半（三分の二）之賦

（地代）を収めさせられるよりは、編甿となりて公家之恵に浴し、国家に軽税を輸する方が有利であることを知らしめる」《輸籍之法》の推進によって一挙に中央の戸口把握を確立する。即ち中央集権体制の確立には救済機能を国家の手中に移すことを梃子として、広範な小農を豪族の支配下から自立せしめたのであった。

かくて《在地社会》は制度的には中央直派の州県官の下で斉一な編戸百姓（均田農民）によって構成されることとなる。しかし実態は、手足をもがれながらも奴婢部曲を抱えた高貲多丁戸（旧豪族、旧型富農）、自立と共に競争にさらされる貧下の小農（自作、自小作層）、競争の渦中から抬頭する新興富農層、競争に敗れ土地を喪失する小作・雇農層といった多様な階層の渦巻く場所として唐代農村の急速な階層分解の時代を迎え、その結果として新たな地主制の展開による《在地社会》再編成の時代へ連なることとなってゆく、というのが私の見通しである。

(5)

救済機能一つとって見ても、それが効果的に実現されるには広大な国土を統一的に管理して豊凶を平準化する《常平》といった財政的物流活動なくしては不可能であり、《在地社会》の不安定性克服は《在地社会》内部の生産力水準の向上のみで達成されるものではなかった。いわば社会の至る所、あらゆる分野に、広域政治権力の出現によって初めて調整され安定が確保されるような問題が存在したのであり、こうした地域間・階層間のあらゆる利害対立、不均衡と摩擦の調整（調停）者として、統一的官僚行政機構の存在が要求され、更に時々の政策の失敗、天災や失政の責任を「君側の姦」に負わせて体制そのものの持続を保証するために、官僚機構から超越して聳立する最高権威、公平無私の究極的バランサーとして皇帝権の存在が社会的に《要請》されたと考えることもできる。これが広域政治権力としての《国家》と《皇帝権》の機能、役割、成立根拠であったと考えられるのではないか。但し現実の権力者（皇帝）は、特定一族の私的権力であり、就中その中の唯一人が全権力を集中しようとする。官僚組織の構成者も特定の《在地社会》出身者で、更に宗族的背景を背負っている人物達であったから、脱宗族的利害、脱地域的利害のための制度的工夫（本籍地任用回避など）が施されていても、既得権擁護の官界派閥闘争、権力闘争が展開され、それが《在地社会》にも跳ね返ってくることになる。最終的に彼等の行動を掣肘するものとしては彼等自身の「士人」としてのエートス、モラルしかなかったと言えよう。

(6) 《在地社会》支配層が広域政治権力=《国家》機構へ組み込まれ統合されて行く過程、全国的官僚制の中での上昇・転化の過程も類型化できよう。①基層社会の再生産単位の指導者に止まる限りでは彼等の支配力は一郷一里に極限される。②それを越えてより広い地域に支配権を及ぼすことになれば、彼はその経済的蓄積基盤を在地の地主的領主的存在から政治的支配・権力関係に基づく収奪関係に移すことになる。但しそこにも幾つかの方向があった。即ち(a)単純に自己の力量に応じた局限された地域の権力者となり、いわば守りを固めて「ミニ王国の土皇帝」として在地を支配する。(b)結集し得た武装力を背景に支配領域を拡大し、一層軍事力の増強につとめ、より広域の支配権を求めて打って出る。(c)全国的広域政治権力に参加することによって、換言すれば官界へ進出することで、新たな権威を背負って《在地社会》から上昇・転化して寄生官僚化を遂げる。

勿論(a)(b)に対しても中央権力は彼等を官僚組織の中に組み込む働きかけを怠らぬが、警戒・弾圧の対象にもなる。史料にはこうした諸類型の種々なる段階が反映されている。地方豪族の官界進出にも色々なレベルがあり、豪族としての階層レベル・規模に応じて、①下層はまず官・民の境界に位置する職掌人・職役人層に入仕するか、それよりやや上の士・庶の境界に位置する地方政府の属吏層に参入し、②中層は地方官レベルに参入し、更に上位の官府の府僚属佐に抜擢されて士人層に加えられ、官界での上昇志向を強める。更に③上層は抜擢されて中央官界進出を果たし、完全に寄生官僚化・貴族化し在地との結びつきは稀薄化する。一般的に言って正史列伝に伝えられる事例は後年中央官僚に上昇した者達の場合で、官僚機構の階梯を昇って《貴族》化して行った層ではあるが、その中間段階の姿の中には遂に地方官に止った階層の場合を推察せしめる手掛りもある。史料的には今後墓誌銘の類を重視すべきであろう。従来の制度史的研究成果の蓄積の再評価も勿論必要である。

(7) 比較の対象として、この場合日本の国郡司が取上げられたが、討論を嚙み合せるには至らなかった。その理由の一つとして、日本の国郡司関係について、その問題となっている《在地社会》の空間的領域としての広さ、範囲が、中国に移せばどのレベルになるのかが距離や面積で比較可能となっていれば別の比較論の緒口がつかめるかも知れない。またあらためて感じたのは漢代以来の中国官僚制における本籍地任用回避の制の意味と、それが採用され得ない社会、政治情勢（中国でも貫徹できない時期がある）との比較史的検討という課題である。

(13) 滋賀秀三「伝統中国における法源としての慣習――ジャン・ボダン協会への報告――」（『国家学会百年記念・国家と市民』第三巻所収、一九八七）

(14) 因みに宋代の史料に屢々見える案件の処理を「郷原之例」「郷原之体例」に従って、或いはそれを尊重して解決する、と言う表現の意味も併せて再検討を要するであろう。この語の解釈をめぐっては既に若干の論争もあったと記憶するが今は確認していない。

(15) 「〈理〉とは実際には中国の慣習、中国人によって普遍的に受け入れられていた慣習的な諸原則に外ならない。〈情〉の概念は地方的慣習の多様さに正当なる考慮を払う要請を含んでいる。そしてこの非常に一般的な、言うなれば無定形の基準である〈情〉というものそれ自体が、中国的思考様式にとって非常に重要な要素をなしていたという意味において、これまた中国の慣習と呼ぶことができる。」「理」は自然法に類する観念と言われ、「それは伝統中国的生活様式という枠内においてのみ（文化的、カルチュラルに）〈自然的〉」なのであって「例えば息子たちは父の生存中は勝手な行為をしてはならないという原則は、外の世界では自然なこととして受け入れられるとは限らない。成年に達した者は誰でも両親から独立であるべきだとする近代法の原理の正反対でさえある。」

〔追記〕本稿は元来「序説」に続く本論として、第一章「比較〈国制史〉研究の分析の枠組――M・ウェーバーとS・N・アイゼンシュタットを手掛りとして――」第二章「軍制発展類型の初歩的構想」と共に起章したが、草稿の完成度と紙数の限度を勘案して、今回は「序説」のみで打ち切り、本論部分は後篇として後日に譲ることとした。

中国古代の法典編纂について

池田雄一

はじめに

アジア史における法と国家を、中国古代における法典編纂を中心にして、国家による人民支配の視点から概観してみたい。このような先行研究は、浅井虎夫氏の研究[1]が古典的名著、史料集として現在も活用され、中田薫氏の「支那律令法系の発達について」[2]が、研究の出発点となる。このためここでは法典編纂が史料上確認できる春秋晩期以前の国家規範と戦国時代における法典の集大成とを課題とする。このような試みは、かつて小文を纏めたことがあるが、国外で発表したもの[3]であったと同時に、その時点で公表していた拙文をもとにしたため、不充分な部分が残されている。このためあらためてこれを補完した[4]。

一　律令以前の規範

定住生活と規律　中国の法が、法典（律令）としての体裁を整えるようになるのは、春秋時代以降のことである。ただ中国における国家の成立は、記録においては前一六〇〇年頃の殷に遡る。

人々が社会を構成し、定住生活を始める時期となると、新石器時代、紀元前五〇〇〇年頃となる。中国最古の百科事典ともいわれる呂氏春秋の恃君覧には、中国太古は、「其民聚生群處、知母不知父」と母系制社会であったと伝えられている。事実、新石器時代初期の遺跡、半坡や姜寨遺跡においては、墓葬の状況等から男性よりも女性の地位が高かった。また姜寨遺跡においては、家の門向がすべて中央の広場に向かって作られ、村の統一的な秩序が存在していたことを窺わせる。

社会生活における規律は、定住生活の始まりと同時に確認できる。ただこれが文字として確認されるためには、当然、文字が生まれてこなければならない。文字の起源は、新石器時代の土器等に記号らしきものが残されているが、解読可能な文字は殷時代に降る。いわゆる甲骨文字であるが、殷代の甲骨文字は、支配者階級、それも祭祀儀礼（占卜）のためのものである。周代には、この甲骨文字と並んで金文が残されているが、金文もまた多く祭器に刻されている。

もちろん祭祀儀礼の文字であったとしても、その断片的な記録のなかに、法制史に関わる史料を確認することはできる。文字として表現し、大切に保管されていることからすると、祭事のためのみではなく、記された内容に対しても、より普遍的価値が認められていた可能性はある。

胡留元、馮卓慧『長安文物与古代法制』(5)の「一、西周金文初探」は、二〇五個の青銅器の名文を整理し、周代の民事法規、民事訴訟制度、刑罰の種類、判例等を論じている。ただ甲骨文や金文に見える法制史関係の事項が、どの程度の期間、範囲で機能し続けたかとなると、春秋戦国時代以降、公や王によって法典として公布された場合に比べ、はるかに不確定である。

古訓の編纂　唐虞夏殷周の王や諸侯の詔勅、訓戒、誓明などを収める『（今文）尚書』は、現存する各篇の成立に幅があるものの、(6)『書』として纏められることによって、甲骨文や金文として保管され、関係者の盛衰と運命を共にした記録に比べると、より生命を保ちえた。

この『尚書』もまた、古訓であると同時に規範の一つでもある。『墨子』尚賢下には、古の聖王は、賢者を大切にして、それでもって政治を行おうとし、「先王之書、呂刑之書」を、竹帛や器物の槃盂に書き残し、後世の子孫に伝えた、と見えている。その「呂刑之書」の言葉とは、

王曰、於来、有国有土、告女訟刑、在今而安百姓、女何択言（否）人、何敬不刑、何度不及。

であって、現行の『尚書』呂刑とほぼ同じ文である。文意は、「王曰く、ああ来たれ、国土を有せし諸侯。汝に刑罰を告げん。今、百姓を安んじるに、汝は何をか択ばん、賢才の人に否ずや。何をか敬慎せざるや、刑に否ずや。何をか度るや、尭舜禹などの聖王に及ばんとするに否ずや」となる。そしてこれに従えば、尭舜禹湯文武の道も達成できるとあり、『尚書』の言葉が拠り所とされている。

『墨子』にみえる「先王之書」は、『書』すなわち『尚書』を指す。墨子の時代の『尚書』は、竹帛のみでなく金文としても伝えられていたようであるが、この『尚書』の編纂は、春秋時代、斉の桓公後の覇業をめぐる諸侯間の緊張が高まる、前七世紀後半から始められたと見做されている。

『荀子』勧学でも、『尚書』は「政事之紀」と位置づけられており、漢代においても、『尚書』は、春秋と並び経義として「断事」にしばしば登場する。『尚書』本来の機能は引き継がれていたことになる。

『荀子』勧学には、学は『尚書』・『詩経』の「誦経」に始まり、「法之大分、類之綱紀」とされる礼の「読礼」に終わるとある。『楽』と『春秋』も学の対象とされているが、礼法や類（比、法に準ずる規定）を内容とする礼書（『儀礼』）も、戦国時代に降って纏められ始めたものである。

『荀子』の勧学では、「君子之学」が重んじられている。ただこの「君子之学」は、「小人之学」と対比されている。『荀子』富国では、「君子之学」において重視される礼は、身分的な貴賤、年齢的な長幼、経済的な貧富に対応していたとされている。また同篇は、

由士以上、則必以礼楽節之、衆庶百姓、則必以法数制之。

と、士身分より以上の支配階層は、礼楽によって秩序が保たれ、一般の民衆は、法数（法律の条目）によって規制されるとも見えている。礼楽の運用には、身分的な制約が存在していたことになる。このことからすると、『荀子』勧学に見える『尚書』を始めとする五経、いわゆる「君子之学」にも、礼楽と同様、身分的な背景が意識されていた可能性はある。『礼記』曲礼上でも、同様に「礼不下庶人、刑不上大夫」とあり、礼の規範は、その適応に身分的な制約が意識されていた。

二　礼と刑——法典の編纂

刑書の編纂　法数、刑と対比される礼は、『説文』によれば「礼、履也、所以事神、致福也」とあり、践み行うべき事柄で、祭事と関連づけられている。『詩経』豊年や載芟にみえる豊作に感謝しての、「為酒為醴、烝与祖妣、以洽百礼」の「百礼」も、農事に関わる祭事である。礼がもともと支配氏族の宗教的な場での行礼と関係を持っていたことは事実であろうが、それが支配階層の日常（政治、宗教、社会）を規定する法則として、礼書の『儀礼』に纏められる過程においては、支配階層、貴族の習俗が広く儀式、制度として整理、集大成されて行ったこ

とになる。

礼書の編纂が戦国に降るとしても、礼は、儒家による評価を待つまでもなく、それ以前から支配階層のなかで習俗、習慣として長期にわたり規範化されていた。これに対して法や律は、刑と結びつけられ、礼とは対蹠的に位置づけられている。礼は支配階層の規範であるのに対して、刑は被支配階層を規制する手段と見做されている。

このため『尚書』呂刑にあっては、

苗民弗用霊（霊は上帝の命）、制以刑、惟作五虐之刑、曰法、殺戮無辜、爰始淫為劓刵椓黥。

と、法である五刑は、苗民に起こると伝える。苗民は、蚩尤の悪業に染まり、帝舜によって三危山に追放された三苗の君主であるされる。三危山は、異説が多く甘粛省方面にも比定されるが、苗は、雲南・貴州・広西方面の少数民族で、もともとは中原から湖北・湖南・広西方面にかけ居住していたとされている。三苗、苗民の伝文や三危山の位置については、説話、伝承の域を出ない部分が多いが、ここで注目すべきは、五刑である法の創始が、非漢人社会に仮託されていることである。

『尚書』舜典には、

象以典刑、流宥五刑、鞭作官刑、扑作教刑、金作贖刑、眚災肆赦、怙終賊刑。

と、刑罰が定められているが、刑罰の執行には、欽哉欽哉、惟刑之恤哉。

と、慎重が期せられるよう述べられている。しかしまた、同じ舜典において、舜が諸官を任命するに当たっては、

帝曰、皐陶、蛮夷猾夏、寇賊姦宄、汝作五刑有服、五服三就、五流有宅、五宅三居、惟明克允。

と、刑神として知られる皐陶に対して、わざわざ非漢人である蛮夷が漢人社会を混乱させた場合には、刑罰のすべてをもって対処するよう命じている。刑罰の適用において、非漢人には夏人、すなわち漢人と異なる刑の運用が意識されていたことを窺わせる。

貴族の習俗のなかから生み出された礼と、その編纂が非漢人社会に仮託される刑とでは、その誕生の過程に大きな違いがある。『尚書』甘誓によれば、刑は、報償が行われる祖廟に対応する社前で執行されたという。社は、殷代にあっては、四方土の祭祀で、支配氏族と族を異にする各地方邑群の象徴として、殷族の祖廟と並び王にとっての重要な祭祀の対象とされていた。このことは刑が、たとえ支配氏族であっても、族内の秩序を乱すものに対しては、一族としての庇護を剝奪し、族の枠外である社前に追放し、刑の対象とされるに至ったことを意味している。

刑は、異民族に対して発動されるものであって、いわゆる「刑不上大夫」といわれる所以でもある。

このため前五三六年、春秋時代の鄭において、刑書が祭器に記載されて公布され、前五一三年には、晋において同じく刑鼎が鋳造されたという『春秋左氏伝』の記事は、『尚書』舜典に伝えられる刑罰制定の伝承とは違い画期的である。礼の秩序で守られ、特権を享受してきた士以上の支配階層、世襲貴族の人々が、前六世紀に出現

する刑鼎、刑書による成文法化の結果、必ずしも刑の対象外におかれるとの保証はなくなったわけである。

前五三六年の刑鼎は、鄭の子産によって行われた政治改革の一つである。鄭の子産は、戦国秦における商鞅の変法に大きな影響を与えた政治家であって、鄭の王権強化に尽くしたが、この子産の刑鼎に対しては、「乱政」、「叔世」の行為として、「火見」すなわち戦乱を予言する声さえ出て、反響は大きかった。子産は、この反響に対して当世一時の措置として釈明している。

子産による刑書の公布以降、『春秋左氏伝』には、前五一三年の晋の刑鼎、前五〇一年の鄭の竹刑と、相次いで刑書公布の記事が現れる。この間ほぼ三五年、鄭の子産の刑書を除くと、その後の刑書の公布に対しては、子産の場合ほど全面的否定の動きはない。刑書の定着化が次第に進んできていることを窺わせる。

湖南省江陵張家山出土の漢簡『奏讞書』のなかには、前七世紀後半の魯法三条、

①盗一銭到廿、罰金一両、過廿到百、罰金二両、過百到二百、為白徒、過二百到千、完為倡。

②諸以県官事其上者、以白徒罪論之。

③有白徒罪二者、駕其一等。

と、前六世紀末から前五世紀初めの衛の獄法一条、

為君、夫人治食不謹、罪死。

とが含まれていた。いずれも刑罰の規定である。ただ漢代に降る編纂物で、他に類例がないため、どれほど春秋

の事情を正確に伝えるか慎重に対処する必要はあるが、『奏讞書』にみえる魯法や衛の獄法も『春秋左氏伝』の刑書成文化の時期とそれほど大きく離れない。

古訓としての『尚書』も前七世紀後半に編纂が始まる。刑書成文法化の動きと時期的にも近いが、この前七、六世紀は、いわゆる春秋各国において君主権強化のための政治的改革が活発化する時期でもある。すなわち前五六〇年の魯の宣公による「初税畝」、現物地代化への税制改革。前五六〇年の晋の襄公による「民（農民）」への兵役の拡大、兵農一致に向けての兵制改革。前六八八年の秦における県制の導入、采邑制への打撃等、相次ぐ君主権強化の動きのなかで、卿・大夫の世襲貴族は次第に存立の基盤を喪失して行くことになる。

刑典の成文法化への動きは、このような春秋時代における政治的改革、礼的社会基盤の変質とその時期を一にするものであり、中央集権化、統一国家形成への方向と密接に関わっていた。

荀子の礼説　このことは刑書の編纂が、『尚書』やさらには礼書の編纂の動きとも、ある程度時期的に並行して窺えるということになる。このため刑書と、『尚書』や礼書との関係如何が問題となるが、これまでにおいては『尚書』や礼書は支配氏族の古訓や習俗のなかから導き出され、世襲貴族の秩序づけ、刑書の編纂は非漢人の手に仮託されてはいるものの、集権化が強まるなかで人民すべてが対象とされている、とのことを指摘した。しかし礼が礼書として編纂される時期は、世襲貴族の衰退期に当たり、礼治主義のための政治的環境は大きく変化した。

孔子は、礼を通じての内面的な徳性と政治思想としての礼治との両面を重んじたが、戦国時代前四世紀末から前三世紀初めの孟子は、礼の形式的な側面から離れ、礼の内面化を指向した。これに対して戦国時代も末期の荀子は、礼本来の外部規制的な側面を強調した。

『荀子』彊国には、

人之命在天、国之命在礼、人君者、隆礼尊賢而王、重法愛民而覇。

と、国の運命は礼によって左右されるとあり、同議兵には、

礼者治弁之極也、彊国之本也、威行之道也、功名之揔也、王公由之、所以得天下也。

と、礼は国を治める上での最高の規範と位置づけられている。そして問題の礼と刑（法）との関わりについては、荀子を語るによく引用される、同性悪に、

生礼義而起法度、然則礼義法度者、是生於聖人之偽、非故生於人之性也、（略）聖人化性而起偽、偽起而生礼義、礼義生而制法度、然則礼義法度者、是聖人之所生也。（略）今当試去君上之勢、無礼義之化、去法正之治、無刑罰之禁、（略）天下之悖乱而亡。

と、礼義と法度、さらには刑罰が同一視され、同議兵には、

慶賞刑罰、欲必以信。

と、刑罰を積極的に評価している。ただ荀子は、前述したように礼楽と法数とを身分の高低によって区別している。また『荀子』君道においては、

有治人無治法、(略)法者治之端也、君子者法之原也、故有君子、則法雖省、足為徧矣、無君子、則法雖具、失先後之施、(略)君子者治之源也。

とあり、同致士においても、

故有良法而乱者有之矣、有君子而乱者、自古及今未嘗聞也。

と、君子の徳治を肯定している。この点、韓非子五蠹に、

故明君之国、無書簡之文、以法為教、無先王之語、以吏為師。

と見える、書簡の文(『尚書』・『詩経』など)や先王の語(古訓の類)、すなわち旧体制を否定し、法令とそれを運用する官吏を重視する法家の立場とは一線を画している。荀子が法度、刑罰と礼教とを同一視する限り、礼と刑との適応に身分的格差を主張してみても、礼と刑との内実、機能にそれほど大きな相違も認め難いことになる。

礼は、儒学において重んじられたが、儒学の礼への関わりにも変化がある。そのなかで戦国時代に入っての礼書、『儀礼』の編纂は、礼の外形的な規範が中心となっている。三礼に数えられ、漢代に降って編纂される『周礼』、『礼記』をも含め、いずれの礼書も刑法典とは異なる。荀子は、「礼義生而制法度」と礼と法度、刑罰との密接な関係を説くが、いまだ抽象的である。このため礼と法度との融合は、後漢時代に降って、儒家が律令との関わりを深め、律三家、章句十有余家のように律説の中心的役割を果たすようになるなかで、深化することにな

る。

三　法典の集大成

「撰次諸国法」　春秋時代に各国で試みられた刑書の編纂は、戦国時代になると、一つに集大成されて行くようになる。七雄に代表されるように政治的分裂は引き継がれているものの、法的には政治的現実に先んじて統一国家のための体裁が整えられて行くことになる。

戦国時代の魏は、天下の中央に位置し、名君文公のもとには天下の賢臣が集った[7]。この魏で文公、武公に使え、「撰次諸国法」（『晋書』刑法志）と、各国の法を整理し、六篇の『法経』を編纂したのが李悝（李克）である。李悝の『法経』六篇は、唐代の編纂物、『晋書』に初見することから、史実として疑問視する見解もあるが、前漢末から後漢にかけての桓譚の『新論』（後漢初に成る）の記事として明の董説『七国考』に『法経』六篇の内容の一部が伝えられている。

董説『七国考』の李悝『法経』の記事は、『新論』が明代においてはすでに散逸していたのではないかとの疑義があり、これまた疑問視する見方もあるが、『七国考』には、桓譚『新論』から李悝以外の事項についても引用があり、『法経』六篇の引用のみを疑問視するには躊躇を覚える。そこで『七国考』に引用される律と令とを列挙すると、

①魏之令、不孝弟者、流之東荒。

②正律略曰、

殺人者誅、籍其家及其妻氏・殺二人及其母氏、大盗戍為守卒、重則誅、窺宮者臏、拾遺者刖、曰、為盗心焉。

③其雑律略曰、

・夫有一妻二妾其刑馘、夫有二妻則誅、妻有外夫則宮、曰、淫禁。
・盗符者誅、籍其家、盗璽者誅、議国法令者誅（一作法禁）、籍其家及其妻氏、曰、狡禁。
・越城一人則誅、自十人以上、夷其郷及族、曰、城禁。
・博戯罰金三市、太子博戯則笞、不正則特笞、不正則更立、曰、嬉禁。
・羣相居一日以上則問、三日四日五日則誅、曰、徒禁。
・丞相受金・左右伏誅、犀首以下受金則誅、金自　以下罰不誅也、曰、金禁。
・大夫之家有侯物、自一以上者族。

④其減律略曰、

罪人年十五以下、罪高三減、罪卑一減、年六十以上、小罪情減、大罪理減、武侯以下、守為□法矣。

となる。李悝の『法経』六篇は、盗・賊・網（囚）・捕・雑・具の六律から構成されていたが、桓譚『新論』では、このなかの盗律・賊律・雑律・具（減）律の四種の律が引かれ、併せて魏令を一条引用している。桓譚が引用する盗・賊・雑の三律は、刑罰の種類であり、具律も年齢に応じて加減される刑罰の内容で、引用されていない裁判手続きの規定である網律と捕律とは性格を異にする。

魏令（律に対する追加規定）が一条だけ引用されている。これは儒者桓譚が「孝弟」の規定に関心を寄せたためかも知れないが、これまた不孝弟罪による流刑の規定である。桓譚の戦国魏律に対する関心のほどが窺える。

この魏の国法を「律」と呼ぶのは、桓譚『新論』ならびに『晋書』刑法志であるが、『唐律疏議』と『大唐六典』は、商鞅がこの李悝の『法経』を秦に伝え、「改法為律」と律の呼称を採用したとある。国法の規定を何時から律と呼ぶようになったか、同じ唐代の編纂物においても混乱があり定かではない。春秋時代の裁判記録『奏讞書』に引かれる魯の法律は、「法」と呼称されていた。

李悝による魏の法典は、統一王朝の秦漢に継承され、中国法制の祖とされる。魏法はそれだけ法典として普遍性を備えてきていたことになるが、この魏法を秦に伝えた商鞅の著作、『商君書』が残されている。、戦国時代も比較的後期に成立しており、後の法家の人々の手がかなり加わっていると考えられるが、『商君書』定分によると、法令は、中央（殿中・御史・丞相）と地方（諸侯・郡県）とに「法官」、「主法之吏」が置かれ、これを専管していた。そしてこの法令の原本は、殿中の禁室に鍵鑰で厳重に封緘されており、法令の地方への伝達には、割符が用いられていた。

法令の管理が、法令専任の役人によって厳重に行われていたことになるが、ここで注目すべきは、中央から伝達される法令が、郡県とならび諸侯の邑においても共通した存在として捉えられていたことである。領域国家への胎動のなかで、法令による集権化が先行して窺える。

以吏為師と法の「蔵于官府」 統一秦を支えた李斯は、法家の立場に立って思想の統一を計ったが、法令についても、『史記』李斯伝によると、

私学、乃相与非法教之制、聞令下、即各以其私学議之、入則心非、出則巷議、非主以為名、（略）若有欲学、以吏為師。

とあり、法の運用は吏が担うべきで、民間で私的に議論を行うことは禁止されている。

以吏為師の姿勢は、『韓非子』五蠹にも見えているが、国法に対しての私議については、戦国中期以降に成立したとされる『管子』任法には、

以法制行之、如天地之無私也、是以官無私論、士無私議、民無私説、皆虚其匈以聴於上、上以公正論、以法制断。

と、私論・私議・私説ともに君主の公正・法制を乱すものとされ、『史記』秦始皇本紀には、

今天下足、法令出一、（略）士則学習法令辟禁、今諸生不師今則学古、以非当世。

とあり、士身分、知識階級の人たちによる現行法の軽視が、当世、すなわち皇帝権の否定に繋がるとして危惧されている。士身分の人たちが評価する「学古」は、礼教への回帰である。

このため法令に対する私的な論評は、厳しく禁じられた。私撰の『史記』が、李悝の事跡を述べて、漢律の祖とされる『法経』六篇を失したことも、このためではなかったか。

前漢時代に、法律の知識がどのようにして修得されていたかを整理してみると、武帝以前は、申・商・韓非など法家刑名の学を個人的に学ぶことが一般的であるのに対して、武帝以降は、官府の関係を通じて、漢律そのものを修得する事例が目立ってくる。武帝時の官吏任用制度、選挙（郷挙里選）の導入にあたって、明法令科が創設されたことが、このような変化の一つの契機になったと思われるが、前漢の初めにはなお、以吏為師の風潮が残存していたことになる。

そして律令の民間での本格的な論議、律学の高まりは、前述したように後漢に降るが、この律令への私議の禁

止と関連して、国法非公開の問題がある。いわゆる争端の本とされる法を、民に知らせないよう官府に秘蔵していたの謂である。『隋書』経籍志刑法は、

刑法者、先王所以懲罪悪、斉不軌者也、書述唐虞之世、五刑有服、而夏后氏正刑有五、科条三千、周官、司寇掌三典以刑邦国、司刑掌五刑之法、(略) 春秋伝曰、在九刑不忘、然而刑書之作久矣、蓋蔵于官府、懼人之知争端而軽於犯、及其末也、肆情越法、刑罰僭濫。

と刑法の沿革を、『尚書』に見える唐虞の五刑、夏后氏の正刑五、『周礼』の三典・五刑を述べた後、刑書は人々が法の網の目を潜るためのきっかけを探しだし、法を犯すことに罪意識がなくなる。このため刑書は作られて久しいが、官府にしまい込まれたままになっている。しかし九刑が常刑として存在しており、犯罪者に対しては、これを放置したままにしてはいけない、と述べている。ただこのような措置は、周も末世、すなわち東周の春秋戦国時代になると、刑罰の恣意的な運用に繋がったとも指摘している。「春秋伝曰、在九刑不忘」は、『春秋左氏伝』文公一八 (前六〇九) 年に引かれる周公の誓命に見えるが、刑書が人民の争端の本になるとの考えは、『春秋左氏伝』昭公六 (前五三六) 年の条にも、子産の刑鼎作成を非難した言葉のなかに、

民知有刑辟、則不忌於上、並有争心威徴於書而徼幸以成之、弗可為矣、夏有乱政而作禹刑、商有乱世而作湯刑、周有乱政而作九刑、三辟之興、皆叔世也、(略) 民知争端矣、将　礼而徴於書錐刀之末、尽之之。

とあり、刑書が争端の本となり、君主をも蔑ろにするようになると見えている。禹刑、湯刑、九刑などの刑書は、

王朝末期の政治が乱れたなかで作られたものとされている。刑書が「蔵于官府」との記事も、かかる刑書に対する警戒心から生じた対応であろうが、『隋書』経籍志刑法の記事は、上文につづいてまた、

至秦、重之以苛虐、先王之正刑滅矣、漢初、定律九章、其後漸更増益、令甲以下、盈溢架蔵、晋初、賈充、杜預、而定之、有律、有令、有故事。

と、秦漢から隋代に降る刑典の変遷を述べている。国法非公開の措置が実際に執られたか否か自体も問題になるかも知れないが、もし実施されることがあったとしても、その時期をいつまで降らせるかが問題となる。これについて『商君書』定分には、

諸官吏及民、有問法令之所謂也于主法令之吏、皆各以其故所欲問之法令明告之、（略）故天下吏民、無不知法者。

と、法令を管掌する吏は、吏民からの法令に対する質問に答え、吏民に法を徹底すべきであると見えている。『商君書』は戦国時代も晩期の事情を反映しているとされる。また偽作説も多いが、戦国秦漢の学者の手によって編纂され、伝統的な制度をある程度反映するともいわれる。(8)『周礼』の大宰においては、毎年正月に宮殿の正門（象魏）に法を懸け公示するとの慣行が見えているが、史記商君列伝には、

令既具未布、民之不信己、乃立三丈之木於国都市南門募民、有能徙置北門者予十金、民怪之莫敢徙、復曰、能者予五十金、有一人徙之、輒予五十金、以明不欺、卒下令、令行於民朞年、秦民之国都言初令之不便者以千数、於是太子犯

法、衛鞅曰、法之不行、自上犯之、將法太子、太子君嗣也。不可施刑、其傅公子虔、黥其師公孫賈、明日秦人皆趨令、行之十年、秦民大説。

とあり、商鞅の変法令の場合、公布する側も、それを受け止める人民の側も、双方ともに試行錯誤の様相を呈している。令の施行が未だ充分に定着していなかったことを窺わせる。

このため刑書が、民の争端となることを避け、官府に秘蔵され、法の非公開が計られたとしても、これは漢初にも降る以吏為師の時期すべてにおいてではなく、刑書の編纂が一般化される以前の事情とすべきであるかも知れない。

睡虎地秦律　魏の法典は、隣国秦に伝えられた。この秦は、後、天下を統一することになるが、一九七五年に、湖北省雲夢県睡虎地から秦律を含む多数の竹簡が出土した。この竹簡は、前二六二年から前二一七年にかけて生存していた治獄経験者の県吏（一九歳で県吏になっている）が所持していた。秦が天下を統一したのは前二二一年であり、竹簡の前所持者は、戦国時代末から統一秦初にかけての人物となるが、所持していた竹簡のうち郡太守から属県に宛てた文書「語書」は、前二二七年と、統一前の紀年になっている。また比較的纏まりのある秦律一八種も戦国秦の領域で施行されていたものと思われる。

秦律一八種は王室に直結する官営諸事業や官吏の職務についての規定であるが、睡虎地秦簡には、この他、「法律答問」・「封診式」などの法律関係史料が含まれていた。前者は、刑書を中心とする具体的事例をもとにした解説書、後者は、裁判手続きの具体的事例集である。このため睡虎地秦簡は、戦国末期の秦国における法典の実態を垣間見る上で貴重な発見である。その内容は、「法律答問」のようにそれまでの刑書を引き継ぐものの他に、秦律一八種のような行政法等、非刑法的な律文も多数存在していた。李悝『法経』には囚律や捕律のような裁判手続きの律文が含まれていたが、「封診式」は県令や県の属吏による具体的裁判手続きを例示したもので行政法的な性格を持つ。

唐令さえも散逸しているなかで、秦律に比較的包括的な行政法等、非刑法的な条文が確認されるとなると貴重な存在であるが、かかる律文は、官僚制が発展していくなかで、当然、必要である。ただそれにしても春秋戦国時代の法典編纂は、従来の版本史料では刑書として現れてくる。このことについて、『周礼』に集約されていくような礼が、長年に亘り集積されていたため、領域国家が形成されて行くなかで統一的な刑書の整備が急がれたか、あるいは集権化の過程が軍事集権的要素を強く帯び、かかる刑書を重視する政治手法を求めさせたか、など課題となるが、戦国末秦においては、すでに唐の「律令」制に発展していく「律」の体裁が整ってきていたことになる。

おわりに

戦国楚の法制　戦国時代の法整備においては、長江流域の事情が必要になる。この点については、一九八七年に湖北省荊門市包山前から四世紀末の楚簡が発見され、戦国時代の楚の裁判記録が大量に含まれていた。このため楚と秦との裁判制度の比較など、ある程度可能となったが、楚の裁判では、判決に疑義を感じた場合、再審理を上級行政単位に訴えるのではなく、初審の機関で、同じ役人の下、繰り返し審理が行われている。多い場合は四次にも及ぶ。この初審の機関は、楚の地方行政組織が、包山楚簡では明確を欠くため、異論もあるが、県ではなかったかと考えている。初審が県で行われている点では、睡虎地秦簡の裁判制度と類似するが、秦の裁判制度では、再審は上級行政単位である郡に上告されていた。

裁判の客観的な運用となると、秦の体制の方が優れていることは明らかで、統一秦・漢においても、秦の裁判制度が踏襲されている。睡虎地秦簡の「語書」では、楚の制度は否定的に捉えられ、秦律の徹底が指示されている。李悝の『法経』では「撰次諸国法」であったとされ、秦律の場合も、睡虎地秦簡では魏律が含まれているが、楚法との関わりについては、果たしてどの程度の相関関係を持ち得たか定かではない。

漢律　戦国時代の秦律と、統一秦との律文を比較する上で格好の史料が出土した。一九八九年に発掘された、湖南省雲夢県竜崗の秦簡である。その秦簡には睡虎地の秦律と関わりの深い律文が断片的ながら含まれていた。竜崗秦律は統一秦の用語が使用されていて、秦による統一後の秦律であることが判明するが、睡虎地秦簡の「田律」と竜崗秦簡「禁苑」の類似する部分とを比較、例示してみると、

《睡虎地秦簡》百姓犬入禁苑中、而不追獣及捕獣者、勿取殺、其追獣及捕獣者、殺之、河禁所殺犬、皆完入公、其它禁苑殺者、食其肉而入其皮。

《竜崗秦簡》黔首犬入禁苑中、而不追獣及捕［獣］者、勿［敢］殺、其追獣及捕獣者、殺之、河禁所殺犬、皆完入公、其它禁苑［殺者］、食其肉而入其皮（［　］内の文字は睡虎地秦簡によって補った）。

となる。統一秦において百姓の語が黔首に変更されたため「百姓」と「黔首」に相違があるものの、睡虎地秦簡と竜崗秦簡の文意は、文字の一部の異動を除き同一である。このことは統一秦の律文が、戦国秦の律文を引き継ぐ場合、大きく律文を変更していなかったことが窺える、と同時に私的な副葬品として出土する秦律が、律文の筆写においてさほど大きく改変されていなかったとのことも考えられ得る。

この秦律が、漢律にどのように継承されたかについては、『晋書』刑法志は、ただ『法経』六篇に興律・廏

律・戸律を追加したとだけ伝えている（「律九章」の語は『漢書』刑法志にも見える）。この点について、一九八三年から翌年にかけて湖北省江陵張家山で出土した「（呂后）二年律令」では、漢律二五種（竹簡五〇〇余点）が確認できるという。律文の内容はほとんど公表されていない。このため秦律と漢律との律文の比較はかなわないが、一九七二年に山東省臨沂県銀雀山の前漢武帝時の漢墓から出土した「守法守令等十三篇」は、守法・要言・庫法・王法・市法・守令・李法・王法・委法・田法・兵令・上篇・下篇の一三篇で、多く法や令の名で呼称されていた。兵制との関わりが際だつが、その内容は多く既存の諸文献からの抜粋である。墓主は武官職の「司馬」と関わりがあったと考えられている。それでもこの著作は、新たな規範作りへの試み、一種の律学書として関心が持たれる。ただ漢律そのものではない。

このため漢律の実態を論じるためには、張家山の呂后二年律令の公表が欠かせないが、それでも漢書刑法志によれば、前漢宣帝から平帝時にいたっても、なお「刑法不明」で、宣帝時には「律令一定」が求められている。後漢以降の律学の興隆が待たれるわけであるが、漢律の構成については、これまで『晋書』刑法志が、蕭何によって李悝『法経』六篇に三律が追加されたと、「九章律」の律名を伝えるのみである。睡虎地秦律では、通称「秦律十八種」（田律・厩苑律・倉律・金布律・関市・工律・工人程・均工・律・司空・軍爵律・置吏律・効・伝食律・行書・内史雑・尉雑・属邦）と呼ばれているもののほか、効律・齎律・除吏律・遊士律・除弟子律・中労律・蔵律・公車司馬猟律・牛羊課・傅律・敦表律・廏律・捕盗律・戍律などの律名が伝えられ、魏律である戸律と奔命律も確認される。呂后二年律令の律文も、金布律・䌛律・置吏律・効律・伝食律・行書律・雑律・□市律・均輸律・史律・告律・銭律・賜律・奴婢律・変（蛮）律など二五種といわれる。蕭何の九章律は、これら当時の現実から見て、あまりにもかけ離れている。なぜ国法がかくもベールに包まれているのであろうか。

春秋戦国の法典も、刑書に偏る。この点について、王室や帝室の故事・儀礼など王朝の祖法的側面、正当性と関わりを持つ行政法等、非刑法的な諸規定は、治安を律する刑書に比して、歴代王朝、その継続性が比較的表面化し難かったとの事情が存在していたのかも知れない。唐代の律令においても、王朝交替の激しい中国では、早く唐令を失し唐律のみが伝えられ、日本では唐令等行政法的な規定が比較的多く残存している。法制と国体との関連性を窺う上で示唆的である。

（1）浅井虎夫『支那ニ於ケル法典編纂ノ沿革』京都法学会、一九一一。
（2）中田薫「支那における律令法系の発達について」『比較法研究』一―四、一九五一。
（3）拙稿「論中国古代法制的発展―中国古代的法和国家」『中国史研究』一九八九―二。
（4）本稿に関わる拙稿を列記する。
①「春秋戦国時代の罪刑法定化の動きと以吏為師について」『中国律令制の展開とその国家・社会との関係』刀水書房、一九八四。
②「李悝の法経について」『中央大学文学部紀要』史学科二九、一九八四。
③「戦国楚の法制―包山楚簡の出土によせて」『中央大学文学部紀要』史学科三八、一九九三。
④「湖北雲夢睡虎地秦簡管見」『中央大学文学部紀要』史学科二六、一九八一。
⑤「湖北雲夢睡虎地出土の秦律―王室の家法から国家法へ」『律令制―中国朝鮮の法と国家』汲古書房、一九八六。
⑥「秦代の律令について」『中央大学文学部紀要』史学科四二、一九九七。
⑦「道不拾遺」『句沫集』七、一九九二。
⑧「江陵張家山『奏讞書』について」『堀敏一先生古稀記念 中国古代の国家と民衆』汲古書房、一九九五。
⑨「秦代の治獄について―魯衛の新出土案例」『アジア史における制度と社会』刀水書房、一九九六。

⑩「奏讞書―中国古代の裁判記録」『江陵張家山奏讞書』中国の歴史と地理研究会、一九九六。
⑪「秦代の獄簿について」『東方学会創立五〇周年記念東方学論集』東方学会、一九九七。
⑫「秦代の讞制について」『中央大学文学部紀要』史学科四〇、一九九五。
⑬「銀雀山漢墓出土守法等十三篇について」『東アジア古文書の史的研究』刀水書房、一九九〇。
⑭「廷尉平と直指繡衣使者」『中央大学文学部紀要』史学科三二、一九八七。
⑮「漢代における司法の展開について」『中国古代の法と社会―栗原益男先生古稀記念論集』汲古書院、一九八八。
（5）胡留元、馮卓慧『長安文物与古代法制』法律出版社、一九八九。
（6）松本雅明『春秋戦国時代における尚書の展開』風間書房、一九六六。
（7）銭穆「魏文公礼賢攷」『先秦諸子繫年』商務印書館、一九三六。
（8）梁啓超『古書真偽及其年代』飲氷室専集。

市に集まる人々
――張家山漢簡『奏讞書』案例二二をめぐって

飯島和俊

はじめに

一九九三年に雑誌「文物」紙上に発表された、張家山漢簡『奏讞書』は、戦国秦漢交代期の判例を今日に伝えるだけでなく、同時代の動静を生々しく伝えるドキュメントとして第一級の史料である。しかし、仄聞するところ近い将来に公刊される予定はないとのこと。

この度ここに取り上げる「奏讞書」案例二二とは、一九九五年に紹介されたその後半部分に含まれている。そして、戦国時代末期の秦始皇帝（秦王政）六年（前二四一年）の案例でもある。この案例二二の最後の簡の裏側に「奏讞書」と墨書されていたのである。(1)

先に戦国秦漢交代期の逃亡者を、江陵張家山漢簡『奏讞書』を手掛かりに調査した。そして秦漢交代期の激変する社会の中で、戦乱や自然災害、特に飢饉を逃れて流亡者となり、あるいはやむを得ず、もとの戸籍を離れ逃亡者として「邦亡」「出徼闌亡」となるものが頻出した。そして追捕が行われ、裁判となる。そうした逃亡事犯で、背景が複雑で判決を下せない難事件を上申する「奏讞」が行われた。『文物』誌上で手にする限り『奏讞書』

では、逃亡事犯だけでなく、官吏の不正や地方の反乱事件の複雑な始末など幅広い難事件を扱っていたばかりでなく、春秋時代の逸話が含まれている。

『奏讞書』に登場する人物は多彩で、なかには、案例一は、不本意に徴兵されて「屯卒」とされたことを不当として逃亡して事件を起こした蠻夷男子毋憂。案例二は、楚漢戦争の時代に楚から漢に降り帰化したが「自占書」の義務を怠ったために、もとの主人に捕捉され売却されてしまって事件となった女子娟。案例三では、違法な結婚をして斉に出国しようとして事件となった獄史闌と女子南の男女。案例四では、逃亡先で「自占書」を悪用し身分を偽って結婚してしまった女子符、案例一四ではそうした逃亡者を故意にかくまう行為、案例一六では謀殺事件に絡む楚漢抗争の激動期に楚から漢に帰属した高爵の元軍人たち、案例一八では新開地越地での反乱と「新黔首」の敗軍逃亡事件にからんで違法行為を犯してしまった官吏などが取り上げられている。そしてそのものたちの裁判ついて考察し、その過程で、楚漢戦争の混乱に乗じて逃亡し、漢に帰属したものたちの法的特権、そのための「自占書」という届け出義務、そしてその「自占書」の不履行による権利消滅をめぐる、さらに逃亡者の追捕、追捕協力者への賞金支給制度や手配書にふれて問題を考察した(2)。こうして、秦漢交代期の社会はとても流動性の強い社会であって、漢帝国はそうした動揺する人々を漢の戸籍に編入しながら安堵していく、そのような時代であったことを再確認した。

本稿は、動揺する秦漢交代期の社会で繰り広げられる人々の生活とその手段、特に激動する社会の中で出現する生活手段の場として、張家山漢簡『奏讞書』案例二二(3)に登場する「市」を取り上げることにする。案例二二には、市に集まる人々として、強盗傷害の被害者で市を生計の場としていた女子婢、嫌疑を掛けられた「人豎子、賈市者、舍人、人臣僕、僕隷臣、貴大人臣」や「它縣來乘庸者」たち、そして、不逞な輩としてあぶり出されてきた公卒瘛等、不正に公事を逃れ「逋事」していて捕捉された士伍武、士伍武の自供によって捕捉された走士の公士孔、公士孔との交際関係から浮かび上がってきた走馬僕といった、多彩な人物が登場する。
まずは、案例二二の事件の概要を検討し、そこに登場する人々について考察していこう。その過程で、幾分なりと秦漢交代期の市に集まる人々、特に戦国秦漢交代期から前漢時代にかけて首都咸陽とその周辺の市に関わる庶民の暮らしぶりや人間関係に焦点を絞って解明しようとするものである。

一　市をめぐる事件例

（張家山漢簡「奏讞書」案例二二　事件から浮かび上がる咸陽の地域社会）

（案例二二）の性格

本案件は複雑な構成をしている。事件の流れも複雑な上に、末尾に次のような文章が付いている。

六年八月丙子朔壬辰、咸陽丞穀禮敢言之。令曰、獄史能得微難獄、上。今獄史擧闟得微［難］獄。爲奏廿二牒。擧闟毋害謙絜敦愨守吏也。平端謁以補卒史、勸它吏。敢言之。

簡単に言えば、このたびの難事件を解決した功績を高く買って、咸陽県丞穀禮が配下の獄史擧闟を「毋害謙（廉）絜敦愨守吏也」と評して上級機関の吏となる郡の「卒史」という職に補任するための推薦書きとなっている。つまり、後半に登場する獄史擧闟の有能なところが強調されている。であるから、案例二二の構成は、まず配下の下級吏を上級職に推薦するというもう一つの伏線を承知の上で考察しなければならない。(4)

事件は「六年八月丙子朔壬辰」、つまり秦王政六年（前二四一年）八月一七日には結審し、この上書が行われたのである。この時推薦されたのが前述の獄史擧闒である。獄史は県の下級吏で、令史と並んで県の要職を占め、県令丞といった上級官吏の人事考課によって出世や左遷させられる。彼は本条で「毋害謙（廉）絜敦愨守吏」と評価されている。まず「毋害」とは文深ではなく法律に堪能で有能、中庸の徳を備えた吏のこと、(5)「廉絜」とは謙虚で潔い。官吏の特性として特に求められた性質であったらしい。そして、「敦愨」とは人情が篤くて実直ということ。「守吏」とは、『睡虎地秦墓竹簡』「除吏律」（一二八頁）には「守嗇夫叚佐居守者」という用例があり、主嗇夫とか叚佐といった職は留守居役とか臨時就任の吏で一応業務を一任されている。それは、『睡虎地秦墓竹簡』「倉律」（三五頁）に「而遺倉嗇夫及離邑倉佐主稟者……」とあるように嗇夫や佐の職務が見られるが、政権の末端において業務を主掌する重要な職務であった。であるから「毋害謙（廉）絜敦愨守吏」と賞賛されることは、要職を委任できる有能な人材と評価されたのである。

（事件の経過）

事件の発端は、次のように記されている。

●六月癸卯、典贏告曰、不智何人刺女子婢最里中、奪錢。

「六月癸卯」とは、秦王政六年（前二四一）六月二七日のこと。(6)「典贏」とは、里典（里正）の名を贏というもので、事件の被害者は「女子婢」といい、婢は人名。「最里」とは、事件現場となった巷中のあった現場の地域名で、事件の総括が「咸陽丞」の名で行われ上書されているから、「最里」は秦の首都咸陽治下の里であろう。

当初「獄史順、去疢、忠、大□(7)」の四人の獄史が、この問題を調査するよう任ぜられた。そして、彼らは規定通りに取り調べをはじめていく。

婢曰、但錢千二百、操簦、道市歸、到巷中、或道後類塹軵（拊）、婢僨、有頃乃起、錢已亡、不智何人之所。其軵（拊）婢疾類男子。譁（呼）盜、女子齔出、謂婢北有笄刀、乃自智傷。

まず、被害者女子婢の証言。千二百銭を以て、市からの帰宅中に「最里巷中」において誰とも知れない犯人の襲撃を受け倒された。この時、所持金の千二百銭を略取された事を知った女子婢は、強盗、と叫び、その声に応じて出てきた女子齔の指摘によって、背中に「笄刀」による傷害を負った事を知ったという。

「但錢千二百」とは、かなり高額で「道市歸」とあることから、その日の売上金であるかもしれない。(8) 李學勤氏は、「但」を「撣」と解す。「説文」は「提持也」とある。ささげもつの意。「簦」とは、柄のある大型の傘。(9)「塹軵（拊）」とは、李学勤氏は「塹」を「暫」に解している。たしかに「暫」とは『廣雅』釈詁二に「暫、猝也」とある。「拊」は『廣雅』釈詁三に「拊、擊也」とある。つまり「塹軵（拊）」とは、突然襲うこと、ここでは、うしろから突然突き倒されたということであろう。「譁（呼）盜」して、被害にあったことを周囲の人たちに知らせ助勢を頼むと、「女子齔」は、この叫び声に応じて飛び出してきた。彼女の指摘で「刀」が背中に突き刺さって負傷したことを覚った。後に証拠物件の検分において「視刀、鐵環、長九寸」と確認される刀が簪のように突き刺さっていたのである。

（捜査の開始）

こうして事件が報告され、詳細な犯行状況の審問が始まる。犯人を特定するためにどのように犯人像を絞り込んでいくか、興味深いところでもある。

訊婢、①人従後、何故弗顧。曰、操簦、簦鳴匈匈然、不聞聲、弗顧。
訊婢、②起市中、誰逢見。曰、雖有逢見、弗能□。
訊婢、③黨有與爭鬭相怨、□□取葆庸、里人智識弟兄貧窮、疑盜傷婢者。曰、毋有。

まず、被害当時の状況において、犯人、あるいは犯人らしきものを見たか、心当たりはないかを尋ねている。そして獄史は犯人像を絞り込むべく、女子婢を取り巻く人間関係を限定してその中に犯人を、あるいは犯人に結びつく糸口を探ろうとしている。

第一段階①に、後ろから襲撃されたと言うが、何で後ろに注意して振り向かなかったのか。やはり、犯意を持った人間が接近すれば、殺気のような感じを抱くと考えるのであろうか。しかし、女子婢は「簦」を携えていて、その「簦」が放つ騒音で後方の気配を感じなかったという。

第二段階②、市中を起って、犯行現場にいたる間に、不審な人物に会わなかったかどうか。だが彼女は、記憶していない、覚えていないので答えられないのである。

第三段階③、どうしても女子婢の行動の中から犯人像が浮かび上がってこないので、捜査範囲を一気に拡大する。ここで女子婢の郷党内の人間関係や社会構成であり、嫌疑を受けやすい人々を列挙して、被害者女子婢の心当たりを聞き出そうとする。人間関係も幅広いのかもしれない。

しかし、こうして捜査対象を拡大させても犯人らしきものは浮かび上がってこなかった。

①視刀。鐵環、長九寸。②婢僨所有尺半荊券一枚、其齒類賈人券。婢曰、毋此券。
訊問女子噲、曰、病臥内中、不見出入者。順等求弗得。
令獄史舉閼代。舉閼以婢僨［所］券謙視賈市者、類繒中券也。
今令販繒者鞻視、曰、券齒百一十尺、（十）尺百八十錢、錢千九百八十、類繒中券。
訊鞻等、曰、毋此券。讂求其左、弗得。

ここで証拠物件の検分が紹介される。証拠物件は二件。その一件、①は先に「笄刀」と表現されていた「刀」一振り。柄頭に環頭を持つ鉄刀で、長さ九寸（「長九寸」は、秦尺（二一・五センチ）で、全長約一九センチの小刀）(10)。もう一件、②が「荊券」で、これは最初の典贏の「告」や女子婢の最初の申告にも出てこなかったが、こうした証拠物件が犯行現場に落ちていた。おそらく、現場検証が行われたのであろう。その「荊券」は、被害者女子婢には覚えのないものということで、これが直接犯人に結びつく証拠ということになる。犯行現場に落ちていた「尺半荊券」(11)とは、当時の商いに必ず用いられた券のことで、券に刻まれた「齒」によって価格と数量、明細を確定したもの。これを「左券」と「右券（契）」とに二つに分離して、売り手と買い手が相互に持ち合い、照合して売買（賈鬻）するものである。たとえば、『史記』高祖本紀に、高祖が酤酒していた王家武家の両家は「歳竟、兩家常折券弃責」(12)したと伝えている。「折券弃責」とは、「然則古用簡札書、故可折。至歳終總弃不責也」だと索隱は言っており、売買証明の券を年末にすべて廃棄して高祖の債務を帳消しにしたという。「荊券」とはこうした使い方をしたものであろうか。

ここで「女子噲」がはじめて登場するが、彼女の家は犯行現場をよく見渡せる位置にあったのではと思われる。しかし、彼女は、当時病気で伏せっていて、犯行当時不審なものが巷中を出入りするのを見ていないと言うこと。

こうして、犯人を特定することもできず、捜査も行き詰まってしまった。

こうした捜査の状況の時に獄史擧闖が登場する。

獄史擧闖は、犯行現場で発見された「荊券」を検分し、賈人の使用する「繒中券」[13]ではないかと考え、その業者の販繒者䶂の協力で、「錢千九百八十」相当の、「繒中券」のようなものであることが特定できた。女子婢の倒れていた現場に残されていた前出「類繒中券」と対になる「左券」は発見できなかった。その「左券」が発見できれば、対になる「右契」の持ち主は当然判明するはずで、「右契」の持ち主が犯人か犯人に近い者となる。しかし、協力してくれた販繒者は自分たちの者ではないと主張し、また証拠物件の荊券と一致する左券は発見できず、券の持ち主も特定できなかった。ということは、この「荊券」は、故意に作られ放置されたおそれがあるということだ。こうして、また壁にぶつかった。

〈捜査対象の絞り込み〉

被害者周辺から犯人像が浮かんでこないとすると、女子婢を取り巻く人間関係にはなんら異常な人物は存在しないと言うことで、ここでこの犯行は通りすがりの犯行と言うことになるのであろうか。とくに、獄史擧闖に代わってから判明した、不審な「繒中券」の取り調べによって、この事件が市の事情に習熟した者の犯行と考えることができ、また、女子婢も市で商売をしている。そして、市からの帰路、襲撃を受けていて、尾行されていたようであることから、市に関係する人々が捜査対象となってくる。捜査対象が不特定多数だが、市に集まる不審者に容疑者を限定するようになった。こうして、市に集まる人々がリストアップされることになる。

擧闖求、毋徵物以得之。即收訊人豎子及賈市者舍人人臣僕僕隷臣貴大人臣不敬悳、它縣人來乘庸、疑爲盜賊者、①

偏視其爲謂、②即薄出入所以爲衣食者、③謙問其居處之狀、弗得。

こうして、獄史擧闞は何の根拠もなしに、少し強引とも思える虱潰し作戦を展開する。市に出入りする者で盗賊をしそうな人物を「收訊」してリストを作り、一人ひとりその容疑を検証する方法を採ったのである。その結果が「人豎子及賈市者、舍人、人臣僕、僕隷臣、貴大人臣不敬悳、它縣人來乘庸、疑爲盜賊者」たちである。「收訊」とは、「收」字は、『説文通訓定聲』に「收、叚借爲糾」とあり、「ただす」で、容疑者を一人ひとり拘束引見して「①偏視其爲謂、②即薄出入所以爲衣食者、③謙問其居處之狀」[14]、つまり第一に容疑者に言わせて言論を調査し（①）、その言動の中からいつも出入する所や衣食のもと生活基盤を書き留める（②）。そして「居所之狀」とは、暮らしぶり、身持ちということで彼らに生活状況を問い質すこと（③）。こうして、いろいろと言うことに矛盾があるような不審な言動をする者を特定しようとしたが失敗だった。

（捜査の新展開）

こうした徹底的な容疑者取り調べの過程の中で、新たな展開が見られたのが、次の次第である。

擧闞有將司寇裘等／▽收置□□□□而從之唯不▽／▽視行怍（作）不□（勉）、飲食靡大、疑爲盜賊者、弗得。擧闞求偏悉、弗得。

□□□□遍□□及隷妾每等。晨昧里訮詷謙（廉）問、不日作市販、貧急窮困、出入不節、疑爲盜賊者、公卒瘛等。

偏（徧）令人微隨視①爲謂、②出入、③居處狀。

獄史擧閑は、配下の司寇衺等(15)を將司して捜査を徹底させたようで、ここに登場した司寇たちは刑徒身分のものたちで、言ってみれば前科を持つ者、犯罪のことに熟知した者たちである。彼らの捜査はさらに徹底的で、仕事もしないのに「飲食靡大」な者たちに焦点を絞った。

「……視行□作（作）不□力（勉）」部は上部を欠損しているが残存部を補訂して、「視行作不勉」と置いてみると、行動や仕事ぶりがいい加減で、適当に済ませている、と言うぐらいの意味になろう。後文に「不日作市販」とあることから、これに対応する。つまり、仕事ぶりがいい加減で、適当に済ませている者の生活実態にあわない豪勢な飲食を行っているものを「視（観察する）」る、ということではなかろうか。

新たに投入した司寇衺等が捜査を徹底して、疑わしいものどもを虱潰しに取り調べ、言動（①爲謂）、行動（②出入）、暮らしぶり（③居處狀）について調査した、と言うことであろう。「飲食靡大」の「靡大」は、ますます大(16)ということで、生活実態にあわない豪勢な飲食を行っていること。当初、効果は出なかったが、一日中(13)疑わしいものどもを虱潰しに取り調べる「一斉捜査」を行い(17)、言動、行動、暮らしぶりについて調査した、と言うことであろう。昼夜にわたる取り調べは、商売がとぎれがちであったり、貧窮困難な者たちで盗賊の嫌疑のある者たちへと進み、不逞な輩の生活状況、身辺の捜査へと展開していった。そして「不日作市販、貧急窮困、出入不節」であった公卒瘱等をあぶり出してきた。

「公卒瘱等」は、公卒(18)として本来「役」についている者のことであろう。あるいは「兵卒」のことかも知れない。公卒瘱等は日常生活や市との関わりの中で次第に「不日作市販、貧急窮困、出入不節」な者として浮かび出てきた。このものたちは生活実態に合わない派手な飲食をしていたのであろう。そして、ひそかに、「隨視爲謂出入居處狀」、つまり、なす事、言うこと、金遣いとか、市への出入り、暮らしぶりをあるがままに調査させた。するると、数日の内に「逋亡」の罪を犯していた士伍武という者が捕捉されて、重要な証言をした。

數日、乃收訊其士五（伍）武。曰、將陽亡。而不盜傷人。其一人公士孔。①起室之市、落莫行正旗下。有頃卽歸。明有然。②衣故有帶。黑帶。帶有佩（佩）處。而毋佩（佩）也。③瞻視應對最奇。不與它人等。

捕捉された「其士伍武」は、前出晨昧里の騒動「一斉捜査」で浮かび上がってきた公卒瘛等の不審集団の一人と思われる。「士伍」は無爵の庶人のこと。「陽亡」[19]とは、ふらふらと遊蕩することで、『睡虎地秦墓竹簡』封診式の「亡自出」の条に

鄉某爰書。男子甲自詣、辭曰、士五、居某里。以迺二月不識日去亡。毋它坐。今來自出●《ママ》問之□名事定、以二月丙子、將陽亡。三月中逋築宮廿日。四年三月丁未、籍一亡。五月十日毋它坐。莫覆問。以甲獻典乙、相診。今令乙將之詣論。敢言之。（六七六―六七八簡）

とある「陽亡」である。ただふらふらと遊蕩するのではなく、こうすることで公事を怠業して「逋事」という罪に抵触する。本来服務しているはずの役務を逃れて市中にいたところ、捕捉されてしまったのである。「不盜傷人」とは、窃盗罪も傷害罪も犯していないということ。

こうして、士伍武の証言の中から、「其一人公士孔」が登場する。「公士孔」は、この事件の主犯で爵一級「公士」を有する。一連の流れや士伍武の証言の中から不審者として名があがったので、士伍武の知人で「將陽亡」仲間かもしれない。とにかく士伍武は公士孔のことを熟知しているようで、①家を出て市場に行ったことや、なにやら物寂しい様子で市の旗亭のところに立ちすくしていたとか[20]、翌日も同じ行動をした、と証言した。さらに、士伍武の証言から、証拠物件とつながる大事な証言を得た。この時、②公士孔は「黑帶」[21]を締めていた。帯の途

中には刀を吊り下げるための佩所のあるものであったが、最近見たところでは、どうしてだか知らないが締めていない、ということ。さらに、③「瞻視」めつきや応対についても、[22]「最も奇なり」とても変で、通常の人とは違って見えた、というのである。


孔曰、爲走士。未嘗偑（佩）鞞刀盜傷人、毋坐也。

擧闕疑孔盜傷婢。即譺問黔首、有受孔衣器錢財、弗詣吏、有罪。

走馬僕詣白革鞞係絹、曰、公士孔以此鞞予僕。不智安取。

孔曰、未嘗予僕鞞、不智云故。


公士孔は爵一級の保持者で「走士」という職に就いていたようだ。[23]そして、公士孔の答弁では、「鞞刀」をはいたことも、盗傷したこともなく、何の罪も犯してないというのだ。しかし、公士孔を真犯人だという心証を得た擧闕は、「黔首」[24]（つまり咸陽の人々）に譺求して、公士孔に衣服、器具、金銭、財物の授与を受けた者は直ち[25]に吏に出頭して申告するように通達すると、それに応じて「走馬僕」なるものが公士孔から貰ったものとして「白革鞞係絹」を持参した。そしてはっきりと、「此鞞予僕」という。しかし、公士孔は、「不智云故」何でそのようなことを言うのか分からない、といいわけした。


擧闕、以婢北（背）刀入僕所詣鞞中、祇。診視鞞刀。刀環噲旁殘、殘傅鞞者處、獨青有錢（殘）。類刀故鞞也。

詰訊僕、孔、改曰、得鞞予僕。前忘、即曰弗予。

孔妻女曰、孔雅（常）偑（佩）刀。今弗偑（佩）。不智存所。

詰訊女、孔。孔曰、買鞞刀不智何人所、偑（佩）之市、人盗紺刀。即以鞞予僕。前曰、得鞞及未嘗鞞（佩）、慢。
詰孔。何故以空鞞予僕、慢曰、弗予。雅（常）鞞（佩）鞞刀、有曰、未嘗、孔毋解。

そこで、擧闌は、証拠物件の「刀」を走馬僕が持参した鞞に入れてみるとぴたり入り、鞞と刀をじっくりよく確かめると、鞞の開口部『噲』に密着する刀環部と、密着部附近の青黒い「錢（殘）」部とが一致する事を明らかにした。[26] これを根拠に公士孔等に問いただすと、前言を訂正して、忘れていた、という。そこで公士孔の妻に質問すると、公士孔はいつも白鞞に入った刀を吊した黒帯を締めていたが、今その鞞刀を吊していない。どこにあるかは知らない、という。そこで、公士孔は、誰からか忘れたが刀を買って市に佩いていったところ、刀は盗まれたので、鞞を走馬僕に与えたという。そして、鞞刀を買い求めたのに、一度も佩いたことがないと言ったのは「慢」であった、という。こうして遂に、「詰孔」に、公士孔の答弁の矛盾を突いて、一気に自白に追い込む緊張の部分になり、擧闌は、何故に、空の鞞を走馬僕に与えたのに、与えてはないと言ったり、いつも鞞刀を佩いていたのに、いままでしたことはないと言うのか、と問い質すと、答えられなくなってしまった。

こうして、公士孔にとって否定できない証拠が次々と判明して、「孔毋解」[27] 甲は「解」なしの状態になった。つまり、あとは一気に自白を引き出すのみとなる。

即就訊磔、恐喝。欲笞、
改曰、貧急毋作業。恆游旗下、數見賈人券。言、雅（常）欲剽盗。詳爲券、操。視可盗、盗置券其旁、令吏求賈市者。毋言。孔見一女子操簦但（擔）錢。其時吏悉令黔首之田救螽、邑中少人。孔自以爲利足刺殺女子奪錢。即從到巷中、左右瞻毋人、以刀刺、奪錢去走。前匿弗言、罪。

問如辭。臧（贓）千二百錢、已亥（核）、孔、完爲城旦。

こうして裁判は終末を迎えた。ここで「訊磔」が登場する。「訊磔」とはすぐ後に「欲笞」と出てくるので、「磔笞」と言うことになる。『奏讞書』案例一七にも具体例がある。『睡虎地秦墓竹簡』の「封診式」「治獄」には「諒治」と出てくるが、規定通りの導入である。こうして公士孔が犯行に到った動機や犯行の方法などが陳述され、事件の全容が明らかとなる。

証言によると、走士の職にある公士孔の生活は貧窮ながら仕事もせず、(28)毎日、市に出向いて「旗下」にたむろして暇をつぶしていた。そこで、商人たちが取引で使っている契券「賈人券」をみて、いつも盗んでやろうと思っていたが、契券を偽造して賈人券そっくりに作って持ち歩き、いつか強盗を実行したときにその賈人券を犯行現場に落としておけば、役人たちの目は「賈市者」たちに向けられ、私は安全だ、と思った。

そんなある日、公士孔は、一人の女子が簦を操して銭を但（擔）いで行くのを見た。その時、役人は、悉く黔首を駆り立てて田野に螽《いなご》退治に出かけさせていて、(29)そのために邑中には、人気も少なかった。そこで公士孔は、考えた。チャンスだ、と。そこで、女子を刺殺して奪っても大丈夫だ、つかまることはない。そこですぐさま、あとを付けて巷中にやってきて、左右に人の気配を伺ってから、刀で突き刺し、銭を奪って逃走した、というのである。確認のために問い直すと、間違いないとのことである。

「問」とは、供述した内容を確認するために問うこと。「亥（核）」は、「核」の仮借字としたい。『漢書』司馬相如傳贊に「其文直、其事核」とあり、注に「核、堅實也」とある。まことと訓す。

荆券の謎が解けた。それは、犯行をくらますためのトリックだったのである。こうして遂に事件の真相が明らかとなった。ここでは、贓値千二百銭の罪で「完城旦」処罰されることになった。(30)

こうして、公士孔の犯罪を総括する。

孔端爲券、賊刺人盜奪錢。置券置旁、令吏勿智、未嘗有。

黔首畏害之、出入不敢、若思（斯）甚大害也。

順等求弗得、乃令擧闟代。

毋徵物、擧闟以智訮詗求得、其所以得者甚微巧、卑令盜賊不敢發。

公士孔は、賈人券を偽造して、人を襲撃して金銭を強奪し、偽造した賈人券を犯人の遺物らしくおき、取り調べに当たる役人たちの目をくらますという、今までになかった犯行をした、として、まずはこの事件の特性を指摘する。「黔首」たちがこうした犯罪をおそれきらい市への出入を敬遠するようになったら、大変なことである。獄史順等が努力しても捕らえることはできなかった。そこで擧闟に担当させると、めぼしい証拠もないのに、智を生かして強引且つ繊細に追及したのである。逮捕に到る手管は大変微妙なものであり、その結果この種の犯罪を試みようとする犯罪者の出鼻をくじく、と絶賛しているのである。

二　市に集まる人々

（案例二二　事件から浮かび上がる咸陽市に集まる人々）

（案例二二）から浮かび上がる地域社会の人間関係。

前節で見たように、秦王政六年（前二四一）六月二七日に、咸陽治下の「最里」という場所で起こった強盗傷害事件は、その地域を管轄する「典羸」の「告」によって事件が報告され取り調べが始まった。この事件に登場する人々に焦点を当て、地域とその人間関係や人間関係についてまわる様々な社会的経済的諸因に触れながら、市に集まる人々について考察していこう。

婢曰、但錢千二百、操簦、道市歸、到巷中、

或道後類塹軵（拊）、婢僨、有頃乃起、錢已亡、不智何人之所。其軵（拊）婢疾類男子。

謼（呼）盜、女子齔出、謂婢北有笄刀、乃自智傷。

事件の被害者女子婢は、先に見たようにこの日、千二百銭を携帯して、市からの帰宅中に「最里巷中」に襲撃を受け、所持金の千二百銭を略取された上に「刀」の刺突による傷害を負ったものである。「最里巷中」は被害者女子婢にとって市と自宅を結ぶ通過地の一つで、女子婢は職場の市と、自宅の間を毎日通勤する商賈であったのだろう。[31]「謼(呼)盜」して、被害にあったことを周囲の人たちに知らせ助勢を頼むと、「女子齔」がこの叫び声に応じて飛び出してきた。彼女の指摘で「刀」が背中に突き刺さって負傷したことを悟った。この時巷中はいやに閑散としている。後文に「女子噲」という病に伏していた者の証言もあるが、この時、女子と病弱のものしかいなかった。

それは、「其時吏悉令黔首之田救螽」と公士孔の供述にあるが、この日、この地の官吏が、民衆「黔首」を動員して蝗送り「虫送り」をさせていたことがわかる。そのため巷中は閑散としていて、公士孔の犯行には好都合だったのである。時は旧暦の六月。果たして蝗が大量発生して農産物に多大な被害を与えるような恐れがあったのであろうか。所は、首都咸陽周辺部、もし蝗が大量発生すれば、収穫期を迎える穀物が大変なことになるだろ

う。(32)

（血縁、地縁の人間関係）被害者女子婢を中心としてみた地域社会。

捜査の初歩とも言うべき、被害当時の状況において、犯人、あるいは犯人らしきものを見たか、心当たりはないかを尋ねている。事件当日、現場は予想外にも人の目が乏しく、目撃者や目撃証言を得られなかった。そこで担当の獄史順らは犯人像を絞り込むべく、女子婢を取り巻く人間関係を限定してその中に犯人を、あるいは犯人に結びつく糸口を探ろうとした。

訊婢、人從後、何故弗顧。曰、操簦、簦鳴匈然、不聞聲、弗顧。訊婢、起市中、誰逢見。曰、雖有逢見、弗能□。
訊婢①黨有與爭鬪相怨、②□□取葆庸、③里人智識弟兄貧窮、疑盜傷婢者、曰、毋有。

ここでの尋問内容は、女子婢の郷党内の人間関係や嫌疑を受けやすい人々を列挙して、被害者女子婢の心当たりを総当たりしていくことが実行された。

「①訊婢黨有與爭鬪相怨、②□□取葆庸、③里人智識弟兄貧窮、疑盜傷婢者」について検討しよう。

①ここに登場する「黨」というのは、想定される個人つまり女子婢の生活行動範囲であるとともに社会関係の広がりをさす。『楚辭』離騷には、「惟此黨人其獨異」とあり、注は「黨、郷黨也」としている。また、『廣韻』に「黨、輩也」とあり、ともがら、の意ともとれる。『周禮』地官大司寇にも、「五家爲黨」とか、『禮記』にも「睦於父母之黨」などと見えていて、『漢書』にも「隣里族黨」の語があることから、大体、血縁や地縁によって結びつけられ構成される集団である。その『黨人』の中に、まず犯人像を求めようとしている。こうした者たち

の中で女子婢の家族や一族（血縁）の者たちの中で係争中の者たち、あるいは相互に怨恨を抱いている者たちはないか。それは、女子婢がいずれかに与しているとすれば、襲撃される可能性があると考えたからであろう。[33] そこで「婢黨有與爭鬬相怨」という事実の有無が問われたのであろう。

②また、「葆庸」というのは、雇われ人。『説文通訓定聲』に「葆、叚借爲保」とあり、葆庸は『史記』司馬相如列傳にも「相如自著犢鼻褌、與葆庸雜作」とあるように、司馬相如とともに酤酒のきつい荷役労働に当たった者であろう。『管子』正世篇にも「窘則民失其所葆」ともある。窘は、くるしむ、で地位財産を持たないこうした雇用された人々の生活が豊かであろうはずはない。しかし、当時のふつうの家庭には、こうした雇われ人が何人かいたものであろう。[34] ここでは「□□取葆庸」とあり、「□□」部は不詳である。しかし、ここで問題となっているのは首都咸陽管区内の里であるから、貧富の差も幾分か大きかったと思う。であるから、裕福な者がその経済力を利して有利な条件で「葆庸」を雇用することがあったのではなかろうか。つまり「□□取葆庸」の「□□」には「諸」と「迫」の両字を想定したい。そうすれば、いささか強引に葆庸としたものと解せよう。女子婢が葆庸した者の感情を逆撫でするようなことをしたために恨まれていたり、あるいは、もともと生活の苦しい葆庸者が、女子婢の財産をねらったということも否定できない。爵制身分社会の特権や、都市居住者の経済活動による所得格差が大きく、葆庸を都市周辺部から集中させて、それが社会問題となっていたのかもしれない。だから、女子婢のその時雇用している「葆庸」者に問題はないのかと問われたのであろう。

③ついで、「里人」「智識」「弟兄」。「里人」とは、それこそ同じ里に住まう者、近所の顔見知り、日頃から多少はつきあいのある者たちのことで、『管子』入國篇に「屬之其郷黨知識故人」とあるように、郷党のもの、智識するもの、故人、と次第に密接になる重層的同心円構造を持った人間関係を並べているのに対応させて考えてみることができよう。ここでは「郷黨」という漠然とした血縁地縁集団の関係から、一歩踏み込んだ日常生活を

ともにする里人の中で、お互いに名を知り、顔を見知り、生活上の交流交際がある、お互いに「智識」する者たちである。「里人」はまた、『睡虎地秦墓竹簡』の「封診式」の「封守」に、「既以甲封付某等、與里人更守之侍（待）令」と登場し、差し押さえられた容疑者甲の家族資産の管理を縣の命令があるまで代わるがわる受け持つ責任を負わされている。また、「出死」では里人の女性同士の喧嘩で妊娠中の「某里士伍妻甲」が突き倒されたとき、救助したのは「里人公士丁」であった。「經死」では「里人士伍丙」が自殺したと里典が報告している。とくに「毒言」は、「某里公士甲等廿人」が「里人士伍丙」を「悪言」で訴える事例であるが、その中で、「甲等及里人弟兄及它人智丙者、皆難與丙飲食」と言って、士伍丙と絶縁したいという思いを述べているが、甲等廿人以外にも士伍丙を嫌うものとして「里人弟兄」「它人智識丙者」をあげている。(35)

そして「故人」とは本人が個人的にいささか深いつきあいをしていたり因縁を持つ人物のことではなかろうか。つまりここでは、女子婢と、『睡虎地秦墓竹簡』「語書」に登場する「贅婿、後父」のような男子との内縁関係のような関わりも予測される。

「弟兄」は、実の兄弟という近親血縁関係や結婚によって生じる姻戚関係を含む義理の兄弟たちのことで、もう少し拡大させれば一族の子弟と同じかも知れない。それとも血縁者という程度の意味か。『墨子』非儒家篇に「伯父叔父弟兄庶子」と列挙されている血縁関係の呼び方、並び方から、こうした人たちをひっくるめた者を指すのではなかろうか。

最後の「貧窮」が弟兄にだけ懸かるのか、前の「里人智識」にも懸かるのか問題だか、郷党の怨恨とか、葆庸者との経済格差を想定すれば、貧窮は、「里人智識弟兄」すべてに懸かると見てよいだろう。官吏たちが想定した強盗傷害の主要な動機は貧窮だ、と思っていたのではなかろうか。だから、官吏たちの目はそうした女子婢を取り巻く郷里（咸陽）の貧窮者たちに向けられているのであろう。

血縁、地縁の人間関係の濃いところでは、怨恨、経済格差、貧窮が犯行の要因だというのが当時の捜査上の常識であったのであろうか。しかし、こうして捜査対象を拡大させても犯人らしきものは浮かび上がってこなかった。被害者女子婢が、あっさりと、そんな問題はないと否定してしまったからである。

（市に関わる商人たちの人間関係）

そこで先述したように二件の証拠物件の検分が紹介される。その一件「尺半荆券」から市に関連する人々へと捜査が展開していく。

婢僨所有尺半荆券一枚、其齒類賈人券。婢曰、毋此券。
令獄史舉闞代。舉闞以婢僨［所］券謙視賈市者、類繒中券也。
今令販繒者𡢃視、曰、券闞百一十尺、(十) 尺百八十錢、錢千九百八十、類繒中券。
訊𡢃等、曰、毋此券。讂求其左、弗得。

犯行現場に落ちていた「尺半荆券」(36)とは、当時の商いに必ず用いられた券のことで、「券」に刻まれた「齒」によって価格と数量、明細を確定したもの。
「荆券」の形態やその他の特徴からして「繒中券」かと推測し販繒者に確認してもらうと、千九百八十銭相当の価値を示す繒中券であることが確認された。しかし、現実には証拠物件の荆券と一致する左券は発見できず、女子婢も、協力してくれた販繒者𡢃も自分のものではないと主張し、券の持ち主も特定できなかった。ということは、この「荆券」は、偽造されたおそれがあるということだ。こうして、証拠物件からの捜査も、また壁にぶつかった。
判券をつかって取引をしていたのは販繒者だけではなかったようで、たまたま収得した券が繒中券に類似していたのであり、市中には、販繒者だけでなく、券をつかって取り引きする者たちが大勢いたことであろう。女子婢も「毋此券」と言っているので、或いは女子婢も違う券をつかっていたかも知れない。こうした券を持った者たちが市列を作り、列伍長によって統括されていたのだろうか。『睡虎地秦墓竹簡』秦律十八種所収「金布律」〈五七頁〉に

賈市居列者及官府之吏、毋敢擇行錢布。擇行錢布者、列伍長弗告、吏循之不謹、皆有罪。金布

とあり、賈市者が列を作って取り引きし、相互に不正をただす様子を彷彿とさせる。同書注に引く『漢書』食貨志の「小者坐列販賣」という表現は、秦から漢へ受け継がれた市の光景でもあろう。

擧闌求、毋徵物以得之。
即収訊人豎子及賈市者舍人人臣僕僕隷臣貴大人臣不敬悳、它縣人來乘庸、疑爲盜賊者、
徧視其爲謂、即薄出入所以爲衣食者、謙問其居處之狀、弗得。

ここに登場する「人豎子及賈市者、舍人、人臣僕、僕隷臣、貴大人臣」、そして「它縣人來乘庸」たちは、「賈市者」を別にすれば、頻繁に市に顔を出す常連であろう。こうした者の中から「不敬悳（德）」の評判のある者たちで盜賊をしてもおかしくないような怪しい者を一人ひとり拘束引見して、容疑者のその言動の中から、不審

な言動をする者を特定しようとした。しかし、これも失敗だった。

ここで登場する者たち、容疑者たちについて検討しておこう。まず「人豎子」が登場するが、人豎子とは、ごく一般の家庭の子弟のことでもあろうが、「豎子」と呼ぶとき、年少者、若者を悪罵する言葉で、良家の子弟というよりは、郷里の持て余し者、父老や父兄と呼ばれる指導層にとって、手にあまる者、悪少年たちといった意味合いになるのであろうか。『史記』巻九二「淮陰侯列傳」に「淮陰屠中少年有侮信者、曰、若雖長大、好帶刀劍、中情怯耳。衆辱之曰、信能死、刺我。不能死、出我袴下。於是信孰視之、俛出袴下、蒲伏。一市人皆笑信、以爲怯」と、登場するような淮陰の屠中に暮らす少年のような者であろうか。

ついで「賈市者」、「賈市」は『史記』「大宛列傳」に「其内弱畏戰、善賈市」とあり、商い、商売のことであるから、商いを生業とするもののこと。あるいは「坐賈」している小商いの者たち。かれらのなかには、上述の「屠中少年」のようなもの、資本力もなく窮乏が常であり、その上、市の慣行に習熟し「荊券」の偽造などもやりそうな連中である。そして、市の出入りも激しかったのであろう。

「舍人」とは、『張家山漢簡「奏讞書」』の案例一六にも見える、[37]有爵者で官職を持つ郷里の有力者の左右に近従する私的な奉公人で、主人と個人的な関係で結ばれるため、主人の権勢を笠に着て傍若無人に郷里、郷党の人間関係から遊離している場合があったのではないか。

「人臣僕」の「人臣」とは、『春秋左氏傳』僖公十五年の条には「敗而不死、又使失刑、非人臣也」とあり、人の臣下、家臣のことである。また、『法律答問』に「人臣甲宇、謀遣人妾乙盗取牛……」とあり、注釈はこの「人臣」「人妾」を私家の奴婢とする。恐らく隷臣妾身分のものなのであろう。「僕」とは、『廣雅』釋古一に「僕、使也」とあり、下僕のこと。「人臣僕」とは、私家の下僕であろうか。『春秋左傳詁』には、「僕、僕豎、主臧者也」とあり、『左氏會箋』にも「僕、附也」とある。「僕隷臣」というのは、「人臣僕」に対応する、官府の下僕のことか。『睡虎地秦墓竹簡』「秦律十八種」に「僕」の支給規定、「僕」への食料配布の規定があるが、(38)注釈は「僕」を「僕、『史記』齊世家、集解引賈逵云、御也。即赶者的人」と解しており、主に官府の僕は、牛車の御者の仕事をさせられていたのかも知れない。また、僕と一緒に登場する「養」や「見牛者」というのも、それぞれ「養、做飯的人、『公羊傳』宣公十二年注、「炊亨者曰養」」と解し、また「見牛者、看牛的人。江陵鳳凰山一六七號漢墓遣策『牛者一人大奴一人』」と解している。また、均工律（『睡虎地秦墓竹簡』「均工律」七六頁）には、「隷臣有巧、可以工者、勿爲人僕養。均　一八〇簡」と出ているので、この「人僕養」が「人臣僕」に当たるのではなかろうか。少なくとも僕は隷臣身分、或いは隷臣身分相当であろうか。

「貴大人臣」の「貴大」とは『呂覧』諭大に「貴賤交相爲恃、然後皆得其樂、定賤小、在於貴大」とあり、身分が高く財産や勢力の大きいこと。こうした「人臣」下僕の者たちは、すでに検討した「舎人」と同様、主人の権勢、あるいは官職の威光を笠に着て「不敬悳（德）」つまり、不品行な行いをする者が多かったのであろうか。

「它縣人來乘庸」の「庸」とは市庸のこと、市中の雇われ人のことで、「來乘庸」とは、他県からやってきて雇用され市庸になることらしい。「庸」は『睡虎地秦墓竹簡』「封診式」二五二頁に「陰市庸中、而捕以來自出」とあり、犯人が「市庸中」に隠れ住んでいた。市では慢性的な人手不足であったのか、こうした犯罪者が紛れ込む場合があったのである。彼らは、自分の郷里で食い詰めた者たちだから、経済的によろしいはずもない。

こうした者のなかの「不敬德」な者が「疑爲盜賊者」として容疑をかけられた者であった。つまり、市に出入する不逞の輩であろう。

通常市にいない	市にいる人	通常市にはいない		「市令」「市吏」	
人	賈人	主人（貴大）		役人	
←	←	←	←	←	
豎子	豎子	子	僕	僕隷臣	市庸人
	坐賈（本人）		人臣僕	（將司人）	↑它縣から流入

このような者の中に犯意を抱く不埒者が潜んでいるとして捜査対象とした。

（捜査の新展開）

こうした徹底的な容疑者取り調べの過程の中で、さらに捜査を進めて、捜査対象を「不日作市販、貧急窮困、出入不節」なる者に絞り込んだ。市の常連の中でも生活が不安定で貧窮していて、恒常的な取引もできずに不規則な売買取引を繰り返す者たち、あるいは市の常連ではあるが生活状態に不相応な消費をする者たちである。

學□有將司寇裘等／▽收置□□□□而從之□隹不▽／
▽視行□乍（作）不□力（勉）、飲食靡大、疑爲盜賊者、弗得。
學闕求偏悉、弗得。□□□□遍□□及隷妾毎等。
晨昧里訮詷謙（廉）問、不日作市販、貧急窮困、出入不節、疑爲盜賊者、公卒瘛等、偏（徧）令人微隨視爲謂出入居處狀。

仕事もしないのに「飲食靡大」な者たちに焦点を絞ったが、当初効果は出なかった。しかし、一日中、虱潰しに騒がしく捜査をして、やがて「不日作市販、貧急窮困、出入不節」であった、「公卒瘛等」をあぶり出してきた。

「公卒瘛等」は、公卒として本来「役」についている者のことであろうか。『春秋左氏傳』隱公元年の条に「繕甲兵具卒乘」とあり、その注に「歩、曰卒。車、曰乘」とあることから、あるいは「歩卒」「兵卒」であったかも知れない。[39]とにかく、本地咸陽に赴任してきたのか、それとも戦線から帰還していたのか、恐らく軍隊時代の生活そのまま、郷里での生活に出てしまって、刹那的、享楽的な生活が行われていたのだろう。この者たちが生活実態に合わない派手な飲食をしていたのであろう。派手な飲食消費は、当然市の中で行われていたのであろうが、ひそかに、「隨視爲謂出入居處狀」、つまり、なす事、言うこと、金遣いとか、市への出入り、暮らしぶりをあるがままに観察させた。ところで「公卒瘛等」と複数の人物を推測させる表現は、単独で市に来ていたにしろ、集団になって派手な飲食をしていたのではなかろうか。『張家山漢簡』奏讞書案例一六の「新郪縣令信」等の謀殺事件でも新郪信を中心とする集団を見ることがでる。彼らは楚漢抗争の生き残りで、退役後も身近なところに住まって集団を維持していたようである。公卒瘛等の集団も、ひごろから集団を形成していて不定期に会集していたのかも知れない。また、こうした派手な飲食は高祖劉邦も行っていた。[40]

数日の内に「逋亡」の罪を犯していた士伍武という者が捕捉されてきた。「其」は、前出一日中捜査した騒動「一斉捜査」のことで、士伍武はこの捜査で浮かび上がってきた公卒瘛等の不審集団の一人と思われるが、かれが捕捉された。士伍武の「士伍」は無爵の庶人のことで、証言によれば「陽亡」していたという。この士伍武の証言から、真犯人公士孔が浮かび上がってきたのである。

數日、乃收訊其士五（伍）武。曰、將陽亡。而不盜傷人。其一人公士孔。起室之市、落莫行正旗下。有頃即歸。明然。衣故有帶。黑帶。帶有佩（佩）處。而毋佩（佩）也。瞻視應對最奇。不與它人等。

この事件の主犯公士孔は、爵一級「公士」を有する。士伍武の証言の中から不審者として名があがったので、士伍武の知人で「將陽亡」仲間かもしれない。とにかく士伍武は公士孔のことを熟知しているようで、家を出て市場に行ったことや、なにやら物寂しい様子で市の旗亭のところに立ちつくしていた様子を証言している。[41] そして、翌日も同じ行動をした、という。

孔曰、爲走士。未嘗佩（佩）鞞刀盜傷人、毋坐也。

走馬僕詣白革鞞傒絹、曰、公士孔以此鞞予僕。

公士孔は走士の職にあったということ、またその容疑の性格から公士孔からの贈与をめぐって「黔首」たち、つまり咸陽治下の庶民に申告させたものか。すると、公士孔から空の鞞をもらったとして、「走馬僕」が登場する。公卒瘛や士伍武、公士孔、走馬僕らは、皆知り合いで、相互によく熟知する間柄であったのではなかろうか。彼らは、被害者女子婢の関係者ではなかったし、市の常連者でもなかったようだ。しかし、よく市に集まり、派手な飲食をしたりしていたのであろう。公士孔が走馬僕に空の鞞を贈与しても、県廷から通達がなければ、そのまま忘れてしまうようなことかも知れない。

こうして、芋蔓式に次々と真犯人や重要参考人が登場してくる。彼らは、どのようなつながりを持っていたのだろうか。公卒瘛や走士の公士孔、走馬僕など、公卒とか走士とか走馬というのは軍関係の結びつきを推測するのに十分ではなかろうか。恐らく軍関係の絆で結ばれていたらしく、誰が上官で、誰が部下でということはわからないが、公卒瘛を中心とする集団だったのではなかろうか。軍関係を基盤とする集団は、先に紹介した『張家山漢簡』奏讞書案例一六の「新郪縣令信」等の集団も同様で、退役後も彼らは集団を維持していた。公卒瘛等も、日頃から集団を形成していたのかも知れない。あるいは当時の成年男子の気風に帰すのかも知れない。

こうして、市をめぐって検討してきた咸陽市の人間関係は、被害者女子婢を取り巻く「鄉黨」「里人」「弟兄」という同心円的に広がる血縁的地縁的人間関係と、市の常連たちの顔ぶれ、彼らは売買取引を通して結びつき人間関係としてはかなり浅薄な者たちであったかも知れない。「不敬德」者とされ、捜査対象となったのは、市の常連の大部分だったのではないだろうか。「人豎子、賈市者、舍人、人臣僕、僕隸臣、貴大人臣」の不敬德者とは不逞の輩そのものであろうし、「它縣來乘庸」者は、郷里で食い詰めた貧窮者であったろう。こうした者たちの中で勢力のある者は、次第に集団を形成したのであろうが、中でも軍関係の人間関係は根強く、こうした不逞の輩や貧窮者を集めて、生活実態に合わない派手な飲食を繰り返していたのかも知れない。

三　戦国時代の市

以上見てきたように、戦国末期、秦王政六年に起こった首都咸陽治下の強盗傷害事件は、結果として女子婢に傷害をあたえ、千二百銭を強奪した事件であった。複雑な事件であったが、この事件は、公士孔が強奪した金銭は千二百銭、秦律の区分でいう盗贓「六百六十錢」以上で、本来なら「黥爲城旦」の犯罪を犯した公士孔への判

決は、「完爲城旦」であった。(42)

県廷で掌握した事件内容は、先に見たように、事前に賈人券を偽造して犯行現場にわざと落としておき、捜査を混乱させるという手の込んだものであった。案例二二の末尾の方で、咸陽県丞㲄禮は、事件を次のように評価している。

孔端爲券、賊刺人盜奪錢。置券置旁、令吏勿智、未嘗有。
黔首畏害之、出入不敢、若思(斯)甚大害也。
順等求弗得、乃令擧關代。
毋徵物、擧關以智詽詗求得、其所以得者甚微功、卑令盜賊不敢發。

「未嘗有」とは、この事件の稀少性を強調するのであろう。しかし、もしこのまま未解決になったり、見当違いな容疑者に振り回されれば、捜査当局が信用を落とすだけでなく、市場の安全性が問われる。この事件は、大金を手にした商人が職場の市から自宅へ帰る途中の犯行である。こうした犯罪が頻発すれば、商人たちは恐惶を来たし、市場への出入を敬遠するようになるかも知れない。そのために引き起こされる物流の停滞、そして、引き起こされる物価高騰の被害は計り知れない。咸陽県丞㲄禮は、こうした難事件を解決した獄史擧關を、その意味で有能であり、結果としてどのような犯罪も解決するという捜査当局の姿勢を示し信頼度を高めた、と解した。また再犯防止に絶大な効果があるとも解したのであり、獄史擧關を推挙したのは当然のことであったろう。

ところで、事件の起こった始皇帝(秦王政)六年の前後の状況を確認しておこう。『史記』巻六、「始皇帝本紀」によると、秦王政が一三歳で王位を嗣いだとき、

當是之時、秦地已幷巴、蜀、漢中、越宛有郢、置南郡矣。北收上郡以東、有河東、大原、上黨郡。東至滎陽、滅二周、置三川郡。

とあるような状況であった。四川方面、漢中はいうに及ばず、楚の中心部首都郢を制圧して南郡として掌握し、韓魏趙の三晉から略取して上郡、河東郡、大原郡、上党郡とし、中原は滎陽を押さえて周王室を滅ぼして三川郡としてしまっていた。秦王政即位の当時、すでに広大な勢力範囲になっており、内政、軍事の要職には、

呂不韋爲相、封十萬戸、號曰文信侯。招置賓客游士、欲以幷天下。李斯爲舍人。蒙驁、王齮、麃公等爲將軍。王年少、初卽位、委國事大臣。

とあるように、相邦呂不韋を頂点とする官僚群が内政を運営し、人材充実のために各国から賓客や游士（游説之士）をまねき、李斯がこのころ舍人として登場してくる。『史記』巻十五「六國年表」、始皇帝元年の条には「擊取晉陽、作鄭國渠」とあり、軍事面では名將蒙驁を始め王齮、麃公といった宿将が力を振るい、軍事的に弱体化することはなかった。さらに「鄭國渠」の開削が始まったのもこの年なのである。

前年の秦王政五年は、秦始皇本紀によると、

將軍驁攻魏、定酸棗、燕、虛、長平、雍丘、山陽城、皆拔之、取二十城。初置東郡。

とあり、この年、秦の東郡となっている。『史記』巻十五「六國年表」、五年の条に「蒙驁取魏酸棗二十城。初置

東郡」とある。『戰國策』では「抜燕、酸棗、虚、桃人」となっていて、魏は秦に大敗北を喫している。索隠ではこれら二十城の地は近くに散開していたとする。恐らく索隠の指摘通り、この時制圧した地域をまとめて「東郡」が設置されたのであろう。

そして、問題の秦王政六年は、

韓、魏、趙、衞、楚共撃秦、取壽陵。秦出兵、五國兵罷。抜衞、迫東郡、其君角率其支屬徙居野王、阻其山以保魏之河内。

とある。『史記』巻十五「六國年表」、六年の条には「五國共撃秦」とあり、魏国の項では景湣王二年「秦抜我朝歌。衞從濮陽徙野王」、楚国の項では考烈王二二年「王東徙壽春、命曰郢」とある。壽陵は「徐廣曰、在常山。按、本趙邑也」とあるから、山西方面の趙国から奪った地域であるが、五カ国連合軍の侵攻によってその壽陵が落ちた。しかし、秦軍が反撃すると、五國は撤兵し、逆に秦軍は魏国の朝歌を抜いた。そのためか、衞国も濮陽を捨てて魏の領域に逼塞するように野王に中心を移した。そして、楚国は舊都郢を失っていたが旧都奪還をあきらめ、東徙して新たに壽春を郢と名付けて首都としたのである。

秦王政六年は即位後の大きな試練の時期となった。その後秦王政七年には大黒柱の蒙驁が世を去り、八年以降、嫪毐が台頭して、九年には嫪毐の亂に発展する。こうして嫪毐が巻き起こした宮廷内のスキャンダルとその後始末に振り回されるのである。この乱を境に、一〇年には呂不韋が失脚し、秦王政の親政が始まる。この政変によって、嫪毐の舎人が蜀に遷徙され、所謂、逐客令が官界を揺さぶり、内政面に多難な時期を迎えるのである。

しかし、軍事的には六年の五カ国連合軍の侵攻と、秦國の反撃が一段落すると、次に秦が軍事的に大攻勢に転換するのは、一一年以降で、秦王政一一年には、六国年表の趙悼襄王九年の条「秦抜我閼與、鄴、取九城」とあり、王翦が趙に攻め込み、鄴、閼與など九城を略取した。六国年表では七年は、魏景湣王三年の条に「秦抜我汲」、九年は、景緡王五年の条に「秦抜我垣、蒲陽、衍」とあるだけで、大規模な軍事行動は見えない。秦の東鄰魏国との国境地域で、秦国に優勢な状態の軍事的緊張関係があった、と言う程度なのであろう。秦王政の六年は、一方で軍事的な外圧を退け、他方、内政に転換した変化の年であった。

このころの自然災害についてみると、蝗害が起こっていたことが、秦始皇本紀では四年一〇月の条に「十月庚寅、蝗蟲從東方來、蔽天。天下疫。百姓内粟千石、拜爵一級」と見えている。しかし、六国年表、四年の条では「七月蝗蔽天下。百姓内粟千石拜爵一級」となっている。主要作物の麦の収穫期は初夏であり、蝗害の最も深刻なものは、収穫期、あるいは収穫直前の被害であろう。案例二二の問題の強盗傷害事件が起こったのは、住民が「救螽」虫追いに駆り出されて人気の少なかった最里巷中で起こったが、それはまさに六月は下旬、癸卯の日(二七日もしくは二八日)である。であるから、始皇本紀の「十月」より六國年表の「七月」の方が正しいと思われる。

この年に蝗害が起こった要因を考えてみると、蝗害の前年、秦王政三年は、実は「歳大饑」と言う飢饉が起こっていた。この飢饉が、蝗の大発生の要因の一つになっていたのかも知れない。そして、問題の事件は、この二年後である。県が「救螽」に住民を大規模に動員して実施したのは、それなりにこの時、大きな被害を受けたことも一因となっていたかもしれないし、また、この六年は六月頃には、すでに蝗が目立って出現していたのかも知れない。そして、秦王政六年六月癸卯の日、咸陽県の実施した住民を強制して行った虫追い行事は、犯罪実行の好機をもたらした。巷中は、大部分が動員されていて病人や家事から手を離せない婦人たちが残っていたのであろう。

こうして咸陽治下の最里巷中で起こった強盗傷害事件は、たしかに「未嘗有」と言わしめる内容の事件だった。当時の社会は、粗放的農業生産活動を支える郷党社会の互助力、血縁関係の包括力が失われて、官の統制力が目立つようになり、官の意思が地域、血縁の枠を飛び越えて、直接核家族化の進んだ各家庭に浸透する都市型社会となっていた。『睡虎地秦墓竹簡』の「秦簡十八種」などを見ると、住民の生活が県官の運営する様々な業務によって支えられ、完璧に統制されていたかに見えた。しかし、そうした法網を逃れて犯罪は起こった。

振り返ってみると、犯罪捜査の手順は、被害者を取り巻く郷党社会、血縁関係、雇用関係という本人をめぐる同心円的人間関係に始まる。郷党内の敵対や血縁官の怨恨、或いは当時行われていた葆庸という雇用関係のもつれは、それなりに犯行につながる動機と考えられていたからであろう。こうした操作手順は、安定した農業社会の段階では可能であった伝統的手法といえるかも知れない。しかし、当時発展してきた都市と市の商取引の盛行は、都市に様々な人々を引きつけた。

都市が大規模になれば市もそれにつれて拡大成長し、そのような市の発展は、同時に恒常的な労働力不足となっていたのであろう。市場の発達した都市の求心力は大きい。多くの人々が市に集まってきたろう。『睡虎地秦墓竹簡』には市に関わる様々な規定が見られるが、そのなかに「春城旦出繇者、毋敢之市及留舍闠外。當行市中者、回、勿行（九〇頁）」などとある。刑徒城旦舂を引率して移動するときには、市を通行したり、市場の外門のあたりにとどめたりしてはいけない。どうしても市中を通ったほうがよい場合でも、大きく迂回した道を取って通行しなければならない、などという規定もあり、市はしっかりと統制されていたように見える。案例二二の「它縣」から仕事を求めてやってきた「它縣來乘庸」者とか、『封診式』には市庸人の中に隠れていた逃亡中の犯罪者などがみえる。(43) 彼らは市の様々な労働に供するために雇われた者たちであろう。市で労役を進んでやってくれるなら、どのようなものであってもよいのであろう。

活力ある都市は、市に遊ぶ者たちを集めもした。前漢景帝期に活躍する当時博士となっていた賈誼と中大夫の宋中が、ともに非番となった折、一緒に長安の東市にいた卜者司馬季主を尋ねる記事などもある。(44)

市といえば、その中心には楼があったようだが、楼は市の象徴で、『周禮』巻十四地官司市に「上旌于思次爲令市」とある。その注に「上旌者以爲衆望也。見旌則知當市也。思次若今市亭也」とあるから、古くは、市亭には旗が立てられていたのであろう。しかし、『四川漢代画像磚』二二の「市肆」には、市の十字街の中央に楼がおかれ、二階部分には、鼓でもおいていそうな様子がある。また、二三の「東市圖」には、右辺に「市樓」と名のある楼が描かれている。しかし、両図とも、旗は描かれていない。つまり、漢代にはすでに旗を掲げることはなくなり、鼓が設置されて鼓樓と呼ばれて、市の開始や終了の合図をする時代になっていたのであろうか。そして、秦王政六年の事件でその罪を暴かれた公士孔は、この「旗下」にたむろしていた。戦国末の段階では、まだ旗を立てていたのかも知れない。

商鞅の変法以来、「耕戰之士」を内政の主幹に据えた政策の充実とともに、確かに秦国は勢力を拡大充実させたが、都市社会に従来にない人間関係の希薄な人々の大量発生をまねいたのではなかろうか。案例二二に出現する公卒瘛等、走士の公士孔、走馬僕、士伍武の集団、同じ軍団に所属するのか。士伍武は「陽亡」していて、市亭（鐘楼）の付近にたむろする公士孔を目撃し、その様子をはっきりと確認している。公士孔の答弁中で、「改曰、貧急毋作業。恆游旗下、數見賈人券。言雅（常）欲剽盜」と言っている。「走士」という職を持ちながら、貧窮が厳しく、作業（仕事）がない。そこで市の旗の下にたむろしていたわけだが、それは格好な仕事を見つけるためであったのか。しかし答弁では犯意を抱いて好機をうかがっていたと解せられる。劉邦も若い頃「不事家人生産作業（史記巻八高祖本紀）」という有様だったと伝えられる。また、韓信は定職に就かず、「常從人寄飲食」とか「常數從其下郷南昌亭長寄食（史記巻九二淮陰侯列傳）」という有様だった。こうした定職を持たず寄食したり市にたむろしたりするものが次第に問題となってきたのも戦国末の社会の特性であろう。

六年六月下旬であれば、五カ国連合軍を退け、秦国の優勢な状態で軍事的緊張が解除された頃かも知れない。士伍孔が有爵身分であることは、常識として出征して軍功を挙げたことを示している。秦王政四年の蝗害に「百姓内粟千石拜爵一級」の措置が執られたが、千石もの納粟が可能なら、貧困に悩むことはなかったろう。また、公士孔を示唆した士伍武も、「陽亡」者であり、本来の仕事を逃れて市に来ていたのである。さらに、「飲食靡大」で嫌疑をかけられた公卒瘛等も公卒瘛を中心とする集団と見てよいと思うが、こうした分不相応な飲食をする場が、また市でもあったのだ。

おわりにかえて

以上、秦王政六年の強盗傷害事件を解析してきたが、その事件の背後には、郷村社会の変容が関わっているように思える。処罰される公士孔にしても、不逞の輩として登場する公卒瘛等の集団、そして、嫌疑を掛けられた人豎子、賈市者、舍人、人臣僕、僕隸臣、貴大人臣は、自主的にしろ権力に強制されたにしろ、それぞれ家族や宗族郷党の枠から遊離して個別に有力者、主人と結びつかざるを得ない人々であった。

このような社会の変容、春秋戦国時代から、秦漢時代に至る商業の発展成長に関しては、影山剛氏が「中国古代の商業と商人」において、この時代の市の機能や形態の変遷、取扱物品の調査や手工業品の出現の経緯などを通じて詳しく論じている。(45)

その中で、中国古代において顕著な商業の活況と商人の登場とは春秋時代にはいって以後のこと。管仲が桓公に仕えて斉國の地を生かして国を富ませたことや、越王勾踐を補佐した范蠡、計然の活躍などの事跡は、商業活動がすでに春秋期の諸侯の財政に大きな役割を果たした、と説明している。やがて戦国時代にはいるとともに中国の商業は飛躍的に発展を遂げ、以後秦漢時代に至る中国古代商業の黄金期を迎えるに至る、と指摘する。戦国時代に至って手工業による商品生産が活発となる。具体的には、倚頓が山西省解県の塩を、邯鄲の郭縦は鉄冶を、巴蜀は清は朱砂の利を掌握して成長し始める時代、その大規模な経営による蓄財が明らかとなった。蜀の卓文氏、程鄭、宛の孔子などの漢代の大富豪の出発点が、戦国時代末期にあった、と概観するのである。

また、中国古代の流通経済については、漢書の食貨志上に記される魏の文公に仕えた李悝の著名な経済論を演用して、穀価が高騰すればこれを買う士工商が損害を受け、穀価が暴落するとこれを売る農民が損害を受ける事になるという当時の経済感覚を提示している。そして、魏文公の時代ともなると市の発展と庶民の生活が売買を通じて密接な関係にあったことが予想される、というのである。つまり市場が庶民の生活に大きな影響力を持つに至った。さらに「孟子は滕文公章句上に許行とその集団の農民的自給自足生活についての孟子と陳相との対話が乗っているが、衣料などの繊維製品、農具などの鉄器、その他の手工業品は自給生活を信条とする許行集団も自給できないのであって、これらをすべて穀物と交換して獲得しなければならないと記されている」[46]という、特にこの時代の農民の生活が、すでに自給自足の原則から離れているとして、傾聴すべき指摘をしている。

こうして案例二二を通して戦国時代末期の都市の様相を考えてきたが、すでに「自給自足的」農業社会の段階から、人々に不足物資を提供する商賈の活動をともなって都市型社会へと変貌していたのである。秦王政の六年前後の時期は、秦国は内外ともに多難な時代であり、二年の前の蝗害の打撃と、この年の五ヵ国連合軍の侵攻とは秦国社会に経済的軍事的打撃を与えたはずである。蝗害の余韻と戦争は特に経済面に打撃を与え、物価上昇が起こっていたのではなかろうか。そして、軍役を解かれた兵士たちが郷里に戻ったとき、公士孔のように「貧急毋作業」なものが多数出現したのではなかろうか。

戦国末期、秦王政六年に起きた事件をその分析を通して浮かび上がってきた都市住民の暮らしぶりとが、どのように相関し、前漢武帝時代の経済の大発展に帰結していくか、その間、都市社会と住民の暮らしはどのように変化していくか、特に郷里で食い詰め流亡する人々は、どうして簡単に郷里を捨ててしまうのか、興味が尽きない。

（1）『江陵張家山漢簡概述』張家山漢墓竹簡整理小組、『文物』一九八五年一期。及び、「江陵張家山漢簡「奏讞書」―中国古代の裁判記録―」〈中国の歴史と地理―第一集〉中国の歴史と地理研究会、一九九六年、所収和訳、参照。
（2）「『秦漢交代期の亡人の発生とその追捕』―秦律、奏讞書から見た社会変動―」、「アジア史における制度と社会」『アジア史研究』第二〇号。なお、江陵張家山漢簡『奏讞書』については、「江陵張家山漢簡「奏讞書」―中国古代の裁判記録―」〈中国の歴史と地理―第一集〉中国の歴史と地理研究会、一九九六年。及び、その続編〈近日公刊〉。
（3）『江陵張家山漢簡〈奏讞書〉釋文（二）』江陵張家山漢簡整理小組、「文物」一九九五年第三期。
（4）本案件に出現する日時は、六月癸卯が、六月二七日、或いは二八日として、七月一杯は捜査、取り調べ、八月丙子に上書が行われこの裁判は終了している。この日が朔日なら「壬辰」は一七日に当たる。
（5）拙稿「『文無害』考」「睡虎地秦墓竹簡」を手掛かりとしてみた秦漢期の官吏登用法、中央大学アジア史研究第三号、一九七八年、参照。
（6）李学勤氏は「夏暦」によって二八日とする。結審は八月一七日。ほぼ二月の間に、案例二二の取り調べと判決、上書が行われた。
（7）大□、人名、□部は不詳。
（8）『睡虎地秦墓竹簡』司空律「石卌錢」八八頁、同じく「或贖遷、欲入錢、日八錢」九一頁、という世界では、千二百銭は高額といわざるを得ない。

（9）説文に「簦、笠蓋也」とある。段注は「笠而有柄如蓋也。即今之雨繖」といっている。また、『史記』七六巻平原君虞卿列傳に「虞卿躡蹻擔簦」と見え、集解は「徐廣曰、簦、長柄笠。笠有柄者、謂之簦」とある。後注『四川漢代画像磚』（31）参照。

（10）「秦始皇陵兵馬俑坑一号坑発掘報告・下」文物出版社、一九八八年、一七九頁、写真五。鉄削と名づけられたものか。

（11）「荆」字は、文意から見て「莂」字ではなかろうか。「莂」は釋名釋書契に「莂、別也。大書中央、中破別之也」とある。《籾山明「刻齒簡牘初探〈漢簡形態論のために〉」木簡研究一七、一九九五年》参照。秦律の「參辨券」（『睡虎地秦墓竹簡』六一頁）参照。

（12）『史記』巻八高祖本紀「常有大度、不事家人生産作業。及壯、試爲吏、爲泗水亭長、廷中吏無所不狎侮。好酒及色。常從王媼、武負貰酒、醉臥、武負、王媼見其上常有龍、怪之。高祖酤留飲、酒讎數倍、及見怪、歳竟、兩家常折券弃責。」

「酒讎數倍」、集解、如淳曰「讎亦售」。索隱、樂彦云借「讎」爲「售」、蓋古字少、假借耳。今亦依字讀。蓋高祖大度、既貰飲、且讎其數倍價也。

「折券弃責」、索隱、『周禮』小司寇云「聽稱責以傅別」。鄭司農云「傅別、券書也」。康成云「傅別、謂大手書於札中而別之也」。然則古用簡札書、故可折。至歳終總弃不責也。

（13）「繪中券」、「繪」は説文に「繪、帛也」と有り、薄手で無地の絹織物。「繪中券」とは、繪に中する券、中は対応させる。本文「券齒百一十尺、（十）尺百八十錢、錢千九百八十」、「百一十尺、（十）尺百八十錢なれば、（総額）錢千九百八十（相当の価値がある）」で、十尺としなければ計算が合わない。よって尺字の前に（十）を補う。

（14）「薄（簿）」、帳簿に付ける、調べる。あるいは「籍」籍書する。「爲謂」とは、「爲すこと」と「謂うこと」。「出入所以爲衣食者」、「出入」を家計の収支で、「衣食」はくらし。『墨子』非命篇に「衣食之財不足」とある。「出入」

はあるいは、市に出入すること。「謙問」、よく「診問」して「察」する事。「謙視」の注釈を参照のこと。「居處之状」、暮らしぶり。身持ち。『荀子』修身篇を参考。

(15)「將」は引率、統御。睡虎地秦墓竹簡二〇五頁「將司人而亡」の將司である。同じく八九頁には、將司の規定、「城旦司寇」の任命規定がある。「廿人、城旦司寇一人將」が司空律に見える。又、「司寇」は、刑徒の一種。九一頁に「司寇勿以爲僕養……」、一〇七頁内史雜に「侯、司寇及群下吏毋敢爲官府佐史及禁苑憲盜」などとあり、かなり有効な人材として扱われているようである。ちなみに八九頁、司空律は「毋令居貲贖責將城旦舂。城旦司寇不足以將、令隸臣妾將。居貲贖責當與城旦舂作者、及城旦傅堅、城旦舂當將司者。廿人、城旦司寇一人將。司寇不踐(足)、免城旦勞三歲以上者、以爲城旦司寇。司空」とある。

(16)「靡」は、『説文通訓定聲』に「靡、叚借爲侈、實爲奓」とある。奢侈なこと。

(17)「晨昧里」とは地名ではなく朝から晩まで一日中ということ。あるいは、事件のあった「最里」の書き違いか。「晨昧里に、訮《いきかい》あり。詗《うかが》ふ」とも読める。「晨昧」が時間を表す言葉だとすると、『呉越春秋』に用例(王壽夢傳)がある。注は「昼夜」、昼となく夜となく、四六時中。朝の暗闇から夕の暗闇までと言うことで、一日中、と言うこと。「訮詗」、「訮、音、ケン」怒り、諍い、訴訟、争い。争う言葉のかまびすしさ。『玉篇』の「争い訴える」を取る。「詗、音、ケイ」偵察、伺う、さぐる。説文に「詗、知處告言之也」とある。また、『史記』淮南衡山列傳に、「王有女陵、慧有口辯、王愛陵、常多予金錢、爲中詗長安」とあり、「注」集解に「徐廣曰、詗、伺候采察之名、音空政反」。索隱に「鄧展曰、詗、捕也」ともある。また「孟康曰、詗、音偵。西方之人以反閒爲偵。劉氏及包愷、並音丑政反」とあり、また、「服虔曰、偵、候也」とある。「訮詗」は容疑者の割り出し、洗い出しを指し「大騷ぎして取り調べる」と言うこと。「訮詗廉問」と熟して、一斉捜査では、とか考えてみた。

(18)『春秋左氏傳』隱公元年の条に「繕甲兵具卒乘」とあり、その注に「歩、曰卒。車、曰乘」とある。

(19)「法律答問」に「逋事」は「可謂逋事及亡徭。吏典已令之。卽亡弗會爲逋事。已閲及敦車食、若行當徭所、乃亡。皆爲亡徭。」一六四簡、とある。『説文通訓定聲』に「尚書大傳、義伯之樂舞將陽、注言、象物之秀、實動搖也」と

ある。「陽」は『白虎通』巻六災變に「霜之爲言亡也。陽以散亡」ともある。

(20)「正旗」、市の旗亭。『説文通訓定聲』に「正、叚借爲止之誤字」とある。「正」は止まると解する。『詩經』小雅巻十四の三寶之初筵に「屢舞僛僛」の箋に「僛僛舞不能自正也」とあり、『經典釋文』に「注云上、或作上」とある。よって（止）を補う。また、『周禮』巻十四地官司市に「上旌于思次爲令市」とあり、注に「上旌者以爲衆望也。見旌則知當市也。思次若今市亭也」とあり、古くは、市亭には旗が立てられていた。前掲、『四川漢代画像磚』二二の「市肆」には、市の十字街の中央に楼がおかれ、二回部分には、鼓でもおいていそうな様子がある。また、二三の「東市圖」には、右辺に「市樓」と名のある樓が描かれている。両図とも、旗は描かれていない。

(21)「帶」、「紳也。男子鞶革、婦人帶絲。見説文、禮玉藻『凡帶必有佩玉』」。『禮記』巻三十玉藻に「古之君子必佩玉」とある。又、『漢書』巻二十七下之上五行志に「解帳組、結佩之」とあり、師古注に「佩帶也」とある。「佩」は、「繋物於帶曰佩。左傳閔二年『佩以金玦』。繋於帶之飾物也」とある。「佩（佩）處」、『始皇帝陵兵馬俑』では、革帯で締めることを前提としている。帯鈎の様子がよくわかるが、玉や鞞刀を下げるところは確認できない。公士孔の帯には、専用の金具やジョイントがついていたようである。「佩（佩）鞞刀」の「鞞」は、刀剣の鞘。『史記』巻十五「六國年表」秦簡公六年に、「六　初令史帶劍」とある。秦で、吏の帯剣が公認されたのは、このころ。その後の官吏の基本的なファッションになったものだろうか。公士孔は、爵一級の有爵者で、「走士」の職に在籍（登録）しているわけだから、「佩（佩）鞞刀」しているのが普通ではなかったろうか。しかし、兵馬俑などの写真からは「佩處」を確認できない。

(22)「瞻視」、めつき。『論語』巻二十三堯曰篇に「君子正其衣冠、尊其瞻視、儼然人望而畏之」とある。「應對」、応接態度のことか。最奇、不與它人等。

(23)「走」は『經典釋文』に「走、一曰、走士之人也」とある。「士」は『儀禮』巻三十九卽夕禮に「士受馬以出」とあり、注に「此士謂處徒之長也」とある。『秦章台遺跡』出土の、秦代の官制を反映すると言われる封泥中に「走士丞之印」なる物がある《『秦文化論叢』第5輯、所収》。秦時、軍官に「走士」の長なる者があったのか。或いは

「走馬」と併称されて秦の歩兵、騎馬（車馬）兵という兵種を示す言葉であったか。そのとりまとめとして「走士丞」があったのであろうか。ちなみに「走馬丞」はまだ見つかっていない。

(24) 「黔首」は、『史記』巻六始皇本紀にみえる「(始皇二六年）更名民曰黔首」の詔で、全国の無爵の庶人の称となった。この案例は、秦王政六年の事件であるから、案例一七に見える「嘉平」の称とともに、この用例に注目したい。秦人社会で以前から用いられていた呼称が、秦帝国の急速な膨張とともに普及し、始皇二六年に全国に徹底させた、と言うことであろう。《拙稿「戰國秦の非秦人対策」秦簡を手掛かりとしてみた、戰國秦の社会構造、中村治兵衛先生古稀記念東洋史論叢、一九八六年》。ここでは咸陽の庶民たちの意。

(25) 「衣器錢財」の「衣器」は、身の回りの品。『睡虎地秦墓竹簡』法律答問に「夫有罪、妻先告、不收。妻賸媵臣妾衣器當收不當。不當收」二二四頁。また、「妻有罪、以收。妻賸媵臣妾衣器、且畀夫。畀夫」二二四頁、などと見えている。「衣器」が「賸媵」や「臣妾」と並んで、妻の財産として扱われており、夫の罪に連座した妻とともに収孥されるか、収孥された妻の財産は無罪の夫に与えられる。

(26) 「噲」、李学勤氏は、「缺」と解す。鞞の開口部に密着する刀環部であろう。であるから「旁錢」とは、鞞との密着部附近の「殘」であって、「殘」を殘損痕とすれば、「殘傅鞞者處獨青有錢（殘)」が理解できる。「噲」はまた「咽」に通じる。鞘のこいぐちに一致する刀の喉の部分。「獨青」、そこだけ青黒い。「青」、金属の刀がこすれて、そのあとが青黒くなっていることか。白虎通巻三社稷に「取青土、苴以白茅」とある。この鞞は白鞘であったから、金属（鐵）の摩擦痕は暗青色になるのでは。であるから「錢」は「殘」の誤記か。

(27) 拙稿「『解』字覚え書き」参照。「江陵張家山漢簡『奏讞書』——中国古代の裁判記録——」（中国の歴史と地理第一集)、一九八六年所収。

(28) 「作業」とは、生業のこと。「走士」が正規の役職であるなら、県（政府）から手当て支給があるのではなかろうか。『史記』高祖本紀にも劉邦の故事として「常有大度、不事家人生産作業」という状態であった。

(29) 「其時吏悉令黔首之田救螽」、地方官が、民衆「黔首」を動員して蝗送り「虫送り」をさせたことが見える。同様に、地方官が民衆「黔首」を動員して雨乞い祭りを主催した話は、本書案例一五に見える。

(30) 強盗傷害で贓直千二百銭であれば、「黥爲城旦」相当と思われるが、『睡虎地秦墓竹簡』「法律答問」一六五頁「士伍甲盗、以得時直臧、臧直過六百六十、……曰當黥爲城旦……」とある。爵一級公士を帰して「完城旦」とされたのか。

(31) 『四川漢代画像磚』に「簦」らしき大きな傘をさして、市場に賈市する婦人像あり。屋根や見せ棚を持たない坐賈のようである。二一「市集」磚の上隅に「北市門」「南市門」の名が見える。その中段やや左の画像が、解説によると「中部一人坐于傘下正賣物品給買者」とある。『四川漢代画像磚』高文編、上海人民美術出版社、一九八七年。原板は新都縣出土で、新都縣文物保管局所蔵。《補注、相田　洋「異人と市」境界の中国古代史―一四七頁》

(32) 地方官が農事に神経質になるのは、食料生産が行政の重要部分であったからで、『睡虎地秦墓竹簡』「秦律十八種」冒頭の田律には

雨爲澍〈澍〉、及誘粟、輒以書言澍〈澍〉稼、誘粟及狠田暘毋稼者頃數。稼已生後而雨、亦輒言雨少多、所利頃數。早〈旱〉及暴風雨水潦、螽虫、群它勿傷稼者、亦輒言其頃數。近縣令經足行其書、遠縣令郵行之、盡八月□□之。　田律

と見えている。特に、「早〈旱〉及暴風雨水潦、螽虫、群它勿傷稼者、亦輒言其頃數」の部分は、特に地方官の勤務評定にも関わる大事な部分、神経質にならざるを得ないのであろう。同じように、地方官が民衆「黔首」を動員して雨乞い祭りを主催したことは、本書案例一五に見え、その雨乞い祭りの名前は「雩」という。こうした農事は、本来農村共同体が自主的に行っていたものであろうが、戦国秦漢時代、特にこの「奏讞書」の時代や「睡虎地秦墓竹簡」の時代には、官吏が庶民を動員して行うものになっていたようである。『史記』滑稽列傳に見る西門豹の故事は、農村共同体の自主運営から官吏による行政的運営へ替わっていく端境期の事件なのかも知れない。

(33) 『史記』巻三一「呉世家」「初、楚邊邑卑梁氏之處女與呉邊邑之女争桑、二女家怒相滅、兩國邊邑長聞之、怒而相攻、滅呉之邊邑」とあり、些細な争いが家族から邑ぐるみの争いに発展した。そこまで行かないまでも、些細な争

いごと、怨恨が犯罪の動機になることがある。

(34) 庶民の過程に第三者が出入することについては、詳細は省くが、『雲夢睡虎地秦墓竹簡』日書甲乙篇に、それぞれ「客」「寄」として登場している。これらが契約を結べば葆庸となるのではなかろうか。また、『雲夢睡虎地秦墓竹簡』二四九頁、『封診式』「封守」の条、「鄉某爰書」として報告された「有鞫者某里士伍甲」の家族と家財のリストがある。ここに士伍甲の家族、同居者に「妻」「子大女子」「子小男子」「臣某」「妾小女子某」が登録される。四人家族の二人同居で、六人が一戸に生活していた様がはっきりとする。しかし、臣妾は葆庸とは異なるかも知れない。また「典某某」あり。里典のこと。里中の様子を把握して管理代行に責任を持つ。

封守　五八八―五九二簡

鄉某爰書以某縣丞某書封有鞫者某里士五甲家室妻子臣妾衣器畜産・甲室人一宇二内各有戸内室皆瓦木大具門桑十木・妻曰某亡不會封・子大女子某未有夫・子小男子某高六尺五寸・臣某、妾小女子某・牡犬一・幾訊典某某甲伍公士某某甲黨有當封守而某等脱弗占書且有辠某等皆曰甲封具此毋它當封者即以甲封付某等與里人更守之侍令。

(35) 『睡虎地秦墓竹簡』「封診式」「封守」二四九頁。「出死」二七四頁。「經死」二六七頁。「毒言」二七六頁。睡虎地秦墓竹簡整理小組、文物出版社、一九七八年。

(36) 籾山明「刻齒簡牘初探〈漢簡形態論のために〉」木簡研究一七、一九九五年参照。

(37) くわしくは、「江陵張家山漢簡『奏讞書』」――中国古代の裁判記録――《〈中国の歴史と地理―第一集〉一九九六年》四八頁参照。

(38) 『睡虎地秦墓竹簡』「秦律十八種」所収（「金布律」五八―五九頁）「都官有秩吏及離官嗇夫、養各一人。其佐史與共養十人、車牛一兩、見牛者一人。都官之佐史冗者、十人養一人、十五人車牛一兩、見牛者一人。不盈十人者、各與其官長共養車牛。都官佐史不盈十五人者、七人以上、鼠車牛僕。不盈七人者、三人以上、鼠養一人。小官毋嗇夫者、以此鼠僕車牛。豤生者食其母日粟一斗、旬五日而止之、別。」一三九―一四一簡

同書、五九頁、「養、做飯的人、『公羊傳』宣公十二年注、「炊烹者曰養」」。

「見牛者、看牛的人。江陵鳳凰山一六七號漢墓遺策、「牛者一人大奴一人」」。

「僕、『史記』齊世家、集解引賈逵云、「御也」。即赶者的人」。

(「均工律」七六頁)「隷臣有巧、可以工者、勿爲人僕養。均」一八〇簡。

(「司空律」九一頁)「司寇勿以爲僕養、守官府及除有爲殹、有上令除之、必復請之。司空」二一七簡。

(「傳食律」一〇〇頁)「御史、卒人使者、食粺米半斗醬駟分升一寀羹、給之韭葱。其有爵者自官士大夫以上、爵食之。使者之從者、食糲米半斗、僕小半斗。傳食律」二四六―四七簡。

(39) 「公卒」、『商君書』「境内篇」に「軍爵自一級已下至小夫、命曰校徒操、出公爵、自二級已上至不更、命曰卒」とあり、公卒は二級上造から四級不更に相当する軍爵の持ち主を指すかも知れない。

(40) 前掲注(12)参照。

(41) 「正旗」、市の旗亭。『説文通訓定聲』に「正、叚借爲止之誤字」とある。「正」は止まると解する。

(42) 前掲注(30)参照。

(43) 『睡虎地秦墓竹簡』「封診式」□捕、二七二頁「爰書、男子甲縛詣男子丙、辭曰甲故士五(伍)、居某里、迺四月中盗牛、去亡以命。自晝甲見丙陰市庸中、而捕以來自出。甲毋它坐」とある。

(44) 『史記』巻一二七、日者列傳。「二人卽同輿而之市、游於卜肆中」とある。

(45) 影山剛「中国古代の商業と商人」『中国古代の手工業と専売制』一九八四年、東京大学出版所収。

(46) 影山氏、前掲五頁。

《補注》相田洋「『異人と市』境界の中国古代史」「研文選書七〇」、研文出版社、一九九七年。一四七頁に「画像磚の中の漢代の市」に「漢代の画像石や画像磚の中には、門や門番、亭、橋や市などが多く見られるが、これらは単なる現実の描写というよりも、異界(冥界や天界)への入り口の象徴ではないかと思われる」と記しているが、画像史料を用いるとき、必ず銘記したいことである。

隋唐時代のタングートについて

──西夏建国前史の再検討㈠

岩﨑　力

はじめに

西夏史研究は、近年長足の伸展をみせている。二〇世紀の初頭、ロシアのコズロフによってカラホトで発見された大量の西夏遺文が、ようやく世界の共通財産になってきたからである。ロシアの代表的西夏学者のクチャーノフや、多くの中国学者の努力によって、今後の西夏史研究の基本史料ともなる多数の文献が出版されるようになり、(1) 斯学の発展にとってもよろこばしい限りである。これらの文献は、従来の中国史料でははかり知ることのできなかった西夏王国の国家機構や法制、軍制、その他さまざまな分野の解明に多大の恩恵を与えることは確実であり、謎の多かった西夏王国の全貌の解明も、そう遠い将来のことではないかも知れない。

さて、筆者は以前から北宋時代の河西チベット族政権を研究テーマにしている。このチベット族政権は、宋がタングート拓抜氏政権を掣肘するために養成していったものである。西涼府（涼州）を中心につくられた潘羅支政権は李継遷と対立し、李継遷がその戦闘に際し流矢にあたって死亡したことは有名な事実である。(2) つづいて湟水流域に展開した青唐唃廝囉政権は李元昊政権と死闘をくり返し、結果的には敗北したもののタングート側にも大打撃を与えている。(3)このようなチベット族の政権を調べる過程で、当然のこととして勝利者であるタングート政権の強さの秘密にも関心が向くようになった。河西チベット族を圧倒しただけでなく、北宋一代を脅かしつづけるほどの強力な軍事力がどのようにして形成されたのか、また、その軍事力と西夏主権とはどのような関係にあったのか、など。李継遷、李元昊の軍事力とは、とりも直さずタングート諸部族を指していることはいうまでもなかろう。つまり拓抜氏政権は、河西・オルドスに蟠踞していた多数のタングート部族と歴史的にどのような関係を経てきたのか、ということの解明に興味が向けられるようになった。従来の研究では、この問題を中心に論じたものはほとんどみられないといってよかった。(4)そこで、筆者はさきに、おおむね北宋時代のタングート諸部族の俯瞰図を作るべく、中国史料に多数散在する部族をひろい出す作業をおこなった。目的にかなった好都合な史料ばかりはなく、充分な成果をあげたとはいいがたいが、それでも居住地がほぼ特定できるおよそ一四〇前後の部族の動向が確認できるようになった。(5)そうすると、これらの諸部族が歴史的にどのような足跡をたどってきたのか、の解明の必要性が生じてきた。本稿では西夏建国前のタングート諸部族の動向を時代を追って洗いおす作業をおこない、もって西夏建国に至るまでのタングート諸部族の実態を少しでも明らかにしたいと思う。とはいっても、筆者にしても決定的な新出史料をもっているわけでもない。冒頭に紹介した西夏遺文も、もとより建国後の史料であり、西夏建国前のタングート民族の研究になると、やはり漢文史料に頼らざるを得ないのが実情である。結局は使い古された史料に依拠するわけで、どれほどの事実が判明するのかは、はなはだ心もとないが、多少大胆な推測も交えて論じてみたい。

一　宕昌と初期タングート諸大姓

西夏建国前のタングート族の研究については、岡崎精郎氏の『タングート古代史研究』(6)に委曲をつくした説明がなされている。筆者の研究も岡崎氏の研究に裨益されるところ著大であることはいうまでもない。氏の研究を道標としていくつかの問題点についてまとめてみたい。

まず、本稿のとっかかりとしてタングートの前身と考えられる民族の解明からはじめてみよう。タングートを示す「党項」の民族名が史書に登場するのは隋書巻八三列伝第四八西域伝党項条（以下隋書党項伝と略記）がその濫觴のようである。たとえば五五四年に完成をみた魏書や、時代は降って唐初になった北周の歴史書である周書には党項伝はなく、タングートの前身と考えられる宕昌伝が掲載されている。隋書とほぼ同時期になった北史には、宕昌伝、鄧至伝と党項伝をともに掲載している。北史は魏・斉・周・隋を扱った正史であるため、このように前後の民族を並列して記したものであろう。タングートという名称が中国側に知られるようになったのは六世紀後半と考えておいてよいのではなかろうか。宕昌が党項と密接なかかわりがある証拠は、魏書巻一〇一列伝第八九宕昌伝（以下魏書宕昌伝と略記）にある、

國無法令、又無徭賦、惟戰伐之時、乃相屯聚、不然則各事生業、不相往來。皆衣裘褐。牧養犛牛、羊、豕以供其食。父子、伯叔、兄弟死者、即以繼母、世叔母及嫂、弟婦等爲妻。俗無文字、但候草木榮落、記其歳時。三年一相聚、殺牛羊以祭天。

の記事が、ほぼ同内容で隋書党項伝にも継承されている事実である。この宕昌については、上記魏書宕昌伝にかなり具体的な記述が収録されている。右条につづけて、

有梁懃者、世爲酋帥、得羌豪心、乃自稱王焉。懃孫彌忽、世祖初、遣子彌黄奉表求内附、世祖嘉之。遣使拜彌忽爲宕昌王、賜彌黄爵甘松侯。彌忽死、孫虎子立。……世修職貢、頗爲吐谷渾所斷絶。虎子死、彌治立。虎子弟羊子先奔吐谷渾、吐谷渾遣兵送羊子、欲奪彌治位。彌治遣使請救、……羊子退走。彌治死、子彌機立、遣其司馬利住奉表貢方物。

とあるように、五世紀の初期に梁懃という人物が羌豪の同意を得て「酋帥」の地位につき、「王」を自称していたことがわかる。さらに梁懃の孫の彌忽は北魏世祖の初年、つまり四二〇年代に子の彌黄を北魏に遣わし、彌忽は宕昌王の地位を、彌黄は甘松侯の地位を与えられている。宕昌王の一族は、この後、内紛が発生するが、彌治、彌機の親子が主権を継承し、彌機は五世紀末に同伝に、

後高祖遣鴻臚劉歸、謁者張察拜彌機征南大將軍、西戎校尉、梁益二州牧、河南公宕昌王。

とあるように、征南大将軍、西戎校尉、梁益二州牧、河南公宕昌王を拝している。同伝に従うと、かれは、後に領護西戎校尉、霊州刺史、宕昌王に格下げされている。このようにタングートの前身と考えられる宕昌の主権者は、五世紀にはすでに「宕昌王」を名のり、中原の王朝からもその地位を認められていたことがわかる。筆者が宕昌とタングートの関連にこだわる理由は、王名に代々「彌」の字が使用されている点である。「彌」の古音は *ˌmjię* で、(7) タングート拓抜氏を指すと思われる西夏語の「ミ miɦ」(8) と通ずるところがあるからである。宕昌の

支配部族は当時すでに「ミ」と呼ばれていた証拠ではなかろうか。彌忍、彌治、彌機はそれぞれ「ミ」の忍、治、機の謂ではなかろうか。彌忍の孫の虎子、その弟の羊子も「ミ」の虎子、羊子の略と考えてもよいのではなかろうか。

それでは、タングートとして史書に登場する最初の具体的人物について論を進めよう。隋書党項伝に、

(開皇)五年、拓拔寧叢等各率衆詣旭州内附、授大將軍、其部下各有差。十六年、復寇會州、詔發隴西兵以討之、大破其衆。又相率請降、願爲臣妾、遣子弟入朝謝罪。高祖謂之曰、還語爾父兄、人生須有定居、養老長幼。而乃作還乍走、不羞郷里邪。自是朝貢不絕。

とあり、その人物は拓抜寧叢が嚆矢である。岡崎氏が拓抜寧叢と唐末に定難軍節度使を拝命した拓抜氏との関係を不明としたのは、けだし当然のことであるが(一六頁)、タングートの具体的人物の第一号が鮮卑の名族拓抜を名のって登場してくることは大いに注目すべきことである。タングート拓抜氏と鮮卑拓抜氏との関係については、統一した見解はないものの、(9) 吐谷渾の拓抜氏の存在や、特に北魏拓抜氏の存在から、タングートの有力者が拓抜を僭称することは自然のなりゆきであったろう。(10) 右史料の内容から判断すると、拓抜寧叢は、かなりの部酋を従えていたことがわかり、その権威を高めるために、隋から「大将軍」の称号を得ている。このように、六世紀末になるとタングート族のいわゆる「大姓」によるかなり広大な地域を支配する、領域的主権の確立の動きが進行していったことは間違いなかろう。

唐代に入るとタングート諸部族の発展は大いに進み、「大姓」として中原王朝にその存在を知られるものの数も急増した。旧唐書巻一九八列伝第一四八西戎伝党項羌条(以下旧唐書党項伝と略記)には、そのあたりの状況

を、

其種毎姓別自爲部落、一姓之中復分爲小部落、大者萬餘騎、小者數千騎、不相統一。有細封氏、費聽氏、往利氏、頗超氏、野辭氏、房富氏、米擒氏、拓抜氏。而拓抜最爲强族。

と記している。唐代になると、唐が認めているだけでも細封、費聴、往利、頗超、野辞、房当、米擒、拓抜の八つの「大姓」がタングート社会で勢力をきそっていたことがわかる。これら「大姓」は数部落を従えるものもあり、その騎馬兵力もすでに万余騎を誇るものもあったことがわかる。拓抜氏が最強族とあることや、その後の発展を考えれば、唐代も早い時期から拓抜氏は最大の武力、つまり支配下に他の「大姓」にまさる多数の部落を従えていたものと考えてよかろう。これらの大姓が唐側に具体的に認知されるようになったのは、太宗即位後の貞観初年のことであったらしい。旧唐書党項伝にはその間の事情を、

貞觀三年、南會州都督鄭元璹遣使招諭、其酋長細封歩賴擧部内附。太宗降璽書慰撫之。歩賴因來朝、宴賜甚厚、列其地爲軌州[11]、拜歩賴爲刺史、仍請率所部討吐谷渾。其後諸姓酋長相次率部落皆來内屬、請同編戸。太宗厚加撫慰、列其地爲崌、奉、巖、遠四州[12]、各拜其首領爲刺史。

と伝えている。細封氏の酋長歩頼は軌州刺史に、他の大姓の酋長はそれぞれに崌・奉・巖・遠四州の刺史を拝している。このことから、貞観三（六二九）年から五年にかけての時点で五つの「大姓」の酋長が唐に内属し、刺史の称号を得ていることが確認できる[13]。なお、この史料をもって、はじめて党項に関しても「首領」の称号が登

場することを指摘しておきたい。[14] 嵋・奉・巖・遠四州の刺史に補せられた「諸姓」とは前記八大姓中のいずれであろうか。確定はなかなか困難であるが、筆者はまず細封、拓抜を除く六大姓中のさらに頗超、野辞を除く費聴、往利、房当、米擒の四大姓と考える。その理由は、まず頗超氏が同伝の後条に登場する雪山党項の破丑氏を指すと思われるからである。頗超の古音は *p'uâ t'i̯äu* で、破丑は *p'uâ' t'i̯əu* と非常に近い。つぎの野辞氏は、これも後条に登場する野利氏の訛伝と思われる。筆者が以前にも触れたように[15]、通典辺防六には野辞を野律と表記している。律の古音は *Lĭuĕt* で、利は *Lji'* と近い。また辞の古音は *Źi* でこれも利 *Lji'* に非常に近いことがわかる。破丑氏と野利氏はともに後条に具体的な記述があるだけでなく、後日あらためて論ずるが、後世、西夏王国の建国にも重要な役割をはたした大部族である。おそらく旧唐書党項伝の原史料は複数の系統の史料を利用して作成されたのであろう。その際、たとえば史料Aにもとづいて記録した八大姓中の野辞、頗超を、史料Bに載せられていた野利、破丑と同一のものであることに、旧唐書の編者は気づかなかったのではなかろうか。この二大姓に対し、この後、細封、費聴はかろうじて新五代史巻七四、四夷附録第三党項条にその名をとどめるが、往利[16]、房当、米擒[17]の三大姓はまったく史料上からは姿を消しているのである。このことは貞観三（六二九）年以降の唐の羈縻政策に従って、まさしく右史料に「……諸姓酋長相次率部落、皆來内屬、請同編戸」とあるように、これら五大姓は急速に内民化の一途をたどった証左であり、タングート諸部族間における有力勢力としての立場と民族性を急速に失っていったものと思われるからである。

さて、旧唐書党項伝にはつづけて、

有羌酋拓抜赤辭者、初臣屬吐谷渾、甚爲渾主伏允所暱、與之結婚。及貞觀初、諸羌歸附、而赤辭不至。李靖之擊吐谷渾、赤辭屯狼道坡以抗官軍。廓州刺史久且洛生遣使諭以禍福、赤辭曰、我被渾主親戚之恩、腹心相寄、生死不貳、焉知其他。汝可速去、無令汚我刀也。洛生知其不悟、於是率輕騎襲之、撃破赤辭於肅遠山、斬首數百級、虜雜畜六千而還。太宗又令岷州都督李道彥說諭之、赤辭從子思頭密送誠款、其黨拓拔細豆又以所部來降。赤辭見其宗黨離、始有歸化之意。後岷州都督劉師立復遣人招誘。於是與思頭並率衆內屬、拜赤辭爲西戎州都督、賜姓李氏、自此職貢不絕。其後吐蕃強盛、拓拔氏漸爲所逼、遂請內徙、始移其部落於慶州、置靜邊等州以處之。

とある。「諸羌帰附」とは、すなわち上記五大姓の帰順を指すと思われるが、拓抜氏は吐谷渾に附し、当初まったく他の大姓とは相反する行動をとっていたことがわかる。唐は廓州刺史久且洛生の攻略や岷州都督劉師立の招誘を積極的に進め、拓抜赤辞の内附をみたのであるが、赤辞は西戎州都督の地位を与えられただけでなく、李姓を賜与されている点、他の大姓とは格段の存在として唐が拓抜氏を扱っていた証左と考えてよかろう。唐による、このような拓抜氏の優遇策や、タングート諸大姓の内民化作業も、畢竟、太宗によっておこなわれた吐谷渾経略を円滑に進める過程で発生した副産物であったといってよかろう。ところで、右史料の後段に記されている拓抜氏内部の力関係については注目すべきものがある。赤辞の従子拓抜思頭は赤辞に内密に岷州都督李道彦に誠款を送っているし、その黨（一族）の拓抜細豆も独断で来降している。つまり、赤辞はその宗黨を制禦できていないのである。拓抜思頭や拓抜細豆は、前述の旧唐書党項伝にある「其種毎姓別自爲部落、一姓之中、復分爲小部落」とある小部落を支配する酋長のことにほかならないが、大酋長である赤辞と各部落を支配する思頭、細豆ら酋長との関係は七世紀前半においては絶対的なものではなく、相対的なものであったことがわかる。実は、このような関係は後々の拓抜氏政権にもついてまわった問題であり、それは追々明らかにしてゆくが、その克服こそが西夏王国の成立といっても過言ではないのである。

つぎに、この時代すでに「王」を自称していたタングート酋長がいたことは注目すべきことである。旧唐書党

項伝につづけて、

其故地陷於吐蕃、其處者爲其役屬、吐蕃謂之弭藥。又有黑党項、在於赤水之西。李靖之擊吐谷渾也、渾主伏允奔黑党項、居以空閑之地。及吐谷渾擧國内屬、黑党項酋長號敦善王、因貢方物。

とある。黒党項の敦善王については、山口瑞鳳氏も、その大著『吐蕃王国成立史研究』(19)に一節をさいて詳述されている。氏はその住地附近の赤水の特定をこころみ、また敦善王をもって新唐書巻二二一上列伝第一四六上西域上党項条（以下新唐書党項伝と略記）に記載のある多弥に比定し、チベット四大部族の一つsTongとの関連も示唆されている。ただ、山口氏は黒党項の命名の由来をかれらの住地コクユルのコクの音訳として論を進められるが、(20)この点に関しては西田龍雄氏によってすでに合理的説明がなされている。すなわち、チベット人がタングートを呼んだミ・ニャク mi-ñag(21)の意訳にほかならない。ミ・ニャクとは黒いミ、つまり黒タングートの意味で、(22)これは当然旧唐書、新唐書両党項伝に載せる「弭藥」のことなのである。弭藥の古音は *'mjwiei̯ak* である。両唐書党項伝は弭藥と黒党項をつづけて扱っておきながら、「又有」の語を挿入し、別の部族のように処理している。これはチベット側が拓抜氏などとは別のところに居住していたタングートを指した名称が音訳と意訳と二つながら採録されてしまった混乱を示しているのであろう。いずれにせよ、敦善王は拓抜氏よりもおくれて唐に入貢し、その存在が知られるようになったものである。西田氏は黒党項（ミ・ニャク）を西夏王国を構成した二大部族の一つに考えているが、(23)筆者の結論は保留にしておく。なお、吐谷渾王伏允が黒党項に奔ったのは隋の大業五（六〇五）年に訂正しなければならないことは、山口瑞鳳氏の指摘に従うべきであろう。

二　唐のタングート羈縻政策

八世紀の半ばをすぎると、タングート社会は激動の渦に翻弄される。いうまでもなく、安史の乱を皮きりとして、それにつづく僕固懐恩の乱、そして特に一連の吐蕃の大攻勢にまきこまれたことによる。加えて唐の名将郭子儀の経略を受け、タングート各部族は大規模な居住地の移動を強いられるはめにおちいったのである。しかしこのことが、結果的にタングート社会に大変動をもたらし、おそらくこの間に旧来の大姓のなかのいくつかは没落し、その一方で西夏建国へとつづく有力部族の生長を促していったのであろう。唐代を通観したタングートの発展については、岡崎氏の前掲書の「唐代におけるタングートの発展」にその詳細はゆずるが、筆者なりにこの時期の有力部族の生長の過程を確認しておきたい。八世紀後半のタングート諸部族の動向に関しては新唐書党項伝に豊富な情報が収録されている。同伝の総字数の三分の一強が八世紀後半のタングートの情報についやされていることからも、そのことがよく理解できると思う。まず西北辺にあって天授年間（六九〇年代）に内附し、霊州と夏州の間に朝、呉、浮、帰等一〇州の設置を認められた諸部族の動向が記されている。これについては、旧唐書の同伝の同じ内附を扱った記事とあわせて後述する。つぎに上元元（七六〇）年、鳳翔節度使崔光遠に降った涇州と隴州の間の部落一〇万の動きが記されている。この集団は翌二年から渾、奴刺と連合し、宝鶏、鳳州、梁州、奉天、華原等をあらしまわるが、七六二年に新任の梁州刺史臧希讓の攻略を受け、これに降っている。新唐書同伝にはその間の状況を、

詔、臧希讓代勉爲刺史、於是歸順、乾封、歸義、順化、和寧、和義、保善、寧定、羅雲、朝鳳凡十州部落詣希讓獻款、

丐節印、詔可。

と記している。旧唐書の同伝では最後のところを「……請州印、希讓以聞、許之」としている。いずれにしろ、この段階で、帰順、乾封、帰義等一〇州部落が設置されたことは疑いない。両唐書ともに各部落の統率者を表現する「酋長」などの名詞を欠いているが、部落長が「刺史」の称号を与えられたことは当然のことであろう。また上述の朝、呉、浮、帰等一〇州の各統率者も「刺史」を与えられていたと考えるのが妥当であり、貞観三（六二九）年に細封歩頼らに「刺史」の称号を与えたことにはじまる唐のタングート羈縻政策が一貫して継承されていることが確認できる。これについては、新唐書巻四三下志第三三下地理七下（以下新唐書地理志と略記）の羈縻州の冒頭に、

唐興、初未暇於四夷、自太宗平突厥、西北諸蕃及蠻夷稍稍内屬、即其部落列置州縣。其大者爲都督府、以其首領爲都督、刺史、皆得世襲。

とあり、タングートに限った例ではなく、突厥、廻紇、吐谷渾に対してもおこなわれたことは周知の事実である。ともあれ、タングートの各部族の統率者にあっては「刺史」の称号を受けることが、部落内の経営には大きな効力を発揮することは想像に難くない。同志羈縻州関内道には「党項州五十一、府十五」とあり、その原注で、

貞觀三年、酋長細封歩頼内附、其後諸姓酋長相率亦内附、皆列其地置州縣、隸松州都督府。五年又開其地置州十六、縣四十七。又以拓拔赤詞部置州三十二。乾封二年以吐蕃入寇、廢都、流、厥、調、湊、般、匐、器、邇、鍠、率、差

等十二州。咸亨二年又廢蠶、黎二州。祿山之亂、河、隴陷吐蕃、乃徙党項州所存者于靈、慶、銀、夏之境。

と記し、細封歩頼の内附以来の州県の設置と消息を述べたうえで、本文で五一州を列挙している。うちわけは「僑治銀州境」とある清塞州と帰徳州、樂容州都督府下の東夏州、静辺州都督府下の府州、北夏州等二五州、芳池州都督府下の寧静州、種州等九州、宜定州都督府下の党州、橋州等七州、そして安化州都督府下の永和州、威州等七州の都合五一州を指すのである。ところが、この中には上述した天授年間の一〇州は朝、呉、浮、帰の四州のみが記載され、他の六州を欠き、また臧希譲に帰順した一〇州は帰順州のみが記され、他の九州はここでは記載されず隴右道に回されている。そこで、天授年間の他の六州も存続したはずであるので、関内道には党項州が五七あったことになる。また旧唐書巻三八志第一八地理一（以下旧唐書地理志と略記）の関連する部分を調べると、芳池州都督府管下の九州は寧静州が寧州と静州の別であり、一〇州であったことがわかる。さらに新唐書地理志関内道では「突厥州十九」に入れている雲中都督府と呼延州都督府に関しては旧唐書地理志では、

雲中都督府、党項部落、寄在朔方縣界、管小州五、舍利、思壁州、阿史那州、綽部州、白登州。戸一千四百三十、口五千六百八十一。

呼延州都督府、党項部落、寄在朔方縣界、管小州三、賀魯州、那吉州、跌跌州。戸一百五十五、口六百五。

と記している。それぞれの州名がいかにも突厥系の名称であるところから、旧唐書が「突厥」とすべきところを「党項」と誤って記載した可能性も高い。あるいは本来は突厥降戸の州として設置されたものが、党項州にとってかわられたのかも知れない。いずれにせよこの八州に関しては速断はさけるが、結論としては「党項州五十

二」は少なくとも「党項州五十八」以上と改めて解釈すべきであろう。ただこれらの五八州がまったく同時期に存在していたものではなく、「府」に関しても一五府が同時に存在していたものではなかったらしい。このことに関しては後述する。つぎに新唐書地理志羈縻州の隴右道に目を移すと、ここには「党項州七十三、府一、縣一」が載せられている。秦州都督府隷下の馬邑州、臨州都督府隷下の保塞州、洮州隷下の密恭県につづけて細封歩頼が貞観初年に刺史を拝命した軌州は都督府に格上げされ、崌、奉、巖、遠州など一三州都合一五州、一府、一県が「以上有版」として列挙され、つづけて研州、探那州など五八州が「以上無版」と記した直後に、

右初隷松州都督府、粛宗時懿、蓋、嵯、諾、嶂、祐、臺、橋、浮、寶、玉、位、儒、歸、恤及西戎、西滄、樂容、歸徳等州皆内徙、餘皆没于吐蕃。乾封州、歸義州、順化州、和寧州、和義州、保善州、寧定州、羅雲州、朝鳳州（原注・以上寶應元年内附）。永定州（原注・永泰元年以永定等十二州部落内附、析置州十五）。宜芳州（原注・餘闕）。右闕。

とある。上記関内道の原注に記された諸州は「隷松州都督府」とあることからもわかるように、隴右道の有版、無版の諸州のことを指していることは疑いなく、貞観五年に設置された一六州や拓抜赤詞（辞の誤）のもとに置かれた三二州の具体的州名を示していると考えられる。なお、関内道原注で廃止された州名が隴右道の州名の中には一つも含まれていないところから判断すると、隴右道には七三以上の州が設置されていたのかも知れない。右史料中の吐蕃陥没をまぬがれた諸州は懿州と臺州をのぞき、関内道の宜定、安化、芳池、静辺州都督府に編入され、乾封州から朝鳳州の九州は臧希譲に降った九部落である。永定州と宜芳州に関しては旧唐書巻一一本紀第一一代宗の永泰元（七六五）年二月の条にわかりやすく、

戊子、河西党項永定等十二州部落内屬、請置宜芳等十五州、許之。

とある。永定州、もしくは永州、定州等一二州にいた河西党項が僕固懐恩の乱、あるいは吐蕃の攻勢にあい、内附を求め、その結果あらためて宜芳州、もしくは宜州、芳州等一五州を新設されたということであろう。要は隴右道党項州の多くはタングート諸部族の大移動以前の実態を述べ、そして関内道の諸州、諸都督府はおおむね吐蕃の圧力や郭子儀の経略を受けた大移動以後の実態を示していると考えてよかろう。つまり、どちらの時期にしても、八世紀のタングート諸部族に与えられた都督府、州、県の数は西北辺において大変な数にのぼっていたことがわかる。この数は両唐書の地理志を検索してみても、突厥、廻紇、吐谷渾等にくらべ圧倒的な数を示している。それでは、これらの部落州がどれほどの人口を擁していたのであろうか。旧唐書巻三本紀第三太宗下の貞観六（六三二）年の条末尾に「是歳党項羌前後内屬者三十萬口」とあるので、[24]七世紀前半すでに内属タングートの人口総数は三〇万に達していたことは確認できる。八世紀の半ばころについては両唐書地理志を調べても、直接人口数を示すような材料はみあたらない。そこで、さきにも触れた旧唐書党項伝の冒頭部分の「其種毎姓別自爲部落、一姓之中復分爲小部落、大者萬餘騎、小者數千騎、不相統一」を一つの参考にしたい。それぞれ「騎」とあるところから、人口全体ではそれぞれ四、五倍はあったと考えてよかろう。もう一つは天授三年の「西北辺部落」の内附に関し、旧唐書党項伝は「凡二十萬口」とし、新唐書同伝が「戸凡二十萬」としている数字である。少ない方の旧唐書の「凡二十萬口」をとり、これを朝、呉、浮、帰等一〇州で単純に割算すれば各州二万口となる。二つの材料からは、いずれも数万口というかなり大きな数字が浮かびあがってくる。少し多すぎるきらいもあり、さらに別の材料を探すと、これも上述した新唐書地理志関内道では、突厥州に記載している雲中都督府や呼延州都督府管下の小州の口数である。これらはせいぜい数百から二千口にすぎない。むしろ新唐書地理志関内道に述べる羈縻州の多くはこの程度が実態だったのかも知れない。あくまでも推測の域を出ないが、唐代中期ごろの羈縻州に所属するタングート民族は五〇万から百万以内の数字ではなかろうか。

三　八世紀タングート大姓の実態と羈縻都督府・州

ところで、そのタングート民族の主力勢力が関内道に遷移したいきさつについて、新唐書党項伝には、

子儀以党項、吐谷渾部落散處鹽、慶等州、其地與吐蕃濱近、易相脅、卽表徙靜邊州都督、夏州、樂容等六府党項于銀州之北、夏州之東、寧朔州吐谷渾住夏西、以離沮之。召靜邊州大首領左羽林大將軍拓拔朝光等五刺史入朝、厚賜賚、使還綏其部。先是、慶州有破丑氏族三、野利氏族五、把利氏族一、與吐蕃姻援。贊普悉王之、因是擾邊凡十年。子儀表工部尚書路嗣恭爲朔方留後、將作少監梁進用爲押党項部落使、置行慶州、且言、党項陰結吐蕃爲變、可遣使者招慰、芟其反謀、因令進用爲慶州刺史、嚴邏以絶吐蕃往來道。代宗然之。又表置靜邊、芳池、相興王（三の誤）州都督、長史。永平、旭定、清寧、寧保、忠順、靜塞、萬吉等七州都督府。於是破丑、野利、把利三部及思樂州刺史拓拔乞梅等皆入朝。宜定州刺史折磨布落、芳池州野利部並徙綏、延州。

とまとめている。この情報は、のちに西夏を建国する拓抜氏や、それに関連した他の有力部族、あるいは対立した勢力の八世紀半ばすぎの状況を伝える唯一の史料である。旧唐書の同伝には同様史料がまったく収録されていない点も考慮に入れると、きわめて貴重な史料といってよい。史料後段の「先是」以降が歴史事実として前段の前にくるわけだから、この後段から検討を加えてみたい。まず、破丑氏については前述したように両唐書党項伝

の冒頭部分に記された頗超氏のことである。旧唐書巻五七列伝第七劉志立伝に、拓抜赤辞の経略を記したあとに、

時、河西党項破丑氏常爲邊患、又阻新附、師立總兵擊之。軍未至、破丑氏大懼、遁於山谷、師立追之、至䣕于眞山而還。

とあり、破丑氏は河西党項という名称で唐側に知られていたことがわかる。その一方で、旧唐書党項伝には、

又有雪山党項、姓破丑氏、居於雪山之下、及白狗、舂桑、白蘭等諸羌、自龍朔已後、並爲吐蕃所破而臣屬焉。

とある。雪山[25]は臨洮府河州にあった山であり、おそらく䣕于眞山も河州あたりの山を指したものと思われるが、破丑氏は別に雪山党項とも称され、七世紀においては拓抜氏とは一線を画し、白狗、舂桑、白蘭等とともに、常に吐蕃側に身を置いていたタングート部族であったことがわかる。

また、野利氏については、これも前述したように両唐書党項伝冒頭部分に記す野辞氏のことであり、古くからの大部族であったことがわかるが、貞観三年の段階で細封歩頼らと唐の羈縻を受けた費聴、往利、房当、米擒各氏には同調せずに、頗超（破丑）氏とともに、おそらく当初は吐谷渾に従い、のち拓抜氏が唐に従うようになっても、これに応ぜず、吐蕃にくみしていたものであろう。

把利氏については、資治通鑑巻一九五唐紀一一の貞観一二（六三八）年八月の条にわずかにその名をあらわしている。同条によると吐蕃賛普弃宗弄讃が突厥、吐谷渾の例に倣い公主の降嫁を唐に求めた。史上名高い文成公主の降嫁の発端である。ところが、吐谷渾の防害工作にあい太宗はこれを認めなかった。怒った弃宗弄讃は吐谷

渾を襲い、これを青海の北に斥け、党項、白蘭諸羌を破り、松州西境に屯しあらためて唐に公主を求めた。そして同条に、

尋進攻松州、敗都督韓威。羌酋閻州刺史別叢卧施、諸州刺史把利歩利並以州叛歸之。連兵不息。[26]

とあるのである。およそ一二〇年ほど前の事件である。諾州については新唐書地理志関内道静辺州都督府管下の一州にその名をとどめている。諾州の原注に「貞觀五年置。縣三、諾川、德歸、籬渭。」とあり、把利氏の祖把利歩利はこれに先だつ貞観五年に唐の羈縻に従い、諾州刺史を拝していたことがわかる。それがこの事件にかかわって吐蕃に従うところとなったのであろう。移動前の諾州の位置は、同志隴右道の末尾に「右初隷松州都督府」と記したあとの粛宗時代の内徙の一州に加えているところから、松州附近にあり、把利部族はこの地域に原住していたものと考えてよかろう。この三大族が長く唐の羈縻に従わなかったわけは、地理的に他のタングート諸部族よりも、原住地域が吐蕃に接近していたため、常に吐蕃の牽制を受けやすかったからではなかろうか。かれらは、八世紀になると慶州方面に移動を余儀なくされたようだが、相かわらず吐蕃の影響下にあり、その部族長がそれぞれ吐蕃賛普より破丑王、野利王、把利王に封ぜられていたことは注目に値する。このように郭子儀の経略を受けるまで、一貫して唐に反抗姿勢をとるタングートの大部族の存在は、八世紀の半ばごろまでで一旦確認しておくと、タングート各大部族間には何らヒエラルヒーは生じていなかった証左であろう。つまり拓抜氏は後述するように、この時期も最大の部族ではあったが、いまだタングート各部族におよぶ権威はなにも持っていなかったと考えてよかろう。上記新唐書党項伝の史料には、つづいて郭子儀の経略の実態が記されている。その結果、慶州域内に静辺州、芳池州、相興州の三都督府が設置され、それぞれに「長史」が任ぜられたようである。

また同時に永平、旭定、清寧等七都督府も置かれているが、文面から判断すると、この七州には「長史」が任ぜられなかったようである。破丑、野利、把利三部族の部族長と思樂州刺史拓抜乞梅等の入朝とは、すなわちかれらが上記諸都督府の「長史」に任ぜられたことを指すと考えるのが当然である。静辺州都督府長史には、史料前段からも拓抜氏の部族長が任ぜられたことは疑いない。芳池州都督府長史は新唐書地理志関内道の党項州五一、府一五の中の芳池州都督府の原注に「僑治懐安（慶陽府安化）、皆野利氏種落」とあることからも、野利氏の部族長が任ぜられたことはいうまでもあるまい。そうすると残る相興州都督府長史には破丑氏の部族長が任ぜられたと考えるのが妥当ではなかろうか。そして、破丑氏の支配した相興州都督府管下の州の実態こそ、上述の旧唐書の代宗本紀にある「宜芳等十五州」である可能性が高い。ところが、新唐書党項伝の右史料にはつづけて宜定州刺史の折磨布落と芳池州野利部がともに綏州、延州方面に移徙されている記事を載せている。折磨布落は、その後、西夏建国にあたり、李元昊と激しく対立した府州折氏の祖と考えられ(27)、この登場は重要な意味を持っている。宜定州とは新唐書地理志関内道に記す慶州都督府隷下の宜定州都督府を指すことはいうまでもない。その原注に「本安定、後更名」としたうえで、

領州七。党州、橋州（原注・貞觀六年置）、烏州、西戎州（原注・貞觀五年以拓拔赤詞部落置。初爲都督府、後爲州、來屬）、野利州、米州、還州。

と記している。宜定州都督府隷下には、貞観五（六三一）年、拓抜赤辞が都督に任ぜられた西戎州や、あたかも野利氏のこの時期の根拠地を示すかのような野利州が含まれていることは注目に値する。また米州は注（17）で説明したように、細封歩頼の後に唐に内属した米擒氏の八世紀の居住地を指すかとも考えられる。このような諸

州を管轄する宜定州都督府の刺史を帯びる折磨布落は、おそらく破丑氏、野利氏の部族長に比肩し得る存在だったのではなかろうか。それ故にこそ、早々に吐蕃の影響を受けにくい綏州、延州方面に移動を強制されたのではなかろうか。また、芳池州野利部の移動についてだが、新唐書地理志関内道では芳池州都督府と宜定州都督府、そして安化州都督府の三府が「右隷慶州都督府」となっているのに対し、静辺州都督府と芳池都督府、相興都督府が他の九都督府とともに「右隷靈州都督府」となっている点に注意したい。つまり「芳池」と名づく都督府が二カ所に記載されているのである。これは、同時期に二カ所に設置されていたものではなく、本来、慶州都督府隷下に設置されていた芳池州都督府が、綏、延州方面に移り、霊州都督府隷下に編成がえされたことを示しているのであろう。ただ野利氏はこの後も慶州一円で東山部を形成し(28)、その後、南山部(後述)の実体に成長していったことは間違いないので、慶州都督府隷下の芳池州都督府の名称は消滅したかも知れないが、野利氏自体はむしろ、居住地域を拡大していったとみるべきであろう。最後に、静辺州都督府についてだが、これはさらに複雑で同志関内道の原注に「貞観中置、初在隴右、後僑治慶州之境」とあるように本来は隴右にあったものが、慶州に移り、さらに旧唐書地理志に、

靜邊州都督府、舊治銀川郡界內、管小州十八。

とあるように、その後また銀川方面に移動させられ、そして新唐書党項伝の上記史料の前段部分につながっていくのである。

郭子儀は静辺州都督府、夏州樂容州都督府等六都督府のタングートを銀州の北、夏州の東に徙し、タングート諸部族がこれ以上吐蕃の脅誘にさらされるのを防ごうとした。そこで問題になるのが「六府党項」の実態が何を

指すかである。岡崎精郎氏は前記論文の補注（90）で、芳池、宜定、安化の三都督府を六府に加える山本澄子氏の説を斥け、樂容州以外は不明とされている。[29] しかし、上述してきたように破丑、野利、把利、拓抜乞梅らの入朝を受けての六府党項の移動であることは動かしがたく、これらの諸都督府をもって「六府党項」と称したと考えるべきである。清代の編纂物ではあるが、西夏史の最良のテキストである呉広成の西夏書事巻一には、

　于是、召大首領左羽林大將軍拓拔朝光、拓拔乞梅等五刺史入朝。

とまとめているのも参考になる。あまり「六府」という数字にとらわれる必要性もないと思うが、静辺州、樂容州、芳池州、相興州、宜定州の各都督府に思樂州を加えたあたりがその実態だったのではあるまいか。ところで、樂容州都督府については、新唐書地理志関内道に霊州都督府隷下の一州として登場することはさきに説明したが、その原注で「領州一、東夏州」とあるのみで、その設置の経緯などを示す史料を欠いている。ところが、新唐書党項伝の末に「始、天寶末、平夏部有戰功、擢容州刺史、天柱軍使」とある記事が大いに関心を惹く。この記事は岡崎氏も指摘されるように（一二〇頁）、西夏書事の巻一にはより詳しく、

　以赤辭孫守寂爲右監門都督、封西平公。天寶之亂、守寂有戰功、擢容州刺史領天柱軍使。

と記載している。西夏書事は出典を示さないのが唯一の欠点であるが、このように具体的な内容を呉広成が捏造できるわけはなく、かならずやしかるべき史料に拠ったことは間違いあるまい。西戎州都督を拝し李姓を賜与された拓抜赤辞の直系は、その後も順調に発展し、ちょうど八世紀の半ばの守寂の代になると右監門都督となり、

特に「西平公」に封ぜられるまでになっていたのである。このことは拓抜氏の唐に対する忠誠度が、他の諸部族とは比較にならぬほど強かった証左である。そして「天寶末戰功」とあるところから、安史の乱に際しても一貫して唐王朝に従い、その褒賞として容州刺史、天柱軍使に抜擢されているのである。そうすると、容州の名は拓抜氏にとってはきわめて名誉ある地名であったはずであり、移動にあたって簡単に廃止されるような州名ではなく、かならず新居留地で継承される性格のものである。そう考えると、容州が実は欒容州の誤りであることに気づくであろう。新唐書、西夏書事は同系統の史料によってこの一節を成したであろうが、すでに原史料の段階で「欒」を脱落して容州と誤って記載されていたので、それを踏襲してしまったのであろう。つまりあらたに銀州の北、夏州の東に設置された静辺州都督府と夏州欒容州都督府こそ、八世紀後半の拓抜氏主流の本拠地であったと断じてよいのではなかろうか。筆者が六都督府の問題にこだわるには理由がある。それは岡崎氏によれば守寂の息子で拓抜本宗の後継者と思われる拓抜朝光が、上記新唐書党項伝に「静辺州大首領左羽林大将軍」として、他の五刺史と入朝し、厚く賜賚を得ているからである。(30) タングート民族の長い歴史で「大首領」号の嚆矢である。唐は特別の意図のもとに拓抜朝光をもって「大首領」に任じたと考えたい。「大首領」が静辺州だけにかかるのか、「六府党項」全体にかかるのかについては議論のわかれるところであるが、この特別の称号がここで登場する重要性を考慮すると、野利氏、破丑氏らも統率する存在として、唐は「大首領」号を朝光に与えていたと解釈したい。そして、タングート史上名高い平夏部と東山部の成立は、このような事情をふまえて唐の主導のもとに、まさにこの時期におこなわれたものなのである。西夏書事には、拓抜朝光、乞梅らの入朝記事につづけて、そこのところを、

代宗厚賚之、使還綏其部。自後、乞梅居慶州、號東山部。朝光居銀、夏、號平夏部。

と述べている。慶州残置のタングート諸部族は、拓抜乞梅の統率のもと、東山部としてまとめられ、一方、銀、夏方面に移動した主力は拓抜朝光のもと平夏部として、それぞれ唐に掌握されるようになったのである。つまり、このころから拓抜氏の他部族に対する優位というものが、唐側から積極的に演出されていったのである。それはとりも直さず、吐蕃の圧力に対する前衛としてのタングート民族の一元化の育成であったのであろう。ところが、平夏部、東山部の主力は突如、移動を余儀なくされたようである。旧唐書党項伝に、

(貞元) 十五年二月、六州党項自石州奔過河西。党項有六府部落、曰野利越詩、野利龍兒、野利厥律、兒黄、野海、野窣等。居慶州者號爲東山部落、居夏州者號爲平夏部落。永泰、大暦巳後、居石州、依水草。至是、永安城鎭將阿史那思昧擾其部落、求取駝馬無厭。中使又贊成其事。党項不堪其弊、遂率部落奔過河。

とあるのがそれである。この史料については、前稿で解釈したように、野利三族が慶州に居住する東山部の実体をなし、兒黄、野海、野窣は拓抜氏の部族名(部落名)を指し、夏州に居住する平夏部のことである。[31]「六州党項」と「六府部落」は、文脈から同一のタングート諸部族を異った言葉で表現したことに気づくと思われる。新唐書党項伝には、この記事を多少簡素化して掲載し、「六府部落」とあるところを「六州部落」としている。前述の新唐書同伝の「六府党項」と混同しやすいが、筆者は「六府部落」ないしは「六州部落」こそ、「六府党項」の中核を構成する拓抜氏、野利氏の主力であったと確信している。かれらが永泰、大暦以後、とあるから七六五、六年に石州に移動し「依水草」とあるから、おそらく府、州の建置を認められず、不自由な遊牧生活を強いられていたことは想像に難くない。この移動は資治通鑑巻二二〇から二二三に頻出する乾元から永泰年間(七五八—七六五)にかけての党項の一連の長安近辺への侵擾と、吐蕃との連結に危惧を感じた唐が、その主力の隔離をは

かるべく強制的におこなったものと考えるのが妥当であろう。ところが右史料では永安城鎮将阿思那思昧らの暴政に耐えかねて、貞元一五年に大挙、河西に出奔したとある。「奔過河西」とか「奔過河」とは黄河を渡って西走したことを意味し、ことさら地域名としての「河西」に結びつける必要はなかろう。つまり吐蕃の勢力下に舞いもどったわけで、唐の一連の羈縻政策はまたしても失敗に帰したのである。しかしながら、野利氏の原住地への復帰の動きは、それをまつまでもなく、すでに七七九年に現実のものとなったようである。新唐書党項伝の芳池州野利部の綏、延州移徙の記事と「六州部落」の記事の間に、

大暦末、野利禿羅都與吐蕃叛、招餘族不應、子儀擊之、斬禿羅都、而野利景庭、野利剛以其部數千人、入附雞子川。

とある。石州移動からわずか一〇数年で野利禿羅都は唐に叛旗を翻し、吐蕃にくみしたのである。このことは、資治通鑑巻二二五唐紀四一の大暦一三年八月の条に「吐蕃二萬衆寇銀麟州、略党項雜畜、郭子儀遣李懷光等擊破之」とあるように、前年に発生した吐蕃による銀、麟州タングートに対する攻略に連動した動きととらえるべきであろう。野利氏はタングートの中でも大族で知られ、石州に移動せずに慶州一帯にそのまま残置していた部族も多かったと考えられるが、筆者は野利禿羅都は石州に移った東山部野利氏の中心であったと考える。その理由は、残置部族であるならば、ことさらに「吐蕃に与して叛す」という表現は不要であり、また郭子儀の経略を受けるほどのことはなかったと思われるからである。また、最終的には野利禿羅都に同調せず、子儀に帰順した野利景庭、野利剛とあわせてこの三人が前述の野利越詩族、龍兒族、厥律族のいずれかの大酋と考えるのが合理的であるからである。景庭、剛も禿羅都と同時期に黄河を越え、原住地の慶州附近にもどったことは間違いなかろう。それはかれらの内附した「雞子川」から推測がつく。雞子川の位置について、岡崎氏は前掲論文で資治通鑑

巻二二九唐紀四五建中四年一一月の条にみえる咸陽北西の乾州の地にあった雞子堆の附近の可能性を示唆された（四七頁）。たしかに地名の類似だけでは何ともいえないが、大暦末と建中四年ではわずかに四、五年の間であり、ともに陝西省内のできごとである。氏の推定を一歩進めて雞子川を乾州附近と断定しても大過ないのではなかろうか。そうだとすると、乾州は慶州から涇水沿いに南下すると二〇〇キロ足らずの地点である。野利景庭、野利剛も原住地に移動した後、禿羅都と袂をわかち、郭子儀に帰順する道を選んだものと思われる。野利禿羅都や景庭、剛は当初、東山部を率いる拓抜乞梅、ないしはその後継者の統率下にいたのであろう。タングート東山部の実体がかなりの部分、野利氏によって占められていたことは、筆者が前稿でも論証したところである。[32] そしてその中心勢力であった野利禿羅都の離叛は、拓抜氏の統率下にくみこまれることに対する野利氏の不満の発露でもあり、拓抜氏の権威創出という唐の政策は充分な成果があがらなかったことがわかる。それどころか、この事件を契機にタングート東山部は事実上崩壊し、その実態は急速に失われていったものと思われる。それ故にこそ、岡崎氏も指摘されるように、「乞梅の子孫はその系譜すら全然判明しない（四九頁）」ようになるのである。

なお、平夏部を構成する拓抜氏の主力も、七九九年から一〇数年前に原住地に復帰していたらしい。資治通鑑巻二三二唐紀四八貞元二（七八六）年一二月の条に、

吐蕃又寇夏州、亦令刺史托跋乾暉、[33] 帥衆去、遂據其城。

とあるように、すでに七八六年の時点で夏州の刺史は拓抜乾暉が襲っているのである。拓抜乾暉は当然、平夏部の主流であったはずである。このように、平夏、東山両部の隔離策は思うようにはゆかず、残存部族も七九九年、鎮将阿史那思昧の暴政に反発し、大挙西奔を実行したのである。このように、八世紀後半におこなわれた拓抜氏

を中心にすえてタングートの一元化をねらう唐の対策は、タングートの反発と吐蕃の圧力の前に思うにまかせぬ状況がつづいたのである。

唐のタングート対策の失敗には、もう一つ別の要因もからんでいた。それは、すでにこのころ、漢人化したタングート部族がかなりの数存在しており、唐の羈縻政策には従わずに独自の行動をとり、ことさらに拓抜氏の権威を尊重する気風がなかったことも影響していたようである。広徳元（七六三）年、吐蕃、廻紇、吐谷渾、渾、奴剌等を誘って唐に叛旗を翻した僕固懐恩の軍勢にタングート諸部族も加わっていた。旧唐書巻一二〇列伝第七〇郭子儀伝に、

八月、僕固懐恩誘吐蕃、迴紇、党項、羌、渾、奴剌、山賊任敷、鄭庭、郝徳、劉開元等三十餘萬南下。

とあるなかの山賊の任敷、鄭庭、郝徳、劉開元が実はタングートの諸部族を率いる大酋であったらしいのである。旧唐書では、このほかに巻一二一列伝第七一僕固懐恩伝や巻一九六上列伝第一四六上吐蕃上にも任敷らの名前を載せているが、いずれもかれらを党項とは特定していない。ところが、新唐書では党項伝にこの記事を載せ、その際、かれらについては「大酋鄭廷、郝徳入同州、刺史韋勝走、節度使周智光破之澄城」と記している。ここでは鄭廷、郝徳の二名しか記載されていないが、この両名を「党項の大酋」として扱っているのである。そして資治通鑑巻二二三唐紀三九永泰元年九月の条には、

僕固懐恩誘回紇、吐蕃、吐谷渾、党項、奴剌數十萬衆倶入寇、令吐蕃大將尙結悉贊磨、馬重英等自北道趣奉天、党項帥任敷、鄭庭、郝徳等自東道趣同州……

とあるように、かれらを「党項帥」と明確に記しているのである。任敷、鄭庭らの行動には、当然、岡崎氏も触れている（四〇―四一頁）。ただ、氏はかれらを自明のことのように漢人としたうえで、漢人によって指揮されるタングート勢力が僕固懐恩の乱に参加したとされ、後年のタングートの発展から西夏建国に至る過程で関与した漢人指導者の萌芽とされている。[34]岡崎氏はかれらの名前から何の疑いもなく漢人として論を進められたわけだが、新唐書や資治通鑑がわざわざ党項の「大酋」とか「党項帥」と断っていることは黙視しがたい点である。旧唐書に「山賊」とあるところから、おそらくかれらは山間に勢力を張る土豪であったことには間違いなかろうが、そうした漢人土豪が、数万にも達するタングート諸部族を動員することが可能であったであろうか。筆者は任敷、鄭庭ら四名はこれ以前に唐に内附し、熟戸化したタングート諸部落を統率する族長で、その名前も漢人風にあらためたものではないかと考えている。両唐書党項伝に記載されている天授年間に内附し、霊、夏の間に散居させられた約二〇万口におよぶタングートは、史料上には具体的人名はまったく欠くものの、居住地域と居住の古さからいっても、充分に熟戸化する条件は整っていたものと思われる。また旧唐書巻九七列伝第四七張説伝の開元九（七二一）年の条に記載のあるソグド人と思われる胡賊康待賓の反乱に関与したタングートは罪を宥され麟州に安置されている。[35]かれらは、おそらく天授年間（六九〇―九二）に内附したタングートの一部と思われるが、漢人部落との接触の歴史の長いタングートの熟戸化は急速に進んでいたと考えてよいのではなかろうか。康待賓や、それこそ安祿山の名を出すまでもなく、当時内属した異民族が漢名を名のることはごく一般的なことであった。任敷や鄭庭といった連中も名前は漢人風にあらためてはいるが、熟戸化したタングート部落を率いる大酋であったことには相違あるまい。かれらは拓抜氏の権威の埒外に存在していたのではなかろうか。いずれにせよ、タングート諸部族の内附が激増するようになれば、熟戸化の動きが加速するのは歴史の必然であり、その一つの到達点こそ、拓抜思恭による定難軍節度使の拝命にほかならないのである。しかし、そこに至るまでには、なお百有余年の歳月を経過しなくてはならない。

つぎに、そこに至る間のタングート諸部族のその後の動向を、岡崎精郎氏の研究とは多少異った観点にたって、筆者なりに確認しておきたい。

四　九世紀拓抜平夏部と河西党項の実態

さて、夏州刺史の拓抜乾暉が吐蕃の圧力に屈して衆を帥いて夏州を去った翌年の一二月に、唐はタングートに対する最初の武器輸出禁止令を発した。旧唐書党項伝に、

貞元三（七八七）年十二月、初禁商賈以牛、馬、器械於党項部落貿易。

とある。この記事は唐会要、冊府元亀にも記載されているが、その際、「牛馬」のところを「口馬」としている。「牛馬」を諒とする岡崎氏の所説（五一頁―）に筆者も異存はないが、氏がこの記事をもってタングートのかなりの発展の証左としている点については、いささか考えを異にしている。このころタングートに対する吐蕃の圧力は上述の通りであったが、さらにこの後も後述するようにタングートは吐蕃に従ってしばしば入寇をくり返しているのである。唐が武器を意味する器械のタングートへの輸出を禁じた理由は、武器が吐蕃に横流しされたり、タングートの入寇に利用されることをおそれたからにほかならない。禁令が出されたということは、このころまでに大量の武器がタングートに流れ、唐はその対策に手を焼いていた証左である。石州に移されていた平夏部、東山部が大挙して河西に出奔したのは上述のごとく七九九年のことである。つまり唐のタングート対策は振り出

しにもどったのである。そこで、唐はタングートを再び綏撫するために、旧唐書党項伝に、

元和九（八一四）年五月、復置宥州、以護党項。

とあるように、八一四年に宥州を復置したのである。これについては、資治通鑑二三九唐紀五五元和九年の条に詳しく、

李吉甫奏、國家舊置六胡州於靈鹽之境。開元中廢之。更置宥州以領降戶。天寶中宥州寄理於經略軍。寶應以來因循、遂廢。今請復之、以備回鶻、撫党項。上從之。夏五月庚申、復置宥州理經略軍、取鄜城神策屯兵九千、以實之。

と記している。この時期、唐は吐蕃のみならず廻紇の攻勢にも悩まされていた。例によってタングートを吐蕃や廻紇と切り離し、逆にその前衛にするためにも、タングート綏撫が焦眉の問題であったことがわかる。ところで、石州を出奔した平夏部の多くはどこに居住していたのであろうか。これについては冊府元亀巻九七七外臣部二二降附の元和五（八一〇）年の条に、

五年五月、鹽州奏、渭北党項拓跋公政等一十三府連狀、稱管渭北押下帳幕収放。經今十五餘年、在鹽州界、今準勅、割屬夏州情願、依前在鹽州界充百姓。

という記述があり、多いに関心を惹く。この記事には岡崎氏も注目され、この時期の内属タングートの主力は

「塩州界」に集中していたとされる（五四頁）。「一十三府」については、氏も指摘されるように唐が設置したタングート都督府を指すことは間違いない。氏はタングート都督府の総計は一五府とされ、その大半がこの地域に集中していたとされる。しかしながら、都督府数については上述したように、一概に数を特定することはできない。そして、この時期、実態としての都督府がはたしてどれほど機能していたかについてはきわめて疑問である。むしろ、拓抜公政が「一十三府連状」といっている真意は、あくまでも自己をタングート諸部族を統率する「大首領」として唐に認知してもらうところに目的があったのではないかと思われる。拓抜公政はおそらく拓抜乾暉の後を襲った平夏部の本宗と断じてよく、この史料は拓抜公政のタングート諸部族に対する求心力の創設をねらった動きとみるべきであろう。ともかく、この記事から平夏部を中心とするタングートのかなりの勢力が塩州から夏州にかけての地域に居住していたことがわかる。宥州はちょうど塩州と夏州の中間に位置しており、その復置はまさしくタングート平夏部のこの動きに対応しておこなわれたことがわかる。ところが、この目論見もまたしても失敗に終ってしまう。前掲資治通鑑の同巻同年一〇月の条に「党項寇振武」とあり、タングートによる振武軍（朔州）への入寇がおこなわれているのである。塩・夏の間に居住する拓抜平夏部の入寇とは考えられず、さらに北東地域に居住していたタングートの行動と考えるのが妥当であろう。そうすると、五代、北宋時代に府州で勢力を振った前述の折氏が思いうかぶ。資治通鑑巻二三六唐紀五二貞元一七（八〇一）年秋七月の条に、

己丑、吐蕃陥麟州、殺刺史郭鋒、夷其城郭、掠居人及党項部落而去。鋒曜之子也。

とあり、九世紀初頭、麟州に党項部落が存在していたことが確められる。折氏については、畑地正憲氏が前掲論文で府州との関連を詳述されているが、唐末、太原方面にタングートの蟠踞を指摘されている。(36)筆者はこの年の

振武軍入寇が、折氏とは断定できないまでも、拓抜平夏部の統制外に置かれていた、まったく別系統のタングート勢力の行動ととらえておきたい。

論をもとにもどすと、資治通鑑巻二三九唐紀五五元和一一（八一六）年四月の条に、

宥州軍亂、逐刺史駱怡、夏州節度使田進討平之。

とあるように、タングートを綏撫するはずの宥州に軍乱が発生する。軍乱の経緯はまったく不明ながらも、唐のタングートに対する支配力は急速に失われたらしく、資治通鑑巻二四一唐紀五七元和一四（八一九）年一〇月の条に、

是月、吐蕃節度論三摩等將十五萬衆、圍鹽州。党項亦發兵助之。刺史李文悦竭力拒守。凡二十七日、吐蕃不能克……

とあるように、八一九年になると吐蕃に従って塩州を攻撃したり、さらに同書同巻元和一五（八二〇）年一〇月の条に、

党項復引吐蕃、寇涇州連營五十里。

とあるように、吐蕃の嚮導となる勢力もあらわれるようになるのである。旧唐書党項伝同年の条に、

十五年十一月、命太子中允李寮爲宣撫党項使。

とあるのは、こうしたタングートの行動に対する唐の消極的な綏撫策のあらわれであった。しかるに、この間に西北辺情勢は大きく変動し、資治通鑑の右同巻長慶元（八二一）年五月の条に、

癸亥、以太和長公主嫁回鶻。公主上之妹也。吐蕃聞、唐與回鶻婚、六月辛未、寇青塞堡。鹽州刺史李文悦撃却之。戊寅、回鶻奏以萬騎出北庭、萬騎出安西、拒吐蕃、以迎公主。

とあるように、唐は穆宗の妹を太和公主として廻紇に降嫁せしめ、その鉾先をかわそうとしたのである。ところが同書巻二四二唐紀五八同年九月の条に、

吐蕃遣其禮部尚書論訥羅來求盟。庚戌以大理卿劉元鼎爲吐蕃會盟使。

とあるように、太和公主の降嫁は唐と吐蕃との関係にも新展開をもたらし、吐蕃王ティ・ツク・デツェンは外交政策を大転換し、唐との会盟という和親策に路線を変更したのである。(37) 交渉を有利に進めようとしてか、吐蕃は翌二年六月になっても霊武、塩州を攻撃しているが（資治通鑑同巻六月の条）、一方タングートも同じく同巻同月の条に、

党項寇靈州、渭北、掠官馬。

とあるように、霊州、渭北への攻撃をおこなっているのである。渭北とは前述の塩州界に居住していた渭北党項を指し、官馬とはかれらが唐に供給する軍馬のことを指すに相違あるまい。つまり八二一年、吐蕃に従い、塩、霊の間に散在する拓抜平夏部を主体とする渭北タングートを攻撃するタングートが存在したのである。おそらく、この勢力は後述する「河西党項」であり、その実態は野利氏や拓抜氏でも傍流の部族であったかとも思われるが、このように拓抜本流を中心とするタングートの結集は一向に成果をあげられず、さらに同書同巻同月の条に、

庚辰、鹽州奏党項都督拔（拓の誤）跋萬誠請降。壬午吐蕃寇鹽州。

とあるように、タングート諸部族の糾合に自信を失った拓抜万誠は内附を請う道を選んでしまったのである。拓抜万誠はおそらく年代的に考えて拓抜公政の後継者か、その一族と断じてよかろう。なお冊府元亀巻九七七外臣部二二降附に、

穆宗長慶二年六月、鹽州上言、北界党項被夏州遣兵劫掠殺戮。其都督拓拔万誠請降。詔夏州節度使李祐、其党項勿令侵擾。

とあり、拓抜万誠の内附の直接的原因は唐の夏州駐屯軍の非道にあったことは注意を要するが、その根底には夏州駐屯軍の横暴に対する抑止力としてのタングート諸部族の統率すら思うにまかせぬ状況があったことにはかわりあるまい。また、冊府元亀同巻同降附に、万誠の内附から五年後のこととして、

文宗大和元（八二七）年八月、靈州奏、部落遊弈使拓拔忠義招収得部落五千餘帳、於界首安置訖。

という記事がある。拓抜忠義が平夏部の部酋の一人であったことは容易に推測がつくが、忠義が帯びた一部落遊弈使」はどう考えてもそれほど高い地位とは思えない。(38)岡崎氏はこの記事をもって、忠義が万誠にかわって平夏部の統率者に台頭したとされるが、にわかには従いがたい。むしろこの記事は万誠の一族である忠義が、拓抜氏の羈絆から脱却しようとするタングート諸部族のうち、かろうじて霊州の界にいた部落およそ五千帳を確保したことを伝える史料として利用すべきであろう。むしろ、この背景に多くのタングート諸部族が平夏部の権威を公然と否定している状況を読みとるべきであろう。なお、冊府元亀の万誠の記事中に「北界党項」とあるが、これは上述の「渭北党項」と同義語であることがわかる。当時、霊、塩、夏州の間に散在するタングートを総称してこのように呼んでいたということは、すなわち、「北界」や「渭北」タングートに属さない別のタングート勢力の存在が唐側に認識されていたことを示す。さきに予告したところの「河西党項」という表現で諸書に散見する勢力こそが、これにあたることはいうまでもなかろう。旧唐書巻一六一列伝第一一一劉沔伝に、

大和末（―八三五）、河西党項羌叛。沔以天德之師屢誅其酋渠、移授振武節度使、検校右散騎常侍、單于大都護。開成中（八三六―四〇）、党項雑虜大擾河西、沔率吐渾、契苾、沙陀三部落等諸族萬人、馬三千騎、徑至銀、夏討襲、大破之、俘獲萬計、告捷而還。以功加検校戸部尚書。

とある。同列伝の石雄伝にも「大和中、河西党項擾乱」とあり、八三〇年代になると「北界党項」、あるいは「渭北党項」とは認識の異なるタングート勢力が銀州から夏州の間にかけて台頭し、擾乱をひきおこしていたの

である。

それでは、本拠地を「河西党項」に明け渡した拓抜本宗は唐に内附したあと、どのような処遇を受けていたのであろうか。この後、史料上に明確なかたちで拓抜本宗が登場するのは、咸通末（―八七三）に拓抜思恭がひそかに宥州を拠点にし、刺史を僭称しているとする新唐書党項伝の記述をまつのである。万誠を拓抜本宗と断じたうえでの話しだが、この間約五〇年間の拓抜本宗の具体的な動きを伝える史料はまったくなく、かろうじて後述するが資治通鑑に八五一年に南山、平夏両部が白敏中に鎮撫されたとあるだけである。その記事から計算してもほぼ三〇年間の拓抜本宗の動きが不明である。そこで、あくまでも推測の域を出ないが、筆者なりの答を出しておきたい。冊府元亀巻九九五外臣部四〇交侵の条に、

文宗大和五（八三一）年九月、豊州刺史李公政奏、党項於黒山刼掠歸國廻鶻差兵馬使僕固全等七人爲賊射殺。

という記事がある。岡崎氏はこの記事をタングートの強盛化を示す一つの材料として使用される（六三頁）が、筆者はこれについてもまったく別の観点からこの史料に注目したい。豊州刺史の李公政については、管見のおよぶ限り両唐書にもまったく記載がない。唐がこの前後、内属した周辺民族の酋帥に李姓を賜ったことは枚挙にいとまがない。ちなみに平夏部に限っても、遠祖の拓抜赤辞がその第一号であり、後の定難軍節度使を拝命する拓抜思恭とその後継者たちも賜っている。また、九世紀半ばでいえば、沙陀部の巨帥で後唐の献祖朱邪赤心（後述）にしろ、廻紇の内紛から唐に降った嗢没斯兄弟がすべて李姓を賜与されている。(39) これをもってすると、史書に明記はなかったとしても、唐に内附した拓抜本宗の当事者が李姓を与えられたと考えるのはそれほど無理のある推論でもあるまい。拓抜公政と万誠が史料上に姿をあらわすのは、わずかに一二年の間隔である。拓抜万誠の

内附の際、拓抜公政は生存していたと考えても、別段不自然ではあるまい。万誠の内附には公政も従っていたのではなかろうか。そして、公政、万誠はともに李姓を賜わり、公政は豊州刺史に任ぜられたのではなかろうか。廻紇の一行の襲撃はもちろん河西党項の仕業であり、拓抜公政はその襲撃も阻止することができず、上奏することによりひたすら唐による河西党項の制圧を期待したのではなかろうか。他に傍証を欠き、推論にとどめざるを得ないが、いずれにせよこの時期の拓抜本宗と河西党項は峻別して考えるべきであろう。

五　九世紀周辺諸民族の動向とタングートの擾乱

会昌元（八四一）年になるとタングートは吐谷渾、沙陀部とともに廻紇の混乱に乗じ勢力の伸張をこころみるようになる。資治通鑑巻二四六唐紀六二同年秋八月の条に、

天徳軍使田牟、監軍韋仲平、欲撃回鶻以求功、奏稱回鶻叛將嗢没斯等、侵逼塞下、吐谷渾、沙陀、党項皆世與爲仇。請自出兵驅逐。上命朝臣議之。

とある。さらに同巻翌二年二月の条にも、廻紇の上奏中に吐谷渾、党項の掠略をおそれる一節がある。このころ廻紇はキルギスに追われ、太和公主を奉じて大挙南下し、塞上に駐留し、唐に救援を求めていたが、内紛が生じ、前記宰相嗢没斯一族の来降をひきおこすなど、末期的症状を呈していた。(40) ところで、行動をともにした吐谷渾の居住地については、新唐書地理志の羈縻州関内道に、

吐谷渾州二。寧朔州（原注・初隷樂容都督府。代宗時來屬。）右隷夏州都督府。渾州（原注・儀鳳中自涼州内附者、處於金明西境置）右隷延州都督府。

とあるように古く儀鳳中（六七六―七八）に内附した部衆は延安附近の金明西境に置かれ、代宗時代に来属した集団は夏州東方に一旦は居所を与えられた。しかし、後者に関しては前に史料を掲載した新唐書党項伝に「……寧朔州吐谷渾住夏西」とあるように当時は夏州の西方に居住させられていたようである。また資治通鑑巻二四五唐紀六一開成元（八三六）年二月の条には、

天德軍奏、吐谷渾三千帳詣豐州降。

とあり、この記事はおそらく夏州西方あたりにいた吐谷渾が豊州に来降した事実を伝えているのであろう。この記事は、河西党項に同調しない吐谷渾が豊州の拓抜公政に救いを求めたことを示している、と解釈したいが、いかがなものであろうか。それはさておき、九世紀半ばごろの吐谷渾は衰残の遺衆であったことにはかわりがない。吐谷渾に関しては、資治通鑑を瞥見しても、僕固懐恩の叛乱にまきこまれ、党項、奴剌等と動員に応じた永泰元（七六五）年の記事（巻二二三）以降、まったくその名を史料上にあらわさず、消息は不明であった。それが、およそ七〇年ぶりに登場したのである。このたびのタングートや吐谷渾の活発な動きは、吐蕃の衰退にその原因があったことはいうまでもなかろう。長慶の唐蕃会盟（八二一―二二）については、佐藤長氏の研究に詳細はゆずるが[41]、これ以降、西北辺に居住する諸民族におよぼす吐蕃の圧力は格段に低下したらしい。さらに、その後の吐蕃王朝の内紛と衰亡は[42]、タングート民族に長年におよぶ吐蕃の桎梏からの解放を実現させ、加えて廻紇の末期的

情勢に目をつけ、その混乱に乗ずることにより、西北辺の主導権の獲得をはからずも目途させることになったのである。新唐書党項伝にタングートの発展とその対策を記して、

至大和中（八二七―三五）寖彊、數寇掠、然器械鈍苦、畏唐兵精、則以善馬購鎧、善羊貿弓矢。鄜坊道軍糧使李石表禁商人不得以旗幟、甲冑、五兵入部落、告者、擧罪人財畀之。至開成末（―八三六）、種落愈繁、富賈人齎繒寶鬻羊馬、藩鎮乘其利、彊市之、或不得直、部人怨、相率爲亂、至靈、鹽道不通。

とあるのが、この間の事情をよく物語っている。前半部分はまさしく第二次の武器輸出禁止令にあたるが、吐蕃の圧力から脱したタングート諸部族の軍事力の強化が一気に進んだ状況がよくうかがえる。禁令が再び出されたということは、当時、商人の手を通じて、善馬、善羊にかえて大量の甲冑、五兵（五種類の兵器）がタングートに流入していた証拠であるが、とくに旗幟の輸入は注目に値する。旗幟とは、いうまでもなく軍旗の謂であり、これをもってすると、今回はタングート諸部族が単に武装力を強化したというにはとどまらない。おそらく、唐や吐蕃、廻紇の軍制を参考にして軍事組織の整備にのり出したことを意味していると考えるべきではなかろうか。後半部分は上述のタングートの擾乱時期に対応する記述である。岡崎氏は唐辺将の暴政がタングートの叛乱の一因をなしている証拠として、この史料を利用されたが（六三―六六頁）、要は辺将の暴政に対抗できる軍事力をタングート側でも身につけていたからこその反抗であったのであろう。

会昌二（八四二）年八月、唐の再三におよぶ帰国要請に従わなかった廻紇の烏介可汗は大挙して杷頭烽（大同府朔州）を通過して雲州城にせまる。その際、タングートは資治通鑑巻二四六唐紀六二に「吐谷渾、党項皆挈家入山、避之」の行動をとり、廻紇の大軍を前にしては、とても対抗できる勢力ではなかったことがわかる。上述

してきた、ここに登場するタングートがいわゆる河西党項であった証左は、つづく資治通鑑の同巻九月の条に、

以李思忠爲河西党項都將、回鶻西南面招討使。

とあることからも、そのことがはっきりと確認できる。河西党項は一応、廻紇の降将で李思忠の名を賜った嗢没斯の統制下に編入されたらしい。

さて、それではこの間に拓抜本宗の動向を示す材料はないものであろうか。それを示す唯一の史料が資治通鑑巻二四七唐紀六三の冒頭部分である。この史料は劉沔や石雄が振武軍に迫っていた廻紇の烏介可汗を攻撃し、あわせて同可汗に降嫁していた太和公主の救出を敢行した記事である。前半部分を掲載すると、

會昌三（八四三）年春正月、回鶻烏介可汗帥衆侵逼振武、劉沔遣麟州刺史石雄、都知兵馬使王逢帥沙陀朱邪赤心三部及契苾、拓跋三千騎、襲其牙帳。沔自以大軍繼之。雄至振武、登城望回鶻之衆寡、見氊車數十乘、從者皆衣朱碧、類華人。使諜問之、曰公主帳也。雄使諜告之曰公主至此家也。當求歸路、今將出兵擊可汗、請公主潛與侍從相保、駐車勿動。

とある。旧唐書巻一六一列伝一一一石雄伝には、この救出劇がより活々と描かれているが、麟州刺史の石雄は突厥系の沙陀朱邪赤心や契苾の部落と拓抜を合わせて三千騎を率いて烏介可汗の牙帳を奇襲したのである。朱邪赤心は先に触れたが、後に龐勛の乱の鎮圧に大功をあげ「李国昌」の名を賜っている。かれはこのころ一貫して唐に忠節を尽しており、その朱邪赤心の三部落とともに、拓抜の部衆が決死の奇襲をおこなっているのである。帰

趨の定まらない河西党項が石雄の麾下に加われるはずもない。岡崎氏も、ここに記される「拓跋」については注意を示され、いわゆるタングートの謂ではなく「拓抜氏の一分派を指称したものと解すべきではあるまいか（一二七頁）」と説明されている。筆者は旧唐書、資治通鑑などが「党項」とせずに、わざわざ「拓抜」と明記している点を重視したい。拓抜本宗が前後、ほぼ一貫して唐に忠義を尽していたことを勘案すれば、岡崎氏の考えを一歩進めて、ここに登場する「拓抜」こそ、八四〇年代の拓抜本宗の動向を示していると断定してよかろう。

話をその後のタングートの擾乱にもどす。資治通鑑巻二四七唐紀六三に従うと、会昌三（八四三）年の一〇月には塩州を寇し、つづいて一一月には邠、寧州への入寇が報じられている。そこで同書につづけて、

李徳裕奏、党項愈熾、不可不爲區處、聞、党項分隷諸鎭、剽掠於此則亡逃歸彼、節度使各利其駝馬不爲擒送、以此無由禁戢。臣屢奏、不若使一鎭統之、陛下以為一鎭専領党項、權太重臣、今請以皇子兼統諸道、擇中朝廉幹之臣、爲之副、居於夏州理其辭訟。庶爲得宜乃以兖王岐、爲靈夏等六道元帥兼安撫党項大使。又以御史中丞李回爲安撫党項副使、史館修撰鄭亞爲元帥判官、令齎詔、往安撫党項及六鎭百姓。

とあるように、宰相李徳裕はタングートの擾乱の原因を、タングートが諸藩鎮に分隷し、その剽掠を受けていたことに帰し、兖王岐を霊夏等六道元帥兼安撫党項大使となし、タングートを一括支配してその安撫を主張したのである。そして、この上奏のかたちをかえた具体化を示す史料が旧唐書党項伝の末尾に載せられている。すなわち、

會昌初、上頻命使安撫之、兼命憲臣爲使、分三印以統之。在邠、寧、延者、以侍御史、内供奉崔君會主之。(43) 在鹽、夏、

長澤者、以侍御史、内供奉李鄠主之。在靈武、麟、勝者、以侍御史、内供奉鄭賀主之。仍各賜緋魚以重其事（新唐書党項伝略同）。

とある。唐はタングート居住地域を三分し、それぞれに侍御史内供奉を派遣し、タングートの安撫にあたらせたのである。ところが、この記事は思いがけずも、九世紀半ばのタングート諸部族の居住地域が推定できる史料としてきわめて重要な意味をもつものになっている。「在邠寧延者」とは、涇水流域から洛水の上流域にかけて居住する集団があったことを示している。筆者は、これこそ後述する野利氏などを中核とする南山部タングートの名称で呼ばれていた諸部族を指していると考える。また、河西党項の本来的な居住地であったはずである。「在塩夏長澤者」は平夏部を構成していた拓抜氏系統の諸部落を指すことは間違いあるまい。最後の「在霊武麟勝者」は上記二者とは系統を異にするタングートである。霊武は筆者がかつて論じたことのある賀蘭山附近に居住していた後の大涼、小涼族などの前身とも考えられ[44]、麟、勝はいうまでもなく折氏に代表されるタングート諸部族を指しているのであろう。ところが、唐のタングート安撫策はまたしても成果をあげることができなかった。旧唐書にはつづけて「久而無狀、尋皆罷之」としめくくっているが、それを証明しているのが資治通鑑巻二四八唐紀六四会昌五（八四五）年の末尾の記事で、

朝廷雖爲党項置使、党項侵盜不已、攻陷邠、寧、鹽州界城堡、屯叱利寨。宰相請遣使、宣慰。上決意討之。

とある。さらにつづけて、

六年春二月庚辰、以夏州節度使米曁爲東北道招討党項使。

とあるように、唐は一転してタングートの征圧にのり出すようになるのである。[45] これによってわかることは、タングートの猖獗は表面上は李徳裕の懸念した藩鎮の暴政に対する抵抗かも知れないが、その底流をなしているところの真の原因は、吐蕃、つづいて廻紇の衰退という、タングートにとっては、いわば二大天敵ともいうべき勢力の退潮が、タングートの発展を促したことはもはや疑いの余地もなかろう。タングートは、唐末に向けて強く自己主張をはじめたのである。

六　吐蕃王国の崩壊とタングート諸部族

晩唐のタングートの動向は、吐蕃王国の崩壊にともなう混乱や、しばしば論じられる藩鎮の暴政とも相まって複雑な様相を展開し、非常にわかりにくい。岡崎氏は前掲論文においてこの時期の唐のタングート対策を精緻に論証されており（六六頁―）、とてもつけ加えるような材料ももちあわせていないが、タングートの動向に関してはいささか補うべきところもあるやも知れず、筆を進めてみたい。九世紀のタングートの動向に関し、注意すべきことは諸史料に「党項」の二文字をもって記されている情報が、決して一つの集団としての動きを示しているのではないということである。上述したように、この時期においても、いまだ広い地域に散在するタングート諸部族、諸部落を政治的に統合するタングートの権威は創出されていないのである。

九世紀半ばのタングートの動きに大きな影響を与えたできごとは、吐蕃王国の崩壊である。八四一年にランダルマ王が暗殺されてより、[46] 吐蕃は内乱状態におち入り、特に隴右、河西一帯においては論恐熱と尚婢婢の対立が激しくなり、この方面に近かったタングートがこの対立にまきこまれていったようである。それを示す最初の史料が、資治通鑑巻二四八唐紀六四大中元（八四七）年五月の条に載せる、

吐蕃論恐熱乘武宗之喪、誘党項及回鶻餘衆、寇河西。詔河東節度使王宰將代北諸軍、擊之。宰以沙陀朱邪赤心爲前鋒、自麟州濟河、與恐熱戰於鹽州、破走之。

である。ここに載せる河西とは論恐熱のこの前後の活動範囲から推測すると、上述した河西党項の「河西」ではなく、本来の「河西地方」を指すものと考えるのが妥当であろう。そして論恐熱は河東節度使王宰の大軍と塩州で戦い敗北している。ここにいう「党項」がどこに居住するタングートであったのかは確認できない。ところが、もう一方の衰残後の廻紇については、その居住地を示す史料として新唐書巻二一七下列伝第一四二下回鶻下に、

是時、特勒巳自稱可汗、居甘州、有磧石諸城。

とあり、すでに多くは甘州とその附近に集まっていたのである。その廻紇とともに論恐熱に誘われているところから、かなり西方に位置していたタングート部族ではなかったかと思う。論恐熱と尚婢婢の戦闘については、新唐書巻二一六下列伝第一四一下吐蕃伝下に詳しく記載されている。本論の主旨からはずれるので、詳述はさけるが、尚婢婢の側にもタングートが相当数従っていたようである。資治通鑑同右巻大中二（八四六）年一二月の条に、

吐蕃論恐熱遣其將恭羅急藏、將兵二萬略地西鄙。尚婢婢遣其將拓拔懷光、擊之於南谷、大破之。急藏降。

とある。尚婢婢の部将として拓抜懐光という人物が登場してくる。両唐書の吐蕃伝や資治通鑑等を検索してみても、懐光をのぞいて吐蕃側の姓として「拓抜」は皆無である。周知のごとく、西北辺における「拓抜」姓には吐谷渾にその先蹤がある。一例をあげると隋書巻八三列伝第四八西域伝の吐谷渾の条に「名王拓抜木彌」の名が記されている。しかし、唐代になると両唐書の吐谷渾の条には「拓抜」姓はまったく姿をみせない。また、唐末、五代になると、資治通鑑や冊府元亀等に吐谷渾部酋の名がしばしば登場するが、「拓抜」姓は皆無である。別稿で後日、詳しく論ずるが、拓抜懐光のほかにも、五代にかけて西北辺で明らかに拓抜本宗とは異なる「拓抜」姓の酋帥が数名活躍している。(47) 各民族の時代的状況からいって、かれらをタングート拓抜氏と断定するにはいささかの躊躇もいらないであろう。岡崎氏は拓抜懐光については黙して語っていない。おそらく尚婢婢の部将であるところから処理に迷い、長いタングートの歴史を彩る酋帥の一人としての認知をさけてしまわれたようである。拓抜懐光がタングートであるならば、当然、平夏部か東山部の一員であることになる。しかし、東山部の拓抜氏は初期の拓抜乞梅以降、まったく存在が不明であるので、その子孫とは考えにくい。平夏部については縷々述べてきたが、これも時代が降るにつれ不明の点が多くなってくる。特に本宗の系譜すら充分に確認することができないのである。このことは、再三述べたように平夏部の拓抜本宗がタングート諸部族におよぼす影響力がいかに低下していたかの証明でもあり、この間、唐側にも拓抜平夏部の本宗を政治的に利用するという政策が放棄されていたことを示しているのであろう。まさに、さきに李徳裕が指摘し、さらにのちに宣宗が喝破したように（後述）、タングートは西北辺各藩鎮の収奪の対象としての存在にすぎなかったのかも知れない。尚婢婢については資治通鑑巻二四七唐紀六三会昌三（八四三）年六月の条に、

吐蕃鄯州節度使尚婢婢世爲吐蕃相。婢婢好讀書、不樂仕進。國人敬之。年四十餘。彝泰賛普彊起之、使鎮鄯州。婢婢寛厚沈勇、有謀略、訓練士卒多精勇。

とあるように、論恐熱とは対照的な有徳の人物として描かれている。鄯州節度使とあるところから判断すると、対唐交渉の窓口として重要な役割をになっていたものと思われるが、拓抜懐光はその部将になっているのである。拓抜平夏部の中でも、本宗と行動をともにしなくなった傍流はその時々に発生したはずである。拓抜懐光か、あるいはその祖も、ある時点で本宗と袖をわかち、独自の行動をとるようになったものと考えてよかろう。鄯州にいる尚婢婢の部将になったのであるから、拓抜懐光は両唐書党項伝に記載するタングートの三つの居住地域よりは、さらに西方に居住していた酋帥であろう。資治通鑑巻二四九唐紀六五大中九（八五五）年の条に、

三月、詔、邠寧節度使畢諴還邠州。先是、以河湟初附党項未平、移邠寧軍於寧州、至是、南山、平夏党項皆安。威鹽武三州軍食足。故令還理所。

とある。まさしくここにいう「河湟初附党項」こそ、拓抜懐光らを指しているとみるべきであろう。武州とは鞏昌府階州のことであり、拓抜懐光の本拠はこのあたりにあったのかも知れない。また、懐光の時代からはおよそ八〇年の逕庭があるが、五代後唐の九三三年に涼州に「涼州大将拓抜承謙」という人物がいる。(48) 懐光との関連はまったく不明であるが、これらの事実を考えあわせると、河西、あるいは河湟方面に九世紀の半ばには拓抜傍流に支配されるタングート部落が存在していたと考えてよいのではなかろうか。資治通鑑に従うと拓抜懐光はこの後、八五〇年に尚婢婢に鄯州を托されるも、論恐熱に大敗を喫するが（巻二四九唐紀六五）、その後も鄯州を守っ

ていたらしく、同書巻二五〇唐紀六六咸通七（八六六）年春二月の条に、

論恐熱寓居廓州、糾合旁側諸部、欲爲邊患、皆不從所向、盡爲仇敵、無所自容仇人、以告拓跋懐光於鄯州。懐光引兵擊破之。

とあり、さらに冬一〇月の条に、

拓跋懐光以五百騎、入廓州、生擒論恐熱、先刖其足、數而斬之、傳首京師。其部衆東奔秦州、尙延心邀擊破之。悉奏遷於嶺南。吐蕃自是衰絶。乞離胡君臣不知所終。

とあるように、進退きわまって廓州に籠居していた論恐熱を襲殺し、一六年ぶりに復讐をとげているのである。拓抜懐光の配下には吐蕃、その他の民族も多く加わっていたと思われるが、もとよりタングートの大酋として、多数の部落を従えていたと考えるのが自然である。拓抜懐光は、一方の論恐熱に従っていたタングート諸部族とともに、つぎに述べる唐の平定策の対象となったタングート諸部族とは一応別の勢力を形成していたのであろう。

七　宣宗朝のタングート対策

そこで宣宗朝のタングート対策に論を進めよう。資治通鑑巻二四九唐紀六五大中四（八五〇）年秋八月の条に、

党項爲邊患、發諸道兵討之。連年無功、戍饋不已。右補闕孔温裕上疏、切諫。上怒貶柳州司馬。温裕戣之子也。

とある。文意に従えばタングートの辺患は連年におよび、諸道の兵を発するも効果がなかったことがわかる。八四六年に即位した宣宗はことのほかタングートの平定に意をそそいだ。孔温裕の配流もその決意のあらわれととれるが、新唐書党項伝に宣宗の決意のほどを示すエピソードが載せられている。すなわち、

宣宗大中四(八五〇)年、内掠邠、寧。詔鳳翔李業、河東李拭合節度兵討之。宰相白敏中爲都統。帝出近苑、或以竹一箇植舍外、見纔尺許、遠且百歩、帝屬二矢曰、党羌窮寇、仍歳暴吾鄙、今我約、射竹中則彼當自亡、不中、我且索天下兵翦之、終不以此賊遺子孫。左右注目、帝一發竹分、矢徹諸外、左右呼萬歳。不閲月、羌果破殄、餘種竄南山。

とあり、みごと竹を中分しタングートの自滅を願望したのである。宣宗がタングートの平定にこだわった背景には、前年の八四九年にそれまで吐蕃に陥没していた秦、原、安樂三州と石門等七関が唐側に復し(資治通鑑巻二四八唐紀六四同年二月の条)、河湟一帯が回復されたことと、翌々大中五年のことになるが、沙州人の張義潮の帰順や、同人による瓜、伊、西、甘、粛、蘭、鄯、河、岷、廓十州の回復(同巻二四九唐紀六五)がなされようとしている時期である。(49) この際、タングートの猖獗を鎮め、昔日の版図の再現をめざしたのであろう。宣宗は決して凡庸な皇帝ではなかった。資治通鑑巻二四九唐紀六五大中五(八五一)年二月の条に、

上頗知党項之反、由邊帥利其羊馬數、欺奪之、或妄誅殺。党項不勝憤怨、故反。乃以右諫議大夫李福爲夏綏節度使。自是、繼選儒臣、以代邊帥之貪暴者。行日復面、加戒勵。党項由是遂安。福石之弟也。

とあるように、タングートの反抗の直接的原因が辺境藩鎮の暴政にあることを見抜き、李福を夏綏節度使に任じ、以後、積極的に儒臣をもってこれにかえ、タングートの綏撫につとめたのである。岡崎氏は李福の夏綏節度使任命をもって、まず平夏部に招撫の足掛りを求めたと説かれるが（七二頁）、けだし慧眼というべきであろう。ここに記す「党項由是遂安」のタングートが平夏部を指すことはいうまでもなかろう。しかし、これによって平夏部の騒擾が一掃されたわけではなかった。そこで宣宗は一大決意をもってタングートの完璧な綏撫をめざしたのである。ところが、その副産物として、ここにはじめて南山部の存在が史料上に出現することになるのである。

資治通鑑同上史料につづけて、

上以南山、平夏党項久未平、頗厭用兵。崔鉉建議、宜遣大臣鎮撫。三月、以白敏中爲司空同平章、充招討党項行營都統制置等使、南北兩路供軍使兼邠寧節度使。敏中請用裴度故事、擇廷臣爲將佐、許之。夏四月、以左諫議大夫孫景商爲左庶子、充邠寧行軍司馬知制誥。蔣伸爲右庶子、充節度副使、伸係之弟也。

とあるように、宣宗は崔鉉の建議を入れ、白敏中を司空同平章充招討党項行営都統制置等使南北両路軍使兼邠寧節度使に任じ、白敏中にタングートの平定を一任したのである。白敏中は孫景商、蔣伸を登用して脇を固め、万全の態勢で事にのぞんだのである。そして新唐書巻八本紀第八宣宗の大中五年の条には、

五年三月、白敏中爲司空、招討南山、平夏党項行營兵馬都統。

とあるように、白敏中は明確に南山、平夏両タングートを対象に行営兵馬都統に任ぜられたことがわかる。資治

通鑑にはつづけて、タングートの平定を記して、

敏中軍於寧州、壬子、定遠城使史元破党項九千餘帳於三交谷。敏中奏、党項平。辛未、詔、平夏党項已就安帖。

とあり、まずさきに定遠城使史元の手によってタングート平夏部の平定がなされている。定遠城とは寧夏鎮にあたると思われるが、戦闘のおこなわれた三交谷については、資治通鑑の注で胡三省は「夏州界」としている。これらのことから、平夏部が従前通り塩州から夏州にかけての地域に居住していたことが確認できる。新唐書宣宗本紀にはつづけて、

四月、赦平夏党項羌。辛未、給復靈、鹽、夏三州、邠寧、鄜坊等道三歳（資治通鑑巻二四九略同）。

とあり、平夏部の居住する霊、塩、夏三州と邠寧、鄜坊等道の租税額を三カ年免除している。資治通鑑の同右条に論をもどすと、租税免除の記事につづけて、

曏由邊將貪鄙、置其怨叛。自今當更擇廉良、撫之。若復致侵叛、當先罪邊將、後討寇虜。

とあるように、以後、もし侵擾が発生した場合には、さきに辺将を罰し、しかるのちにタングートを討つといっている。この一文は唐の朝廷が辺将の暴政をいかに強く自覚していたかを示しているが、同時に宣宗本紀の記事と関連づけて考えると、タングート平夏部に対し、非常に気をつかっていることがわかる。平夏部についての資

治通鑑の一連の記述は、つぎに述べる南山部タングートに関する情報とはだいぶ性格を異にしており、拓抜平夏部の本宗がながく唐に忠節を尽していた事実と考えあわせると、このたびの平夏部の騒擾も辺将の貪鄙を取りのぞけば、おのずと解消する性格のものであったと考えられる。そう考えて三交谷の戦いの記事をあらためて検討してみると、史元は「党項九千余帳」と三交谷に戦ったとあり、その結果として平夏部が「就安帖」になったといい、平夏部と戦ったとは記していないのである。さらに戦闘に関し、相手方の兵力を住居を示す「帳」であらわすことも異例の表現である。畢竟するに、史元とタングート平夏部との間には特段激しい戦闘があったわけではなく、タングート平夏部は他のタングート勢力と分断され、いち早く唐の綏撫策に従ったと結論づけたい。三年の給復も、その条件と考えることもでき、タングート平夏部は、唐のこのたびの綏撫策をたくみに利用し、勢力の温存と強化の道を追求していったのではなかろうか。

さて、一方の南山部タングートに論を移そう。前述したように、南山部タングートの名称が史料上に登場するのは、この大中五年の記事が最初である。南山を冠した由来について、司馬光は資治通鑑考異巻二二の同年の条で、唐年補録の説として松州南の雪山の故名説を紹介している。しかし、胡三省は資治通鑑同条の注で、

党項居慶州者、號東山部、居夏州者、號平夏部、其竄居南山者、爲南山党項。趙珣聚米圖經、党項部落、在銀夏以北、居川澤者、謂之平夏党項、在安、鹽以南、居山谷者、謂之南山党項。

という、貴重な説を記している。南山に竄居するものを「南山党項」というとして、つづけて、すでに逸書になっている趙珣の聚米図経を引用し、安、塩以南の山谷に居住するものを「南山党項」という説を紹介し、そのあとで唐年補録の説を末学膚受者の説として激しく斥けている。聚米図経の「安、塩」の「塩」は塩州を指すこと

は問題ないと思うが、「安」については、にわかに特定が困難である。ともかく、同説に従うと「安塩以南の山谷」を称して南山といったようにも見受けられる。なお、岡崎氏は資治通鑑今釈一一にある「陝西延安府定辺県南」とする説をあげ、これに従っている（七〇頁）。南山の詮索はひとまずおき、これらを総合すると、九世紀の半ばころになると、涇水と洛水の上・中流域の山地一帯に南山部と称されるタングートの大集団が蟠踞していたのである。そうすると、この南山部の実態は、さきに引用した旧唐書党項伝の末尾に載せるタングートの三つの居住地域のうちの「在邠寧延者」にあたることはいうまでもなかろう。両者の年代の開きは、わずかに一〇年である。会昌初年の武宗朝の経略が失敗に終ったことはすでに述べたが、それどころか、この地域のタングートは吐蕃勢力の混乱、衰退に乗じ、いちじるしく強盛に向い、辺鎮の暴政とも相まって唐に対する敵対行動を一層さかんにしていったもののようである。このように考えて、上述の新唐書宣宗本紀や資治通鑑の記事を虚心に読みかえすと、宣宗朝のタングート対策がおもに南山部タングートの平定を主目的におこなわれていたことに気づかされる。まず、宣宗本紀に載せる白敏中の称号は「南山」につづいて「平夏」が記されている。さらに資治通鑑の記事にあるように、白敏中は南山部が多数居住する地域を支配する邠寧節度使になっていること、孫景商を邠寧行軍司馬、蔣伸を同節度副使に任じていることなど、すべてこの方面のタングートの経略を第一義に考えていたことが読みとれるのである。宣宗をして「上以南山、平夏党項久未平、頗厭用兵」といわしめた、その本心は南山部の平定にあったのである。ところで、南山部の平定は平夏部のように順調にははこばなかったようである。資治通鑑の前掲平夏部の平定記事につづけて、

南山党項聞、出山者迫於飢寒、猶行鈔掠、平夏不容、窮無所歸。宜委李福、存諭於銀夏境内、授以閑田。如能革心向化、則撫如赤子、従前為悪一切不問。或有抑屈、聴於本鎮投牒自訴、若再犯疆場、或復入山林、不受教令、則誅討無

赦。將吏有功者甄奬、死傷者優恤。

とある。巣窟を追われた南山部タングートの一部は鈔掠をかさねながら、平夏部との合流をこころみたようであるが、これは平夏部の容れるところとはならなかった。平夏部にしてみれば、立場や性格のちがう南山部の受け入れは迷惑以外の何ものでもなかったであろう。そこで、唐は夏綏節度使の李福に命じ、銀、夏境内に閑田を与え、従前の罪を一切不問に付し、ひたすら綏撫をおし進めようとしたのである。平夏部に比較して、首都の長安により近いところに位置している南山部は、唐にとってきわめて危険な存在であったはずである。唐の思惑はこれを銀、夏境内に移徙し、一挙にその危険性を除去しようとしたのであろうが、涇水から洛水にかけての広大な地域に展開するタングート南山部のどれほどが、この計画に従ったかははなはだ疑問である。前述の宣宗のエピソードの末尾に「不閲月、羌果破殄、餘種竄南山」とあるように、大多数の南山部は山谷に竄入したのが実情だったのではなかろうか。前記新唐書宣宗本紀の記事に対応する資治通鑑の「霊夏邠寧四道百姓給復三年」の記事はこの南山部の記事につづけて記載されているのである。邠州と鄜州が加えられているということは、大部分の南山部タングートが従来通り、故地にとどまっていた証拠であり、給復三年は平夏部以上に南山部を対象としておこなわれたと解釈すべきであろう。資治通鑑同巻同五年八月の条に、

八月、白敏中奏、南山党項亦請降、時用兵歳久、國用頗乏。詔、并赦南山党項、使之安業。

とあり、さらに冬一〇月の条には、

制、以党項既平、罷白敏中都統。但以司空平章事、充邠寧節度使。

とあるように、一応この政策が成功をみたかのごとく判断し、唐は南山部タングートの請降を認め、綏撫を完了したとなし、白敏中の都統職の解任をおこなったのであるが、文中「時用兵歳久、国用頗乏」の一節がはしなくも、このたびの綏撫の実態を示しているのではなかろうか。白敏中は南山部タングートを武力で鎮圧したわけではなく、一時的に騒擾が鎮静化したのをもって「平定」と称した、中国一流のレトリックを感じざるを得ない。その証拠に、翌六（八五二）年四月、白敏中が邠寧節度使から西川節度使に移ると、資治通鑑巻二四九唐紀六五の同四月の条に、「党項復擾邊……」とあるように、南山部タングートは再び騒擾をひきおこしたのである。そこで唐はあらためて同冬一〇月の条に、

冬十月、邠寧節度使畢誠奏、招諭党項皆降。

とあるように、白敏中の後任として宣宗より直接に邠寧節度使に任ぜられた畢誠を派遣して、ようやく南山部タングートの平定をみたのである。この後、大中八（八五四）年に安撫平夏党項使を設置し（旧唐書巻一八下本紀第一八下宣宗）、同一〇年には夏州節度使が「撫平党項等使」[50]を増領され、宣宗のタングート宣撫工作がつづけられたことは岡崎氏の所説にある通りだが（七五頁）、これはもっぱらタングート平夏部対策であったことがわかる。ともかく、畢誠の努力によって、平夏部、南山部両タングートが一応鎮静化したことは、さきに拓抜懐光に関連して全文を引用した資治通鑑巻二四九唐紀六五大中九年三月の条からもわかる。同条によると、唐は邠寧節度使の理所を寧州から長安に近い邠州にもどしたとある。その理由として「三州の軍食足る」とあるが、つまり

駐屯軍の態勢が整ったことを理由にしたのであろう。ところが、これをみすかしたかのように、同年、再びタングートの擾乱が発生するのである。新唐書巻一七七列伝第一〇二簡求伝に「大中九年、党項擾邊。拜涇原渭武節度使」[51]とあり、涇原節度使になった簡求が対応したことから、この擾乱について岡崎氏は「西南方の地域の出来事として注目される」と述べられるが（七六頁）、従うべきである。そして冊府元亀巻三五九将帥部立功第一二に、

高駢爲神策軍都虞候、咸通初、党項羌叛。詔、駢率禁兵萬人、戍長武城、時諸將禦羌無功、唯駢同隊用兵、出無不捷。懿宗深嘉之。

とあるように、咸通初（八六〇―）年、再びタングートの擾辺が報ぜられているのである。高駢は禁兵一万をもって長武城に戍ったとある。長武城とは邠州と寧州の中間あたりに位置する長武県を指すものと考えられるが、そうすると、相かわらず涇水中流域あたりのタングートが擾乱をくり返していたことがわかる。かれらが南山部の一派であることは疑いなく、唐のタングート経営、とりわけ南山部に対する経営は決して順調に進んでいなかったことが確認できる。

八　定難軍節度使の誕生

さて、時代はいよいよ激動の唐末に近づいてきた。西北辺においては廻紇の崩壊につづいて吐蕃も末期症状を呈し、相ついで河西の諸州が唐側に復帰した。資治通鑑巻二四九唐紀六五に従うと大中一一（八五七）年の冬一

〇月には吐蕃酋長尚延心が河、渭二州部落をもって来降し、河渭都遊弈使に任ぜられている。また、新唐書二二四下列伝第一四九下叛臣下の高駢伝に、前掲の冊府元亀の咸通初年の長武城の対応記事を載せ、それにつづけて、

徙屯秦州、即拜刺史兼防禦使。取河、渭二州、略定鳳林關、降虜萬餘人。

とあるように、咸通初年ごろに、あらためて河州と渭州は高駢の手によって唐の支配下に入り、この時、虜万余人が降ったのである。当時、まだ鄯州には拓抜懐光がおり、廓州に逼塞する論恐熱と対峙していた。おそらく「虜」の中にはタングート系の諸部族も含まれていたと思われ、拓抜懐光の行動に従う部族もあったことであろう。この前後、南山部タングートの活動は、それとわかるかたちでは史料上に捕捉し得ないが、動乱の時期をむかえて、もともと平夏部にくらべてはるかに羈縻しにくかった南山部タングートが、この間におとなしくしているはずはない。すでに宣宗の大中年間に、早くも蠢動を再開していたようである。新唐書巻一四八列伝第七三康承訓伝に、

宣宗、擢爲天德軍防禦使、軍中馬乏、虜來戰、數負。承訓罷冗費、市馬益軍、軍乃奮張。始、党項破射鵰軍洛源鎭、悉俘其人。聞承訓威政、皆還俘不敢鬠。

とあり、タングートはおそらく大中年間の後半あたりに、射鵰軍を洛源鎮に破り、唐兵をことごとく俘虜にするほど強盛を誇っているのである。洛源鎮とは洛源城を指すと考えられ、慶陽府安化県にあたる。洛源鎮で射鵰軍に打撃を与えたタングートは南山部と断じてよかろう。北宋時代の南山部タングートについては、野利氏がその

支配部族として君臨していたことは、筆者が前稿で詳述したところである。(52)それでは、中間に位置する五代の南山部の動向についてはどうであろうか。さいわいにして、資治通鑑の五代各紀や冊府元亀の外臣部等に吐蕃の遺衆と結合した野利氏の動向がいくつか記されている。次稿で詳しく触れる予定だが、野利延孫や野利閻心、また天福四（九三九）年に涇州節度使に敗北し擒獲された西蕃大首領野离王子羅蝦獨などが登場する。(53)かれらは五代期における南山部野利氏の酋帥たちと解釈すべきであろう。五代には、これら野利氏以外にも拓抜平夏部とはまったく異質の行動をとったタングート諸部族が西北辺に多数存在したのであり、(54)唐末から五代の混乱期に際会し、これら南山部タングートは吐蕃の残置勢力などと結びつき、中国内部の混乱の渦にまきこまれることなく、民族の独自性を高める方向を指向したもののようである。

中国の動乱は、唐の羈縻政策に抑圧されていた多くの周辺民族にさまざまな行動をとらせた。南山部タングートの行動もその一つであるが、多くはこの機会を利用してその存在をアピールし、中国社会に一定の地歩を築こうとしたのである。その最たるものが前述の沙陀部の朱邪赤心とその子で事実上の後唐の建国者になった李克用であることはいうまでもない。朱邪赤心については、すでに早い時期からの活躍のほどを触れておいたが、大きな飛躍のきっかけとなったのが、龐勛の乱に際してであった。資治通鑑巻二五一唐紀六七咸通九（八六八）年一一月の条に、龐勛の懐柔に失敗したあとにつづけて、

詔、以右金吾大將軍康承訓爲義成節度使、徐州行營都招討使。神武大將軍王晏權爲徐州北面行營招討使。羽林將軍戴可師爲徐州南面行營招討使。大發諸道兵、以隷三帥。承訓奏、乞沙陀三部落使朱邪赤心、及吐谷渾、達靼、契苾酋長各帥其衆以自隨、詔許之。

とあり、康承訓の龐勛討伐軍に積極的に従軍を願い出て許されているのである。朱邪赤心は康承訓の前鋒となり、翌一〇(八六九)年二月、「陷陳却敵、十鎮之兵伏其驍勇(同巻)」の働きを示し、同巻冬一〇月の条に、

上嘉朱邪赤心之功、置大同軍於雲州、以赤心爲節度使。召見留爲左金吾上將軍。賜姓名李國昌、賞賚甚厚。

とあるように、早くも藩鎮の列に加わり、「李国昌」の賜姓名を得たのである。この後の国昌、克用父子の台頭はもはや筆者が論ずるまでもなかろう。また、上記咸通九年一一月の条に、吐谷渾、韃靼、契苾の酋長がそれぞれ部衆をひきいて参加している点にも注目したい。吐谷渾はこの後、吐蕃の奴僕集団であった嗢末と一緒になり、廻紇を襲うなど(同巻二五二)の行動をとっているが、同書巻二五三唐紀六九乾符五(八七八)年の条に、

冬十月、詔、昭義節度使李鈞、幽州節度使李可擧與吐谷渾酋長赫連鐸、白義誠、沙陀酋長安慶、薩葛酋長米海萬合兵討李國昌父子於蔚州。

とあるように、吐谷渾酋長赫連鐸、白義誠は沙陀酋長の安慶、薩葛酋長の米海万とともに昭義節度使李鈞、幽州節度使李可挙に従って李国昌父子の討伐に加わっている。そして李可挙に従う吐谷渾勢力は広明元(八八〇)年、李国昌父子を攻撃し、これを韃靼に走らせているのである。資治通鑑同巻広明元年秋七月の条に、

……李琢、赫連鐸進攻蔚州、李國昌戰敗、部衆皆潰、獨與克用及宗族、北入達靼。詔、以鐸爲雲州刺史、大同軍防禦使。吐谷渾白義成爲蔚州刺史。薩葛米海萬爲朔州刺史。加李可擧兼侍中。

とあるように、赫連鐸は雲州刺史大同防禦使を、白義誠は蔚州刺史を、薩葛の米海万は朔州刺史を拝命するまでになっているのである。侍中を兼ねしめられた李可挙の父李茂勲も、もとは廻紇の出身である。(55) 吐谷渾の活動は唐末にとどまらず、五代になってもその足跡はなお顕著なものがある。これについても、次稿で論ずる予定だが、唐末、五代の混乱は多くの異民族に活動の舞台を提供し、韃靼のように、これからに向けてデビューをかざる民族もあれば、吐谷渾のように、すでに衰絶に向かう民族に最後の輝きを与えもしたのである。

さて、このような唐末の政治的、社会的混乱に拓抜平夏部がひとり時代からとり残されてよいものであろうか。大中五（八五一）年の白敏中の経略に従い、雌伏を余儀なくされることおよそ二〇余年が経過した。沙陀部のみならず、吐谷渾、廻紇、韃靼、契苾、さらには嗢末に至るまでの諸民族の活動が拓抜平夏部に刺激を与えないはずはない。新唐書党項伝最終節に、

始、天寶末、平夏部有戰功、擢容州刺史、天柱軍使。其裔孫拓拔思恭、咸通末竊據宥州、稱刺史。

とある。拓抜平夏部の本宗、拓抜思恭の登場である。さきにも触れたが、咸通末を末年の八七三年とすると、拓抜本宗としては八二二年に内附した拓抜万誠から数えて五〇年ぶりにその本宗の名が史料に明記されることになったのである。これをもってしても、この間の拓抜平夏部の閉塞状況が推測できよう。拓抜思恭の宥州占領と刺史の僭称は、前述した唐が八一四年に宥州を復置し、タングート平夏部を支配しようとした故事を逆手にとったものであることは疑いない。つまり、これは拓抜平夏部全体の統治者としての立場を示し、あわせてタングート平夏部をして唐の羈縻体制からの独立を宣言したのである。この後、数年間の拓抜思恭の動向は不明であるが、この間に拓抜平夏部の「大首領」として同部に支配力を強化しただけではなく、周辺の蕃漢の諸部落も支配下に

くみこんでいったものと考えてよかろう。それについてはこのすぐあとに載せる史料で明らかになるであろう。八七五年の王仙芝、黄巣の反乱は拓抜思恭に発展の大きなチャンスを与えてくれた。黄巣が長安を攻陥したのは広明元（八八〇）年一二月のことであったが、資治通鑑巻二五四唐紀七〇中和元（八八一）年三月の条に、

宥州刺史拓跋思恭、本党項羌也。糾合夷夏兵、會鄜延節度使李孝昌、於鄜州同盟討賊。奉天鎭使齊克儉遣使、詣鄭畋、求自效。甲子、畋傳檄天下藩鎭、合兵討賊。時、天子在蜀、詔令不通天下。

とあり、おそらくこの間に宥州刺史を追認されたと思われるが、拓抜思恭は夷夏の兵を糾合し、鄜延節度使の李孝昌と討賊を誓ったのである。旧唐書巻一七八列伝第一二八鄭畋伝に、この時の檄文を載せ、その中に、

而吐蕃、党項以久被皇化、深憤國讎、願以沙漠之軍、共獻盪平之捷。此際華戎合勢、藩鎭連衡、旌旗煥爛於雲霞、劍戟晶熒於霜雪。

の一節がある。前後の関連から「党項」とは拓抜思恭を指すことは間違いあるまい。そして思恭の糾合した勢力のなかには吐蕃の遺衆やタングート南山部の一部、衰亡いちじるしい東山部も含まれていたのかも知れない。新唐書の党項伝には宥州刺史自称の記事につづけて、

黄巣入長安。與鄜州李孝昌壇而坎牲、誓討賊。僖宗賢之、以爲左武衛將軍、權知夏綏銀節度事。

とあるように、拓抜思恭はここに唐朝の正式な軍職に就任するまでになったのである。この後の拓抜思恭の行動は、岡崎氏の論稿に余すところなく記されており、ことさらつけ加える点もない（七九頁―）。拓抜思恭は同年八月、正式に節度使の地位につき、名実ともに藩鎮に列し、一二月には夏州定難軍の号を賜わり、ここに夏州定難軍節度使が誕生したのである（資治通鑑同巻）。このことは、政治的に未成熟であったタングート南山部に比較して、平夏部の政治性が高かったことのあらわれでもあるが、拓抜思恭は唐末にむけて李国昌、克用父子の例に倣って、ひたすら中国化の道を追求したのである。しかし、これにより、拓抜思恭は平夏部からタングート民族の独自性を放擲させる流れを作ってしまったともいえよう。岡崎氏は「その政治的権力が飛躍的に増強したのは勿論であるが、平夏部酋長拓抜氏のタングートに対する支配力はここに確固たるものとなったのである（八二頁）。」と論ずるが、タングート全部族に拓抜思恭の支配力がおよぶようになったと断定するのは早計にすぎるであろう。それは、五代にかけてのタングート南山部の動向と考えあわせても疑問の余地が多い。唐末の動乱を利用して、タングート平夏部拓抜氏が大発展をとげたことは、まぎれもない事実であるが、大部分のタングートに一応の支配がおよぶようになったのは西夏の建国をまつのである。そこに至るまでには、依然として迂余曲折が残されているのである。筆者は、つづく五代、北宋初のタングート諸部族の動向を検討し、その間の実態を究明したいが、もはや与えられた紙数も尽きたので、それはつぎの機会にゆずり、夏州定難軍節度使の設置をもってひとまず筆を擱くことにしたい。

（1） E. I kyčanov und Hebert Franke Tangutische und Chinesische quellen zur Militärgesetzgēbung des 11 bis 13. Jahrhunderts. Müünchen, 1990.

史金波、聶鴻音、白濱訳『西夏天盛律令』（中国珍稀法律典籍集成、甲編第五冊）、科学出版社、一九九四年。『俄蔵黒水城文献（全八巻）』、上海古籍出版社、一九九六年。

なお、これらの各種史料の出版は松澤博氏の御教示による。

（2）拙稿「西涼府潘羅支政権始末考」（『東方学』第四七輯、一九七四年）三七頁。なお、以下、本論文の引用は「西涼府潘羅支」と略記する。

（3）拙稿「西夏建国と宗哥族の動向」（『中村治兵衛先生古稀記念東洋史論叢』刀水書房、一九八六年）一〇八―一一五頁。以下、本論文の引用は「宗哥族の動向」と略記する。

（4）山本澄子「五代宋初の党項民族及びその西夏建國との關係」（『東洋学報』第三三巻第一号、一九五〇年）。

（5）拙稿「西夏建国とタングート諸部族」（『中央大学アジア史研究』第一四号、一九九〇年）。以下、本論文の引用は「タングート諸部族」と略記する。

（6）岡崎精郎『タングート古代史研究』（東洋史研究叢刊之二七）、京都大学文学部内東洋史研究会、一九七二年。以下、本書の引用は、できるだけ、本文中に（　）で頁数を示した。

（7）Bernhard Karlgren Analytic Dictionary of Chinese and Sino-Japanese Librairie Orientaliste Paul Geuthner, Paris, 1923, 以下、本拙稿中の古音の復元は、すべて同書に拠り、その都度の出典は省略する。

（8）西田龍雄『西夏文字　解読のプロセス』玉川大学出版部、一九八〇年、二三頁。

（9）唐嘉弘「关于西夏拓跋氏的族属問題」、李范文「試論西夏党項族的来源与変迁」（『西夏史論文集』宁夏人民出版社、一九八四年）。

なお、岡崎氏は前掲書一三頁で、手際よく諸説を紹介されている。

（10）梅村坦『宋と中央ユーラシア』（世界の歴史7）中央公論社、一九九七年、三七八―八〇頁。

（11）旧唐書巻四一志第二一地理四には、

軌州都督府、貞觀二年、處党項置、領縣四、與州同置。通川、玉城、金原、俄徹。無戸口、至京師西南二千三百九十里。

とあり、軌州の設置を貞観二（六二八）年としている。

(12) 同右地理四では、崌州は貞観元年、遠州は同四年、奉州は同三年、巖州は同五年の設置としている。

(13) 岡崎氏は前掲書二〇頁で、崌州、奉州の刺史は細封歩頼に先だって授官されたとするが（新唐書巻四三下地理志）、注（12）にあるように奉州は三年で細封歩頼の授官と同年である。

(14) 一般に異民族の首長などを指す「首領」の名称は、唐代の初期になって使用されるようになった、比較的新しい呼び名であったらしい。繁雑をさけ巻数は一切省略するが、正史類を検索してみると、五五一年になった魏書には「首領」号は皆無である。ちなみに高句麗、百済、勿吉、氐、吐谷渾、宕昌、高昌、鄧至などの各伝には、大帥、羌酋、酋帥、羌豪、渠帥などが、さらに西域伝に載せる各国や蠕蠕、高車伝などには、部帥、渠帥、大帥、大人長帥などが使われているが、「首領」号はまったく使われていない。さらに、およそ百年後の六五六年に完成をみた隋書を繙いてみても、東夷伝、南蛮伝や西域伝に載せる吐谷渾、党項その他の伝、突厥、鉄勒その他にもまったく「首領」号の記載はない。相かわらず、酋長、渠帥、酋帥、酋豪、大人などの称号が使われている。隋代までは「首領」という呼び方自体がなかったようである。それが、九四五年になった旧唐書になると、突厥、廻紇、吐蕃の各伝や、北狄、東謝蛮、西趙蛮などの各伝で、上記各呼び方に加えて、「首領」号も多用されるようになるのである。宋代の一〇一三年に奉勅撰された冊府元亀もまったく同様である。一〇六〇年になった新唐書にも、上記各呼び方とともに頻出する。ところが、これらよりもおくれて、一〇八四年に神宗に献上された資治通鑑には、まったく「首領」号が出てこない。両唐書などで「首領」となっている箇所も、わざわざ違う呼び方に置きかえている。司馬光の速水紀聞などには、宋代の異民族の長に平気で「首領」号を使っている。また、続資治通鑑長編には「首領」号は頻出するので、司馬光の時代、「首領」という言葉が、きわめて一般的に使われていたことははっきりとしている。何故、司馬光が資治通鑑の中から「首領」を排除したのか、理解に苦しむところである。司馬光の認識の中に、あまり古い表現という認識がなかったのかも知れない。しかし、七七一年に初稿をみたと考えられる杜佑の通典を調べると、突厥伝などの中に「首領」号は何ヵ所も出てくるので、唐代からこの称号が使われるようになったことは間違いない。唐代の詔勅に「卿並衙官、首領、百姓」の常套句が使われていることは、後述の石井氏の論文に示す通りである。それでは、唐代のいつごろから「首領」号が使われはじめたかというと、なんとそれは本文に記載した六三〇年前後のタングートの細封歩頼らの内属記事が嚆矢のようである。なお、本文引用の旧唐書党項伝の記事も、通典よりの引用である。この後、多くの民族の長に「首領」の号が使用されるようになるのだが、他の呼び方と明確な違いがあるのかというと、これもはっきりしたことはわからない。ただ、旧唐書の東謝蛮伝の中に「其首領謝元深、既世爲酋長、其部落皆尊畏之」とか、西趙蛮伝の中に「首領趙氏、世爲酋長」の表現がある。また同書突厥伝下に沙鉢羅咥利失可汗の軍事体制を記した中で、「其後或稱一箭爲一部落、大箭頭爲大首領」という表現もある。宋代になると、一方では一般的な呼び方として異民族の部族長、部落長などに「首領」という言葉が使われているが、筆者がかつて注（2）の「西涼府潘羅支」で論じたように、宋は折逋遊龍鉢に「西涼府六谷大首領」の称号を与えていることからもわかるように、政治的な実効のともなう称号として授与しているケースもあるのである。おそらく、唐代においても同じようなことがおこなわれていたのではなかろうか。つまり、当初は唐に内属した異民族の部族長などに、唐が授与する称号として新たに「首領」号が採用されていたのであろう。ところが、そうした風潮が広まってくるにつれ、異民族側でも、一種のブランドとしてこの称号を勝手に使うようになったのではなかろうか。石井正敏氏の「『類聚国史』の渤海沿革記事について」（中央大学文学部紀要史学科第四三号、一九九八年）によると、九世紀の渤海では「首領」号が本来の意味からはかなりはずれて、はるかに下の層の職能などを指す言葉として使用されていたらしいことを説かれている。なお、「大首領」という称号は、時には異民族の大酋が、自己の支配力を誇るために自称した場合もあったであろうし、また、中国側から、当該民族や部族を統治させるために、政治的にその大酋に授与したというケースもあったのではなかろうか。また、西夏王国時代、「首領」号が多用されたことは、『西夏官印彙考』（寧夏人民出版社）に載せる多数の「首領」印がその事実を証明している。

(15) 拙稿「タングート諸部族」二六頁。

(16) 旧唐書巻三八地理一の慶州中都督府の条に、「安化州都督府、寄在慶州界、管小州七、永利州、威州……」とある。永 *ǐi̯ʷɒng* と往 *ǐi̯ʷang* は音が非常に近い。永利州とは往利氏の内属後の居所を指すものと思われる。

(17) 同右慶州中都督府の条に、「安定州都督府、寄在慶州界、管小州七、党、橋、烏、西戎州、野利州、米州、還州」とある。米州がその後の米擒氏の居住地を指すのではあるまいか。

(18) 旧唐書巻五七列伝第七劉師立伝、新唐書巻八八列伝第一三劉師立伝に同様の記載がある。

(19) 山口瑞鳳『吐蕃王国成立史研究』岩波書店、一九八三年、六六〇頁。

(20) 同右、六六六—七一頁。

(21) 稲葉正就、佐藤長訳『フゥラン・テプテル——チベット年代記——』法蔵館、一九六四年、「第三章、ミニャク、モンゴルの王統」参照。

(22) 西田、前掲書二二頁。

(23) 同右、二四頁。

(24) 冊府元亀巻九七七外臣部二二降附にも同様記事を載せる。

(25) 地名の比定に関しては、特別に断わらない限り、すべて読史方輿紀要に拠った。

(26) 闊州は、新唐書地理志に「闊州(原注、貞観五年置、縣二、闊源、落呉)」とある闊州の誤りであろう。また、別叢氏はこの後まったく史料上に姿をあらわさない。別叢 *b'i̯ät ˛dz'ung* と宋代に活躍した没蔵 *muət ˛dz'âng* 氏との関連を示唆しておきたい。

(27) 畑地正憲「五代・北宋における府州折氏について」(『九州大学文学部史淵』第百十輯、一九七三年)に折氏の出自が触れられている(一三八頁)。

(28) 拙稿「タングート諸部族」二八頁。

(29) 西夏書事巻一に「……表徙靜邊州及夏州樂容等六府党項于銀州之北、夏州之東」とある。

(30) 同右、西夏書事巻一では「……于是、召大首領左羽林大將拓跋朝光……」とあり、静辺州がおちている。
(31) 拙稿「タングート諸部族」二七―二八頁。
(32) 注(28)に同じ。
(33) 拓抜の表記は諸書によって多少の違いがある。本稿では史料以外はすべて「拓抜」に統一した。
(34) 岡崎、前掲書四〇―四一頁。なお、同書注(88)に詳しく記している。
(35) 新唐書巻一二五列伝第五〇張説伝、資治通鑑巻二一二唐紀二八開元九年の条にも、同様記事を載せる。
(36) 畑地、前掲論文一四〇―四二頁。
(37) 佐藤長『古代チベット史研究』同朋社、一九七七年。下巻六八六頁以降。
(38) 岡崎、前掲書、六三―六四頁参照。
(39) 資治通鑑巻二四六唐紀六二会昌二年八月の条に、「丁丑、賜嗢没斯與其弟阿歴支、習勿啜、烏羅支、皆姓李氏、名思忠、思貞、思義、思禮。」とある。
(40) 旧唐書巻一七四列伝一二四李徳裕伝の会昌二年の条に、「俄而廻紇宰相嗢没斯殺赤心宰相、以其衆來降。赤心部族又投幽川、烏介勢孤、而不與之米、其衆飢乏。」とある。
(41) 佐藤、前掲書、下巻六九〇頁以降。
(42) 同右、六九六頁以降。
(43) 新唐書党項伝では崔彦曽に作り、巻一一四に列伝がある。
(44) 拙稿「西涼府潘羅支」三三頁。
(45) 岡崎、前掲書六六頁以降で李徳裕のタングート対策が詳述されている。
(46) 佐藤、前掲書、上巻三四頁。
(47) 冊府元亀巻九七二外臣部一七朝貢第五応順二(九三五)年の条に「四月、新州言、党項托跋黒連欲入朝貢奉、従之。」とあり、また資治通鑑巻二八二後晋紀三天福四(九三九)年の条に、「党項酋長拓跋彦超、最爲彊大、暉至、彦超入賀。暉厚遇之……」とあるのがその例である。
(48) 拙稿、「西涼府潘羅支」二六頁。
(49) 藤枝晃「沙州歸義軍節度使始末（二）」（『東方学報京都』第十二冊第三分）参照。
(50) 新唐書巻六四表第四方鎮一に「夏州節度使増領撫平党項等使」とあるが、「撫平」は「撫平夏」の誤りではなかろうか。
(51) 同右、方鎮一によると、乾寧元（八九四）年の条に、「涇原節度賜號彰義節度、増領渭、武二州。」とあり、渭、武が加わったのは八九四年のことである。
(52) 拙稿「タングート諸部族」二九—三〇頁。
(53) 冊府元亀巻九七六外臣部二〇褒異第三、巻九八七外臣部三二征討第六に記載。
(54) 同右巻九七二外臣部一七朝貢第五には「党項薄備香」、「党項首領来有行」、「党項首領来進」、「河西党項如連山」などの行動が記されている。
(55) 資治通鑑巻二五二唐紀六八乾符二年六月の条に、「……大將李茂勲、本回鶻阿布思之族、回鶻敗、降於張仲武。仲武使戍邊、屢有功、賜姓名」とある。

日本・高麗関係に関する一考察

――長徳三年（九九七）の高麗来襲説をめぐって

石井正敏

はじめに

日本と高麗との交流は、高麗が朝鮮半島を統一した翌年（九三七年）にはじめて日本に使者を派遣してきて以来、一三九二年の高麗滅亡にいたるまで、長い歴史がある。[1] この間、平安時代では、寛仁三年（一〇一九）の九州北部を襲った刀伊の捕虜となって連れ去られた日本人を高麗が救出し日本に送還してきたできごと、承暦三年（一〇七九）から翌年にかけて、高麗が国王文宗の病気治療のため日本に医師派遣を要請してきたのに対して日本が派遣を断ったできごと、鎌倉時代には、蒙古とともに日本を襲い、その前後に蒙古・日本間の交渉にあたった高麗の行動、そして南北朝から室町時代にかけては、倭寇の活動およびその禁圧をめぐる交渉といったように、いくつかの注目すべきできごとがあり、これまでも個別課題ごとに研究が重ねられている。また全体を通しては、貿易を軸として、日本と宋との関連で研究が深められている。しかしながら、鎌倉時代以降はさて措き、平安時代の日本・高麗関係研究の状況は、同時期の日宋関係の研究に比べると、やや影が薄いように感じられる。[2] それには前記のような注目すべきできごとを除くと、まとまった史料があまりないという、史料的な制約からやむを得ない面もある。しかし近年の対外関係史研究の分野では、国家間の交渉だけでなく、相互の境界領域における人々の行動が注目されており、(3)このような視点から見るとき、やはり地理的に近い朝鮮半島―高麗との関係の考察は重要であり、残された史料をあらためて検討し直す時期にきているように思われる。

本稿では、その一例として、長徳三年（九九七）の奄美人の九州襲撃が高麗来襲と誤って報じられ、また高麗国軍来襲の浮言が流れるというできごとを取り上げ、その事情について考えてみたい。日本・高麗交流史の一齣についてささやかな考察を加えるものであるが、この検討を通じて、境界領域の人々の行動、あるいは平安時代日本人の朝鮮観―新羅・高麗観について、若干の問題を提起できるように思われる。

そこでまず、平安時代の日本人が高麗をどのような存在とみなしていたのか、それはどのような背景から形成されていたのか、という問題を概観することから始めたい（なお、以下の引用史料において、…は省略、〈 〉は割注であることを示す）。

一　平安時代の高麗観

平安時代末期の高麗観を示す著名な史料に九条伊通著『大槐秘抄』の一節がある。説明の便宜上、本文を段落ごとに改行し、番号を付して引用すると、次のごとくである。

〔史料1〕『大槐秘抄』(4)

①帥・大弐に武勇の人なりぬれば、かならず異国おこると申候けり。小野好古が大弐の時、隆家が帥の時、とり分と異国の人おこりて候なり。かれらはたゞわが心どもの武をこのみけるに候。今平清盛大弐にまかりなりて候。い

かゞと思ひ給ふるに、高麗に事ありと聞候。

②高麗は神功皇后のみづから行むかひてうちとらせ給たるくにに候。千よ年にや成候ぬらむ。東国はむかし日本武尊と申人のうちたいらげ給ひて候也。それは日本の内事に候。高麗は大国をうちとらせ給ひて候を、いかに会稽をきよめまほしく候らん。然れども日本をば神国と申て、高麗のみにあらず、隣国のみなおぢて思ひよらず候也。

③鎮西は敵国の人けふいまにあつまる国なり。日本の人は対馬の国人、高麗にこそ渡候なれ。其も宋人の日本に渡躰にはにぬかたにて、希有の商人のたゞわづかに物もちてわたるにこそ候めれ。いかにあなづらはしく候らん。しかれば制は候事なり。

④異国の法は政乱ぬる国をばうちとる事と存てさぶらふが、鎮西は隣国をおそるべきやうに格に、(以下、脱あらん)

太政大臣九条伊通が二条天皇に献じた教訓の書である本書は、応保二年(一一六二)の頃に成立したものとみられる。

さて、①の藤原隆家が大宰帥在任中に起こった異国の事件とは、言うまでもなく刀伊の入寇であるが、小野好古の場合は、明らかでない。好古が鎮定に活躍した藤原純友の大宰府襲撃を述べているのでもあろうか。平清盛の大弐在任期間は、保元三年(一一五八)八月十日~永暦元年(一一六〇)十二月三十日までとなるので[5]、この間、「高麗に事ありと聞候」とは、永暦元年四月以前に対馬の貢銀採掘夫(あるいは商人)が高麗の金海府に禁固されたという事件があり、あるいはこのことをさしているのかも知れない[6]。

②にみえる、いわゆる神功皇后の三韓征伐説話が、日本人の朝鮮観の源流であることは言うまでもない。ここでの高麗の用法は、三韓の一つである高句麗を指しているのか、それとも三韓の総称として用いているのか、明らかでないが、後者の意味に理解して良いであろう。高麗が「会稽をきよめまほしく候らん」とは、いわゆる会

稽の恥を雪ぐの意味で、復讐したいと思っているであろう、となる。裏を返せば何時復讐のために襲ってくるかもしれない警戒を要する相手と認識していることである。そしてその恐怖心を打ち消すものとして唱えられるのが「神国」観である。まさに村井章介氏が、「ここにでている朝鮮観・高麗観の性格は、中世の日本の支配層に共有されている、かなり教科書的なもの」(7)と述べるとおりである。

そして③には「敵国」とみえる。『大槐秘抄』の引用部分には外国を示す言葉として、「敵国」のほかに「異国」「隣国」がみえる。①に「異国おこる」例として刀伊(女真)の入寇があげられており、②に「高麗のみにあらず、隣国のみなおちて思ひよらず候也」とあることからすれば、異国・隣国は朝鮮・中国さらに沿海州地域を指して用いられていることは間違いない。(8)それでは「敵国」はどうであろうか。「敵国」の語には、周知のように、「我に仇をなす国」と「国力の相等しい国。対等の諸侯の国。互角の国」の両様の意味があるが(諸橋轍次『大漢和辞典』参照)、②に、日本は神国であるので、復讐したいと思っても怖じ気付いて襲うことなどできやしない、と述べていることに続く記述からすると、敵対する国の意味で用いられているとみなして間違いない。「けふいまに」鎮西に集まる国の人としては、「宋人の日本に渡躰には」云々とあるように、まず宋人が、そして高麗人が思い浮かぶ。したがって「敵国」には高麗だけでなく隣国(宋)を含む解釈も可能である。しかしこの一節の主題が高麗を対象としたものであり、②で高麗は日本への復讐の機会を窺っている油断できない相手としていること、下文で紹介するように高麗を敵国とする表現が他の史料にも見られること、そして宋を敵対する国とみなす認識は当時の史料にみられないことなどから、ここの「敵国」は高麗と理解して誤りないであろう。

鎮西には敵国高麗の人が多くやってくる。それに対して日本からは対馬の人々が貿易のために高麗に渡航している。しかし宋の商人が素晴らしい品をもたらすのに比べて、高麗に渡る対馬の人々の場合は、「希有」(10)つまりみすぼらしい人々で、(9)またもっていく品物も貧弱なもので、みっともない。だから渡航の制が定められているのである。「いかにあなづらはしく候らん」とは、同じ日本人からみてみっともない、裏を返せば、高麗に侮られてしまう、といった意味に理解してよいであろう。

このように、『大槐秘抄』の一節は、高麗を強く意識して書かれ、高麗がいつか襲ってくるのではないかとの警戒心、高麗に軽侮されることをいさぎよしとしない意識が強いことを物語っている。(11)

さて、『大槐秘抄』の一節は、いわば平安時代の標準的な高麗観と言えると思うが、田中健夫氏は、「史料に遺された対外認識はすべて部分的な認識、個人的な認識の集積にすぎないことを自覚することから、集団や地域の共通の対外認識の解明が始まるのである」「部分的認識の一般化・抽象化は、一方では事実の隠蔽をおかすことであり、国際認識を解明する作業には危険なことといわねばならない」といったことを指摘されている。(12)この指摘を十分に考慮しながら、平安時代の日本人の高麗認識をさらに探ってみたい。

それでは九条伊通はどのような材料に基づいて上記のような高麗観を抱き、天皇に語っているのであろうか。過去の資料として、記紀を始めとする史書・記録・文書等による知識がまずあげられるであろう。そして同時代の資料としては、折に触れて報告されてくる朝鮮・中国との前線基地大宰府および長門など沿海諸国からの報告が、その重要な情報源になったことと思われる。注目されるのは、次のような史料である。

〔史料2〕『小右記』寛仁三年（一〇一九）八月十日〜三日条裏書所引同年七月十三日付け大宰府解(13)

謹検二案内一、異国賊徒、刀伊・高麗其疑未レ決。今以二刀伊之被レ撃、知レ不二高麗之所レ為。但新羅者元敵国也。雖レ有二国号之改一、猶嫌二野心之残一。縦送二虜民一〔不レ可カ〕□□レ為レ悦。若誇二戦勝之勢一、偽通二成レ好之便一。

これは刀伊の捕虜となって連れ去られた親族を求めて高麗に渡った対馬判官代長岑諸近が、高麗の軍が、日本からの帰途高麗を襲った刀伊の賊徒を打ち破り、日本人捕虜多数を救助して、後日日本に送り届ける予定であることを、一足先に帰国して大宰府官に報告した内容を太政官に伝える大宰府の解文の中にみえる府官の言葉である。ここに〈新羅はもとより敵国〉で、高麗はその敵国新羅の後身であると断じている。異国賊徒が高麗人ではないと判明し、かつ日本人捕虜を救出してこれを送り届けてくれる予定を聞いた後でもなお、高麗は敵国新羅がただ国号を変えたに過ぎず、（日本を攻撃しようという）野心は改められていない、たとえ捕虜を送還してきてくれても手放しで悦んではならない、戦勝に乗じて通好を偽装するかもしれないからだ、とまで不信感・警戒心を露にしている。「偽通成好之便」の意味はやや取りにくいが、通好を装って実は日本を攻めるかも知れない、と為政者に警鐘を鳴らしていると理解すべきであろう。(14) いずれにしても、新羅以来の敵国との認識、油断のできない相手とみなしていることが明白に述べられている。

この〔史料2〕は、緊迫する高麗との国境の前線にいる大宰府官人の認識を示すものとして、とりわけ注意しておいてよいであろう。平安京にいる支配層の高麗観—高麗敵国観形成には、過去の記録とともに、このような前線にいる大宰府官人からの報告が重要な資料となっていることは間違いない。情報を得がたい都の人々にとって、このような意見が国際認識形成に果たす役割は大きかったことであろう。任期を終えて帰京した大弐クラスの話もまた当然影響を与えたものと思われる。新羅以来の敵国、油断できない相手とする大宰府官人の高麗認識は、そのまま平安京の支配層も共有するものとみてよいであろう。

ちなみに長岑諸近が証人として連れてきた捕虜の女性内蔵石女らの申文(15)によれば、日本人捕虜を救出し、日本に送り届けるまで、高麗側は日本人捕虜を鄭重に扱い、なおかつその理由を高麗の担当官が、〈偏に汝等を労するのみにあらず。唯だ日本を尊重し奉れば也〉と述べたという。女性捕虜からの話を大宰府官が文章化したもので、もともと捕虜の通事を介しての言葉であるため、どれほど正確な表現であるか問題もあるが、そこに高麗人の真意が込められているとみて良いと思う。[16] 日本人の高麗観とはずいぶん対照的な認識がみられるが、このような高麗官人の言葉を記した同じ大宰府の官人にして、なお前記のような露骨な不信感を示していることに注目したいのである。

さて、高麗を「敵国」と表現する例は、後述する長徳三年（九九七）の奄美人が北九州を襲った際、高麗来襲の浮言が伝えられ、それに対する処置を示した文章の中にもみえる。すなわち、

〔史料3〕『小右記』長徳三年十月一日条

……諸卿申云、為㆓敵国㆒可㆑被㆑行㆓種々御祈禱㆒者。

とある。また長保元年（九九九）の宇佐使派遣に際して託された宣命に、

〔史料4〕『権記』長保元年十一月廿七日条[17]

参内。今日宇佐使発遣。…左大臣被㆑参。即被㆑仰云、今日奉㆓幣宇佐宮㆒之宣命、三年一度幣帛例事也。…又大宰府言上敵国危等事、…可㆑載也、云々。

とある。この敵国も高麗とみてよく、大宰府から高麗来襲の予兆を報告してきたので、その祈攘を願ったものであろう。

これらの敵国表現の中でも特に先鋭的な前掲寛仁三年の大宰府解の例は、異国来襲という緊張した現実の中で見られる認識であることも、あるいは考慮すべきかも知れない。次のような穏やかな見方もあるからである。承

暦四年（一〇八〇）に高麗から国王の病気治療のために医師の派遣を求めてきた時のことで、陣定の席における権中納言源経信の意見である。

〔史料5〕『帥記』承暦四年閏八月五日条(18)

抑高麗之於㆓本朝㆒也、歴代之間、久結㆓盟約㆒。中古以来朝貢雖㆑絶、猶無㆓略心㆒。是以若有㆑可㆓牒送㆒者、彼朝申牒、本朝報示。今当㆓此時㆒、為㆑療㆓病痾㆒申㆓請医人㆒之、其由給（ママ）、蓋被㆓裁許㆒乎。

〈朝貢絶ゆといえども、猶略心なし〉と述べ、医師を派遣すべしとする意見を述べている。しかし、このような意見は大勢を占めるには至らず、結局、医師を派遣して治すことができなければ日本の恥になる、との考えから、謝絶することに決している。前記『大槐秘抄』にみえる高麗に軽侮されることを恐れる意識が顕著に現れた結論が導き出されている。

但し、源経信の発言は、医師の派遣を求めてきた相手に対する同情ないし今日の言葉で言えば人道的配慮からの発言とみるべきかも知れない。後年経信の発言はずいぶんと変わって伝えられることになる。承久元年（一二一九）成立の『続古事談』には、

〔史料6〕『続古事談』二・臣節(19)

帥大納言経信申云、高麗ノ王悪瘡ヤミテシナム、日本ノタメニナニクルシト云ハレタリケル一言ニ事サダマリテ、ツカハスベカラズト云事ニナリニケリ。

と、高麗に対して敵意を露にした説話へとすり替えられている。(20)

そして高麗敵国観が大方の日本人の認識であったことは、次の史料からもうかがえる。

〔史料7〕大江匡房『筥埼宮記』（『朝野群載』三・文筆下・記）(21)

筥崎宮在㆓西海道筑前国那珂郡㆒。蓋八幡大菩薩之別宮也。伝聞、埋㆓戒定恵之三篋㆒。故謂㆓之筥崎㆒。其処之為㆑躰也、北臨㆓巨海㆒、西向㆓絶域㆒。為㆑防㆓異国之来寇㆒、垂㆓迹此地㆒。…高麗之国、接㆑境不㆑犯。若有㆓異心㆒、瘴煙競起。長元之間、起㆑兵欲㆓来侵㆒、忽有㆓地震㆒。所㆑造之舟船、皆破壊。豈非㆓掲焉之験㆒乎。

『筥埼宮記』は、引用を省略した本文中に康和二年（一一〇〇）と見えるので、ほぼその頃に書かれたものとみられている。ここでも高麗が〈境を接するも犯〉すことがないのは筥崎宮が抑止しているからなのであると、高麗は何時襲ってくるか分からない、警戒すべき相手であるとの認識を示している。本文にみえる長元の頃（一〇二八—一〇三七）に高麗が来侵を企てたという史料は残されていない。神威を強調するためのフィクションとみなすべきかも知れないが、「長元之間」は、あるいは「長徳之間」の誤りかも知れない。「長徳之間」とすれば、後述するように、確かに高麗来侵の噂が流れていたからである。

以上、平安時代の高麗に対する認識を示す主な史料をながめてきた。これらを通じて、日本が高麗を敵国視し、強い不信感と警戒心を抱いていたことは明らかであろう。(22) そしてこのような高麗敵国観の源は、「但新羅者元敵国也。雖㆑有㆓国号之改㆒、猶嫌㆓野心之残㆒」とあるように、すべてその前身とみなす新羅に発している。すなわち、高麗観とは言いながら、その実は新羅観そのものと言ってよいのである。(23) 貞観・寛平の海賊の来襲に代表されるように、現実に日本を襲ってくることに対する恐怖心、時には日本人と通謀して対馬を奪おうとまでするこ(24)

とへの警戒心が、敵国視の根源にあることはいうまでもない。さらにそれに加えて、自らを中華とし、朝鮮半島諸国、渤海、さらには唐までも夷狄に位置づけ、新羅・渤海に朝貢を求めるという、日本の独善的な対外認識を破綻させた張本人が新羅であるとの認識が、その根底にある。日本が新羅に対して、再三にわたり上下の名分関係を明確にする上表文の提出を求めたのに対して、新羅は頑として受け付けず、ついには公式外交を絶つに至ったこと、[25]あるいは日本からの遣唐使保護の依頼に対して、新羅は使者の応対のまずさをついて、〈小人（日本）荒迫の罪を恕し、大国（新羅）寛弘の理を申べ〉る文書を持たせて使者を追い返し、日本側が〈此の如き異論、誣罔に近し〉と憤慨しながらも、もはや日本の描く対外認識が通用しないことを思い知らされたできごとなど、[26]憎き新羅の姿を史書に見出すことは困難ではない。つまり、高麗敵国観はあくまでも新羅敵国観に基づくものであって、高麗の前身とみなす新羅に対する憎悪感や恐怖心がないまぜになって、そのまま国号を改めたに過ぎない高麗敵国観につながり、さらに増幅されて冒頭の『大槐秘抄』の一節に集約されることになると考えられるのである。神功皇后の三韓征伐説話を持ち出し、その上で、高麗は復讐したがっているであろうと述べるあたりに、その気持ちが顕著にあらわれている。

しかしながら平安時代における高麗敵国観の形成を、新羅敵国観の継承とのみ理解することは一面的にすぎる。日本側にもその原因となる新たな動きがあらわれてきていることに注意しなければならない。いわゆる境界領域における人々の活発な活動が日本・高麗両国に新たな緊張関係をもたらし、日本の高麗敵国観形成にさらに拍車をかけるようになることを見逃してはならないと思う。九条伊通が対馬の人々の行動に特に言及していることも謂われなしとしない。[27]筆者は長徳三年（九九七）のできごとに注目するのである。

二　長徳三年の日麗交渉

(一)　長徳三年十月一日の高麗来襲誤報

長徳三年十月一日、大宰府からの飛駅使が内裏に到着し、賊が筑前・筑後、対馬・壱岐等を襲ったことを伝えた。やや長文にわたるが、『小右記』『権記』など関係する史料は次のとおりである。

〔史料8〕『小右記』長徳三年十月一日条

一日、壬辰、可レ御二南殿一云々。……一献畢間、左近陣官高声之曰、大宰飛駅到来云、高麗国人虜二掠対馬・壱岐嶋一、又着二肥前国一欲二虜領一云々。上下驚駭、三丞相失レ度、降レ自二東階一問二案内一、兼披二読大弐書状一。…丞相復レ座云、奄美嶋者、焼二亡海夫等宅一、奪二取財物一。又執二載男女於舟一将去、尚浮二海上一成レ犯之由、云々。飛駅言上者、音楽・庭立奏等、俄以停止。……

左大臣以下着二陣座一。右大臣云、今日朔日、奏二凶事一無二便宜一歟者。余云、飛駅言上是至急事〔大カ〕也。不レ可レ隔レ時者、何撰二吉日一乎。諸卿応レ之。仍左大臣召二大外記致時一、召二飛駅解文一、々匣二合盛二覧筥一、奉二上卿一。一匣者注レ奏、一匣者注二解文一、督令レ披レ筥。但至二于飛駅解文一不レ披レ封、至二例解文一披レ封見也。左大臣参上令レ奏。良久之後復レ座、下二給大宰府言上解文等一、令二諸卿定申一。奄美嶋者、乗レ船帯二兵具一、掠二奪国島海夫等一、筑前・筑後・薩摩・壱岐・対馬、或殺害、或放火、奪二取人物一、多浮二海上一。又為下当国人於二処々一合戦上之間、奄美人中レ矢亦有二其数一。但当国人多被二奪取一、已及二三百人一。府解文云、先年奄美嶋人来、奪二取大隅国人民四百人一、同以将去。其時不二言上一。令レ慣二彼例一、自致二斯犯一歟。仍徴二発人兵一、警二固要害一、令二追捕一也。若有二其勤一者、可レ被レ加二勧賞一者。又高麗同〔国カ〕艤二兵船五百艘一、向二日本国一、欲レ致レ許〔奸カ〕者、誠雖二浮言一、依二云々一所二言上一也者。有二先日言上類文書等一。件飛駅、去月十四日出レ府云々。太懈怠。諸卿定申云、奄〔美脱カ〕嶋者等事、大宰府定行了。亦重警二固要害一、弥加二追討一、兼又可レ祈二禱仏神一。若追討使々、殊有二勤節一、随二其状一追可二褒賞一之由、可レ被レ載二報符一。大宰以二飛駅一雖二言上一、事頗似レ軽、不レ可レ給二勅符一、只可レ賜二官符一。又高麗国浮言、不レ可レ不レ信、可レ被〔レ行脱カ〕二種々祈禱一。定詞甚多、只是大概了〔耳カ〕。丑剋諸卿退出。此間雨不レ止。諸卿申云、為二敵国一、可レ被レ行二種々御祈禱一者。

〔史料9〕『権記』長徳三年十月一日条

一日、御二南殿一。〈行事蔵人少納言。〉于レ時未剋也。大監物輔範御鎰奏。左大臣官奏。……一献之後、左大臣於二東階一令二予奏一云、自二大宰府一言上飛駅使在二建春門外一、以二解文一付二所司一云々。大弐藤原朝臣同付二此使一所レ送書状云、南蛮賊徒到二肥前・肥後・薩摩等国一、劫二人物一奪、侵犯之由、逐レ日申来、仍言二上解文一者。事是非常也。停二楽并庭立奏等一。事了之後、定二申解文内雑事等一者、仰云、依レ請。事了還御。于レ時丑一剋也。頃之左大臣参二上殿上一、被レ奏二大宰府解文一。〈四通。入レ筥。件文大臣於二陣座一披見。令三大外記致時朝臣参二上殿上一、令二予奏一之。〉于レ時上御二朝餉一、依レ仰持参、候二昼御座一、待二出御一奏聞。又依レ仰一々開二解文一読レ之。仰云、事已急速、須二早定申令一レ給二報符一。即以二勅旨一伝二之大臣一。々々還レ陣。同三剋被レ奏二大宰府言上南蛮蜂起事一。諸卿定申云、如二府解一者、追討使々若有二其功一、随レ状可レ被レ賞歟。又可三能成二祈禱一、重固二要害一之趣也。又申二高麗国案内事一。定申云、先日言上府解、不レ注下到二鶏林府一成レ犯者夾名上。今日解文已注二其名一。仍須レ追二討彼成レ犯則〔射カ〕レ矢等類一之由、注二載報符一。又可レ給二官符長門国一。但得二其賊一者可二賞賜一之由、可レ加二載状中一。抑件南蛮・高麗之事、

雖レ云二浮説一、安不レ忘レ危、非常之恐、莫レ如レ成レ慎。能可レ被レ致二種々御祈一。可レ被レ立下奉二幣諸社一使上。行二仁王会一、修二大元法等一歟者、依二御殿籠一不レ能二奏聞一、依レ宿物不二持来一。申二案内於左府一、白地罷出。

此夜左府候宿給。

〔史料10〕『日本紀略』(28)

(長徳三年) 十月一日、壬辰、旬。天皇出二御南殿一。于レ時庭立奏之間、大宰飛駅使参入云、南蛮乱二入管内諸国一、奪二取人物一。奏レ楽之後、諸卿定二申件事一。十一月二日、癸亥、大宰府飛駅使来、申下伐二獲南蛮卌余人一之由上。五日、丙寅、賜二官符於大宰府一。

(長徳四年九月) 十四日、庚午《ママ》、大宰府言下上下二知貴駕島一捕二進南蛮一由上。

(長保元年八月) 十九日、己巳、大宰府言下上追二討南蛮賊一由上。

〔史料11〕『百錬抄』(29)

(長徳三年) 十月一日、旬。出二御南殿一之間、大宰府飛駅到来、申下高麗国人虜二掠鎮西一之由上、仍止二音楽・庭立奏一。事了令二諸卿定申一之。

(長徳四年) 二月、大宰府追二伐高麗国人一。

すなわち、折から内裏で執り行われていた旬政の最中に、大宰府からの飛駅使が、内裏内郭の建春門外に到り、取り次いだ近衛の官人は「高麗人が襲ってきた」と大声で報じたのである。後年の刀伊入寇の第一報を伝えた飛駅使は〈馬に乗り左衛門陣に入る〉（『日本紀略』寛仁三年四月十七日条）とあるので、この時も恐らく建春門にある左衛門陣に乗馬のまま馳せ入れたのであろう。驚いた左大臣藤原道長らは紫宸殿を駆け下り、飛駅使のもたらした大宰大弐藤原有国の書状を披き見たところ、来襲したのは、高麗人ではなく奄美島人であることが判明した。そこで一安心（史料8に「大宰以㆓飛駅㆒雖㆓言上㆒、事頗似㆑軽」とある）といったところで、一部式次第を変更した上で儀式は続けられた。その後、あらためて陣定が行われ、賊徒襲来のことが審議された。奄美人来襲に関する大宰大弐の書状、大宰府解文による報告をまとめると、次のようになる。

① 奄美嶋の者が、船に乗り武器を持って、筑前・筑後・薩摩・壱岐・対馬（『権記』によれば肥前・肥後も）等の沿海の地域を襲い、多くの被害を与え、なお海上に浮かんでいる。

② 筑前以下の国々では、それぞれ応戦し、賊徒に相当の被害を与えたが、諸国の人々もおよそ三〇〇人が掠奪された。

③ 先年奄美嶋人が大隅を襲い人民四〇〇人を連れ去るできごとがあった。ところがその時は特には言上しなかった(30)。その時の例に慣れて、奄美嶋人は今回の犯行に及んだのではないか。そこで大宰府管内の人民を徴発して、要害を警固させ、また追捕を命じた。もし成果をあげれば、褒賞を与えて欲しい。

④ 高麗が兵船五〇〇艘を日本に向けて派遣したという。浮言ではあるが、噂が流れているので言上する。

そしてこれに対する朝廷の措置は、次のごとくである。

(イ) 奄美嶋人来襲のことについては、すでに大宰府が対処しているが（③参照）、重ねて要害を警固し、賊徒を追捕すべきこと。

(ロ) 仏神に祈禱すべきこと。

(ハ) 大宰府が命じた追捕にあたっている者に功績があった場合には、褒賞すべきこと。

(ニ) 大宰府は飛駅をもって言上したが、事件の内容は軽度のものであり、勅符を賜うまでもなく、官符で報ずればよいこと。

(ホ) 高麗国に関する浮言(④の兵船五〇〇艘の来襲)は〈信ぜざるべからず〉。諸社に奉幣し、種々の祈禱を行わせること(『権記』によれば、仁王会を行い、太元帥法を修することも考えられている)。

奄美嶋人(南蛮)賊徒に関する内容の報告とその措置は、およそ以上のようになる。近衛の官人が取り次いだ第一報が誤報で、奄美嶋人であることが判明して公卿が安堵している様子と、その一方では高麗の兵船五〇〇艘来襲の浮言に、〈信ぜざるべからず〉[31]〈安にして危きを忘れず、非常の恐れ、慎みを成すにしかず〉と警戒に努めている様子がうかがえる。そして如何に高麗説が根強かったかは、『百錬抄』があくまでも「高麗国人」の来襲と伝えていることにうかがえるのではなかろうか。

(二) 高麗来襲誤報の事情

さて、ここで問題としたいのは、それではなぜ奄美人来襲を、取り次いだ近衛官人が「高麗来襲」と誤って伝えたのであろうか。近衛の官人は飛駅使のもたらした大宰府解文や大宰大弐藤原有国の書状を披き見ることはできないであろうから、恐らく飛駅使から九州が賊徒に襲われたと聞き、九州を襲う賊徒とは高麗に違いないと即断し、〈高麗国人、対馬・壱岐島を虜掠す。又肥前国に着き、虜領せんと欲す〉と大声で叫んだのであろう。あるいは飛駅使から左近衛官人に取り次ぐまでの左衛門官人、左兵衛官人の判断かも知れない。それはともかく、高麗人来襲と誤報がなされたのはなぜであろうか。このような疑問については、森克己氏の見解がある。

それにしても左近陣官が早や合点して高麗国人の侵略と報告し間違えたというのも、三月ほど前に、高麗牒状事件があり、対高麗感情が高ぶっていたからにほかならない。故に侵略犯人が奄美島民ということがわかってなお高麗国の兵船五百隻が日本を侵略しようとしてすでに日本に向っているなどというデマも飛び、政府もまた高麗国云々のデマは信じられないが、ともかくも敵国襲来に備えて種々の御祈禱を行うべしという太政官符を大宰府に下しているのである。(32)

このように森氏は、三月ほど前に起きた高麗から送られてきた牒状をめぐる事件により、対高麗感情が高ぶっていたことが、その原因であると指摘されている。

（三）誤報と本年五月到来の高麗牒状一件との関係

森氏の指摘される「三月ほど前」の高麗牒状事件とは、同じ長徳三年五月（『異国牒状記』）に到来し、六月に審議された高麗牒状をめぐるできごとで、関連する史料をあげると、次のとおりである。

〔史料12〕『小右記』長徳三年六月十二・十三日条

十二日、甲辰、勘解由長官云、高麗国啓牒有下使レ辱二日本国一之句上、所レ非レ無二怖畏一者。前丹波守貞嗣朝臣来云、大弐消息、徴二-誡六个国人兵一、令レ警二-固要害一。又高麗国使日本人云々。

十三日、乙巳、参宮。小選参内。右大臣・左大将・民部卿・式部大輔・左衛門督・右衛門督・左大弁・宰相中将・勘解由長官同参。左中弁行成奉レ詔、下二-賜右大臣大宰府解文・高麗国牒三通一〈一枚牒二日本国一、一枚牒二対馬嶋司一、一枚同嶋。〉。諸卿相共定申、大略不レ可レ遣二返牒一。又警二-固要害一、兼致二内外祈禱一事。又高麗牒状、有下令レ耻二日本国一之文上。須レ給二官符大宰一。其官符文、注下高麗為二日本所一レ称之由上、又可レ注事者、高麗国〔牒脱カ〕背二礼儀事也。商客帰去之時、有レ披二露彼国一歟。但見二件牒一、不レ似二高麗国牒一、是若大宋国謀略歟。抑高麗使大宰人也。若不レ可二返遣一、可レ被レ勘二其罪一。大宰申請四ケ条、九国戎兵具皆悉無レ実、可レ令二国司修補一事。若其無二其勤一、雖レ有二他功一、不レ可レ預二勧賞一者。定申云、先可レ造二要須戎具一也。不レ可レ申二止勧賞一事。九国域内諸神可レ授二一階一事。定申云々、先被二祈禱一、相次可レ被二定下一。可レ加二寄香椎廟内大臣封廿五戸一事。定申云、可レ被二加寄一歟者。対馬守高橋仲堪、非レ文非レ武、智略又乏。以二大監平中方一、差二遣彼嶋一、備二不虞一事。定申云、如二府所一レ注、仲堪非レ文非レ武、智略乏由、令レ尋二先例一、如レ此之時、改任下堪二能武一者上、状〔非カ〕無二蹤跡一。雖レ然忽被二改任一如何。如二府申請一、先差二遣中方一、随又申請、乍（ママ）有可レ被二定下一也。府解文云、中方身為二文章生一、又習二弓馬一習二弓馬一云々。戌刻許各退出。又北陸・山陰等道可レ給二官符一之由、僉議了、上達部云々。大宋国人近在二越前一、又在二鎮西一、早可二帰遣一歟。就レ中在二越州一之唐人、見二聞当州衰亡一歟。寄二来近レ都国一、非レ無二謀略一、可レ恐之事也者。

〔史料13〕『百錬抄』長徳三年六月十三日条

十三日、諸卿定二申高麗国牒状事一。僉議不レ可レ遣二返牒一、可レ警二固要害一。又牒状不レ似二高麗国牒一。是大宋国之謀略歟。

〔史料14〕『師守記』貞治六年五月九日条(33)

異国牒状到来時、被レ略二返牒一、或将軍以下遣例事

（中略）

長徳三年六月十三日、右大臣以下参入、被レ定二申高麗牒状事一。仍左中弁藤原行成奉レ詔、下二賜大宰府□□〔解文〕於右大臣一、高麗国牒三通、諸卿相共定申之。大略不レ可レ遣二返牒一、警二固要害一、兼致二内外□□〔祈禱〕一事。但件牒不レ似二高麗国牒一。是若大宋□□□□〔国之謀略〕歟云々。

〔史料15〕『異国牒状記』(34)

異国牒状事

（中略）

長徳三年五月高麗の牒到来、文章旧儀ニたかふ上、其状躰蓄礼ニそむくよし沙汰ありて、返牒なし。

藤原実資は、六月十二日には、勘解由長官源俊賢から〈高麗国の啓牒、日本国を辱しむるの句あり。怖畏なきに非ざるところなり〉との情報、藤原貞嗣から大宰大弐の消息によるとして、六カ国の人兵を徴発して要害を警固させていること、及び高麗国の使者は日本人であることなどの情報を得ている。そして翌十三日に行われた陣定の概要はつぎのようになる。

(イ) 返牒を送る必要はない。(35)

(ロ) 要害を警固すべきこと。

(ハ) 高麗牒状に日本国を侮辱する文言がある。

(ニ) 〈高麗、日本の称するところと為るの由〉（文意不詳）及び高麗が礼儀に背いている旨を記した官符を大宰府に下し、これを大宰府から高麗の使者となって牒状をもたらした商客に伝え、商客から高麗に披露させるべきか。

(ホ) 但し、高麗の牒状は、高麗国のものとは思われない節もある。あるいは宋の謀略か。(36)

(ヘ) 高麗の使者として牒状をもたらしたのは、大宰府の人である。あるいは再び高麗に渡航させるべきではなく、罪科に処すべきである。

この他、北陸・山陰道にも官符を下すべきこと、越前在留の宋人を鎮西に移すべきことなども話し合われている。

要するに、十月一日に伝えられた奄美嶋人の西北部九州襲撃は、高麗から〈日本国を辱かしむるの句あり。怖畏無きに非ざるところ〉〈大宋国の謀略か〉とも思わせる無礼な牒状が送られてきて、非常事態に備えて要害警固を命ずるというできごとがあった直後といってよい時期である。まさにこのような高麗に対する緊張感が高まっていた時期に、大宰府から飛駅使がやってきて、九州が襲われたと語ったその言葉を聞いた取り次ぎの官人は、九州を襲うのは高麗に違いないと即断して、〈高麗国人、対馬・壱岐嶋を虜掠す〉云々と大声で叫ぶ結果となったとみても不思議ではない。森氏の指摘されるとおりである。

確かにこの時期（十月）に高麗に対する警戒心が平常よりも強かったことは間違いない。しかし、〈又、高麗国、兵船五百艘を艤し、日本国に向かい、許〔奸カ〕を致さんと欲すてえり。誠に浮言といえども、云々するに依り、言上するところなり〉と、高麗国軍が攻めて来る、という噂まで流れているのはなぜであろうか。刀伊の賊を打ち破った高麗の軍船を「高麗国兵船」と表現している例（『小右記』寛仁三年八月条裏書所引内蔵石女等申文）を参考にすれば、ここにいう兵船とは、海賊などではなく、高麗国軍を意味しているとみて間違いない。貞観・寛平の新羅海賊以来、鎮西を襲う賊徒といえば、朝鮮半島の賊ということがまず念頭に浮かぶといった根底に流れる事情に加えて、緊張感の高まりがあったにしても、噂とは言え、国軍の来襲とは尋常ではない。この当時、特に高麗国軍の来襲を恐れる理由があったものと思われる。

（四）『権記』記事の検討

さて、高麗国軍の来襲を恐れる背景について注目したいのは、前掲〔史料9〕『権記』にある記事である。前記の要約では、南蛮賊徒の話とは別のものとして語られているので除外したが、次のようにみえる。

又申二高麗国案内事一。定申云、先日言上府解、不レ注下到二鶏林府一成レ犯者夾名上。今日解文已注二其名一。仍須レ追二討彼成レ犯則〔射カ〕レ矢等類一之由、〔可脱カ〕注二載報符一。又可レ給二官符長門国一。但得二其賊一者可二賞賜一之由、可レ加二載状中一。

これは、いわゆる渡海の制との関連で注目されている史料であるが、(37) この部分の意味は次のようになる。

(イ) 先日（十月以前）言上の大宰府解文には、鶏林府に赴き不法行為を犯した者の夾名（名簿）は記されていなかった。

(ロ) ところがこの度の解文（十月一日に飛駅使がもたらす）には、犯罪者の名前が掲載されている。

(ハ) そこで矢を射るなどの犯罪者を追討すべき旨を大宰府への報符に記すべきこと。

(ニ) また長門国にも太政官符を下し、同様の措置を取らせること。

(ホ) そしてその賊（犯罪者）を捕らえたならば賞賜すべきことも官符に記すこと。

鶏林府とは、言うまでもなく新羅の異称であり、ここでは高麗を指している。つまり、九州ないし長門付近の住民が高麗に赴き、〈矢を射る〉といったような武力に訴える犯罪行為を行っていたのである。このことについて大宰府は朝廷に報告した。しかし最初の報告では犯人たちの詳細については記されていなかった。そこで再度の調査が命じられ、その結果、第二回目の報告では、判明した犯罪者の具体的な名前が報告された。そこでさらに太政官符を下して犯人の追捕にあたらせたのである。その後の様子については明らかでないが、少なくとも再度に亘り陣定で審議されているので、このできごとについては、公卿には周知のことである。この頃、陣定に諮られた審議内容が、どの程度の範囲まで伝わるものか明らかでないが、審議内容の結論が指示として出されることにより、相当の範囲に知られることは間違いなく、内裏を守備する近衛官人らの耳にも入っていたことであろう。

日本人が高麗を襲ったというできごとは、公卿をはじめ多くの日本人に、いつか高麗が報復のため日本に攻めてくるのではないか、という警戒感を抱かせたのではなかろうか。このような疑心暗鬼の状況の中で九州が襲われたことを聞いた取り次ぎの官人は高麗の襲撃と早合点して大声で高麗来襲と叫び、道長以下の公卿も慌てて事実の確認に走ったのではなかろうか。また大宰府周辺に流れている兵船五〇〇艘来襲の噂も、いつか高麗の報復攻撃があるかも知れないという、疑心暗鬼、戦々恐々とした現地の雰囲気をリアルに伝えるものであろう。

筆者は、近衛官人の誤報の背後にある事情を上記のように理解する。そして誤報を生み出す状況はそれだけでなく、彼らにとって高麗来襲の恐れが、もっと現実のものとして感じられていたのではないかと考える。すなわち、五月に届いた、〈日本国を辱ずかしむるの句〉〈日本国を恥ずかしむるの文〉のある高麗牒状は、〈鶏林府に到りて犯を成す〉日本人の行動を伝え、それを非難し、禁圧を強く求める抗議の内容ではなかったか、と推測するのである。次にこのように推測する理由について、少しく説明を加えることにしたい。

三　長徳三年五月到来の高麗牒状

さて五月到来の〈日本国を辱しむるの句あり〉〈高麗国〔牒〕、礼儀に背く〉などと評されている高麗牒状とは、どのような内容のものであったのだろうか。牒状本文は一切伝えられていないので、憶測に頼るしかないが、ある程度の推測は可能なように思われるので、次にそのことについて述べてみたい。

（一）〈鶏林府に到りて犯を成す者〉の正体

まず〈鶏林府に到りて犯を成す者〉とは具体的にどのような人々であろうか。もちろん不明であるが、考えられることは、はじめから高麗を襲うつもりで出かける場合、あるいは貿易に赴いて取引の上で何らかのトラブルが生じて武力に訴える結果になった、などである。〈犯を成し矢を則〔射〕る〉という行為から想起される史料に、『今昔物語集』巻三一・鎮西人至度羅島語第十二の説話がある。貿易のために海外へ渡航した鎮西商人たちが、帰航の途中度羅島（耽羅―済州島）に寄港したところ、島民百余人が近づいてきたので、海上に逃れ、「船ノ者共、本ヨリ皆兵ニテ、弓箭兵仗ヲ各具シタリケレバ、手毎ニ弓箭ヲ取テ箭ヲ番テ」威嚇したところ、島民は帰っていったという。[38]「船ノ者共本ヨリ皆兵ニテ」云々とある兵は「武道鍛錬の者。武術に心得のある者」[39]といった意味に理解されているが、貿易商人も武装していた様子をよく伝えている。長徳三年より以前の天延二年（九七四）には来日した高麗使との間で貿易が行われており、[40]また長徳三年五月に高麗牒状をもたらした使者について、〈そもそも高麗使は大宰の人なり〉と記されているが、『水左記』承暦四年九月四日条に引かれた長徳三年符（本論文注35参照）によれば、〈何ぞ断綆漂流の客を脅して、以て行李と為すや〉とある。高麗に漂着した人物の帰国に文書を託したことが知られるが、「客」とあるので、商客すなわち商人とみなされる。商人とすると、漂着したというので、宋との貿易に従事していた商人が漂着したのか、あるいははじめから高麗に赴いたが、予定外のところに漂着したのか、またはいわゆる渡海の制と関連して漂着を装ったのかも知れないが、ともかくこの頃には、高麗へ貿易のために渡航する日本人がいたことは間違いない。『高麗史』には穆宗二年（九九九）十月条に「日本国人道要弥刀等二十戸来投。処二之利川郡一、為二編戸一。」、顕宗三年（一〇一二）八月戊戌条に「日本国潘多等三十五人来投。」といった記事もみえる。『権記』の伝える鶏林府を襲った日本人の記録は、たとえ犯罪者とは言え、日本から朝鮮半島へ進出していく人々の記録があらわれ始める時期の史料として貴重なものと言えると思う。

このように、〈鶏林府に到りて犯を成す者〉〈犯を成し矢を射る〉という者については、当初から略奪を目的として出かけた者か、あるいは貿易を目的として出かけたが、取引がこじれて紛争になったものか、両様考えられるのであるが、推測される状況はまさに後世の倭寇を髣髴させる。そこで長徳三年の日本・高麗間の交渉を考える上で参考にしたいのは、時期は降るが、倭寇の先駆けとして知られている、嘉禄二年（一二二六）から翌年にかけてのできごとである。[41]

（二）　嘉禄二・三年の倭寇と高麗の対応

さて、いわゆる倭寇が盛んになるのは、庚寅の倭寇と呼ばれるように一三五〇年（庚寅年）以来のこととされているが、『高麗史』には、その先駆けとして一三世紀から日本人の来寇を示す、〈倭、某地に寇す〉といった記事があらわれ始める。この「初発期の倭寇」[42]と称されている日本人の活動の状況は次のごとくである。

〔史料16〕『高麗史』巻二二・高宗世家一[43]

十年（一二二三）五月甲子（二十二日）、倭寇二金州一。

十二年（一二二五）四月戊戌（八日）、……倭船二艘、寇二慶尚道沿海州県一。発レ兵悉擒レ之。

十三年（一二二六）正月癸未（二十七日）、……倭寇二慶尚道沿海州郡一。巨済県令陳龍甲、以二舟師一、戦二于沙島一、斬二二級一。賊夜遁。六月甲申朔、……倭寇二金州一。

十四年（一二二七）四月甲午（十五日）、……倭寇二金州一。防護別監盧旦、発レ兵捕二賊船二艘一、斬二三十余級一、且献二所レ獲兵仗一。五月庚戌（二日）、倭寇二熊神県一。別将鄭金億等、潜二伏山間一、突出斬二七級一。賊遁。乙丑（十七日）……日本国寄レ書、謝二賊船寇辺之罪一、仍請二修好互市一。是歳、遣二及第朴寅一、聘二于日本一。時倭賊侵二掠州県一。国家患レ之、遣レ寅賚レ牒、諭以三歴世和好、不レ宜二来侵一。日本推二検賊倭一誅レ之。侵掠稍息。


そしてこれに対応する史料が日本側の記録にも見える。

〔史料17〕『明月記』嘉禄二年（一二二六）十月〜十二月条(44)

十月十六日、天晴。法眼音信之次云、対馬国与二高麗国一闘諍之由、有二巷説一。未レ聞事歟云々。依二末世之極一、敵国来伐歟。可レ恐可レ悲。……十七日、朝天無二片雲一。午時、法眼来談、……高麗合戦一定云々。鎮西凶党等〈号二松浦党一〉構二数十艘兵船一、行二彼国之別嶋一合戦、滅二亡民家一、掠二取資財一、……依二此事一挙レ国興レ兵。又我朝渡唐之船向レ西之時、必到二着彼国一、帰朝之時、多随レ風寄二高麗一流例也。彼国已為二怨敵一者、宋朝之往反不レ可レ輙。当時唐船一艘寄二高麗一、被レ付レ火不レ残二一人一焼死云々。末世之狂乱至極、滅亡之時歟。甚奇怪事也。

十二月七日、……未時参二前殿一。御浴之間、左大将殿見参。仰云、依二高麗来撃之疑一、可二仗議一由、一昨日大弐語レ之云々。不レ知二委事一、末代之極歟。畏而有レ余。退出。

〔史料18〕『民経記』安貞元年（一二二七）(45)

五月一日、己卯、……伝聞、自二高麗国一牒状到来。一通武家、一通公家云々。

十五日（裏書）、……伝聞、高麗国全羅州牒案所二一見一也。府官無二左右一開封見レ之、書二返牒一云々。尤奇恠事也。正本関東遣レ之、案進二殿下一云々。

『明月記』によれば、まず対馬と高麗とが合戦したという巷説があり、これは〈末世の極に依り、敵国来伐するか〉とある。ついで翌日の記事には、やや詳しく、松浦党が高麗を襲い略奪したので、高麗は〈国を挙げて兵を興〉したことが記されている。これらによれば、松浦党の襲撃に対して、高麗が国軍を派遣して対馬を討たせたということであろう。もしこれが事実であれば、まさに後年（一四一九年）のいわゆる応永の外寇（己亥の東征）に類した行動を高麗が取ったことになる。しかし前引『高麗史』には国軍を日本に派遣したことはみえず、高麗国軍の対馬進攻が事実か否かは不明とせざるを得ないが、たとえ噂ではあっても、高麗は南の一地方を襲われたことでも直ちに日本に反撃を加えるとの認識を日本人が抱いていたことに注意しておきたい。

そしてこの後、高麗から大宰府宛牒状が届けられた。その牒状の全文が『吾妻鏡』に掲載されている。

〔史料19〕吉川本『吾妻鏡』嘉禄三年（安貞元）五月十四日壬辰条(46)

霽。高麗国牒状到来。今日及二披覧一云々。其状書様。

高麗国全羅州道按察使牒　日本国惣官大宰府

當使准、彼国対馬嶋人、古来貢二-進邦物一、歳修二和好一。亦我本朝、従二其所一レ便、特営二館舎一、撫以二恩信一。是用海辺州県島嶼居民、恃二前来交好一、無レ所二疑忌一。彼告二金海府一、対馬人等旧所二住依一之処。奈何。於二丙戌六月一、乗二其夜寐一、入レ自二城竇一、奪二-掠正屋一訖。比者已甚。又何辺村塞、擅使二往来一、彼此一同、無辜百姓侵擾不レ已。

今者

国朝取〔敢カ〕問二上件事一。因當職差二承存等二十人一、齎レ牒前去。且元来進奉礼制、廃絶不レ行。船数結レ多、無レ常二往来一、作二-為悪事一、是何因由。如レ此事理、疾速廻報。右具前事、須牒二

日本国惣官一。謹牒。

丁亥二月　日牒

副使兼監倉使転輸提点刑獄兵馬公事龍虎軍郎将兼三司判官趙判

文中の丙戌の年とは嘉禄二年にあたる。すなわち、これまでの高麗と対馬人との平和的交流の経緯を述べ、対馬の人々が古くから〈邦物を貢進〉し、高麗はその便宜のために金海府に館舎を設けて、恩信をもってこれを遇した。これにより、高麗の海辺・島嶼の人々は疑うことなく、平和な通好を行っていた。ところが、昨年の六月以来、百姓を侵擾する行為が続いている。そこでこの事件を究明するため、承存らを派遣する次第である。また対馬の人々は進奉の礼制を廃絶して遵行せず、(47) 多くの船で始終往来しては悪事を働いている。一体それはどのような理由によるのか、速やかに回答を求める、といった内容である。前掲『高麗史』高宗十四年是歳条では、牒状の内容を「諭以三歴世和好、不レ宜二来侵一。」と要約している。

この高麗牒状に関連して『百錬抄』には、次のようにみえる。

〔史料20〕『百錬抄』安貞元年七月二十一日条

於㆓関白直盧㆒有㆓議定事㆒。左大臣已下参入。去年対馬国悪徒等向㆓高麗国全羅州㆒、奪㆓取人物㆒、侵㆓陵住民㆒事、可㆑報㆓由緒㆒之由牒送。大宰少弐資頼、不㆑経㆓上奏㆒、於㆓高麗国使前㆒、捕㆓悪徒九十人㆒斬首、偸送㆓返牒㆒云々。我朝之恥也。牒状無礼云々。

この『百錬抄』の記事で注目したいのは、「牒状無礼」とあることである。その前の、〈我が朝の恥なり〉とするのは、『民経記』に「府官無㆓左右㆒開封見㆑之、書㆓返牒㆒云々。尤奇恠事也。」とあるように、朝廷の許可無く犯罪者を斬首し、返牒を送った大宰少弐資頼の行為を指しているが、「牒状無礼」とする牒状とは、高麗から送られてきた牒状で、〔史料19〕の牒状を指しているとみて間違いないであろう。(48)

それではこの高麗牒状のどこが無礼とされたのであろうか。かつて承暦四年（一〇八〇）に届いた高麗国礼賓省牒による医師派遣要請を断る際には、実際には朝廷で審議しながら、高麗牒状の不備を指摘して、大宰府から朝廷に伝えることはできないとの、いわば門前払いの形をとっているが、そこでは牒状の書式・内容等について六項目の無礼を指摘している。(49) その六項目とは、次のようなものである。

①牒状の書出しに「高麗国礼賓省牒」として「高麗国礼賓省牒上」と「上」の字が書かれていないこと。
②牒状を納める函に封をしていないこと。
③年号を書かず「己未年」と干支のみを記していること。
④「己未年十一月　日」と、年月の下に「日」とのみ書いて、日付を記していないこと。

⑤「当省伏奉　聖旨」のように、高麗国王の命令を「聖旨」と称しているが、これは宋の皇帝が称すべきもので、蕃国王である高麗国王が使用する言葉ではないこと。

⑥専使を派遣せず、牒状を商人に託したこと。

この六項目を安貞元年の高麗国全羅州道按察使牒に適用すると、少なくとも①③④が該当する。したがって『百錬抄』が安貞元年牒状を「無礼」としていることは、この書式にあるかとも思われる。なお、承暦度礼賓省牒状と同様に今回の牒状にも末尾は「謹牒」とある。牒式の末尾文言には、この他「以牒」「故牒」などが用いられるが、「謹牒」としていることは、いずれも日本への表敬の意を込めているとみてよいであろう。

しかし安貞元年牒状を無礼とする理由は文言（内容）にもあるように思う。高麗としては〈歴世の和好〉を説き、以後、侵入すべからざる事を述べているに過ぎないが、「対馬嶋人古来貢㆓進邦物㆒。歳修㆓和好㆒。」とみえる「貢進」、あるいは「進奉礼制」といった表現は、あたかも日本が高麗に朝貢しているかの如き印象を与える。とりわけ「進奉」の語は注意される。進奉はもともと献上の意味で一般に使われる用語であるが（『大漢和辞典』）、たとえば高麗国王から宋皇帝への品物献上にも進奉の語が用いられている(50)。また〈撫するに恩信を以ってす〉と、上国の王が下国の民を慰撫するような表現も日本の支配層からすれば大いに気に障るところであろう。このような用語に加えて、あるいは「作㆓為悪事㆒、是何因由。如㆑此事理、疾速廻報。」と、すみやかに実状を調査して報告すべしといった口調も非難の対象となるであろうか。承暦度牒状には上国の王が用いるべき「聖旨」という言葉を用い(51)、主に蒙古襲来時期の高麗には、日本を夷狄視する理解があったという(52)。文末を「謹牒」とはしていても、全体を通じて対等の書式であり、内容に至っては日本が高麗に朝貢しているような印象を与える文章である。高麗からすれば、事実の究明と今後の禁圧を求めているに過ぎない、極めてまともな文書であろう。それでも三韓征伐以来、朝鮮は日本に朝貢すべき存在とする、外には通じない対外認識を抱く日本人からすれば、「無礼」となるのである。

（三） 長徳三年五月到来の高麗牒状

以上、いわゆる初発期の倭寇をめぐる日本・高麗交渉についてみてきたが、この嘉禄の例は、長徳三年の日麗交渉および高麗牒状を考える上で重要な参考になるのではなかろうか。嘉禄二・三年の例から、

①日本人の襲撃に対しては高麗が報復攻撃を仕掛けてくる可能性があるという認識を日本人が抱いていること。

②高麗は、日本人の侵略に対し、公文書（牒状）をもって日本に抗議し、禁圧を求めること。

③朝鮮を朝貢国とみなす伝統的対外認識から、高麗牒状を、おおむね無礼とする考えが日本人にあること。

といったことが知られるのであるが、②のように、日本人の来襲を受けた高麗が日本に使者を派遣して海賊の禁止を求めて抗議することは、この高宗十四年（安貞元）以降でも、同四十六年（一二五九）・元宗四年（一二六三）にみられる。すなわち、

〔史料21〕『高麗史』巻二五・元宗世家一

（高宗四十六年七月）庚午、遣二監門衛録事韓景胤権知直史館洪貯于日本一、請レ禁二海賊一。

（元宗四年）四月甲寅、……遣二大官署丞洪泞詹事府録事郭王府等一如二日本国一、請二禁賊一。牒曰、自二両国交通一以来、歳常進奉一度、船不レ過二二艘一。設有二他船一、枉憑二他事一、濫二擾我沿海村里一、厳加二徴禁一、以為二定約一。越今年二月二十二日、貴国船一艘、無レ故来、入二我境内熊神県界勿島一、略二其島所レ泊我国貢船所レ載多般穀米并一百二十石・紬布并四十三匹一将去。又入二椽島一、居民衣食資生之具、尽奪而去。於下元定二交通一之意上、甚大乖反。今遣二洪泞等一、賫レ牒以送。詳二公牒一并聴二口陳一。窮二推上項奪攘人等一、尽皆徴沮、以固二両国和親之義一。(53)

八月戊申朔、洪汼・郭王府等、自㆓日本㆒還。奏曰、窮㆓推海賊㆒、乃対馬島倭也。徴㆓米二十石・馬麦三十石・牛皮七十領㆒而来。

とみえる。特に元宗四年の牒状では、〈上項の奪攘人らを窮推し、尽く皆な徴沮せば、以て両国和親の義を固めん〉と犯人の追捕と取締りを求めている。この後、蒙古襲来をはさんで、南北朝・室町時代になると、さらに頻繁に倭寇禁圧を求める使者が来日していることはよく知られているとおり[54]である。

このようにみてくると、長徳三年の場合も、日本人に襲われた高麗が、日本に抗議し禁圧を求めることは十分にあり得たのではなかろうか。五月に高麗から送られてきた牒状は、日本を侮辱するとも受け取られる強い口調で日本人の悪事を糾弾し、非難したもので、これを受け取った日本の朝廷は、無礼に思うとともに、高麗の強硬な態度に警戒心を募らせ、いつか高麗が報復ないし犯人逮捕のための来襲――〈国を挙げて兵を興す〉ことがあるかも知れないと思っていたとしても不思議ではなかろう。『明月記』に記す藤原定家と同じ考えである。飛駅使から異国来襲の話を聞いてただちに高麗の襲撃と理解した取り次ぎの官人、また五〇〇艘の兵船で来襲するという噂も、実にこのような伏線があったからではなかろうか。高麗からの報復を恐れていたところに、北九州に賊徒襲撃の報が伝わり、「すわ、高麗の来襲か」となったとみて誤りないであろう。時期は降るが、倭寇の活動が盛んになると、高麗・朝鮮からもまた倭寇の禁圧を求める使者が牒状を携えて頻りに派遣されてくる。この長徳三年五月到来の高麗牒状は、その先駆けとみることができるのではなかろうか。

むすび

以上、長徳三年の奄美島人襲撃を高麗来襲と誤解された事情について、考察を加えてきた。この問題から、当時の日本人の高麗敵国観を読みとることができる。それは、高麗の前身と理解する新羅以来のことであり、新羅海賊などからの恐れ、また日本の中華意識を破綻させた当事者への憎悪感などが根底に流れていることは間違いない。そしてそれだけでなく対馬など高麗（朝鮮）との境界領域にいる日本人の新しい動き、すなわち後世の倭寇的活動が新たな緊張関係を生みだし、報復のため高麗が何時襲ってくるかも知れないという疑心暗鬼が、さらに高麗敵国観を増幅させるという作用を果たしたものと考えられることを述べてきた。平安京の公卿ら支配層にとって対馬を始めとする境界領域の人々の行動が目を離せない状況になってきたことを、〔史料1〕『大槐秘抄』の一節は物語っているものと思われる。このような事例として長徳三年の史料は貴重なものと言えるように思う。

本稿では、やや冗長とも思われるが、できるだけ関連史料を省略せずに引用した。それは一つには筆者に史料の誤読・誤解があるかも知れないことを恐れてのことであるが、いま一つには抄出してしまうと当時の日記の記主の感覚、緊迫した雰囲気が抜け落ちてしまうと考えたからである。史料的な制約から、ずいぶん時期の隔たった例を参考にせざるを得ず、どこまで妥当な解釈か心許ない部分も多いが、大方のご判断を仰ぐ次第である。

（1）　田島公「日本、中国・朝鮮対外交流史年表――大宝元年～文治元年――」（奈良県立橿原考古学研究所附属博物館編『貿易陶磁――奈良・平安時代の中国陶磁――』臨川書店・一九九三年）、対外関係史総合年表編纂委員会編

『対外関係史総合年表』（吉川弘文館・一九九九年）等参照。

（2）青山公亮『日麗交渉史の研究』（明治大学文学部研究報告・東洋史第三冊、一九五五年）、森克己『新訂　日宋貿易の研究』『続日宋貿易の研究』『続々日宋貿易の研究』（以上、国書刊行会・一九七五年）など、すでに実質的に初発表から五〇年以上経過している論文が含まれているが、現在でも基本的な文献となっている。この他の個別研究は必要に応じて触れることにしたい。なお極く最近、李領『倭寇と日麗関係史』（東京大学出版会・一九九九年一一月）が刊行された。このうち、平安時代に関するものとしては、第一章「院政期の日本・高麗交流に関する一考察」（未発表）・第二章「中世前期の日本と高麗――進奉関係を中心として――」（本論文注6所掲）の二篇が収められている（初校に際して付記する）。

（3）近年の境界・境界領域の交流をテーマとする研究は数多く、一々紹介することは省略せざるを得ないが、このような学界の動向を反映して、史学会では一九九六年の第九四回大会日本史部会で「自己・他者・境界――前近代の日本を中心に――」と題するシンポジウムを開催し、その成果は村井章介ほか編『境界の日本史』（山川出版社・一九九七）として刊行された。中に、ブルース・バートン「「境界」とは何か―理論的考察の試み」、保立道久「平安時代の国際意識」など、本稿に関連する有益な論考が収められているので、ぜひ参照されたい。

（4）「群書類従」雑部（続群書類従完成会版第二八輯）。『群書解題』第八・一一八～一一九頁（荒木尚氏執筆）参照。なお筆者の参照し得た写本に、東京大学史料編纂所架蔵「京都御所東山御文庫記録」本（架蔵番号：乙四八―二〇〇一―一―二六二）がある。類従本と対校すると、出入りがあるが、引用の一節については類従本の方がよいように思われる。

（5）『兵範記』同日条・『公卿補任』平治二年清盛尻付、参照。

（6）『百錬抄』四月二十八日条・十二月十七日条、『山槐記』十二月十七日条。なお、李領「中世前期の高麗と日本――進奉関係を中心として――」（『地域文化研究』第八号・一九九五年）参照。

（7）村井章介『国境を超えて――東アジア海域世界の中世――』（校倉書房・一九九七年）四三～四四頁。なお、歴

史学研究会編『日本史史料〔2〕中世』(岩波書店・一九九八年)第六八条の解説(村井章介氏)を参照。

(8)『大槐秘抄』では、「異国」の語は、他に「七条・朱雀東西に鴻臚館と申所候。異国の人参れる時ゐる所にてなむ候ける」とみえる。

(9) 村井章介(前掲書)四四頁。ちなみに「大槐秘抄」の別の一節に、「あさましげなる雑色一二人ばかりぐして、けうの前駆などぐして出仕候こそいかなるぬすみもしつべき事にて候へ。」と「けう」の用例が見える。

(10) この「制」とは、いわゆる「渡海の制」を指しているとみられる(稲川やよい「「渡海制」と「唐物使」の検討」『史論(東京女子大学)』第四四号・一九九一年)。「渡海の制」とは、日本人の海外への渡航に関する制度のことであるが、その内容についてはいくつかの説がある。森克己氏は、延喜十一年(九一一)に制定された、外国商人の来航の間隔を一定年数空ける、いわゆる年期(年紀)制について説明した後、「以上のように、来航する唐商船に対して制限を加えたばかりではない、さらに一般日本人の海外渡航に対してまでも、これを厳禁し、ついには個人的に海外の国々と交際を結ぶことさえも禁じてしまった。」(『続日宋貿易の研究』二二三頁)と述べておられる。明言はされていないが、年期(年紀)制との関連で、日本人の渡航についても禁止するようになったと理解されているように思う。筆者も基本的に森氏の考えと同じで、延喜十一年制定の年期制とは、外国人の来日だけでなく、日本人の渡航も制限する、いわば出入国管理令のようなもので、これが「渡海の制」と称されているものではなかったかと推測している(拙稿「一〇世紀の国際変動と日本」『新版古代の日本2 アジアからみた古代日本』角川書店・一九九二年)。延喜十一年とは時期は隔たっているが、九条伊通が『大槐秘抄』で、みすぼらしいみなりの対馬国人が、貧弱な品をもって高麗に渡航することを、みっともない、と述べたあとに続けて、「しかれば制は候事なり」――だから「制」が設けれられているのである、と述べていることは、この「制」が貿易と深く関わっていることを推測させる。これに対して、「渡海の制」の法源は律条にありとする解釈が、山内晋次「古代における渡海禁制の再検討」(『待兼山論叢』二二号・史学篇、一九八八年)、榎本淳一「『小右記』に見える「渡海制」について――律令国家の対外方針とその変質――」(山中裕編『摂関時代と古記録』吉川弘文館・一九九一年)、稲川やよい（前掲論文）などに示されている。

(11) このような日本側の負の部分や失態を高麗に知られることを「恥」とする意識もまた高麗観を考える上で注意しておくべきことであろう。本稿で関連するところで言えば、下文で触れる承暦四年の高麗からの医師派遣要請を、もし治癒できなければ日本の恥となるとする考え（例えば『帥記』承暦四年閏八月十四日条に「右兵衛督（源俊実）定申云、尤雖㆑可㆑遣、無㆓効験㆒為㆑朝可㆓其恥㆒。仍不㆑遣何事之有歟。」とみえる）、また安貞元年に送られてきた高麗牒状を、時の大宰大弐武藤資頼が勝手に開封し、高麗の要請に従って倭寇を捕らえ斬首した上、返牒を送った行為を、当時の人々が「我朝之恥也」と評している例（『百錬抄』安貞元年七月二十一日条）にもみることができる。後者の場合には、日本の天皇・朝廷の支配が徹底していないことを高麗に示すことになるので、それを恥としているのであろう。

(12) 田中健夫「相互認識と情報」（同『東アジア通交圏と国際認識』吉川弘文館・一九九七年。初発表一九九三年）。

(13) 『小右記』は大日本古記録本による。なお以下の引用において明らかな誤字は、古記録本の傍注等を参考に改めた。

(14) 大宰府官がこのような見方をする背景には、高麗が圧倒的な軍事力を備えており、今攻めて来られたらひとたまりもなく打ち破られてしまうという認識があるものと思われる。刀伊の捕虜となったが高麗軍に救出され、対馬判官代長岑諸近とともに一足先に帰国した内蔵石女らの解文には（『小右記』寛仁三年八月十日〜三日条裏書所引同年七月十三日付け内蔵石女等解）、高麗の兵船が広大で強力な武器を装備し、簡単に刀伊の賊船を打ち破る様子が詳しく記されている。この解文は彼女らに事情聴取をした大宰府官が筆録したものとみられ、府官の関心が「高麗の軍事力の程度を知るという点にあったことがわかる」（村井章介「一〇一九年の女真海賊と高麗・日本」『朝鮮文化研究』三号・一九九六年）。大宰府官は、石女らの体験を聞きながら、短時間に対馬・壱岐、そして九州北部を席巻され、甚大な被害を出し、ようやくの思いで退却させた強力な刀伊の軍を、いとも簡単に打ち破った高麗の軍事力が、日本とは比べものにならないほど、はるかに強大なものであることを実感したことであろう。〈悦びと為すべからず。偽りて好みを成すの便を通ぜん〉といって、警戒を進言しているのは、もし今攻めて来られたらひとたまりもなく日本は敗れるであろうとの危機感からの言ではなかろうか。

(15)『小右記』寛仁三年八月十日〜三日条裏書。

(16)新羅・高麗の日本観、日本認識についても検討が必要と思うが、今のところ筆者には準備がないので、今後の課題としたい。

(17)渡辺直彦校訂『権記』(史料纂集本。続群書類従完成会・一九七八年)

(18)『帥記』は史料大成本による。

(19)『続古事談』は「群書類従」雑部(続群書類従完成会版第二七輯)所収本による。

(20)建長四年(一二五二)成立の『十訓抄』第一・可施人恵では、患者を「唐の后」とした同様の話がある。

(21)『朝野群載』は新訂増補国史大系本による。

(22)平安時代の高麗観については、中世の対外認識あるいは国際観を考察した研究の中で論及される例が多い。例えば田中健夫氏は、中世日本人の高麗・朝鮮観について、無関心と恐怖心との二つをその特徴として指摘されている。無関心の様子は刀伊の入寇に際して見られた京都の貴族の対応を代表的事例とし、後者の恐怖心については、六六三年の白村江敗戦による唐・新羅軍来襲の恐れ以来、新羅海賊の出没などが、日本人に恐怖心を植え付け、さらに蒙古とともに日本を襲ったことで、「ムクリコクリ」の語に象徴されるように、その恐怖心は定着するに至ると論じられている(「中世日本人の高麗・朝鮮観」『対外関係と文化交流』思文閣・一九八二年)。また村井章介氏は、後述する安貞元年(一二二七)に日本に送られてきた、倭寇の禁圧を求める高麗牒状に関連して、「日本の朝廷が伝統的な《怖畏=蔑視》の態度で問題を放置した」云々と記述されている(『アジアのなかの中世日本』Ⅷ倭寇と朝鮮(校倉書房・一九八八年)三一四頁参照)。《怖畏=蔑視》という表現には、伝統的朝鮮観として恐怖感の裏返し、あるいはその転化として蔑視があることを指摘されているように思う。なお村井氏の前掲二書(『アジアのなかの中世日本』『国境を超えて——東アジア海域世界の中世——』)のほか、『中世日本の内と外』(筑摩書房・一九九九年)など一連の著作には、広範な視点からの国際認識・対外観についての研究がなされているので、是非参照されたい。

(23)金光哲氏は、「朝鮮観とは新羅観である。それは、古代に始点をもち、時代とともに変容した虚構の世界観であった。この創作の世界観は、歴史的事実として連綿として継承された歴史思想であり、固定観念であった。その一つが新羅「日本攻撃説」であった。」と述べ、「院政期から鎌倉初期までの、新羅「日本攻撃」説を確認」されている（『中近世における朝鮮観の創出』第三部第三章「新羅「日本攻撃説」考」校倉書房・一九九九年）。なお、新羅に対する排外的意識が承和年間に始まることについては、早く佐伯有清「九世紀の日本と朝鮮」（『日本古代の政治と社会』吉川弘文館・一九七〇年。初発表一九六四年）に指摘があり、その後の新羅敵国観の形成については多くの論著に言及されているが、最近の研究に山内晋次「九世紀東アジアにおける民衆の移動と交流――寇賊・反乱をおもな素材として――」（『歴史評論』五五五号・一九九六年）、村上史郎「九世紀における日本律令国家の対外意識と対外交通――新羅人来航者への対応をめぐって――」（『史学』六九巻一号・一九九九年）等がある。

(24)『日本三代実録』貞観八年七月十五日条。また同書貞観十二年（八七〇）二月十二日条には、新羅が〈対馬を伐ち取〉らんとする計画を立てているとの情報も伝えられている。

(25)『続日本紀』にみえる日本・新羅交渉末期のやりとりをみれば歴然としており、日本が頻りに上表文の提出を求めるのに対して、言を左右にして拒否し続ける新羅の姿が記録に残されている。なお拙稿「八・九世紀の日羅関係」（田中健夫編『日本前近代の国家と対外関係』吉川弘文館・一九八七年）参照。

(26)『続日本後紀』承和三年十二月丁酉条。なお拙稿「一〇世紀の国際変動と日宋貿易」（田村晃一ほか編『新版　古代の日本』2　角川書店・一九九二年）参照。

(27)新羅時代の日本と新羅との境界領域における両国の人々の交流については、対馬・壱岐だけでなく、五島列島も注目されている。戸田芳実「平安初期の五島列島と東アジア」（『初期中世社会史の研究』東大出版会・一九九一年。初発表一九八〇年）、武田佐知子「二つのチカシマに関する覚え書き――古代の国際的交通をめぐって――」（勝藤猛ほか『世界史上における人と物の移動・定着をめぐる総合的研究』科研報告書：大阪外国語大学・一九九二年）、東野治之「ありねよし対馬の渡り――古代の対外交流における五島列島」（続日本紀研究会編『続日本紀の時代』塙書房・一九九四年）、山内晋次前掲論文、等参照。

（28）『日本紀略』は新訂増補国史大系本による。

（29）『百錬抄』は新訂増補国史大系本による。

（30）先年の奄美嶋人の大隅襲撃事件の時は〈言上せず〉という。〈言上せず〉とは、朝廷に報告しない、の意味に取らざるを得ない。四〇〇人も連行される事件を報告しないことがあるのか、やや不審に思われるが、『小右記』本文の文字に誤りはない。

（31）この部分、古記録本には、「又高麗国浮定〔言〕不可不信、可被種々祈禱〔行脱カ〕」とあるが、『大日本史料』第二編之三（一九三一年）では、「不可不信」に「不可不信〔衍カ〕」と傍注が付されている。森克己氏が、「政府もまた高麗国云々のデマは信じられないが、ともかくも敵国襲来に備えて種々の御祈禱を行うべしという太政官符を大宰府に下しているのである」（「日麗交渉と刀伊賊の来寇」『続日宋貿易の研究』森克己著作選集第二巻・一九七五年、四二一頁。初発表一九六六年）、あるいは土田直鎮氏が、「高麗国の件は信用するに足らないが、いちおう、神仏への祈禱を怠らないことなどが定められた」（『王朝の貴族』中央公論社・一九六五年、三五二〜三五三頁）とされるのも、いずれも「不可信」とみなされたからであろう。この場合、〈信ずべからざるも、種々の祈禱を行わるべし〉と読むのであろう。確かに一理あるが、本文で述べるように、当時の朝廷は相当の緊張をもってこの度のできごとを受け止めていることから考えれば、原文どおり、「不可不信」（信ぜざるべからず）と解釈してよいのではなかろうか。なお、『権記』には、「抑件南蛮・高麗之事、雖レ云二浮説一、安不レ忘レ危、非常之恐、莫レ如レ成レ慎。能可レ被レ致二種々御祈一。可レ被レ立下奉二幣諸社一使上。行二仁王会一、修二大元法等一歟者、」とある。〈浮説と云うといえども〉と、決して単なる浮言として放っているわけではないことに注意したい。要害警固のことはすでに指令してあり、さらに神仏への祈禱を怠るなかれと警戒に努めていると理解すべきではなかろうか。来襲を現実のものと認識していた証左とみなしてよいと思われる。したがって〈信ぜざるべからず〉とは、「決して油断すべきではない」との強い警戒感を込めた文言と解釈すべきであると思う。

(32) 森克己氏「日麗交渉と刀伊賊の来寇」(前掲)四二一頁。

(33) 『師守記』は史料纂集本(藤井貞文ほか校訂)ならびに『大日本史料』第六編之二十八・正平二十二年五月二十三日条所引同記を参考に、私見をもって傍注等を加えた。

(34) 『異国牒状記』は前田育徳会尊経閣文庫蔵(架号宸貴一九号)。『大日本史料』同前条所収。

(35) 「返牒を遣わすべからず」としているが、最終的には大宰府から返牒を送ったとみられる。『水左記』承暦四年九月四日条に、「頃之右相府被レ参、議二定高麗返牒仰詞一也。匡房朝臣注下出牒□〔状カ〕乖二礼度一之事上、…一、不レ差レ使事、長徳三年符云、須下専二国信一先達中大府上、何脅二断緶漂流之客一、以為二行李一、啓牒之信事、乖二被〔彼〕制一云々。」とみえる。「長徳三年符」とあるので、大宰府に返牒を指示する官符と思われる。承暦四年の場合も、大江匡房作「大宰府、高麗国礼賓省宛牒状」を官符とともに大宰府に送り、大宰府からさらに高麗に送らせるという手順を踏んでいる。その時の官符には、「承暦四年十月二日、賜二官符於大宰府一云、右大臣宣、奉レ勅、所レ請医人輙難二差遣一、所レ送方物、宜レ被二返却一。早以二府司之返牒一、択二使者一発遣。但至二商人王則貞一者、宜二任レ法罪科一云々。」(『師守記』貞治六年五月九日条)とみえる。

(36) なぜ宋の謀略とみなされたのか、筆者には全く見当がつかない。長徳二年から三年にかけて、来日宋商人朱仁聡が日本人との間に何らかのトラブルを起こし、ついには仁聡が若狭守に乱暴をはたらくという事件が起こっている(『小右記』長徳三年十月二十八日条ほか)。あるいはこのような来日宋人の行動に対する警戒心からの発言であろうか。

(37) この記事については、『大日本史料』の標出に「鶏林府ニ到リシ犯人」と注意されているが、研究論文では、稲川やよい氏がいわゆる「渡海の制」との関連で、「高麗国に到って罪を犯した者の名は大宰府解文において報告が行われ、追討処置が取られている。」(前掲論文九五頁)と論及されている。但し氏の論文における主たる関心はいわゆる渡海の制との関連にあり、本稿で述べる高麗来襲説については触れられていないので、あらためて本論で取り上げることにした。なお、「到㆓鶏林府㆒成㆑犯者」を〈鶏林府に到りし犯を成す者〉と読み、日本で犯罪を犯して高麗に逃げ込んだ者と解釈することも、あるいは可能かも知れないが、やはり〈鶏林府に到りて犯を成す者〉つまり高麗で犯罪を犯した日本人と解釈してよいであろう。

(38) 森克己「日宋交通と耽羅」（『続日宋貿易の研究』国書刊行会・一九七五年。初発表一九六一年）参照。

(39) 馬淵和夫ほか『今昔物語集』四（小学館「日本古典文学全集」・一九七六年）五七〇頁頭注。

(40) 『日本紀略』天延二年閏十月三十日条・『親信卿記』同日条、等参照。

(41) この事件については、倭寇関係の論文・著書には必ずといってよいほど触れられているが、代表的な文献として、田中健夫『倭寇』（教育社歴史新書・一九八二年）・村井章介『アジアのなかの中世日本』（前掲）などをあげるにとどめる。

(42) 村井章介『アジアのなかの中世日本』Ⅷ倭寇と朝鮮（前掲）参照。

(43) 『高麗史』は国書刊行会本ならびに影印本による。

(44) 『明月記』は国書刊行会本『明月記』第二による。

(45) 『民経記』は大日本古記録本第一冊による。

(46) 吉川本『吾妻鏡』は国書刊行会本第二による。なおこの高麗牒状については、李領前掲論文等に論及があり、歴史学研究会編『日本史史料〔2〕中世』（前掲）第一九二条には読み下し文と解説（村井章介氏）が示されている。これらを参考に、私見をもって句読点・返り点を付した。

(47) 「元来進奉礼制、廃絶不行」云々とある記事について、青山公亮氏は、「倭人特に対馬の住民が悪事を作為する以前に、すでに進奉の礼制が廃絶に帰していたこと、別言すれば、制限的拒否的貿易さえ円滑に行われなくなっていたことが、不逞の行動を敢えてするに至らしめた因由に他ならぬことを言外に明示している。……これを日麗関係の実態に照らすも、問題の文面に見るも、高麗の拒否的政策が有力な原因であり、一部の倭商が直接行動に出でるに至ったのがその結果であったことは、恐らく疑いを許さざるものと考えられる。」（前掲書二八頁）と述べられている。その言われるところは今一つ明確に理解できないところがあるが、高麗が進奉の礼制を廃絶したため、対馬人の侵攻（倭寇的行動）が始まった、と理解されているようである。しかし〈進奉の礼制、廃絶して行わ〉ないのは対馬の側で、対馬の人々が進奉の礼制を守らず、多くの船を仕立てて、勝手にやってくる、の意味に理解すべきであろう。

(48) ちなみに杉浦亮治「アジアの中世——倭寇禁圧使節を通しての日麗関係——」（『歴史研究（愛知学芸大学）』一二号・一九六四年）は、「朝廷ではこの資頼の態度を「我国之恥也」とし、またこれを無礼であるといっている。」（三二頁）とされるが、誤解であろう。

(49) 高麗文宗の医師派遣要請事件と礼賓省牒をめぐっては、小峯和明「大江匡房の高麗返牒—述作と自讃」（『中世文学研究』七号・一九八一年）、奥村周司「医師要請事件にみる高麗文宗朝の対日姿勢」（『朝鮮学報』一一七輯・一九八五年）、拙稿「日本と高麗」（土田直鎮・石井共編『海外視点・日本の歴史5　平安文化の開花』（ぎょうせい・一九八七年）、田島公「海外との交渉」三高麗との関係（橋本義彦『古文書の語る日本史2　平安』筑摩書房・一九九一年）等参照。

(50) 池田温「麗宋通交の一面——進奉・下賜品をめぐって——」（『三上次男博士頌寿記念論集』一九七九年）参照。なお進奉の語が高麗国内でも用いられている例については、李領（前掲論文）参照。

(51) 高麗における聖旨の語の用例については、奥村周司前掲論文参照。

(52) 南基鶴「蒙古襲来と高麗の日本認識」（大山喬平教授退官記念会編『日本国家の史的特質』古代・中世　思文閣・一九九八年）参照。

(53) 『青方文書』（史料纂集本）第一—七八号に、牒状の一部が引用されている。なお田村洋幸『中世日朝貿易の研究』（前掲）二二一—二二四頁参照。

(54) 倭寇の禁圧を求める高麗の動きの概要については、田中健夫『倭寇』（前掲）・杉浦亮治「アジアの中世——倭寇禁圧使節を通しての日麗関係——」（前掲）等参照。

沈萬三一族の藍玉の獄

川越泰博

はしがき

元末明初期、蘇州の呉江に希代の大富豪がいたと言われている。大富豪の名前は、沈萬三。明嘉靖時代の人である郎瑛は、その著『七修類稿』巻八、国事類、沈萬三秀の条の中で、

国初南都沈萬三秀者甚富。（中略）京城自洪武門至水西門、乃其所築。太祖嘗犒軍、萬三欲代出軍銀。上曰、朕有百万軍。汝能遍済之乎。対曰、毎一軍犒金一両。上曰、此雖至意、不須汝也。由此遂欲殺之。

と述べ、沈萬三の大富豪振りを伝えている。すなわち、明の太祖洪武帝が南京に奠都した際に、沈萬三は、洪武門から水西門に至る金陵城の城壁を建設し、百万の軍士に一両ずつの慰労金を贈ろうとしたが、これが却って太祖の反感を買ったというのである。このような国富にも匹敵する財力を有したと言われた沈萬三であるが、その素性がよく分からないことも相俟って、数多《あまた》の巷説を生み出した。とくに明代後期に著された諸史料の中に、沈萬三に関する説話が多く載せられているが、右に掲出した『七修類稿』巻八、国事類所収の説話も、それらのう

ちのひとつである。このような説話が多く伝えられたので、沈萬三は、明代後期においては、大変著名な人物となった。そのことを端的に示すのは、『金瓶梅』である。同書巻第三三回に「まだごまかしてるわ。南京の沈萬三は人の名前、北京の枯柳樹は木の影にきまってるじゃないの」、第七二回に「南京の沈萬三は人の名前、北京の枯柳樹は木の影さ。知らないことがあるもんか。雪の中の死骸は自然に出て来るものよ」(いずれも平凡社『中国古典文学大系』版に拠る)とみえるのである。前者は潘金蓮が陳経済に対して言った台詞、後者は潘金蓮の孟玉楼に対する台詞であり、ごく自然に潘金蓮のような蓮っ葉な女性の口の端に上るというシチュエーション自体が、沈萬三の知名度の大きさを裏書きするものといえよう。

さて、このように人口に膾炙した人物となった沈萬三に関する説話は、かれがどのようにして大富豪になったかという富豪化説話と、どうして没落したかという没落説話とが、その基本要素になっている。そのため、従来の沈萬三研究においては、このような説話を分析することに力点が置かれてきた。(1) しかし、それにもかかわらず、これまでの決して少なくない研究の蓄積をもってしても、沈萬三に関する実像が明瞭になったとは言いがたいのである。沈氏の没落に繋がる沈萬三自身の籍没についても、明初江南における籍没田の形成に関して富民層の動向について詳細な検討を加えられた森正夫氏の指摘にもあるように、(2) その時期も含めてなお不明な点が多いというのが、実情であった。

ところが、このたび、中国の陳高華氏は、「沈萬三与藍玉党案」(3) と題する論文を発表し、沈萬三及びその一族と藍玉の獄との関係を具体的に考察し、沈萬三とその一族の没落の要因を、洪武二六年(一三九三)に発生した藍玉の獄に連座して籍没されたことに求められたのである。陳高華氏の所論は、藍玉の獄において逮捕された人々の供状(自供書)を収録した『逆臣録』そのものをその史料的根拠とされたのであり、説話的所伝の多い明代後期の諸史料に依拠したこれまでの研究とは異なって、百尺竿灯一歩を進めたものであり、沈萬三とその一族についての実像に迫ったものとして評価しえよう。

筆者も、先に『逆臣録』の史料的性格・価値を分析した際に、(4)この史料中に、沈萬三とその一族に関わる文言があることに気づいたが、その後荏苒と巳々を重ねている間に、陳高華氏の所論に接したのであった。そのため、いまさら屋上屋を重ねる必要はないかのように思われるが、しかし、陳氏の論文を拝読すると、その論述にすべて同意できる訳ではなく、個々の事実関係の面においては、むしろ見解を異にするところの方が多いとの結論に達した。そこで以下においては、沈萬三及びその一族と藍玉の獄との関係について私見を披瀝し、博雅の教正に与かることにした。

一　陳高華氏論文簡介

一介の布衣から身を起こし、ついに天下の統一を成し遂げ、中国の新たな支配者になった朱元璋は、三一年の間玉座にあり、その間に明朝二七六年の基礎を築いたのであった。朱元璋は皇帝権強化のために様々な政策をとったが、とくに洪武中期と後期において、皇帝への権力集中が飛躍的に高められ、集権的統一国家の支配体制が確立されていく過程においては、さまざまな弾圧事件が起きた。朱元璋の在位中、つまり洪武時代に起きた大規模な弾圧事件は五つあり、それは、洪武九年（一三七六）の空印の案、一三年（一三八〇）の胡惟庸の獄、一八年（一三八五）の郭桓の案、二三年（一三九〇）の李善長の獄、そして二六年（一三九三）の藍玉の獄であった。これら洪武帝の時代におきた、これら五つの事件は、いずれも捏造・でっち上げともいうべき疑獄事件であった。これらの五つの疑獄事件の中でも、とりわけ著名なのは、一三年（一三八〇）の胡惟庸の獄と二六年（一三九三）の藍玉の獄であり、両者を併称して、胡・藍の獄といっているが、ともに一万五千余人が族誅されたのであった。

そして、一三年（一三八〇）の胡惟庸の獄の後には『昭示奸党録』が、二六年（一三九三）の藍玉の獄の後には『逆臣録』が、それぞれ洪武帝の命令によって編纂・刊刻・頒布されたのであった。藍玉の獄の後、本事件における罪人の取り調べの記録書、すなわち爰書をもとに編纂・刊刻・頒布された、この『逆臣録』は、洪武朝に刊行された三五種の勅撰書のひとつであり、つとに明代における勅撰教化書について研究された李晋華・酒井忠夫氏によっても言及されている。まず、李晋華氏は、

太祖命翰林儒臣輯録藍党獄詞。按、藍玉于洪武二十六年二月征西還、請陞太師、太祖命為太傅、玉怒而謀反。是時鶴慶侯張翼・普定侯陳桓・景川侯曹震・艫侯（？）朱寿・東莞伯阿栄・都督黄輅・吏部尚書詹徽・侍郎傅友文、及諸臣嘗為玉部将者、玉乃密遣親信召之、晨夜会私第、謀収集将佐士卒、及諸家奴、伏甲為変、約已定、為錦衣衛指揮蔣瓛所告発、命羣臣訊状具実、倶伏誅。逆臣録五巻、当即此時輯録。(5)

とやや詳しく述べ、酒井忠夫氏は簡単に、

翰林儒臣に命じて藍玉の党の獄詞を輯録させたものである。(6)

と述べられている。これによって、『逆臣録』の一応の概略については、知ることができる。しかしながら、これらの解説は、いずれも『明史』巻九七、芸文志二や『千頃堂書目』一〇、史部政刑類、などによってなされものので、『逆臣録』そのものを実見して、それに依拠してなされたものではなかった。(7) 清代の著名な史家であった趙翼は、その著『廿二史箚記』巻三二、胡藍之獄の中で、

胡獄有昭示奸党録、族誅至三万余人、藍獄有逆臣録、族誅至万五千余人、今二録不可考、而胡藍二伝、備載其数。

と述べているから、清代になると、この『逆臣録』は、もはや存在しないと思われていたのであった。

ところが、ごく近年この『逆臣録』の排印本が出版され、(8)一般に知られるようになった。新しく世に現れた『逆臣録』は、北京大学図書館所蔵の明鈔本を排印したものであり、最後の一頁半の欠損を除けば、ほぼ完全な善本であるということである。(9)この北京大学図書館本は、五巻本であり、『明史』芸文志二に伝える巻数と同じである。この『逆臣録』は、藍玉党と目された千人あまりの人々の供状が、口語体で収録され、その供状の前には、それぞれその姓名・年齢・籍貫・身分などが簡単に紹介されているので、いかなる人が、いかなる理由付で、この藍玉の獄において逮捕されたかが判明する非常に興味深い史料なのである。

さて、陳高華氏は、かかる『逆臣録』の中に、沈萬三一族と藍玉の獄との関わりを具体的に示す史料的根拠を見いだされたのである。とくに本書の巻五に載せる、左記の豪民顧以成等の供状が、その中心的な史料とされたのであった。

一名顧以成、即学文、係蘇州府呉江県北周荘正糧長。状招因見涼国公総兵多有権勢、不合要得投托門下。洪武二十五年十一月内、央浼本官門館先生王行引領、前到涼国公宅内。拝見藍大舎之後、時常饋送礼物及異様犀帯、前去往来本府交結、多得意愛。洪武二十六年正月内、有涼国公征進回還、是学文前去探望。本官正同王先生在耳房内説話、言問、「這箇是誰?」有先生稟説、「是小人郷人沈萬三秀女婿。」本官見喜、賜与酒飯喫飲、分付常来這裏説話。本月失記的日、又行前到涼国公宅内、有本官対説、「顧糧長、我如今有件大勾当対你商量。」是学文言問、「大人有甚分付?小人不敢不從。」本官又説、「我親家靖寧侯為胡党事発、怕他招内有我名字、累了我。如今埋伏下人馬要下手、你那裏有甚麼人、教来我家有用。」是学文不合依聴、回対一般納糧副糧長金景并納戸朱勝安等説知前因、倶各喜允、前到本官宅内随従謀逆。不期敗露到官、取問罪犯。

『逆臣録』に見える右の記事を踏まえて、陳高華氏は、呉江の糧長の顧以成（顧学文）が藍玉の獄における犯人の一人であること、しかもその顧以成が沈萬三の女婿であることが知られるとされた。また、王行が藍玉に顧以成を紹介したとき、王行が沈萬三の女婿であることを特別に強調したことから、沈萬三の当時における影響力の大きさをみることができるとされた。ただ、『逆臣録』に載せるそれぞれの犯罪人は、大体において、牽強付会の詞で、信用できないのであり、顧以成が藍党と見なされて、藍玉の獄に巻き込まれたのは、ひとつの色恋沙汰が発展して政治事件化したからであるとされ、『弘治呉江志』巻一二、雑記にみえる、つぎの事件を紹介された。

呉江有陳某者、同里鎮人、洪武中為序班。一子、猷懿無取、妻梁氏、国色也、且知書善吟。時沈萬三家贅婿顧学文、同邑周荘人、知而慕之。因充粮長、舟行往来、常泊其家河下、時或声妓豪飲、或乗涼浩歌、或仮道登厠、梁毎窺視焉、顧乃厚賂悪少数人、誘其夫昼夜飲博、計嘱売婆持異様首飾往貨於梁、梁雖酷愛而以無力償価辞、売婆曰、不必言価、顧官人只要娘子一首詩便了。梁問故、則示以顧意、謂少年俊美、徳性温良、娘子若肯相容、更有美於此者。梁笑而無言、竟以手柬答之。顧即酬以詩章、遂成私約。時序班有兄号陳縮頭者知之、乃諭意稚子、日造其室嬉焉。顧適以詩寄至、以松月図書署尾、梁覧畢、搼成紙撚置灯檠下、随被稚子竊去。縮頭補輳成幅、封寄序班。序班沈思、以為辱及門戸、且不足以致其死、因循久之。乃洪武二十六年春、適梁国公藍坐事在拏、序班従旁面奏、臣本県二十九都正粮長顧学文出備銭粮、通藍謀逆、昨聴宣諭、不出城、見在勾欄某娼家宿歇。詔捕之、果於娼家獲焉。連及其父常、弟学礼、学敬、妻族沈旺、沈徳全、沈昌年、沈文規、沈文矩、沈文衡、沈文学、沈文載、沈海凡八人、皆萬三子孫。顧又指仇殷子玉等七十二家、其七十二家之中各互相扳指莫阿定、莫寔、張璹、侍郎莫礼、員外郎張瑾、主事李鼎、崔齢、余衍等、不下千家。由此党禍大起、蔓延天下、倶受極刑、至三十一年方息、梁亦被父逼令縊死。

これによると、顧学文（顧以成）は、呉江県同里鎮の人で殿庭儀礼司（洪武三十年に鴻臚寺と改称）の属官である序班をつとめた陳某に藍党であると告発され、悲惨な最期を遂げたということであるが、告発の原因は、顧学文が、陳某の息子の妻で「国色（出色の美人）にして、且つ書を知り吟を善くする」梁氏に横恋慕して私的関係をもつにいたったために、舅の陳某がこれに怨みを抱いたことにあった。この事件に連座して、顧学文（顧以成）の父顧常、弟の顧学礼・顧学敬、妻の族沈旺、沈徳全、沈昌年、沈文規、沈文矩、沈文衡、沈文学、沈文載、沈海、莫阿定、莫寔、張璹、侍郎莫礼、員外郎張瑾、主事李鼎、崔齢、余衍などは極刑をうけたのであった。

この事件を書き記した『弘治呉江志』は、弘治元年（一四八八）に刊行されたが、その草稿は、すでに天順元年（一四五七）には完成していたという（莫旦「呉江志」序）。藍玉の獄が発生したのは、洪武二六年（一三九三）であるから、『弘治呉江志』の草稿完成時未だ五〇余年しか経過しておらず、また本書の上木時においても、百年に満たないのであり、このような時間的間隔から、陳高華氏は、『弘治呉江志』が疑いなく沈萬三の事跡を明確に記述した比較的早い時期の文献の一つであるとされた。また、編者の莫旦は、事件に連座して殺された侍郎莫礼の四世の孫であり、その莫礼は、『弘治呉江志』巻九、郷賢、莫轅の条に、

礼、任戸部侍郎、方有寵、又与沈萬三諸大族通婚。

とあるように、ともに呉江の大姓であった莫家と沈家とは、莫礼を介して、婚姻関係があったのであるから、『弘治呉江志』の編者の莫旦は、藍玉の獄に巻き込まれた人々の経歴にも、沈家の状況にも通じていたであろうとし、『弘治呉江志』における莫旦の記述は、沈家と藍玉の獄との関係を研究する上で極めて価値のあるものであり、かつその記述と『逆臣録』の記述とは完全に相互補充の関係にあるとされた。

たしかに、『弘治呉江志』に出て来る、沈萬三の子孫とされる沈旺・沈徳全・沈昌年・沈文規・沈文矩・沈文衡・沈文学・沈文載・沈海のうち、沈旺・沈徳全・沈昌年・沈文矩・沈海の名前は、『逆臣録』巻五に載せる、顧以成（顧学文）の父である顧常、弟の顧安保、沈文矩の家人である倪原吉の供状の中に見えるのである。このように、『弘治呉江志』、『逆臣録』それぞれに出て来る人名が、相互に重なり合うということは、莫旦の記述、『逆臣録』の記述、それぞれの信憑性を裏付けるものであると言えよう。

陳高華氏は、このような史料的前提を踏まえて、『逆臣録』の供状中において、沈家の子孫は、藍玉の獄に積極的に関わったことになっているが、ただ注目すべきは、供状中においては、沈萬三がどのような活動をしたかについては全く触れていないことである。それは、このとき沈萬三がすでに老齢であったので、一族一門のことは子孫たちが分担して引き受けていたからであり、沈家が藍玉の獄に巻き込まれたとき、沈萬三は、「抄家滅門」すなわち全家財産没収のうえ一門根絶という結末をまぬがれることができなかった、と述べられている。

そして、結論として、陳高華氏は、『逆臣録』は沈・顧等の家が藍玉の反乱に参与したとしているが、これは冤罪であることは明らかであるけれども、ただ決して沈・顧等の江南の大姓と藍玉とが無関係であったとは言えない、これらの大姓は、政治上の保護を求めて権臣の門に走ったのであり、平時における藍玉などの権臣との往来が、洪武帝の猜疑を招き、彼らは一網打尽にされたのであるとされた。

以上、陳高華氏の所論を紹介してきたが、もう一度整理すると、

①世間の人を瞠目させるほどの富豪であった沈萬三とその一族は、藍玉の獄において財産没収のうえ一門根絶された。
②藍玉の獄に巻き込まれたのは、沈萬三の女婿である顧学文（顧以成）が人妻と私的関係を持ったことで、陳某が、息子の嫁を寝取られたことの意趣返しに、顧学文を藍党であると告発したからである。
③この告発が契機になって、顧以成の舅にあたる沈萬三の沈氏のみならず、沈氏と婚姻関係にあった江南の大姓莫氏などにも芋づる式に累が及び、当時戸部侍郎であった莫礼も、極刑に処せられたのであった。
④『逆臣録』の供状の内容は、牽強付会の詞であるけれども、沈氏・顧氏のような江南の大姓が政治上の保護を求めて藍玉のような権臣と行き来があったことは事実であり、それが洪武帝の猜疑心を引き起こした。と纏めることができるであろう。

陳高華氏の、こうした新出史料の分析を通して、その事実関係を掘り起こされたことは、藍玉の獄と沈萬三及びその一族とのかかわりを具体的に示したものとして高く評価されよう。陳高華氏は、致富の原因・日常の活動など沈萬三の他の事跡についてははっきりしないので、新史料の発見を希望するとされているが、従来不明であった沈氏の籍没について具体的に検証されただけでも、貴重な考察と言わなければならないであろう。

しかしながら、陳高華氏が述べられた個々の事実関係に首肯できるかというと、残念ながら、首を横に振らざるをえない。筆者が疑問に思う点を上げると、つぎの通りである。

①陳高華氏の所論では、なんの検証もなしに、沈萬三自身も藍玉の獄に巻き込まれたことになっているが、洪武二六年（一三九三）当時、果たして沈萬三が健在であったかどうか。
②陳高華氏の論文では、「抄家滅門」という表現に見られるように、沈氏は一門すべて根絶されたようになっているが、藍玉の獄に巻き込まれなかった、もしくはたとえ巻き込まれたとしても罪を許されて釈放され、その後

も沈萬三の家系を保持していった系統は全く存在しないのか。
③沈氏が藍玉の獄に巻き込まれる原因をつくった顧学文は、沈萬三の女婿ということになっているが、それは事実か。
④顧学文を藍玉に紹介したとされる王行については、全く説明がないが、王行とは、一体どんな人物であったのか。

陳高華氏の所論に対する筆者の疑問点は、以上の四点に集約できる。そこで、次章においては、これらをひとつずつ検討吟味することにしたい。

二　沈萬三一族と藍玉の獄

(1)　沈萬三は生きていたか

先にも述べたように、陳高華氏の所論では、洪武二六年（一三九三）における藍玉の獄の発生当時、沈萬三自身が高齢であったことは認めつつも、今なお健在であり、当然これに巻き込まれたとされているが、そのことを確定するためには、沈萬三の当時の年齢を推定する必要があるのではなかろうか。現時点においては、沈萬三自身の墓誌銘や伝記の類いは発見されていないので、その確定は難しいが、幸いにも沈萬三の係累のものに関しては、数点存在しているので、それらをもとにある程度の推定が可能であろう。

さて、沈萬三の女婿といわれる顧学文を、藍玉に紹介したとされる王行には、『半軒集』という文集があり、その巻九に、「沈栄甫墓誌銘」と題する墓誌銘が収載されているが、その冒頭には、

栄甫、姓沈氏、諱栄、世為蘇之長洲人、考富、妣曽、生於元大徳十年春正月閏之甲申、卒於国朝洪武九年秋八月之壬寅、得年七十有一。

とある。この墓誌銘の当の本人である沈栄甫は、沈萬三の子供である。なぜならば、父は富とあり、沈富とは、すなわち沈萬三のことであるからである。『光緒周荘鎮志』巻四、人物に、

明、沈富、字仲栄、一名秀、世称萬三。

とあり、また洪武時代翰林院学士として活躍した劉三吾の『坦斎先生文集』巻三に収録された「故呉興処士沈漢傑墓誌銘」には、

厥家長諱富、字仲栄、即萬三公、次諱貴、字仲華、即萬四公。

とあり、明・劉仲達の『劉氏鴻書』巻四〇、人事部二、富、沈萬三の条には、

沈富、字仲栄、行三。故呉人呼沈萬三。乃元末江南第一富豪。

とあることなどから、沈富＝沈仲栄＝沈秀＝沈萬三であることが知られ、したがって、沈富＝沈萬三と沈栄甫は親子なのである。沈栄甫に関する墓誌銘によると、沈栄甫は、元大徳十年春正月閏之甲申に生まれて、国朝洪武

九年秋八月之壬寅に享年七一歳で死去したということである。大徳十年春正月閏之甲申、国朝洪武九年秋八月之壬寅は、すなわち一三〇六年閏正月一三日、一三七六年八月二〇日に該当する。

以上の生没年をもとに、仮に、その後も沈栄甫が健在であったとして、洪武二六年（一三九三年）に藍玉の獄が発生したときの年齢を計算すると、八七歳という高齢に達していたことになる。とすれば、その父親である沈萬三は、優に百歳を越した年齢であったはずであり、沈萬三が藍玉の獄の際に生存していたとは考えがたいのである。

それに、沈栄甫の墓誌銘には、「考富、妣曽」とあるが、考と妣という表現は、語法的には、通常すでになくなった父と母を指称するものであろう。同じく王行の文集には、沈萬三の孫で沈栄甫（栄）の子である沈茂卿の墓誌銘も収められているが、それと比較すると、表現が微妙に相違している。すなわち、「沈茂卿墓誌銘」（『半軒集』巻九所収）に、

茂卿、諱森、姓沈氏、茂卿其字也。世呉人、祖富、父栄、妣葉。生元天歴二年蜡月壬寅、卒国朝洪武九年如月戊辰、年四十有八。

とあり、その両親の名前の表現は「父は栄、妣は葉」となっているのである。父子のそれぞれの墓誌銘において、同じく父親の名前を記すのに、そのような相違があるのは全く偶然であろうか。それを明確にするためには、墓誌銘の本人が死去したとき、その父母が健在であった場合でも、「考某」「妣某」という表現を使うのであるかどうか、検討する必要がある。「父某」「母某」という表現は、健在であろうと、すでに死去していようと、いずれの場合でも使用されていたことは、王行の『半軒文集』所載の各墓誌銘だけからでも知られるが、しかしながら、

「考某」「妣某」という表現も、「父某」「母某」と同じように、健在・死去両方に混交して用いているとは思われないのである。そこで、「沈茂卿墓誌銘」にみえる「父栄、妣葉」という表記を手掛かりに、健在か死去かを確認することにすると、沈茂卿は、洪武九年（一三七六）如月（二月）に死去した。これに対して、父の沈栄の死去は、前述のように、洪武九年（一三七六）八月のことであったから、沈栄―沈茂卿父子においては、子供の方が、父の死の七カ月も前に死去していることになるのである。一方、沈茂卿の母（沈栄の妻）の葉氏は、前掲の「沈栄甫墓誌銘」に、

栄甫、……卒国朝洪武九年秋八月之壬寅、得七十有一。娶葉氏、先卒。

とあって、夫の沈栄が亡くなる洪武九年（一三七六）秋八月以前にすでに死去しているが、その時期は、沈茂卿が死去した洪武九年（一三七六）二月以前のことであったものと思われる。その故に母親たる葉氏に関しては、「妣は葉」と書かれ、沈茂卿よりも七カ月長生きした父親の沈栄甫の場合は、「父は栄」と記されたのではなかろうか。

このようにみると、沈栄甫の墓誌銘において、「考は富、妣は曽」と書かれているのは、沈栄の父沈萬三、母の曽氏両方とも、沈栄甫が死去した洪武九年（一三七六）八月以前に既に亡くなっていたことを示すものと思われる。「考某」と「妣某」の語法は、以上のように考えてよいのではなかろうか。したがって、沈萬三は、その子の沈栄甫が、洪武九年（一三七六）八月二〇日に死去する以前に、すでに黄泉の国に旅立っていたと考えるのが、もっとも無理のない解釈といえよう。

とすると、陳高華氏の所論の重要な論点のひとつ――沈萬三は高齢であったけれども、藍玉の獄発生当時健在

であったのであり、そのために藍玉の獄に巻き込まれ、沈萬三ならびにその一族は財産没収のうえ一門根絶されたとする見解は、早くも崩れることになるのではなかろうか。

(2) 沈氏は全滅したか

つぎに、陳高華氏の論文では、「抄家滅門」という表現に見られるように、沈氏は一門すべて根絶されたようになっているが、藍玉の獄に巻き込まれなかった、もしくはたとえ巻き込まれたとしても罪を許されて釈放され、その後も沈萬三の家系を保持していった系統は全く存在しないのか、という点について検討しよう。

藍玉の獄に連座した沈氏の人物として、沈旺・沈徳全・沈昌年・沈文規・沈文矩・沈文衡・沈文学・沈文載・沈海の九人が、『逆臣録』・『弘治呉江志』から拾い出されるが、かれらが、沈萬三との間にどのような続柄関係にあるのかは不明である。続柄が解らないということは、藍玉の獄に際会したのは、沈氏の中でも、どの世代であったかさえ、不明ということになる。そこで、沈旺・沈徳全・沈昌年・沈文規・沈文矩・沈文衡・沈文学・沈文載・沈海のうちで、沈氏関係の墓誌銘の中に登場する人物はいないかどうかを検討し、その続柄を探ってみることにしよう。

まず、「故沈伯熙墓誌銘」（『光緒周荘鎮志』巻三、冢墓所収）からみることにする。この墓誌銘は、沈氏の居住地である周荘鎮（長洲・呉江両県境）の崇遠庵にある沈荘の墓から出土したのであるが、清代道光年間に墓碑が出土するまでは、沈萬三の弟である沈萬四の墓地と見られていたのであった。この沈荘（沈伯熙）の墓誌銘には、つぎのようにみえている。

公諱荘、字伯熙、姓沈氏、蘇人也。其先世以躬稼起家、曽大父祐、由南潯徙長洲、見其地沃衍宜耕、因居焉。大父富嗣、業弗替、嘗身帥其子弟、力穡事、又能推恩以周急難、郷人以長者呼之。父旺、丰姿麗厚有二子、長曰至、季即伯熙也。……洪武十九年春、兄至以戸役故、縲絏赴秋官。時伯熙亦獲戾京師。適与兄同繋獄。入則抱其兄、痛泣曰、吾兄素羸不堪事。今乃至於斯耶。既而伯熙先出、遂得疾甚、薬莫療、竟以其年五月二十一日卒於京。春秋四十。……去年冬、兄子徳全舁櫬帰、未克葬。今始営新邱於長州二十六都影邨羔景字囲之原、将卜以洪武二十一年十二月二十一日窆焉。伯熙凡両娶唐氏、俱無子先卒、後娶郭氏、生男一人、曰基甫、六歳。

この墓誌銘に基づいて、沈荘（沈伯熙）に関わる係累を示すと、

【系図Ⅰ】

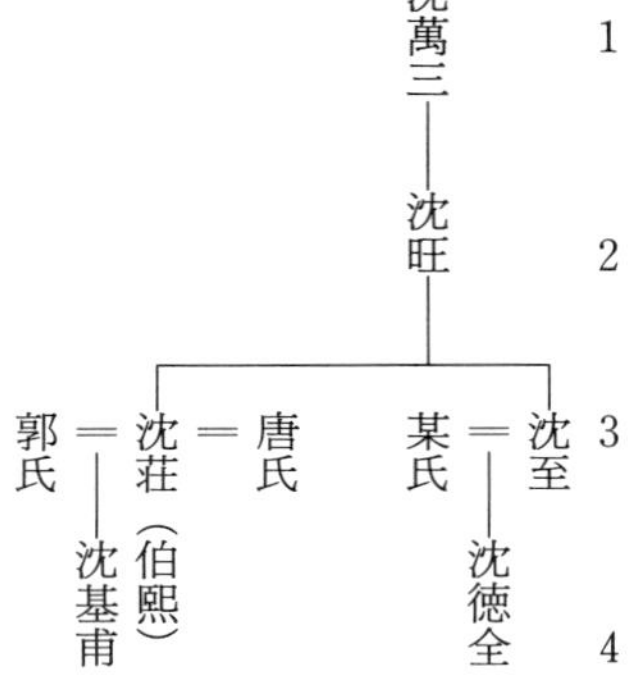

となる。この係累図と『逆臣録』・『弘治呉江志』にみえる沈氏の名前とを照合すると、沈萬三の子である沈旺（沈至・沈荘兄弟の父）、及び沈旺の孫にあたる沈徳全（沈萬三の曾孫）の名前が一致する。沈荘の没年・享年は洪

武一九年（一三八六）で四〇歳であったというから、その父たる沈旺は、六〇歳から七〇歳の間であったであろう。沈荘の姪《てつ》（兄の子）である沈徳全も一五歳から二〇歳の間と見られる。藍玉の獄は、沈荘の没後七年して発生したのであるから、沈旺も沈徳全も、年齢の面からは、巻き込まれたとしても、何ら問題はないであろう。

つぎに、前掲の劉三吾『坦斎先生文集』巻三に収載されている「故呉興処士沈漢傑墓誌銘」を見てみよう。

厥家長諱富、字仲栄、即萬三公、次諱貴、字仲華、即萬四公。仲華二子、徳昌其長、漢傑其次、漢傑復善相土之宜、徙家西之北周荘、……室張氏、……先夫子卒附葬其兆、二子長即玠、娵龔氏、次瓊、娵唐氏、皆簪纓族、二女徳寧適呉江曹、為儒家子、妙智贅張進、知紹興諸曁県。孫男三、曰海、曰広、曰京華、孫女一、妙善適曽堅、前黄陂県尹燿之子、皆玠出也。処士生元延祐庚申　月　日、卒以洪武辛亥五月十三日、寿五十有二。

沈漢傑は、沈萬四の次男で、沈萬三から見れば弟の子（姪）ということになるが、この沈萬四系統の係累を示すと、つぎのようになる。

【系図Ⅱ】

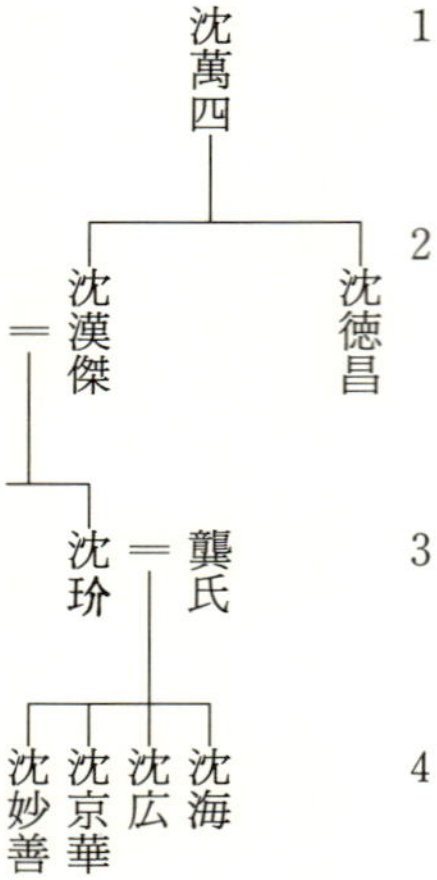

張氏
＝沈瓊　　　曽堅＝
唐氏
＝沈徳寧
呉江曹
＝沈妙智
＝張進

この系図の中で、藍玉の獄に連座したものとして、『逆臣録』・『弘治呉江志』にみえるのは、沈海である。沈海は、沈萬三・沈萬四の世代から見ると四代目にあたり、【系図Ⅰ】にみえる沈徳全と同様に曽孫の世代にあたるのである。しかし、この【系図Ⅱ】のもとになった「故呉興処士沈漢傑墓誌銘」には自己矛盾がある。その墓誌銘の別な箇所に、

惟萬四公曽孫玠、簡在帝心、首擢奉訓大夫戸部倉曹員外郎、例不受禄、継有旨、願受者聴。

とあり、沈海の父である沈玠を沈萬四の曽孫としている。とすると、沈玠の子である沈海は、沈萬四からみると、玄孫（やしゃご・孫の孫）ということになる。『呉中人物志』巻四に見える沈玠の伝にも、

長洲周荘人、洪武初、以人材擢奉訓大夫戸部倉曹員外郎、不受禄、継有旨、願受者聴、……玠為萬四公曽孫。

とあって、沈玠を沈萬四の曽孫としている。これら史料の齟齬によって、藍玉の獄に巻き込まれたと思われる沈海は、沈萬四からみて、曽孫か玄孫か、断定しかねるのである。

以上、【系図Ⅰ】・【系図Ⅱ】によって、『弘治呉江志』・『逆臣録』に出て来る、沈旺・沈徳全・沈昌年・沈文規・沈文矩・沈文衡・沈文学・沈文載・沈海のうち、沈旺・沈徳全・沈海の三人については、ある程度その続柄を知ることができた。右の九人は、いずれも「沈萬三の子孫」とされるが、【系図Ⅱ】によれば、沈海は沈萬三の子孫ではなく、その弟の沈萬四の子孫ということになる。

それでは、【系図Ⅰ】・【系図Ⅱ】からは確認できない沈文規・沈文矩・沈文衡・沈文学・沈文載は、一体どのような続柄であったのであろうか。これらの人々の名前で注目されるのは、沈昌年以外の、沈文規・沈文矩・沈文衡・沈文学・沈文載の五人の名前には、いずれも「文」という文字を使用していることである。これは輩行が同じということを意味するのであろうか。沈文規と沈文矩とでは、「文」の他に「規矩」という熟語を一字ずつ分かち合っており、同世代であるだけではなく、兄弟である可能性もある。そのような観点からいえば、『明史』巻三百七、佞幸伝、紀綱伝に、

呉中故大豪沈萬三、洪武時籍没、所漏貲尚富。其子文度蒲伏見綱、進黄金及龍角・龍文被・奇宝異錦、願得為門下、歳時供奉。綱乃令文度求索呉中好女。文度因挾綱勢、什五而中分之。

とみえる沈文度という人物も、沈文規・沈文矩・沈文衡・沈文学・沈文載という名前と何らかの関係があるように思われる。とくに、沈文度と沈文衡とでは、「度量衡」という熟語から一字ずつを取ったものと思われ、同じ輩行にあることを窺わせる。沈文度について、『明史』紀綱伝には、「其の子」とあるから、『明史』の編者は、

沈文度のことを沈萬三の子と見なしていることになるが、『明史』の編者のように、沈萬三―沈文度の関係を父―子とみなせば、世代的に見て、沈文度の同輩とみられる沈文規・沈文矩・沈文衡・沈文学・沈文載は、いずれも沈萬三の子、あるいは沈萬三の兄弟の子の世代ということになる。しかし、沈萬三の弟である沈萬四の子は、【系図Ⅱ】から見られるように、沈徳昌・沈漢傑の二人であり、一方沈萬三の子も二人であったとする史料が多い。たとえば、『乾隆呉江県志』巻五十六、旧事一に、

張士誠拠呉時、萬三已死、二子茂・旺、密従海運米至燕京。……洪武初、以龍角来献、侑以白金二千錠・黄金三百斤・甲士十人・甲馬十匹。

とあり、前掲の『劉氏鴻書』巻四十、人事部二、富、沈萬三の条には、

沈富、字仲栄、行三。故呉人呼沈萬三。乃元末江南第一富豪。富卒。二子茂・旺。我太祖定鼎金陵、召廷見、令其歳献白金千錠・黄金百斛・甲馬銭穀。多取於茂。

とあるように、沈萬三の子は、沈茂と沈旺の二人であったとする。これらの記述に従えば、沈文度とその同輩と見られる沈文規・沈文矩・沈文衡・沈文学・沈文載は、沈萬三や沈萬四の子の世代ではなかったことになるのである。

『明史』の記述にもどると、沈文度が門下に連なることを願った紀綱（山東省済南府臨邑県の人）は、燕王（永楽帝）が挙兵し臨邑県を通り過ぎたとき、その陣営に馳せ参じて忠義衛千戸を授けられた。そして、燕王が靖難

の役に勝利して即位すると、錦衣衛指揮使に抜擢せられ、親軍を掌り、詔獄を司った。発足早々の永楽政権において、監察の面で活動していたのは、「瑛の天性残忍、帝の寵任を受け、益々深刻に務め、専ら搏撃を以て能となす」とか、「瑛、都御史たること数年、論劾する所の勲戚、大臣は十余人、皆な陰に帝の指を希ぐ。」(『明史』巻三〇八、奸臣伝、陳瑛伝)とか評された陳瑛であり、陳瑛は、次々に建文朝の忠臣や靖難功臣を槍玉に上げ、刑場に送った。(10) 紀綱も、陳瑛に負けず劣らず、錦衣衛をバックに永楽政権に仕える臣僚や民間人を摘発し、処刑が任されると、永楽帝に赦罪を請うてやるといって金帛を詐取して、奪い尽くすとそのあと刑を執行したという。このようなことを繰り返していたので、永楽十四年(一四一六)七月に告発されると、すぐに磔の刑に処せられたのであった。沈文度は、そのような権力を笠に着てあくどい行為を繰り返していた紀綱に近づき、その紀綱の威を借りて呉中の顰蹙を買うような行動をしていたことが、『明史』紀綱伝によって知られるが、その沈文度が、紀綱伝にあるように、沈萬三の子であるならば、この当時相当の年齢であったはずである。先に紹介したように、沈萬三の子である沈栄甫の生年は、元の大徳一〇年(一三〇六)閏正月であったから、永楽元年(一四〇三)当時においては、生誕百年近くになる。また、沈萬四の次子である沈漢傑も、元の延祐庚申(一三二〇)生まれであるから、永楽元年(一四〇三)当時は、すでに生誕八〇年を過ぎており、もし仮に沈文度が、沈萬三の子で、沈栄甫や沈漢傑と同輩であるならば、その沈文度も八〇歳から百歳近い歳で、紀綱の門に出入りし、その手先として活動していたことになる。年齢という点からみれば、このような推論には与しがたいといわなければならない。

それでは、沈文度が、沈萬三の子でなければ、いかなる続柄であったのであろうか。それを解く鍵は、藍玉の獄に連座して処刑された莫礼の四世の孫である莫旦の手によって編纂された『弘治呉江志』の中にある。その巻九、郷賢、本朝、処士貞孝先生莫公轅の条に、姻家沈文度者萬三曽孫也。

とあり、沈文度を沈萬三の曾孫としているのである。沈文度が曽孫であるとならば、藍玉の獄に連座した沈徳全と同世代であり、その沈徳全の事例から推定して永楽元年（一四〇三）当時には三〇歳から四〇歳前後であったと思われ、紀綱の手先として活動していたとしても何ら不思議ではない。

以上、推量に推量を重ねてきたが、『弘治呉江志』にみえる沈文度に関する記事に信頼をおくとすれば、沈文度と同じ輩行と思われる沈文規・沈文矩・沈文衡・沈文学・沈文載もまた、沈萬三の世代からみれば、曾孫の世代と見ることができよう。しかしながら、藍玉の獄に連座した、これら曾孫と見られる人々が、沈萬三の系統なのか、沈萬四系統なのかは、判然としない。【系図Ⅰ】・【系図Ⅱ】によると、両方の系統から、藍玉の獄に巻込まれた人々を出したことが知られ、沈萬三一族と藍玉の獄との関わりは紛れも無い事実として否定しようもないが、沈文規・沈文矩・沈文衡・沈文学・沈文載等が、どの系統に属するのかは、今のところ判断を保留せざるをえないのである。

沈萬三一族と藍玉の獄に関して、もうひとつの問題は、沈萬三の曾孫とされる沈文度が、洪武・建文の後の永楽年間になっても活動していたことが知られるが、藍玉の獄における沈氏の「抄家滅門」（財産没収のうえ一門根絶）とは、事実であるか否かという点である。このような疑問を抱くのは、『弘治呉江志』が沈萬三の曾孫とする沈文度が、藍玉の獄の後の永楽時代に活動していたという事実だけではなく、係累関係を詳しく記している沈萬三の子である沈栄甫とその子の沈茂卿、それに孫沈経の妻徐氏の各墓誌銘に出て来る人名が、『逆臣録』や『弘治呉江志』に全く出て来ないためである。これら三種の墓誌銘の中の係累に関する部分のみを引用すると、つぎの通りである。

○「沈栄甫墓誌銘」(『半軒集』巻九所収)

栄甫、姓沈氏、諱栄、世為蘇之長洲人、考富、妣曽、生於元大徳十年春正月閏之甲申、卒於国朝洪武九年秋八月之壬寅、得年七十有一。娶葉氏、先卒。丈夫子二、長森、次彬。森先七月卒。女子四、徳淑適何、徳美適張、徳儀適周、徳誼適銭、皆同郡也。孫男三、経・綎・紳。女二、徽・徴。

○「沈茂卿墓誌銘」(『半軒集』巻九所収)

茂卿、諱森、姓沈氏、茂卿其字也。世呉人、祖富、父栄、妣葉。生元天歴二年蜡月壬寅、卒国朝洪武九年如月戊辰、年四十有八。娶程氏。子男一人経、女二人徳徴・徳徽。

○「姑蘇沈経妻徐氏墓誌銘」(『半軒集』補遺、所収)

徐氏、諱某、姑蘇長洲人、父某、母某、至正丁酉某月某日生、生十六年為同邑沈経妻。恭倹和婉、沈静寡言、……洪武庚申七月廿一日卒、子一人曰九九。

以上の三種の墓誌銘から、沈萬三―沈栄甫父子の係累関係を系図化すると、つぎのようになろう。

【系図Ⅲ】

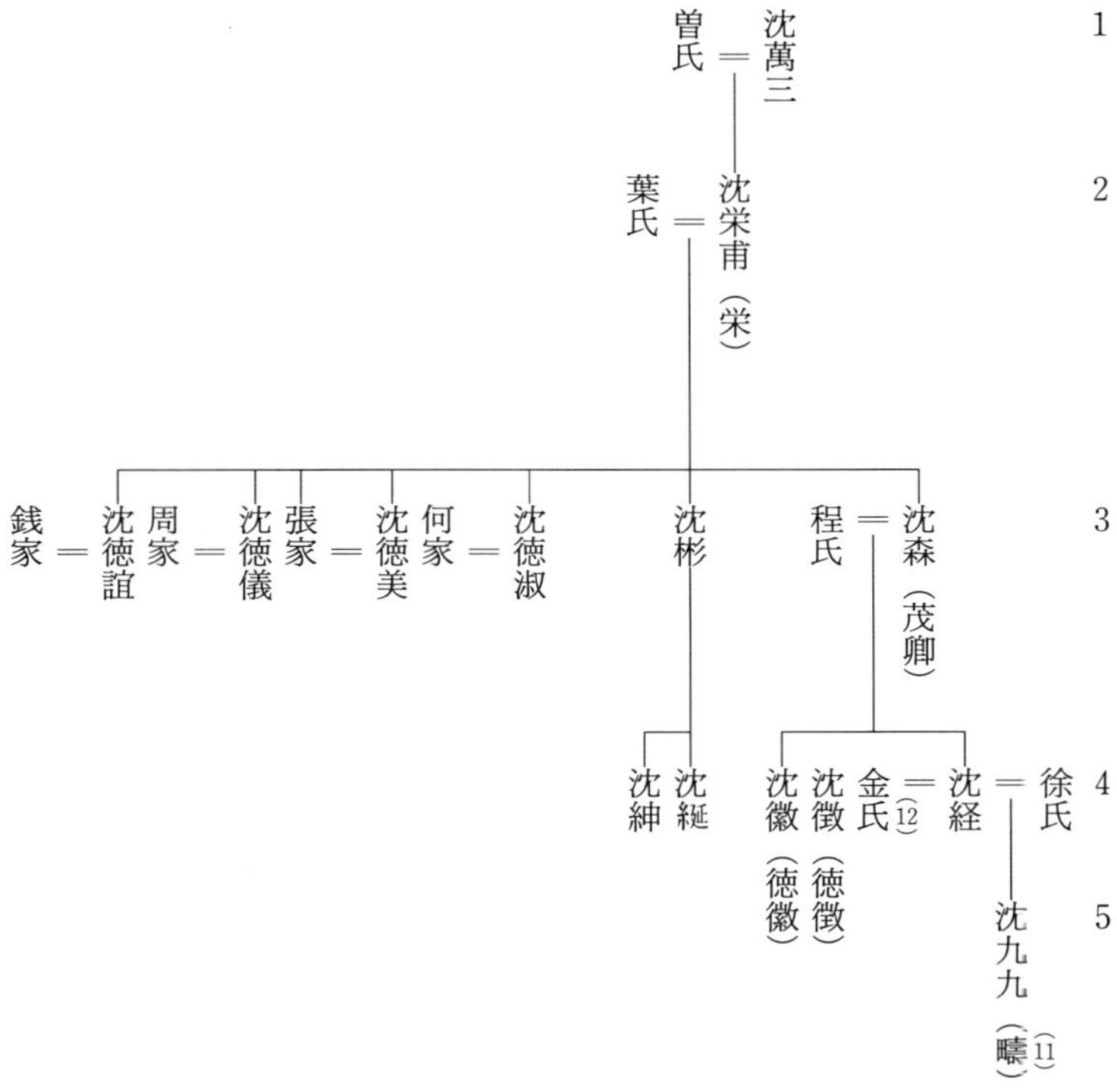
1
沈萬三
曽氏
2
沈栄甫（栄）
葉氏
3
沈森（茂卿）
程氏
沈彬
沈徳淑
何家
沈徳美
張家
沈徳儀
周家
沈徳誼
銭家
4
徐氏
沈経
金氏⑿
沈徴（徳徴）
沈徽（徳徽）
沈縦
沈紳
5
沈九九（曘）⑾

沈萬三所生の男子の数を二人とする史料が多いことは、さきに触れたが、その二人とは、沈茂と沈旺であったと言われている。沈旺の係累に関しては、【系図Ｉ】に示した通りであり、この係累の中の、沈旺の孫（沈萬三の曽孫）にあたる沈徳全が、藍玉の獄に連座したことが、『逆臣録』・『弘治呉江志』との照合の結果判明したが、沈萬三所生の男子の数が二人で動かないとすれば、沈茂は沈栄（沈栄甫）と同一人物ということになる。沈栄という名前が、後世の史料では沈茂に作られていることの理由はよく解らないが、ともあれ、沈萬三のもう一人の子供の沈栄系統では、玄孫の沈九九（疇）の世代まで、その名前が判明するのである。ところが、ここに具体的に見える人々の名は、藍玉の獄関係者として『逆臣録』・『弘治呉江志』に登載された人名とは全く重ならないのである。これは、史料残存の偶然性のなせるものであり、実際は例外なく藍玉の獄に連座して一族もろとも籍没されたのであろうか。

前掲『弘治呉江志』によると、沈氏一族において、藍玉の獄の累が及んだのは、「妻族沈旺、沈徳全・沈昌年・沈文規・沈文矩・沈文衡・沈文学・沈文載・沈海凡八人、皆萬三子孫。」とあり、『光緒周荘鎮志』巻六、雑記、鎮人顧学文の条によると、

> 学文坐胡藍玉党禍、連萬三曽孫徳全等六人并顧氏一門、同日凌遲、莫礼亦坐誅。

とあって、数字の出入りはあるが、六人とか八人とか特定の数を挙げている。これは、藍玉の獄において沈氏一族中の犠牲者の数を意味しているのではなかろうか。藍玉の獄において犠牲者が出たといっても、沈氏一族全体が、その全財産が没収されて一門根絶という処置をうけたわけではなかったので、沈文度のように、永楽時代、権勢を誇った紀綱の門に近づき、その手先になったものもいたのであろう。成化二〇年（一四八四）の進士であ

る楊循吉（蘇州府呉県の人）には、故郷のことを語った『蘇談』という雑著がある。楊循吉は、この『蘇談』の萬三遺宅の条において、

沈萬三家在周荘、破屋猶存、亦不甚宏壮、殆中人家制耳。惟大松猶存焉。被没者非萬三家、蓋沈萬四之黄墩者耳。

と記し、沈萬三の故宅を実見した感想として、洪武帝に財産を没収されたのは、沈萬三の家ではなく、弟の沈萬四の家ではないのかと述べている。楊循吉は、沈萬三の故宅の規模から富の大きさを推定して、このような感想を抱いたのであろうが、成化年間になっても、家屋敷が残存しているということは、見方を変えれば、沈萬三の故宅が、籍没による無残な荒廃を晒していなかったということでもあろう。藍玉の獄に連座して死刑に処せられた莫礼からみて、四世の孫にあたる莫旦が、『弘治呉江志』を編纂刊行したとき、その出版費用を資助した糧長の中に、沈姓のものとしては、沈源、沈汨、沈粑、沈全、沈瑛、沈葛、沈伯玉、沈黼、沈仁の九人の名がある。(13)これらの人々は、沈萬三一族と同じく呉江の人で、かつ姓名を同じくする糧長たちであるが、これらの中の誰一人として、沈萬三を祖とする支葉のものはいなく、藍玉の獄に連座した沈氏一族とは全く無縁な存在であったのであろうか。

沈萬三・沈萬四兄弟を祖とする沈氏一族は、沈経の妻徐氏が死去した洪武庚申（一三年・一三八〇）の時点で、すでに玄孫まで登場しているのであり、洪武中に形成されたその支葉は、大変多岐に亙ったに違いない。そうしたネズミ算式に増えた沈氏の人々が、いくら藍玉の獄が大事件であったとはいえ、それによって、完全に覆滅し尽くされたとは思われない。藍玉の獄に連座したのは、沈萬三・沈萬四兄弟のごく一部の子孫であったのではないかというのが、筆者の見解である。

(3)　顧学文は沈萬三の女婿か

前節においては、呉江沈氏と藍玉の獄との関わりを見てきたが、沈萬三に連なる支葉全部ではないけれども、その一部の支葉が、藍玉の獄に巻き込まれたのは、紛れも無い事実であることが知られた。こうした事態を招いたのは、沈萬三の女婿とされる顧学文が、人妻との色恋沙汰を起こし、それが怨みをかって、顧学文が藍党であると告発された結果、顧学文の親兄弟は勿論のこと、通婚関係にある沈氏にも、累が及んだからであった。沈氏をして、かかる災難に陥れた張本人の顧学文は、沈萬三の女婿とされているが、果たしてそうであろうか。

なるほど、先に触れたように、『逆臣録』によれば、王行が、藍玉に顧学文を紹介したとき、「是小人郷人沈萬三秀女婿。」と言い、沈萬三の女婿であることを強調した。しかしながら、『逆臣録』所収の顧学文の弟顧安保の供状には、

有兄顧以成、即学文、於洪武二十五年十一月内前赴神策衛送納秋糧未回。至洪武二十六年正月十三日、有表兄沈徳全、与同家人倪原吉、沈子良回家言説、你兄顧以成在京、因見我家門館王先生在藍玉府内教書、我与你兄央他引見、就送烏犀帯一条与本官接受、賜与酒食。

とあって、沈徳全と顧学文・顧安保との関係を表兄弟としている。表兄弟とは、父方のいとこである堂兄弟に対する用語で、母方のいとこを指称する。とすると、沈氏と関係ある女婿は、顧学文・顧安保兄弟の父である顧常でなければならない。沈徳全のみえる【系図Ⅰ】に、顧親子を加えると、つぎのようになる。

【系図Ⅳ】

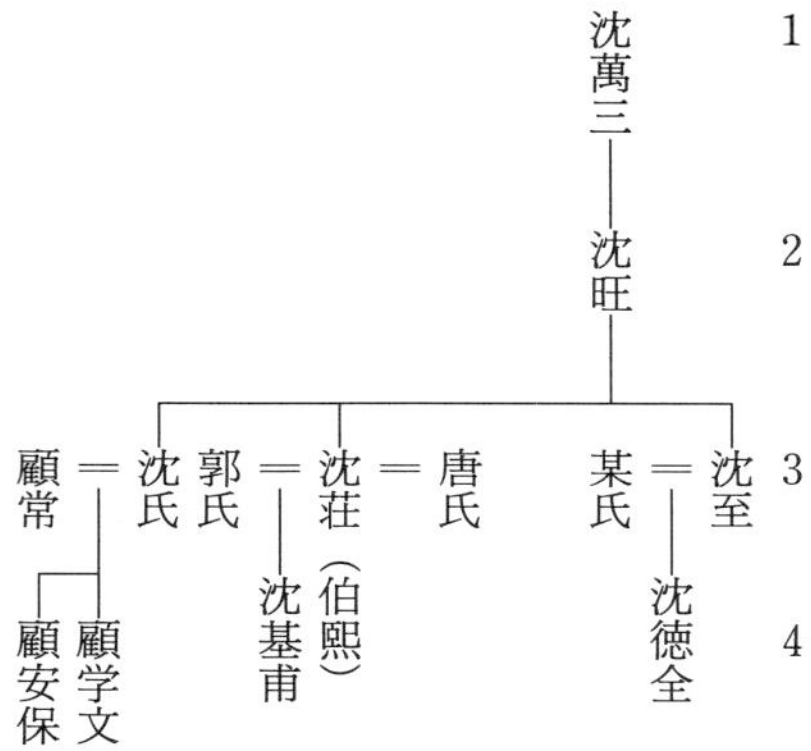

つまり、『逆臣録』の顧安保の供状に従えば、顧常が沈萬三の子である沈旺の女婿であり、顧学文と顧安保とは、ともに沈旺の孫、沈萬三の曽孫であり、沈徳全とは、いとこ関係（沈徳全の父沈至と顧学文・顧安保兄弟の母沈氏とが兄弟姉妹）にあることになる。これは、同じ『逆臣録』の顧学文の供状にある、顧学文は「沈萬三の女婿」という記述と甚だ矛盾する。沈氏と顧氏との親族関係に関しては、『逆臣録』自体が、このような自己撞着に陥っているのであり、王行が、顧学文を藍玉に紹介した際、沈萬三の女婿と言ったからといって、それが本当の続柄関係を告げたということにはならないのである。

それでは、藍玉の獄犠牲者の子孫である莫旦は、『弘治呉江志』の中で、顧学文の続柄を、どのように表記しているのであろうか。先に引用した同書巻一二、雑記には、

時沈萬三家贅婿顧学文、……妻族沈旺、

とあり、「沈萬三の女婿」ではなく、「沈萬三家の贅婿」としている。これは、一見すると同じことの表現であるかのように思えるが、「沈萬三の女婿」というと「沈萬三自身の女婿」と限定されるけれども、「沈萬三家の贅婿」という表現であると、「沈萬三の家の誰かの女婿」という可能性がないわけではない。それでは、「沈萬三の家の誰か」とは誰かというと、同じ記事中に、「妻族沈旺」とあるのが気になる。『弘治呉江志』の顧学文に関する史料は、『光緒周荘鎮志』巻六、雑記、鎮人顧学文の条に引き継がれているが、そこでは、

及藍玉事発、序班従旁誣奏学文与藍玉通謀。詔捕獲、厳訊。詞連妻父及其讐七十二家、

とあり、『弘治呉江志』の「妻族沈旺」に相当する部分は、「妻父」と言い換えている。とすると、顧学文の妻沈氏は、沈旺の娘であり、かつ沈萬三の孫娘にあたる女性ということになる。これに基づいて、【系図Ⅳ】を作り直すと、つぎのようになろう。

【系図Ⅴ】

1 沈萬三 ― 2 沈旺 ― 3 沈至 ＝ 某氏 ― 4 沈徳全

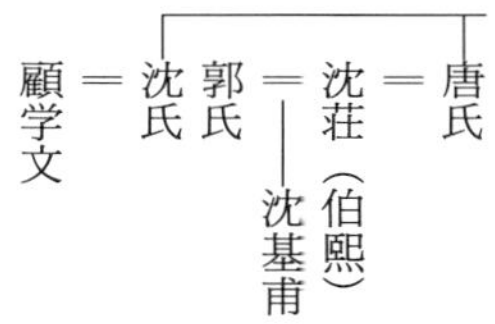

以上に見たところから、顧学文が、沈氏との間でどのような親族関係にあったかということを考えるとき、沈萬三自身の娘の婿とすることは出来ないであろう。それに加えて、関係者の年齢構成から見ても、顧学文を沈萬三の娘婿だとすることには、相当無理があるように思われる。もし仮に、顧学文が沈萬三自身の娘の婿であるとすれば、沈萬三の息子である沈栄甫・沈旺と義理の兄弟関係にあることになり、藍玉の獄が発生したとき、かなりな年齢であったことになるからである。沈栄甫の事例、すなわち元大徳一〇年（一三〇六）という生年を参考にすると、藍玉の獄の発生した洪武二六年（一三九三）当時においては、どんなに少なく見積もっても、八〇歳前後の老人であり、一方顧学文を誣告した、人妻梁氏の舅の陳某も、百歳前後の年齢であったことになる。このような関係者の年齢構成からみても、顧学文を、沈萬三の女婿とするよりも、【系図V】に見られるように、沈萬三の子の沈旺の女婿（沈萬三の孫の婿）とするのが妥当であろう。

いずれにしても、沈萬三を祖とする呉江沈氏の一部の人々が藍玉の獄に巻き込まれる因由をなした顧学文は、沈萬三自身の女婿ではなかったのである。

⑷　藍玉と沈氏との接点

その顧学文を藍玉に紹介したのは、王行という人物であった。顧学文が藍党と誣告されて、顧学文と親族関係にある沈萬三の支葉の一部の人々が犠牲になったので、王行の紹介によって、初めて顧学文と藍玉との繋がりができ、顧学文を介して沈氏は藍玉の獄に巻き込まれたような感じを与えるが、顧学文・藍玉・沈氏の三者の関係は、時系列的に言うと、まず初めに藍玉と沈氏との間に繋がりがあり、そのため、王行が、呉江沈氏の沈旺の女婿である顧学文を藍玉に紹介したというべきであろう。藍玉と沈氏との繋がりは、王行によって作られたと見られるからである。というのは、王行は、沈氏の家塾の教師を経て藍玉家の家塾の教師をしているのであり、王行が、藍玉と沈氏の間を取り持ったことが十分に考えられるからである。江南の大姓が政治的な保護を求めて、中央の権門に繋がりを求めたとき、呉江沈氏にとって、かつて自家の家塾教師であった王行が、今や権勢を誇る藍玉家の塾教師を務めていることは、甚だ好都合であったに違いないのである。そのような藍玉に繋がる有力な人脈を利用しない手はないであろう。職責上、京師南京に赴くことがしばしばあったにちがいない糧長にとって藍玉のような権勢家と繋がりがあれば、京師においては何かと好都合であったであろう。そのため、藍玉と沈氏との関係が生じたのは、王行が顧学文を藍玉に紹介したときよりもさらに以前のことであったに違いないのである。このように考えると、王行の仲介によって、まず沈氏は藍玉と繋がりができ、その藍玉―沈氏関係を背景に、やはり王行を介して顧学文の藍玉との繋がりが出来たと見るべきであろう。

さて、藍玉と沈氏との接点となった王行は、蘇州府呉県の人で、諱は行、字は止仲、号は半軒といった。王行の伝記的史料は、『国朝献徴録』巻八三、「訓導王行伝」、同書巻一一六、「王半軒行伝」、『明史』巻二八五、文苑伝一、王行伝、『静志居詩話』巻三、『列朝詩集小伝』、『皇明世説新語』巻五、『皇明開国臣伝』巻一〇、『元八百遺民詩詠』巻二、『罪惟録』列伝巻一八、『明書』巻一四六、などにあるが、それらが一様に依拠しているのは、

正統己卯秋八月吉、同郡後学杜瓊撰

と撰者名を明記した「王半軒伝」（『半軒集』所収）である。とくに、『国朝献徴録』巻一一六に載せる「王半軒行伝」は、無撰者扱いになっているけれども、『半軒集』所載の「王半軒伝」と全く同文である。『半軒集』の「王半軒伝」をそっくり流用転載しながら、撰者の杜瓊の名前については削除しているのである。これ以外の伝記的史料も、程度の差はあれ、いずれも杜瓊撰「王半軒伝」を下敷きにしたものである。したがって、王行の経歴に関しては、今のところ杜瓊撰「王半軒伝」が最も基本になる史料であるが、しかし、『逆臣録』所載の王行に関する記事との間に若干の齟齬がみられる。杜瓊が「王半軒伝」を撰した正統己卯とは、己卯という干支に誤りがなければ、天順三年（一四五九）のことである。正統という年号を使っていた英宗は、その一四年（一四四九）八月一五日土木堡でエセンの率いるオイラート軍の捕虜となり、それから一年の間捕囚の生活を強いられることになるが、一四五七年正月に発生した奪門の変によって玉座に返り咲いた。天順という年号は、英宗の重祚において使用されたものである。「王半軒伝」が書かれたのは、洪武二六年（一三九六）の藍玉の獄から五〇年近い歳月を経た後のことであった。一方、『逆臣録』の方も、藍玉の獄が発生した洪武二六年（一三九六）二月からわずか三カ月後の、五月朔日付けの洪武帝の「御製逆臣録序」を付して上木されたものであり、かなり怱々の間に作られたものであった。したがって、杜瓊の「王半軒伝」と『逆臣録』との王行に関する記述に、若干の齟齬が生じたのはやむをえないことであった。齟齬の中でもやや問題の大きいのは、王行の没年である。「王半軒伝」には、

公以他事獲罪連坐以歿、実洪武二十八年三月十二日、年六十五云。

とあり、藍玉の獄に連座して罪を得て処刑された、その年月を洪武二八年（一三九五）三月とし、享年を六五歳としている。これに対して、『逆臣録』の王行供状には、

年六十歳

としているのである。洪武二六年（一三九三）に六〇歳ならば、その二年後は六二歳でしかない。没年時の享年の齟齬は、生年に関しても食い違いが生じるのであるが、ともかく、このような齟齬が、『逆臣録』と『半軒集』所収の「王半軒伝」との間にあるのは事実である。とはいえ、王行が、藍玉の獄に連座したことは、両史料とも等しく語るところである。王行が藍玉の獄に巻き込まれたのは、藍玉に招聘されて、その屋敷内の西塾において、藍玉の子孫の教師をしていたためであり、長洲県の民である呉阿真というものに告発されて、子の王阿定とともに、逮捕されたのであった。

幼児期に、父親の商売道具の千品を越える薬品の名前と効能書きをたちまち覚え、抜群の記憶の才を示した王行は、稗官小説でも『論語』でも、わずか一日で暗記し音誦することが出来たと言われている。そのような抜群の記憶力で経史百家の言に通暁した王行は、すでに二〇歳になる前から令名を馳せ、名士たちは競って王行との交際を願ったという。沈萬三一族の家塾の教師として、王行が招聘されたのも、そうした王行の知名度によるものであったものと思われる。『半軒集』所収の「王半軒伝」によると、

毎成章、輒償白金、以鎰

とあり、文章が出来るごとに白金二〇両を以て酬いたという。「章」とは、沈氏に関わる墓誌銘や記などのことであろう。王行の『半軒集』には、沈氏に関して、「清安堂記」（巻三）・「沈文矩字説」（巻七）・「沈文権字説」（巻七）・「沈茂卿墓誌銘」（巻九）・「沈栄甫墓誌銘」（巻九）・「沈氏幽堂豫志銘」（巻九）・「姑蘇沈経妻徐氏墓誌銘」（補遺）などの文章が収められているが、これらの文章の一部は、この時期に、一文につき白金二〇両という高額なギャラで書かれたのであろう。そのため、文章にはところどころにかなりな修辞があるかもしれないが、生没年や続柄に関しては、正鵠を射ているものと見なされるのである。その後、王行は、蘇州知府の魏観によって招聘されて蘇州府学の訓導に就任した。王行の学才を高く評価した魏観と、つぎに知府となった王観は、ともに王行を朝廷に推薦したが、登用されるに至らず、結局藍玉に招聘されて藍家の藍慶孫等の教育に当たったのである。これが、王行・王阿定父子の運命を大きく変える因由となったのであった。なお、王行は、高啓・徐賁・高遜志・唐粛・宋克・余尭臣・張羽・呂敏・陳則とともに、その居住地をとって北郭十友とか、北郭十才子と呼ばれた。(14)

むすび

以上、本稿においては、沈萬三及びその一族と藍玉の獄との関わりを具体的に指摘された陳高華氏の近業「沈萬三与藍玉党案」について、

①沈萬三自身も藍玉の獄に巻き込まれたことになっているが、果たして洪武二六年（一三九三）当時、沈萬三が健在であったかどうか。

②陳高華氏の所論では、「抄家滅門」という表現に見られるように、沈氏は一門すべて根絶されたようになって

いるが、藍玉の獄に巻き込まれなかった、もしくはたとえ巻き込まれたとしても罪を許されて釈放され、その後も沈萬三の家系を保持していった系統は全く存在しないのか。

③沈氏が藍玉の獄に巻き込まれる原因をつくった顧学文（顧以成）は、沈萬三の女婿ということになっているが、それは事実か。

④顧学文を藍玉に紹介したとされる王行については、全く説明がないが、王行とは、一体どんな人物であったのか。

といった観点から、再検討を行ってきたところ、つぎのような結論をえた。すなわち、

①沈萬三は、その子の沈栄甫が、洪武九年（一三七六）八月二〇日に死去する以前に、すでに黄泉の国に旅立っていたと考えられる。

②沈萬三・沈萬四兄弟を祖とする沈氏一族は、洪武年間、すでに玄孫まで登場し、多岐にわたる支葉が形成されたが、沈氏の人々のなかで、藍玉の獄に連座したのは、沈萬三・沈萬四兄弟のごく一部の子孫であった。

③顧学文は、沈萬三自身の娘婿ではなく、子の沈旺の女婿（沈萬三の孫の婿）とするのが妥当である。

④顧学文を藍玉に紹介したとされる王行は、高啓らとともに北郭十友とか北郭十才子と呼ばれた著名人であった。王行と沈氏との関わりは、若年から学才をもって令名を馳せた王行が、沈氏の家塾の教師として招聘されたことにあり、王行と藍玉との関係は、やはり藍玉の西塾に招聘されたことにある。藍玉と沈氏とは、この王行の仲介によって繋がりが出来たものと考えられる。

以上の私見に大過なければ、陳高華氏所論の、高齢ではあったけれども、いまなお健在であった沈萬三も、藍玉の獄に巻き込まれた、この藍玉の獄に連座した沈氏は、全財産没収のうえ一門根絶された、かかる事態を引き起こしたのは、沈萬三の女婿である顧学文である、といった主要な骨格部分は、成立しえないといえよう。

(1) 沈萬三に関する研究を発表順に示すと、つぎのようになる（一部未見も含む）。
范烟橋「沈萬三考」（『珊瑚』第四巻一～四期、一九二四年）
柳詒徵「沈萬三」（『史学雑誌』〔南京〕第一巻二期、一九二九年）
黄之岡「沈萬三伝説考」（『東方雑誌』第三三巻一期、一九三五年）
呉絳雪「沈萬三的伝説」（『江蘇研究』第二巻一二期、一九三六年）
陸続「沈萬山伝説」（『新東方』〔上海〕第二巻四期、一九四一年）
流兮「関于沈萬三」（『古今』第二期、一九四二年）
清水泰次「沈萬三説話考」（『史観』第三四・五合冊号、一九五一年）
鈴木正「沈萬三説話の分析」（『史観』第七二冊、一九六五年）
舒兆基「明代活財神沈萬三的故事」（『新万象』第一期、一九七六年）
顧也文「聚宝盆与聚宝門（沈萬三）」（『新万象』第一期、一九七六年）
陶怡「富甲天下的沈萬山」（『暢流』第五五巻九期、一九七七年）
陳兆弘「明初巨富沈萬三致富和衰落――読沈伯熙墓誌銘――」（一九八三年一一月、明代経済史学術討論会提出論文、のち『蘇州文物』一九八九年第一・二期合刊、一九八九年に掲載）
潘群「沈萬三財富来源考」（『斉魯学刊』一九九三年第四期、一九九三年）
江南巨富沈万三編委会『江南巨富沈万三』（古呉軒出版社、一九九四年）
祁子青「錦衣玉食非為福：元末明初江南奇豪沈萬三稗海尋踪」（『南京社会科学（文史哲版）』一九九七年第八期、一九九七年）
(2) 森正夫『明代江南土地制度の研究』（同朋舎出版、一九八八年）九〇頁。
(3) 陳高華「沈萬三与藍玉党案」（王春瑜主編『明史論叢』中国社会科学出版社、一九九七年一〇月所収）。
(4) 拙稿「『逆臣録』と『藍玉党供状』」（『中央大学文学部紀要』史学科第四〇号、一九九五年）参照。

（5）李晋華『明代勅撰書攷附引得』（哈仏燕京学社引得編纂処刊〈引得特刊三〉、一九三二年）一八頁。

（6）酒井忠夫「明代勅撰書よりみたる教化策とその影響――特に六諭について――」（『東洋史学論集』第四、一九五五年、不昧堂書店、のち同氏『中国善書の研究』弘文堂に収録）一五頁。

（7）李晋華氏は、参考史料として、千頃堂書目を挙げられ（李氏、前掲著書、一八頁）、酒井氏は、明史藁・明史芸文志二、内閣蔵書目録八、雑部、千頃堂書目十、史部政刑類を挙げられているが、版本の有無については全く言及がない。したがって、両者とも、『逆臣録』の解説を施すにあたっては、これらの史料によってなされたものと考えられる。

（8）明・太祖勅録、王天有・張何清點校『逆臣録』（北京大学出版社、一九九一年）。

（9）右書、「點校説明」二頁。

（10）陳瑛については、拙稿「永楽政権の成立と復活人事」（『集刊東洋学』第七七号、一九九七年）参照。

（11）沈経と徐氏の間に生まれた沈九九が、沈疇ともいったことについては、「沈氏幽堂豫志銘」（『半軒集』巻九）に、「姑蘇沈経、……娶徐、継金、……徐生曰疇。」とあることによって知られる。

（12）沈経の後妻である金氏のことは、註（11）に引用した「沈氏幽堂豫志銘」に、「娶徐、継金」とあること、それに「金公信墓誌銘」（『半軒集』補遺、所収）に、「公信、諱荘、字公信、姓金氏、蘇之呉県人。……洪武十九年春、公信、以事病歿於応天、年四十八。二十年九月丁酉、其壻沈経函骨祔先人之墓、而合其先配焉。先配曰呉、継室曰瞿。子曰澄、曰元。同女長適李、次許嫁龔、次適経。」とあることによって知られ、また後妻の金氏は、蘇州府呉県の金公信の三女であったことも知られる。

（13）沈萬三の子孫の中からも、糧長を出していたことは、前掲の「故沈伯熙墓誌銘」に、沈栄と兄弟関係にある沈旺の子沈至について、「洪武十九年春、兄、戸役の故を以て縲絏れて秋官に至る。」とあるのによって知ることが出来る。この記事に言及された森正夫氏は、「その兄が戸役、すなわち糧長の役を課せられ、郭桓の案にともなう弾圧に遭遇したものと思われる。」とされている（前掲『明代江南土地制度の研究』九九頁）。

（14） 以上の王行については、拙稿「藍玉の獄と文人王行」（『史朋』第三二号、一九九九年）に依拠した。

〔**付記**〕 本稿は、「『逆臣録』と『藍玉党供状』」（『中央大学文学部紀要』史学科第四〇号、一九九五年）、「明代の奴軍と火者――功臣家の家政機構一斑――」（『中央大学文学部紀要』史学科第四四号、一九九九年）、「藍玉の獄と文人王行」（『史朋』第三二号、一九九九年）に続く藍玉の獄研究の一節として、起稿したものであり、その大要の一端については、「沈萬三は生きていたか――藍玉の獄とのかかわりをめぐって――」と題して、第四八回東北中国学会大会（於山形大学、五月二九日）において発表した。ところが、そのあと入手した新着雑誌の中から、顧誠氏の「沈万三及其家族事迹考」（『歴史研究』一九九九年第一期）なる論文を見いだした。当該論文は、題名の通り、元末明初期における沈萬三一族の事跡について検討されたものであり、当然のことながら拙稿「沈萬三一族の藍玉の獄」とのかかわりも生じるが、拙稿が陳高華氏論文の批判から出発しているのに対して、顧誠氏論文は、先行研究への言及が全くないので、論点の重なり合いは意外と少ないのである。したがって、顧誠氏論文と拙稿とを併読賜われば幸いである（一九九九年九月三日追記）。

親族へのサダカの分配について
——初期法学派の学説と預言者のスンナ

医王秀行

はじめに

現代のイスラム法ではサダカは自発的な喜捨を意味し、義務的な喜捨であるザカートとは区別される。預言者ムハンマドがメッカで布教活動をしていた頃の初期のイスラム教徒にとって、ザカートは礼拝と並んで最も重要な信仰行為とみなされていた。その一方で、サダカは預言者がメディナで晩年を迎えた頃に下されたコーランの啓示に集中して現われ[1]、新たにイスラムに入信したアラビア半島の諸部族に対して、半ば強制的に、実質的には税として課されたものである。イスラム法学者によってザカートが義務的な喜捨、サダカが自発的な喜捨と規定されるのは後世のことである。九世紀の後半に成立したブハーリー、ムスリムのハディース（伝承）集においても、二つの用語の区別はまだ明瞭ではない。そのため、以下の論考では史料によってサダカとザカートが同じものとして多々現われることをまず指摘しておきたい。

サダカはラクダ、羊、山羊などの家畜や、ナツメヤシをはじめとする農作物に対して主に課せられ、貨幣、貴金属も対象となった。預言者やカリフ（イマームの語がイスラム法では多用される）に任命された徴収人アーミルが総督とは別に各地に派遣され、サダカの徴収にあたったわけであるが、多くの場合、徴収と同時に分配も行われた。初期の学説や預言者・教友のハディースは、サダカを徴収地以外の土地に運ぶことを原則として禁じている。アーミルがイマームの名のもとに現地でサダカを分配したが、その分配対象はコーランの九章六〇節で明確に規定されている。貧者、困窮者、アーミル、心が信仰に傾いた者、奴隷の解放、負債者、神の道、旅人の八つがそれである。(2) しかしながら、コーラン以外の法学書、ハディース集ではサダカを出す人が自分の親族に対してもサダカを供与することを認めている。親族とは言うものの、身近な血縁の者から遠縁まで、用語により意味する範囲は様々であり、この点は以下、本稿で触れることになるが、基本的には、親族が経済的に貧しい場合はサダカの供与対象となり得ることが当然のこととして認められているのである。預言者が扶養家族のみならず、自分の親族に対しても財産の一部を分け与えていたことは、コーランの複数の啓示によっても明らかであり、家族、親族に対する経済的な支援は預言者のスンナ（具体的には預言者の言行を記したハディース）として繰り返しハディースで語られている。信徒が自分の家族や親族をないがしろにしてまで預言者にサダカを差し出すことも戒められている。この点は、イスラムにおける施し、喜捨といった宗教行為を考える上で特に重要である。一族を犠牲にした上での喜捨は宗教的に報われない行為とみなされているのである。

また、イスラムの公共制度として知られているワクフ制度は、端的に述べれば、所有する不動産をイスラム共同体のために寄進し、その不動産が生む収益を公共施設の維持・管理等に運用する制度であるが（公共ワクフ）、寄進の対象を一族に限った家族ワクフも存在する。寄進行為においても、イスラム法は、家族、子孫、血縁の者、親族などを受益対象に含めており、公共財産として寄進することのみを規定しているわけではないのである。

ワクフ制度の始まりについて、預言者のハディースでは、不動産収入をサダカとして半永久的に運用していくことを預言者が信者に勧めたことに起源が置かれている。コーランにおいて言及のないワクフ制度は、イスラム法の枠内では預言者のスンナとみなされる。そして、ハディースの文面においては、ワクフ地の収穫物の分配対象、つまりサダカの分配対象として、貧者、旅人などコーランが定める範疇以外にも親族がその対象として明示されている。(3)

本章ではサダカの分配対象としての親族の範囲、あるいは、分配にあたっての条件などがスンナ派のイスラム法においてどのように規定されているかに絞って述べていくことにする。また、家族ワクフの受益者とサダカの分配対象となる親族について、両者の間にいかなる法理論上の関連があるのか（あるいは関連が否定されているのか）については、別稿で論じることとする。なお、コーランを除き、法学文献はイスラム法の成立過程を見る上で特に重要な八—一〇世紀のものに限定している。その中でも九世紀初めのアブー・ウバイド「財政論」と九世紀後半以降に編纂されたハディース六書に特に重点を置いた。アブー・ウバイドは、預言者や教友のハディースを多数収集し、八世紀を中心とするイラク、ヒジャーズの初期法学派の学説を比較・検討した上で自説を展開しており、この分野の法学論の形成過程を理解する上で彼の著作は最善のものと思われるからである。また、スンナ派のハディース集については、預言者のハディースを選別するにあたっては、イスナードの吟味以上に、預言者のスンナの整合性、法体系全般の整備がハディース学者の最重要の課題であったと思われ、九—一〇世紀に代表的ハディース集が成立することをもってスンナ派法学の基本的枠組が定着したと考えるからである。

一　コーランに見える血縁、親族

一人の人間にとって一番身近な集団は家族であろう。コーランで家族を意味する語は多くあるが、アブー・ウバイドやハディースで多用される扶養家族 ʻiyāl（ʻayyl の複数）の語はコーランに見出せない。つまり、夫が誰を家族として扶養する義務があるのかという厳密な議論はコーランで避けられているのである。次の章で見るようにサダカを供与する対象から扶養家族は除外すべきである、つまり ʿiyāl は扶養の義務の対象であってサダカを施す対象ではないという法見解が出てくるが、これはコーラン以降の議論ということになる。

次に、コーランにおいて、血縁の者を表わす語は ʾulū al-arḥām または arḥām（いずれも複数形）である。筆者の確認したところ血縁の意味でコーランに現われるのは以下の四カ所である。

ʾulū al-arḥām
後から信仰に入り、ヒジュラをし、おまえたちとジハードに参加した人々はおまえたちの仲間である。しかし、神の書によれば、血縁の者はそれ以上に互いに近い存在である。（八章七五節）
神の書によれば、血縁の者は互いにより近い存在である、信者やムハージルーンよりも。（三三章六節）

arḥām
おまえたちは、尻込みしたりして、土地に荒廃をもたらし、血縁の絆を切るつもりなのか。（四七章二二節　バドルの戦いの前の啓示）
復活の日には、血縁の者も子供もおまえたちの役には立たないであろう。（六〇章三節）

これらはいずれも血縁の絆を強調する文言となっているが、彼らへの何がしかの義務が具体的に規定されているわけではない。一方でアブー・ウバイドやハディースで多く現れるのは単数形の dhū al-raḥim である。意味する内容に違いがあるとは思われないが、dhū al-raḥim al-maḥram とある場合は、結婚が禁忌となる血縁を指し、男の場合、母、娘、姉妹、おば（父方、母方とも）を意味する。血縁の者が意味するのはどこまでの範囲を指すのか、日本の法律用語でいう何親等までにあたるのか、コーランやハディースには明確でない。後のイスラム法学者は親族用語をより細かく分類し、定義づけるが、本稿においては血縁の者、親族の意味範囲を厳密に確定することは避けた。

また、コーランにおいて親族を表わす語として最も多く現れるのは dhū al-qurbā 次いで近親 aqrabūn であり、al-qurbā, 'ūlū al-qurbā, dhū maqraba も一、二カ所であるが用いられる。一方でアブー・ウバイド、ハディース集においてはこの他に、qarabāt, dhū（al-）qarabāt なども多用される。コーランとの間で微妙に用語が異なるのは学問上の配慮かも知れない。コーランで近親 aqrabūn の語が用いられているのは六カ所であり、四カ所は遺産の相続、財産の供与に関わるものである。

お前たちの誰かに死期が迫り、財産を遺す場合は、神を畏れる者の義務として、両親、近親にあてて公正な遺言を残すことが定められている。（二章一八〇節）

彼らは何に対して財産を費やすべきか汝に尋ねるであろう。言ってやれ、費やすべき財産は、両親、近親、孤児、困窮者、旅人のためにある。（二章二一五節）

男には、両親、近親が遺したものに取り分があり、女には両親、近親が遺したものに取り分がある。少なかろうが、多かろうが、定められた取り分がある。（四章七節）

皆のためにわれらは、両親と近親が遺すものの相続人を定めた。お前たちの右手が契約していた相手にも約束していた者にも、取り分を与えなさい。（四章三三節）

これらの啓示から明確に判断されるのは、近親は、両親に次いで本人に近い親族としての意味を持ち、遺産の相続に強い権利を有している人々、ということである。

親族 dhū al-qurbā については、

親族、孤児、困窮者が、(遺産の)分配に居合わせたならば、彼らにもそこから糧食を与え、礼儀正しく言葉をかけてあげなさい。(四章八節)

とあるように、近親よりも、相続等の権利において、より弱い存在を想定していると考えることも可能である。あるいは、この親族 dhū al-qurbā の語は、

財産を親族、孤児、困窮者、旅人、もの乞い、奴隷の解放に使い、礼拝の務めを果たし、ザカートを出しなさい。(二章一七七節)

お前たちのいかなる戦利品も五分の一は、神、使徒、親族、孤児、困窮者、旅人に属すことを知れ。(八章四一節 バドルの戦利品の五分の一にあたる預言者の取り分)

親族に権利となるものを与えなさい。困窮者や旅人にも。だが、浪費してはならない。(一七章二六節)

神がその町の民から戦利品として使徒に与えたのは、神、使徒、親族、孤児、困窮者、旅人のものである。(五九章七節 ナディール族の財産の預言者の取り分)

などの啓示から、財産、戦利品の供与に際してそれを受け取る権利を持つ集団として多く用いられているのが分かる。以下に、サダカの供与対象の中で、扶養家族、血縁の者、親族が法学書、ハディースにおいて、いかに位

置づけられているかを見ていくことにする。

二　アブー・ウバイド「財政論」における親族へのサダカの分配

アブー・ウバイド（二二四／八三八年没）は「財政論」Kitāb al-Amwāl の中で、サダカの分配について、書物全体の一割程度を割いて論じている。(4) コーラン、預言者や教友のハディース、イラク、ヒジャーズの初期法学派の学説から代表的なものを提示し、意見の分かれる点について自分の見解を提示するというスタイルをとっており、ブハーリーのサヒーフをはじめとする後のハディース集の編纂において（アブー・ウバイドとほぼ同世代のウラマーのハディース集も存在するが）、彼の見解はハディースの選別に少なからず影響を与えたはずである。以下にアブー・ウバイドが親族へのサダカについていかなる法見解を持っていたかを論じる。

サダカの親族への分配について、彼が最初に挙げるハディースは、教友イブン・アッバースの「親族が欠乏していれば、人は彼らにザカートから与えるのである」というものである。(5) 金持であってもサダカが許される者として、預言者のハディースに出てくるのは、アーミル、金を出してサダカを買う人、サダカを贈り物として受け取る人、戦士、負債者、旅人であり、(6) それ以外の金持がサダカを得ることは神の懲罰の対象として厳しく禁じられている。(7) 親族に対しては貧しい者であればサダカの対象として認めてよいということはイブン・アッバースのみならず、教友を含むウラマー全体の合意事項であるとみなしてよい。これに異議を唱える見解を筆者は知らない。また、コーランがサダカの供与の対象として挙げる八の範疇（貧者、困窮者、アーミル、心が信仰に傾いた者、奴隷の解放、負債者、神の道、旅人）からはずれている孤児について、アブー・ウバイドは「アブド・アッラーフ・ブン・マスウードの妻が、所有する装身具のザカートについて尋ね、『兄弟の息子たちで、私が保護している孤児に与えようと思うのですが』と言ったので、彼は『よろしい』と言った」というハディースを挙げ、これに異議を唱えない。(8)よって、親族の中に貧しいものだけではなく孤児がいればサダカで経済的支援をすることが認められているのである。

サダカを出すことは通常の出費とは異なり、宗教的な報いを得る行為である。端的に言えば、イスラム社会の公益をふまえて出すサダカ同様、親族へのサダカにも死後の報いがあるということが主張されているのである。では、親族ならばだれにでもサダカを与えることが出来るのだろうか。身内の人間に自分の財産から何がしかをサダカとして与え、それで報いを得るようなことがどの範囲まで認められるのだろうか。アブー・ウバイドはある男が兄弟にサダカを与えることの許可（ハサンのハディース）、おばにサダカを与えることの許可、ある女が姉妹にサダカを与えることの許可（イブラーヒームのハディース）についてのハディースを挙げる。そして、次の、

親族が、ある人の養っている扶養家族に属していない場合、その人の出すザカートに対しその親族は他人よりも権利がある。ただし貧者ならば。（アターのハディース）

人は自らのザカートを扶養家族でない親族に差し出すことができる。（ハサンのハディース）

扶養している者の誰にもザカートを与えなかったならば、それ（親族にサダカを供与すること）はかまわない。（イブン・アッバースのハディース）(9)

というハディースはこの問題を考える上での基本的な見解が示されている。つまり、扶養家族に対するサダカは認められないものの、それ以外の親族に対してならばサダカの供与は認められる、ということである。扶養家族に対しては本来、生計を維持するための出費が義務づけられているのであり、扶養家族にサダカを出すことは財

産の隠蔽、保護につながるとして嫌う学説もある。サダカの供出は扶養の義務を果たした後に、扶養家族以外の別の人間に対して行なわれるのであり、扶養家族へのサダカは無論、無効となる。この根拠の一つとして語られるのが以下の預言者のハディースである。

ある男が『神の使徒よ、私には一ディーナールがあります』と言うと、神の使徒は『それをあなた自身のために費やしなさい』と言われた。男が『私にはもう一ディーナールあります』と言うと、神の使徒は『それをあなたの家族のために費やしなさい』と言われた。男が『私にはもう一ディーナールあります』と言うと、神の使徒は『それをあなたの子供のために費やしなさい』と言われた。男が『私にはもう一ディーナールあります』と言うと、神の使徒は『それをあなたの召使（奴隷身分と思われる）のために費やしなさい』と言われた。男が『私にはもう一ディーナールあります』と言うと、神の使徒は『あなたには分かっているはずだ』と言われた。(10)

このハディースでは財産の使い道における優先順位が語られている他、四ディーナールすなわち二〇〇ディルハムまではサダカが課せられないことの根拠ともなっている。もっとも、真意は家族を省みずに慈善行為を行うことの戒めにあると思われる。ここで、当然問題になるのは家族を養う世帯主としての夫が出費を義務づけられる扶養家族の範囲である。アブー・ウバイドの定義によれば次の通りである。

彼らは両親、子供、妻、奴隷（mamlūk）である。彼ら扶養家族には彼（夫）のザカートに取り分はない。扶養家族にザカートを与えたとしても彼は報われることはない。扶養家族は彼の財産を分かち合う権利を有し、神は彼に扶養家族のことを義務づけたのであり、そこからザカートは除外される。そして、神はザカートをそれ以外のすべての

人々に対する宗教的義務とした。(11)

右に扶養対象として含められた両親については、彼らが貧困に陥っている場合、富裕な子供が両親を扶養することは預言者のスンナであり、義務とされる。(12) 両親、子供、妻、奴隷は扶養家族であり、サダカの対象として認めないが、一方で、それ以外の人間に対しては、扶養義務がなくサダカの対象となるというのが、アブー・ウバイドの見解であり、ここには曖昧さが排除されている。

両親、子供、妻、奴隷以外の者には、結婚が禁忌となる血縁の者であっても扶養の義務はないとする。(13) ただし、血縁の者にはサダカないしは何がしかの「心配り」が義務づけられている。「困窮者へのサダカはサダカである。血縁の者へのサダカはふたつある。サダカと心配りである」という預言者のハディースがその根拠となっている。(14)「心配り」ṣilat とは一族の関係を繋ぎとめ、結束をはかるための行為であり、実際には物、金品を贈る行為である。また、血縁の者よりも広い範疇である親族は、親族関係にない他人よりも、サダカに強い権利を持つとされる。(15)

扶養・出費の義務となるべき対象とサダカ、心配りの対象を明確に分けるべきというのはヒジャーズ学派の学説であり、アブー・ウバイドはこれを採用している。イラク学派は血縁の者が貧困にあれば、扶養ないしは出費が強制されるとしながら、一方で両親、子供以外ならザカートを供与してもかまわないとする。しかし、これでは血縁の者に対して出費の義務とサダカが重複することになるとして、アブー・ウバイドはこの学説を排除している。

夫が財産を提供する順序についてアブー・ウバイドの見解を図式化すると次のようになる。

両親、子供、妻、奴隷……扶養の義務のための出費
↓
血縁の者……サダカ、心配り
↓
親族……サダカ
↓
それ以外の者……サダカ

次に妻について述べる。イスラム法において妻には夫や家族を扶養する義務はない。これは夫の義務である。妻には結婚時にマハルと呼ばれる婚資金が夫から支払われるが、これは妻の財産であり、夫がそれを要求することは出来ない。基本的にイスラム社会は夫婦別産である。もっとも夫なり妻が死亡した際には相続権は配偶者に一部が権利として認められている（コーランの規定では夫は妻の財産の二分の一、妻は夫の財産の四分の一である）。では、扶養の義務を免除されている妻が、何がしかの財産を有している場合、これを夫なり子供なりにサダカとして与えることは認められるのだろうか。アブー・ウバイドが伝える以下の預言者のハディースは、夫に対して明確にこれを認めている。(16)

アブド・アッラーフ・ブン・マスウードの妻ザイナブは夫アブド・アッラーフ・ブン・マスウードのもとに戻り、神の使徒から聞いたことを夫に告げ、そして、自分の宝石を取った。夫が「その宝石を持ってどこに行くのか」と言うと、彼女は「これで神とその使徒に近づくのです。神は私を地獄の住民などにしないでしょう」と言った。彼は「さ

あ、それを私と息子にサダカとして出しなさい。我々はそれにふさわしい」と言った。彼女は「いいえ、神にかけて、わたしはこれを持って神の使徒のもとに向かいます」と言って出て行き、神の使徒への面会を求めた。取巻きの人々が「神の使徒よ、ザイナブが面会を求めています」と言うと、神の使徒は「どのザイナブか」と問うたので、彼らは「アブド・アッラーフ・ブン・マスウードの妻です」と言った。神の使徒は「通すように」と言い、ザイナブは預言者の所に入って、「神の使徒よ、私はあなたの言葉を聞き、その言葉をイブン・マスウードのもとに持ち帰り、彼に告げました。そして、宝石を取り、神とあなたに近づき、神が私を地獄の住民などにしないよう望みました。するとイブン・マスウードは私に『それを私と息子にサダカとして出しなさい。我々はそれにふさわしい』と言いました。それで私は『神の使徒の許しを得ねば』と答えました」と語った。すると神の使徒は、「それを彼と彼の息子たちにサダカとして与えなさい。彼らはそれにふさわしい」と言われた。

ザイナブについて伝えられたこのハディースは、種々のバージョンがあるものの、後でも触れるように、妻が夫にサダカを与えることについてのほとんど唯一の預言者のハディースである。たとえ妻が裕福であろうと、夫の側に扶養の義務があることは変わらない。夫が貧乏であろうと同じことである。そして、妻がサダカを出す場合に最も権利があるのが身内の夫ということになる。無論、夫が裕福な場合、サダカを受け取ることは審判における懲罰の対象として激しく嫌われる行為である。

では妻が子供にサダカを与える行為はどうであろうか。右のハディースでは、預言者はザイナブが夫と息子にサダカを与えることを許可しているが、アブー・ウバイドによれば、この場合の息子は妻ザイナブの子ではない。つまりアブド・アッラーフ・ブン・マスウードが他の女との間にもうけた子供である。扶養義務のある夫が子供にサダカを与えられないと同様、妻も実の子にはサダカを与えることはない。この場合、血のつながりのない夫の子供という理由でサダカを出しているのである。両親が子供にサダカを与えることを認める預言者のハディースや学説はないとされる。(17)

以上が、夫、ないしは妻がサダカを出すことについてのアブー・ウバイドの学説である。彼の死後、半世紀足らずの内に、ブハーリー、ムスリムらの編纂になるハディース集が現われる。アブー・ウバイド自身、ハディース集を編纂しており、また、ハディースの伝達者としてハディース六書のイスナードに名が挙がることもあるが、それはごく一部にとどまる。(18)しかしながら、アブー・ウバイドの説いたサダカの分配に関わる法的枠組みは彼以後に編纂されたハディース集において、間接的であれ少なからず反映していると推測される。

三　シャーフィイー「キターブ・アルウンム」より

シャーフィイー（二〇四／八二〇年没）はコーラン、預言者のスンナ、イジュマー（学者の合意）、キヤース（類推）の四法源からイスラム法の規定を導くべきことを著書の「リサーラ」で展開し、以後、イスラムの初期法学派は彼の法源論に基づいて学説を再構築していったとされている。彼の法源論で最も重要なのは預言者のスンナの位置付けである。預言者のスンナが不確定なまま、八世紀を中心に初期法学派の学説が先行し、その後、九世紀を中心に預言者のハディース集が整備されるに従い、初期法学派はシャーフィイーの法源論を取り入れながら、学説の修正を加えていき、一〇世紀以降、イスラムの各法学派の基盤が揺るぎないものとして確立していったというのが、イスラム法学形成史のおおよそ一般的な理解である。しかし、シャーフィイーの主著「キターブ・アルウンム」は、サダカの規定に限って目を通した場合、後世の著作のごとき厳密な法源論が展開するような法学書ではない。むしろ、それまでの初期法学派の学説を踏まえながら自分の法見解を展開しているという印象が強い。ほぼ同世代の、アブー・ウバイドがコーラン、預言者のスンナ、教友のハディース、初期法学派の学説を網羅的に提示しながら、慎重に自分の法見解を展開しているのとも対照的である。シャーフィイーの法源論はむしろ、彼以前の初期法学派にあっても前提とされていたコーラン、預言者のスンナに基づく理論を常識的なものとして、提示したにすぎない。問題は、シャーフィイー、アブー・ウバイドの晩年にあたる九世紀前半という時期が、預言者のスンナを記したハディースが大量に収集され、組織的に編纂されて行く時代にあたっていたということである。

以下、シャーフィイーの「キターブ・アルウンム」より、親族へのサダカの分配を説明した部分を紹介する。もっとも、彼の著作はアブー・ウバイドと比べてもかなり難解であり、その分野の法学知識を前提とせねば生半可に理解できる代物ではない。意訳を控えたため、一部分かりにくい表現があることを断っておきたい。

> （シャーフィイーは言った）――中略――もし彼にサダカの割り当てのふたつの対象（貧者と困窮者?）に相当する親族 qarāba がいて、その親族への（扶養の）出費が義務になっていない場合、彼はその親族にサダカを与えるのである。その親族は遠縁の者よりもサダカに権利がある。それは彼がその親族を他人よりもよく知っているからである。子供、両親をのぞいて、彼の家族（khāṣṣat）、親族の中で出費が義務となっていない者に対しても同様である。孫が幼かろうが、大きかろうが、病気だろうが（サダカを）与えることはない。父、母、病気の祖父、祖母にも。（ラビーウは言った）人はザカート財を父、母、子供、祖父、祖母、それ以上に遡る（直系の）親類に与えることはない。彼が出費を義務づけられる以前に、彼らが貧困にあったとしても。彼らは彼の財産で充足するのである。同様に彼らが病気でなく、稼ぎが乏しい時、彼らは貧困の境にいるのであるが、彼らにザカートを与えることはない。彼らには出費が義務となる。彼らが病気でなく、仕事で金持ならば、出費は義務ではない。彼らは金持の境にいるので

あり、ザカートを得ることは許されない。彼や他の者が彼らにザカート財を与えることは一切許されない。私の説はシャーフィイー派の学説と類似している。（シャーフィイーは言った）人は妻に（ザカートを）与えることもない。出費が義務だからである。（私は言った。）出費が義務となっている者に（ザカート）を与えることにない。彼らは彼の出費で充足するのである。（シャーフィイーは言った）もし妻や成人した息子が（旅先から？）到着して、借財をし欠乏におちいったり、負債のある父がいた場合、彼らには（サダカの）負債者の割り当てから与えるのである。同様に旅人の割り当てから。貧困、困窮以外の名目で彼らに与えるのである。というのも彼には彼らの負債を完済する義務はないし、望みの土地に移送させる義務もないからである。彼らにはそれが必要なのである。彼が出費することで貧困、困窮から逃れていたように。父、祖父、母、祖母、子供が渇きをおぼえ、病気でないならば、彼らが旅を望んだ時にはサダカから与えるのである。彼らがこのような状態にあるときは出費は義務でないからである。[19]

アブー・ウバイドと異なり、シャーフィイーは扶養家族に祖父母、孫を加える一方で奴隷を扶養家族に含めていない。アブー・ウバイドでは祖父母、孫への言及がなかった。また、シャーフィイーの場合、右の部分からは扶養家族と親族の間に入るべき血縁の者（兄弟、おじ、おばなど）の位置づけがはっきりしない。扶養家族でない以上、ここでは親族に含まれると考えられる。妻、両親、子供を扶養家族に含める点では両者の定義は一致する。出費が義務づけられる扶養家族を除いた親族に対してはサダカを供与することができること、それも関係のより近い親族に権利があることなど、基本的にアブー・ウバイドの主張と同じと見てよい。ただし、扶養家族であっても、負債、旅への出費は世帯主の夫にとって義務ではなく、よってサダカが割り当てられるという点が異なっている。

ちなみに、マーリク派の法学書「ムダウワナ」の「親族の中でザカートを分配しえない者についての章」においては、孫への扶養の義務、並びに祖父への扶養の義務はないとする。また、法学者の共通見解とみなされるが、妻の扶養の義務も免除しており、子供の扶養の義務は父親にのみ帰している。召使への扶養義務はひとりだけ、兄弟、親族、結婚が禁忌となる血縁の者に対しては扶養の義務はないとする。両親への扶養の義務は判然としないが、祖父に言及する以上、両親は扶養家族に入るものと判断される（経済的な条件にも左右されると思われるが）。その場合、扶養家族は両親、妻、子供、召使一人である。[20]

初期法学者の間で扶養家族の範囲、血縁の者の位置づけ、サダカの供与が認められる範囲が微妙に異なるのは、いわば当然のことにも思えるが、では、その後に成立したハディース集においては、この点がいかに確定されているのだろうか。以下に見ていきたい。

四　預言者のハディースに見る親族へのサダカの分配

(一)　扶養の義務

預言者のスンナを記したハディースはマーリク、シャーフィイー、アブー・ウバイド以降、大量に収集され、編纂されていった。よって当然のことながら彼らの著作に挙げられていないハディースが預言者のスンナとしてその後、確定して行くわけである。最終的に、サダカの分配規定はスンナとしてどのように規定されて行ったのか、初期法学者の法見解とどのような相違が見られるのか等、以下に検討して行きたい。用いたハディース集はスンナ派のいわゆるハディース六書とマーリク・ブン・アナスの「ムワッター」であり、現在に至るまでその権威が確立しているものに限った。イブン・ハンバル「ムスナド」、アブド・アルラッザーク「ムサンナフ」、イブン・アビー・シャイバ「ムサンナフ」など、ハディース六書より古い著作も重要であるが、今回は種々の制約もあり論考の対象からはずした。また、ブハーリーなど重要なハディース集には後世、多くの注釈書が出されたが、個々のハディースを解釈する上で便利と思われるものも、あえて利用していない。よって以下の論考は場合によっては後世の法学者と同じ筋道をたどる場合もあれば、視点がまったく異なる点もあろう。今回はあえてそのような議論の道筋を選んだ。

ハディースの末尾の（　）にあるローマ字はB：ブハーリー、M：ムスリム、D：アブー・ダーウード、J：イブン・マージャ、T：ティルミジー、N：ナサーイー、MA：マーリク・ブン・アナスである。同内容のハディースが複数ある場合、イスナードは注で最初に挙げたハディースのものを提示した。イスナードに傍線があるのは、注にあるハディース史料すべてに共通する伝承者を示している。

ブハーリーのザカートの書「富裕でなければサダカは行なってはならない」の章に、

アブダーン ↑ アブド・アッラーフ ↑ ユーヌス ↑ ズフリー ↑ サイード・ブン・アルムサイヤブ ↑ アブー・フライラ

良いサダカは富を手元に残して行なうものである。まず、扶養している者から始めなさい。（B・N）[21]

とある。これとほぼ同じ内容のハディースは他にもある。[22] ここでは、経済的にゆとりのある場合のみサダカを行うべきこと、サダカを出す前にまず扶養している者を養うべきことのふたつの規定を知る。

ムハンマド・ブン・バッシャール、ムハンマド・ブン・ハーティム、アフマド・ブン・アブダ ↑ ヤフヤー・アルカッターン ↑ アムル・ブン・ウスマーン ↑ ムーサー・ブン・タルハ ↑ ハキーム・ブン・ヒザーム最も良いサダカは富を手元に残して行なうものである。上の手は下の手よりも良い。まず、扶養している者から始めなさい。(M・N)[23]

このハディースにある「上の手は下の手よりも良い」もよく使われている言葉であり、サダカをむやみに求める行為を戒めるものである。[24]さて、右のハディースでは、どのような状況で預言者がこの言葉を述べたのか分らない。次の、

ムーサー・ブン・イスマーイール↑ハッマード↑ムハンマド・ブン・イスハーク↑アーシム・ブン・ウマル・ブン・カターダ↑ムハンマド・ブン・ラビード↑ジャービル・ブン・アブド・アッラーフ・アルアンサーリー
我々が神の使徒のもとにいると、卵に似た金塊を携えた男がやって来て「私は鉱山よりこれを得ました。これをお取り下さい。これはサダカです。私はこれ以外、何も所有しておりません」と言った。神の使徒はそっぽを向かれた。……神の使徒はそれを取り、彼に投げつけた。彼に当たれば痛み、傷つけるところであった。そして言われた。「一人の男が所有するものを携えやって来て、これはサダカです、と言う」。そして座り、手を広げ、「最も良いサダカは富を手元に残して行なうものである」と言った。(D)[25]

とあるハディースには金塊の他に何も財産を所有していない者がサダカを行うことへの預言者の強い戒めが記されている。次の、

アフマド・ブン・サーリフ、ウスマーン・ブン・アビー・シャイバ↑ファドル・ブン・ドゥカイン↑ヒシャー

ム・ブン・サード ↑ 父

ウマル・ブン・アルハッターブは次のように語った。「神の使徒はある日、サダカを出すことをお命じになった。折良く、わたしには財があった。そして、『アブー・バクルに先んずるとすれば今日しかない』と言って、半分の財産を持参した。神の使徒は『お前は家族に何を残したか』と言われたので、『同じものです』と答えた。それから、アブー・バクルが所有する全てのものを持ってやって来たので、神の使徒が『お前の家族には何を残したか』と彼に聞くと、彼は『彼らには神と神の使徒を残しました』と答えた。わたし（ウマル）は『あなたと競う事は決してない』とアブー・バクルに言った」。（D[26]）

というハディースは、アブー・バクルが全財産をサダカに出したという逸話であるが、スンナとしてどのように解するか難しい。よってハディース六書の中でもアブー・ダーウートの中にしか見出せない。

これらのハディースに加え、次に挙げるものは扶養家族への出費が信仰の上で報われる行為であることを強調する。そもそも、サダカを供出する行為は、罪、汚れをサダカの供出により贖う行為である。それによって来世での報酬に近づくわけである。扶養家族を養うことはイスラム教徒がサダカの供出以前に果たさねばならぬ義務であるが、この義務行為にも報酬は約束される。これについても、ハディースに抜かりはない。

アーダム・ブン・アビー・イヤース ↑ シューバ ↑ アディー・ブン・サービト ↑ アブド・アッラーフ・ブン・ヤジード・アルアンサーリー ↑ アブー・マスウード・アルアンサーリー

ムスリムが家族 ahl に出費をし、来世での報酬を期待する場合、その出費は彼にとってはサダカである（サダカと同じ報酬がある）。（B・M・T・N[27]）

ムハンマド・ブン・アビー・ウマル・アルマッキー ↑ サカフィー ↑ アイユーブ・アッサフティヤーニー ↑ アムル・ブン・サイード ↑ フマイド・ブン・アブド・アッラフマーン・アルヒムヤリー ↑ サードの三人の息子 ↑ サード・ブン・アビー・ワッカース

あなたの財産から出すサダカはサダカであり、あなたの扶養家族への出費もサダカであり、あなたの財産から妻が食べるものもサダカである。(M)[28]

ムハンマド・ブン・カシール ↑ スフヤーン ↑ アブー・イスハーク ↑ ワフブ・ブン・ジャービル・アルハイワーニー ↑ アブド・アッラーフ・ブン・アムル

神の使徒は「養っている yaqūt 者をないがしろにするのは、十分に罪深いことである」と言われた。(D)[29]

これらのハディースは、扶養家族への出費がサダカとしての価値があることを示している。

アブー・アッラビーウ・アッザフラーニー、クタイバ・ブン・サイード ↑ ハッマード・ブン・ザイド ↑ アイユーブ ↑ アブー・キラーバ ↑ アブー・アスマー ↑ サウバーン

神の使徒は「人が費やすディーナールで最もよいもの、それは扶養家族に費やすディーナールであり、神の道のために用いる家畜に費やすディーナールであり、神の道に従事する仲間に用いるディーナールである」と言われた。アブー・キラーバ(伝承者)は「彼は、扶養家族からはじめた」と言い、そして、「扶養家族の子供に出費する人ほど報酬の大きい者があろうか。神は彼らを慎ましくし、あるいは支援し、そして豊かにされる」と言った。(M・J・T)[30]

アブー・バクル・ブン・アビー・シャイバ、ズハイル・ブン・ハルブ、アブー・クライブ ↑ ワキーウ ↑ スフヤーン ↑ ムザーヒム・ブン・ズファル ↑ ムジャーヒド ↑ アブー・フライラ

神の道に費やすディーナール、奴隷の解放に費やすディーナール、困窮者に与えるサダカ、家族（ahl）に費やすディーナール、これらの中で最も報酬が大きいのは、家族に費やすものである。（M[31]）

ここでは、サダカよりも扶養家族へ出費することがより大きな報酬、すなわち天国への道に近いことが明確に語られている。神の道、奴隷の解放、困窮者はいずれもコーランが定めるサダカの対象である。

アブド・アッラーフ・ブン・ユースフ ↑ マーリク ↑ ズフリー ↑ アーミル・ブン・サード ↑ サード・ブン・アビー・ワッカース

神の使徒は別離の巡礼の年、重病の私のもとに来られた。私が「痛みが私を襲います。財産が私にはありますが、相続するのは娘ひとりです。三分の二をサダカとして施しましょうか」と言うと、彼は「だめだ」と言われ、私が「それならば半分では」と言うと、彼は「だめだ」と言われ、私が「三分の一では」と言うと、彼は「三分の一ならば（残りの財産で）遺された者が豊かに暮らすに十分である。彼らを貧乏にし、人々に乞わせるよりも良い。お前が出費をすることで、神の報酬を望むなら、その出費は妻に与える食べ物に至るまで必ずや報いられよう。（B・M・D・T・MA[32]）

このハディースは人が遺書を残す場合、用途を自由に指定できる遺産は三分の一までであることの根拠となっている重要なハディースである。ブハーリーが八つのハディースを挙げ、ナサーイーは末尾の部分（彼らを貧乏にし、から以降の部分）を省いた一〇のハディースを挙げる。ハディースによってはサード・ブン・アビー・ワッカースには一人の娘しかいなかったことを付け加えるものもある。預言者がサードに対して、サダカとして指定する遺産を総額の三分の一に留めた背景として、残された家族への配慮があったことを示している。遺産問題については預言者ムハンマド自身、残される妻への生活費にあてられるものを除き（娘のファーティマに対する扶養の義務は娘婿のアリーにある）、自分の遺産はすべてサダカになるというハディースを残している。[33] ただし、預言者が遺産総額の三分の一の範囲にサダカをおさめたのか、あるいは妻たちへの遺産の割り当ては総額の三分の二にもなったのか、それを記すハディースは見出せない。

ここまで挙げてきたハディースは、一つの原則を示している。つまり、サダカ以前に扶養家族への出費を心がけるべきということである。別の言い方をすれば、この原則しか述べていない。しかしながら、このようなスンナがムスリムの生活観、家族観に与える影響は想像以上に大きいかもしれぬことを付言しておく。では、扶養家族の範囲はハディースの中でより明確になるのだろうか。いくつかのハディースを見て行くことにする。

ウマル・ブン・ハフス ↑ 父 ↑ アーマシュ ↑ アブー・サーリフ ↑ アブー・フライラ
最も良いサダカは富を遺して行なうものである。上の手は下の手よりも良い。まず、扶養している者から始めなさい。お前の妻は「私に食料を与えてください、さもなくば離婚してください」と言うだろうし、お前の奴隷は「私に食料を与えてください。そして働かせてください」と言うだろうし、お前の息子は「私を預かる人のもとで、私に食料を与えてください」と言うだろうから。（B[34]）

とあるブハーリーのハディースは扶養家族に妻、奴隷、息子が含まれることが示している。一方で、

ユースフ・ブン・イーサー ↑ ファドル・ブン・ムーサー ↑ ヤジード・ブン・ジヤード・ブン・アビー・アルジャ

ーダ ↑ ジャーミウ・ブン・シャッダード ↑ ターリク・アルムハーリビー
我々はメディナに到着すると、神の使徒がミンバルの上に立ち、人々に説教をして言われた。「与える手が上の手。あなたが扶養している母、父、姉妹、兄弟から始めなさい。それからあなたの下に位置する者に。」(N[35])

とあるナサーイーのハディースでは両親の他に、姉妹、兄弟が扶養家族の中に含まれている。兄弟、姉妹は血縁の者としてサダカないしは気配りがふさわしいことは、すでに述べた。

ムハンマド・ブン・カシール ↑ スフヤーン ↑ ムハンマド・ブン・アジュラーン ↑ サイード・アルマクブリー ↑ アブー・フライラ
預言者はサダカをお命じになった。ある男が「神の使徒よ、私には一ディーナールがあります」と言うと、神の使徒は「それをあなた自身のためにサダカとしなさい」と言われた。男が「私にはもう一ディーナールあります」と言うと、神の使徒は「それをあなたの子供のためにサダカとしなさい」と言われた。男が「私にはもう一ディーナールあります」と言うと、神の使徒は「それをあなたの妻のためにサダカとしなさい」と言われた。男が「私にはもう一ディーナールあります」と言うと、神の使徒は「それをあなたの召使(奴隷身分と思われる)のためにサダカとしなさい」と言われた。男が「私にはもう一ディーナールあります」と言うと、神の使徒は「あなたには分かっているはずだ」と言われた。(D・N[36])

このハディースはアブー・ウバイドの所でも見たが、アブー・ウバイドでは「妻」の箇所が「家族」とされていた。それ以上に問題となるのは、アブー・ウバイドで「費やしなさい」とあったものが、このハディースでは

「サダカとしなさい」になっていることである。つまり、扶養家族にサダカはあり得ないことがアブー・ウバイドで明確になっていたものが、アブー・ダーウードとナサーイーでは「サダカとしなさい」となっている。本来は、このハディースに挙げられた妻、子供、召使が扶養家族とされ、出費の義務の対象となることが示されねばならない。

サイード・ブン・ムハンマド・アルジャルミー↑アブド・アッラフマーン・ブン・アブド・アルマリク・ブン・アブジャル・アルキナーニー↑父↑タルハ・ブン・ムサッリフ↑ハイサマ

我々はアブド・アッラーフ・ブン・アムルと座っていた。その時、彼の執事が入ってきて、「奴隷に食料を与えましたか」と言ったので、彼は「いいや」と答えた。執事は「行って食料を与えなさい。神の使徒は『その男を満足させなさい。所有している者に対し食料を滞らせるのは罪である』と言われました」と言った。(M)[37]

このハディースは、ムスリムのザカートの書にあるものであるが、これによりムスリムは、奴隷の所有者に対する扶養の義務を明確にしている。奴隷にサダカを与えるのはあたらない、ということである。もっとも、奴隷の解放にあたってはサダカを用いることがコーランで勧められている。マーリク・ブン・アナスの次の二つのハディースは右のものとは異なる見解を示している。

奴隷の奴隷、雇っているもの、妻の奴隷にザカートは義務ではない。彼に仕え、必要不可欠の者にはザカートは義務である。不信者でムスリムになっていない奴隷にはザカートは必要ない。取引の対象であっても、そうでない者も。(MA)[38]

わたしの聞いたところでは、ザカート・アル・フィトルの義務の内、最も望ましいのは、出費を保証している相手の人や、出費が不可欠の人々に対し行なうものである。契約上の奴隷、ムダッバル、奴隷に対し行なう。彼らが居ても居なくても。彼らがムスリムである限り、取引の対象であろうと、そうでない者も。ムスリムでない者には義務ではない。（MA）[39]

以上のハディースを総括するに、扶養家族の範囲を特定できるハディースは非常に少ない事が分かる。ブハーリーのハディースで、妻、子供、奴隷が扶養家族に入っているのが目立つ程度である。これについて結論を出すにあたって、ハディース学者は非常に慎重であったということが言えないだろうか。アブー・ウバイドや、シャーフィイーは、これについて、前に述べたように、すでに独自の具体的な見解を出していたが、結局のところ、この議論は預言者のハディースが確定された後に改めて法学者の議論に委ねられ、再定義されることになった。

（二）血縁の者への心配りとサダカ

一章において、血縁の者は、最も尊重すべき人間関係であるとコーランに規定されているのを見た。メディナへのヒジュラに際しては、信者の多くは半ば血縁の絆を断ちきる形であらたな信仰共同体に参加したわけであるが、これはあくまでも血縁の者が不信仰の状態にあったためとみなせよう。イスラムにおいては、血縁の絆を断ってまで信仰上のなにがしかの行為を果たすことを容認していない。扶養家族の場合と同じく、血縁の者への義務を怠った場合、神からの報酬は期待できないとされている。

コーラン同様、預言者のハディースにあっても、血縁の者の範囲は具体的に特定されていない。よって、あくまでも便宜上、以下に血縁の者とある場合、両親、子供、兄弟・姉妹、おじ・おばあたりまでと、理解しておく。

先に、アブー・ウバイドは、扶養家族への義務を果たした後に、考慮すべき者として、血縁の者を挙げているのを見た。彼らにはサダカ、ないしは心配りが義務づけられる。この点はハディース集においても基本的に同じであり、心配りはもっぱら血縁の者が対象になっていることが分かる。サダカ同様のあるいはそれ以上の報酬が期待できるとされる。以下、これに関わるハディースを見ていく。

クタイバ ↑ スフヤーン・ブン・ウヤイナ ↑ アーシム ↑ ハフサ・ビント・シーリーン ↑ ラバーブ ↑ サルマーン・ブン・アーミル

神の使徒は「困窮者へのサダカはサダカである。血縁者 dhū al-raḥim へのサダカは二つある。サダカと心配りである」と言われた。(T)[40]

アブー・バクル・ブン・アビー・シャイバ、アリー・ブン・ムハンマド ↑ ワキーウ ↑イブン・アウン ↑ ハフサ・ビント・シーリーン ↑ ラバーブ・ウンム・アッラーイフ、ビント・スライウ ↑ サルマーン・ブン・アーミル・アッダッビー

神の使徒は「困窮者へのサダカはサダカである。親族 dhū al-qarāba へのサダカは二つある。サダカと心配りである」と言われた。(J)[41]

二つのハディースは、イスナードも類似しているが、サダカ、心配りの対象としてはティルミジーが「血縁の者」としているのに対し、イブン・マージャがなぜか「親族」としているところが異なっている。

ダーウド・ブン・アルフサイン ↑ アブー・ガタファーン・ブン・タリーフ・アルムッリー

ウマル・ブン・アルハッタヌーブは、「血縁の者への心配りのため、またはサダカとして贈り物を贈った場合、彼はそれを取り戻してはいけない。報酬を期待して贈り物を贈った場合、彼はその贈り物に権利があり、満足行かない場合、取り戻すことができる」と言った。（MA）[42]

アブド・アッラーフ・ブン・ムハンマド↑ヒシャーム↑マーマル↑ズフリー↑ウルワ
ハキーム・ブン・ヒザームが、「神の使徒よ、私がジャーヒリーヤ時代に行なった、サダカ、奴隷の解放、血縁の者への心配りなどの敬虔な行ないには、報酬があるとお考えでしょうか」と言うと、神の使徒は「以前から善行をつんだ事で、イスラム教徒になったのです」と言われた。（B・M）[43]

アブー・ダーウードは、次の三つのハディースで特に血縁の者への配慮を強調している。

アフマド・ブン・サーリフ、ヤークーブ・ブン・カーブ↑イブン・ワハブ↑ユーニス↑アッズフリー↑アナス
神の使徒は「幸いにも、食料が増やされ、寿命も延びた者は、血縁の者に配慮するように」と言われた。（D）[44]
ムサッダド↑スフヤーン↑ズフリー↑ムハンマド・ブン・ジュバイル・ブン・ムトゥイム↑父
預言者は「血縁の者との縁を切るものは天国に入らない」と言われた。（D）[45]
イブン・カシール↑スフヤーン↑アルアーマシュ、アルハサン・ブン・アムル、フィトル↑ムジャーヒド↑アブド・アッラーフ・ブン・アムル
神の使徒は「（血縁の者のつながりを）配慮する人とは取り繕う人ではなく、血縁の者との関係が切れても、なお配慮する人である」と言われた。（D）[46]

次のハディースは女性による血縁の者への心配りの例である。

ハサン・ブン・アリー・アルフルワーニー、アブー・バクル・ブン・アンナドル、アブド・ブン・フマイド ↑ ヤークーブ・ブン・イブラーヒーム・ブン・サード ↑ 父↑ サーリフ ↑ イブン・シハーブ ↑ ムハンマド・ブン・アブド・アッラフマーン・ブン・アルハーリス・ブン・ヒシャーム

アーイシャは言った。「……ザイナブは誰よりも神を畏れ、誰よりも真実を語り、血縁の者に配慮し、サダカを多く出し、施しの行為にあっては自ら惜しみなく与える人でした。……」（M[47]）

女性については、ムスリムの次の二つのハディースが注意を要する。

アブー・バクル・ブン・アビー・シャイバ ↑ アブド・アッラーフ・ブン・イドリース ↑ ヒシャーム・ブン・ウルワ ↑ 父 ↑ アスマーウ（アブー・バクルの娘）

私が「神の使徒よ、私の母は私のもとにやって来て、何かを望みます。わたしは母に心配りをすべきでしょうか」と言うと、神の使徒は「その通り」と言った。（M[48]）

アブー・クライブ・ムハンマド・ブン・アルアラーウ ↑ アブー・ウサーマ ↑ ヒシャーム ↑ 父 ↑ アスマーウ・ビント・アブー・バクル

神の使徒がクライシュ族と条約を結んだとき[49]、私のもとに母がやって来ましたが、彼女は多神教徒でした。そこで私は神の使徒に相談し、「神の使徒よ、私のもとに母がやって来て、何かを望みます。わたしは母に心配りをすべきでしょうか」と言うと、彼は「その通り、母に心配りをしなさい」と言った。（M[50]）

ここでは、心配りの対象として母が挙げられている。世帯主の夫の場合、両親に対しては扶養家族としての出費が義務づけられていた。よって、心配りもサダカも認められない。ただし、右のハディースの場合、伝承を伝えているのに、アブー・バクルの娘、アスマーウである。当然、彼女には母の扶養の義務はなく、よって、血縁の者として心配りがなされた、と理解できる。

では、女性の場合、心配りではなくサダカを母親に与えるのは許されるのであろうか。これについては、

アリー・ブン・フジュル・アッサーディー ↑ アリー・ブン・ムスヒル・アブー・アルハサン ↑ アブド・アッラーフ・ブン・アター ↑ アブド・アッラーフ・ブン・バリーダ ↑ 父

女が神の使徒のもとにやって来て「母に奴隷の少女をサダカとして与えましたが、母は死に、この少女を残しました」と言うと、神の使徒は「あなたへの報酬は必ずある。少女は遺産としてあなたのもとに戻るのである」と言った。(M・D・J・T)(51)

というハディースが解答を提示している。

ハールーン・ブン・サイード・アルアイリー ↑ イブン・ワフブ ↑ アムル ↑ ブカイル ↑ クライブ ↑ マイムーナ・ビント・アルハーリス

彼女は神の使徒の時代に女奴隷を解放した。それを神の使徒に語ると、彼は「彼女を（母方の）叔父たちに与えていれば、あなたへの報酬はずっと大きかったのに」と言われた。(M・D)(52)

このハディースの場合、女性が血縁にあたる叔父に女奴隷を与えるとして、それが心配りであるのか、サダカであるのか不明である。奴隷の解放はコーランに定められたサダカの対象の一つである。それよりも、報酬が大きいという場合、心配りであろうと、サダカであろうと、血縁の者への経済的支援がより報酬の大きいことをこのハディースは示していると解せよう。また、女性が血縁の者に対し、心配り、サダカを行うことは有効であることを示しているとも解せる。

ムハンマド・ブン・ヤフヤー ← アブド・アッラーフ・ブン・ジャーファル・アッラッキー ← ウバイド・アッラーフ ← アブド・アルカリーム ← アムル・ブン・シュアイブ ← 父 ← 祖父

男が預言者のもとに行き、「私は母に果樹園を与えました。彼女は死にました。私の他に相続人は残していません」と言った。神の使徒は「あなたのサダカには（報酬が）必ずある。あなたのもとに果樹園は戻る」と言われた。（J）(53)

このハディースではある男が母にサダカを与えたことになっている。母親を扶養家族に含めないという見解を反映するものと考えざるをえない。(54)他のハディース学者はこのハディースを採用していないものの、扶養家族に両親を含めることを明確にするハディースもない。つまり、預言者のハディースでは確定され得ない問題ということになる。

以上の点をおおまかにまとめれば、夫の場合、扶養家族を除いた血縁の者には、心配りとサダカが求められ、女性の場合は、血縁の者すべてに対し、心配りとサダカが求められる、ということになる。

（三）　親族へのサダカ

親族がサダカの要件を満たしていれば、供与の対象になるという法見解はすでに見てきた。親族は、扶養家族、血縁の者の次に考慮せねばならない存在であり、関係が近いほど、サダカの権利も大きいというのが初期法学派やハディース学者のほぼ一致した見解であると考えられる。

さらに、親族へのサダカの供与で注目すべきは、「はじめに」のところでも指摘したように、親族がハブス（ワクフ）の受益対象になっていることである。以下のハディースはハディース六書のすべてに載っている重要なものである。

クタイバ・ブン・サイード ↑ ムハンマド・ブン・アブド・アッラーフ・アルアンサーリー ↑ イブン・アウン ↑ ナーフィー ↑ イブン・ウマル

ウマル・ブン・アルハッタ―ブはハイバルに土地を所有していた。彼は預言者のもとに行った。預言者はウマルをその地に任じていたのである。ウマルは「神の使徒よ、私はハイバルに土地を得ましたが、これほど富みをもたらす土地を私はかつて持ったことがありませんでした。この土地をどうすべきでしょうか」と言った。そこで預言者は言った。「望むなら、土地そのものをハブスとし、そこからサダカを出しなさい」。それでウマルはその土地からサダカを出した。それは売られず、贈与されず、相続されず、サダカは貧者、親族 al-qurbā、奴隷の解放、神の道、旅人、客人に供出され、それを管理する人が適度に食べ、過度にならない程度、食を与えても罪にはならない。（B・M・D・J・T・N）[55]

イブン・ウマルが伝えるこのハディースでは、父のウマル（第二代カリフ）に対して預言者が土地をハブス

（すなわちワクフ）とし、そこからサダカを供出することを勧めている。このハディースについては以前、別稿で取り上げた。その中で、ワクフ制度が預言者のスンナに基づくこと、ワクフの受益者はサダカの受給者に起源があること、サダカの対象者の中にコーランで規定のない親族、客人が含まれていること、などがこのハディースに示されていることを指摘した。[56] ハブスはマーリク派の用語であるが、歴史的にメディナ地域では実際に一部の土地がハブスとされ、サダカとして運用されてきた可能性を示唆する。また、ハブスの受益者であるサダカの供与対象者にあえて親族を含めていることは、家族ワクフの規定が背景にあると考えざるを得ない。

次に挙げる

サイード・ブン・アブド・アッラフマーン ← スフヤーン・ブン・ウヤイナ ← ウバイド・アッラーフ・ブン・ウマル ← ナーフィー ← イブン・ウマル

ウマルは「神の使徒よ、私はハイバルに百の割り当てがありますが、これほど富みをもたらす土地を私はかつて持ったことがありませんでした。私にとって最も大事なものです。私はこの土地からサダカを出そうと思います」と言った。そこで預言者は「土地そのものをハブスとし、収穫を捧げなさい」と言われた。（J・N[57]）

というハディースも同類のものである。

以下のアブー・タルハについて述べたハディースでは、サダカの対象者を親族に限定している。

アブド・アッラーフ・ブン・ユースフ ← マーリク ← イスハーク・ブン・アブド・アッラーフ・ブン・アビー・タルハ ← アナス・ブン・マーリク

アブー・タルハはメディナのアンサールの中で最も多くのなつめやしの木から成る財産を所有していた。中でも最も大切にしていた財産はバイルハーにあるものであった。それは、モスクに面しており、神の使徒も中に入って、そこのおいしい水を飲んだものだった。その頃「あなた方は大切にしている物から出費をしない限り、敬虔になることはない」（コーラン三章九十二節）という啓示が下った。アブー・タルハは神の使徒のもとに向かい、「神の使徒よ、神は『あなた方は大切にしている物から出費をしない限り、敬虔になることはない』とおっしゃっています。私にとって最も大切な財産はバイルハーの土地です。私はこれを神へのサダカとします。敬虔の証とし、来世への蓄えとしたいと思います。神の使徒よ、神の導くままに、これを用いて下さい」と言った。神の使徒は「すばらしい。この財産は実り多い。この財産は実り多い。お前の言ったことはしかと聞いた。私はそれを近親 aqrabūn のものとすればよいと思う」と言われた。アブー・タルハは「神の使徒よ、そうします」と言って、これを近親やいとこたちに分配した。（B・M・MA）(58)

このハディースは、アブー・タルハが土地そのものをサダカとして分配し、与えたことを示している。土地はかなりの資産価値を持つものであり、本来、貧者、困窮者ら財を必要とする者に与えられるべき（そうでなければイスラムの公益のために与えられる。神の道、すなわちジハード、そして心が信仰に傾いた者はこれにあたる）サダカの目的を逸脱しているようにも思える。どの程度の資産までを貧者とみなすか、つまりサダカの受給権利者とみなすかについては、初期法学者の間でも様々な学説がある。同様にサダカを供与するにあたって、供与額の上限を定めるべきか、否かについても、議論の積み重ねがある。ちなみにアブー・ウバイドでは、サダカを受け取る資格のある貧者として、金一ウキーヤに相当する財産を持たない者と具体的に定めるものの、サダカを与えるにあたっては上限はないとする。よって、サダカを徴収される者の資産（二〇〇ディルハム以上）よりも多くの資産を貧者がサダカによって得ることも可能とされる[59]。

同種であるが傍線部が異なるハディースに次のものがある。

イスマーイール ↑ アブド・アルアジーズ・ブン・アブド・アッラーフ・ブン・アビー・サラマ ↑ イスハーク・ブン・アブド・アッラーフ・ブン・アブー・タルハ ↑ アナス

神の使徒は「すばらしい、アブー・タルハよ。この財産は実り多い。我々はお前からこれを受け取り、またお前に返す。これを近親 aqrabūn のものとするように」と言われた。それでアブー・タルハは血縁の者 dhū raḥimi にサダカとして与えた。彼らの中には、ウバイイやハッサーンがいた。ハッサーンは自分の分け前をムアーウィヤに売った。彼は「アブー・タルハのサダカを売るのか」と尋ねられ、「一サーウのナツメヤシを一サーウのディルハムで売ることはないだろうか」と言った。この果樹園はムアーウィヤが建てたジャディーラ族の砦のところにあった。(B[60])

ムハンマド・ブン・ハーティム ↑ バフズ ↑ ハッマード・ブン・サラマ ↑ サービト ↑ アナス

「あなた方は大事にしている物から出費をしない限り、敬虔になることはない」というコーランの節が下った時、アブー・タルハは神の使徒に「我々の主は我々の財産をお望みのようであります。証言します。神よ、私は自分の土地バイラハーを神に捧げます」と言った。そこで神の使徒は「それを親族 qarāba のものとしなさい」と言った。それでアブータルハはハッサーン・ブン・サービトとウバイイ・ブン・カーブのものとした。(M・D・N[61])

となっている。三つのハディースでは、アブー・タルハがサダカを与えたウバイイ、ハッサーンは近親、いとこたち、血縁の者、親族などと様々に形容されている。ブハーリーの二つのハディースはこの点矛盾するように見える。しかし、彼は別の個所で三名の系図を記し、彼らが親族であることを明らかにしている。三名の系図はブハーリーによれば次の通りである。

アブー・タルハ：ザイド・ブン・ナフル・ブン・アルアスワド・ブン・ハラーム・ブン・アムル・ブン・ザイド・マナート・ブン・アディー・ブン・アムル・ブン・マーリク・ブン・アンナッジャールである。

ハッサーン：ハッサーン・ブン・サービト・ブン・アルムンジル・ブン・ハラーム・ブン・アムル・ブン・ザイド・マナート・ブン・アディー・ブン・アムル・ブン・マーリク・ブン・アンナッジャール

ウバイイ：ウバイイ・ブン・カーブ・ブン・カイス・ブン・ウバイド・ブン・ザイド・ブン・ムアーウィヤ・ブン・アムル・ブン・マーリク・ブン・アンナッジャール

この三名の出自はアンサールのハズラジュ族である。傍線を引いた部分は祖先が共通することを示す。アブー・タルハにとって二人は共通の祖先を持つ親族と形容するのが適当であると思われるが[62]、近親、いとこと形容することが誤りであるとも断定できない。

親族へのサダカの分配について具体的に述べられているのは、右に挙げたウマルとアブー・タルハについての二種類のハディースである。親族については、扶養家族、血縁の者に規程されていた出費の義務、心配りがはっきりと排除されていることが確認される。

（四）妻から夫へのサダカ

子供や夫に対する扶養義務がない妻の場合、血縁の者への心配りやサダカ、あるいは親族へのサダカも本来義務ではない。基本的により身近な男性にこれらの義務は生ずる。しかし、サダカが信仰の上で報酬のある行為であるからには、妻がサダカを行う場合、いかなる行為に報酬があるかはイスラム法学上無視できない問題であろう。この点については母親を含む血縁の者への心配りやサダカ、親族へのサダカが認められることをみた。妻に夫に対する扶養の義務がない以上、夫へのサダカも認められる行為である。もっとも、マーリク派の「ムダウワナ」は夫へのサダカを否定している。(63)

次のブハーリーのハディースは先に挙げたアブー・ウバイドのハディースに類似するが、イスナードと本文がやや異なる。

イブン・アビー・マルヤム ↑ ムハンマド・ブン・ジャーファル ↑ ザイド ↑ イヤード・ブン・アブド・アッラーフ ↑ アブー・サイード・アルフドリー

神の使徒は犠牲祭あるいは断食明けの祭に礼拝場に向かい、それから戻って人々に説教をし、サダカを命じた。そして、「人々よ、サダカを出しなさい」と言われた。それから、女性の方に進み、「女性の方々よ、サダカを出しなさい。思うにあなた方の多くは地獄の住人となる」と言われたので、彼女らは「神の使徒よ、それはなぜでしょうか」と言うと、彼は「あなた方はいつも人々を罵り、仲間を信頼せず、あなた方ほど理性と信仰に欠け、毅然とした男の心を消し去る者を私は見たことはない。女性の方々よ」と言われた。そして去った。彼が家に着くと、イブン・マスウードの妻ザイナブがやって来て面会を求め、「神の使徒よ、ザイナブですが」と言うと、彼は「どのザイナブか」と言った。彼女が「イブン・マスウードの妻であるザイナブです」と言うと、彼は「よろしい。通すように」と言った。彼女は通され、「預言者よ、あなたは今日、サダカをお命じになりました。私には宝石があり、それをサダカとしたかったのですが、夫のイブン・マスウードは私がサダカとする物には自分（イブン・マスウード）と子供にも権利があると主張します」と言った。それで預言者は「あなたの夫イブン・マスウードと息子の言うことは真実である。彼

らにはあなたがサダカとする物に最も権利がある」と言った。(B)[64]

夫アブド・アッラーフとその息子が、妻ザイナブの出すサダカの対象となっている。アブー・ウバイドはこの息子はザイナブの子ではないと明確に述べていた。次のハディースもアブド・アッラーフの妻ザイナブについてのものである。

ウマル・ブン・ハフス↑父↑アルアーマシュ↑シャキーク↑アムル・ブン・アルハーリス↑ザイナブ

アブド・アッラフの妻ザイナブは「私がモスクにいますと、預言者が『サダカを出しなさい。あなた方女性の宝石さえも』と言われました」と言った。ザイナブはアブド・アッラーフと保護していた孤児たちに出費していた。そしてアブド・アッラーフに「私がサダカからあなたと、そして私が保護している孤児たちに出費することには報酬があるか神の使徒に尋ねてください」と言うと、アブド・アッラーフは「お前が神の使徒に尋ねなさい」と言った。ザイナブは次のように語った。「私は預言者のもとに行きましたが、アンサールの女性が私と同じ用件で門のところに居るのを見ました。私共のところにビラールが来ましたので『私が夫と、そして私が保護している孤児たちに出費することには報酬があるか預言者に尋ねてください。私たちのことは伝えないで下さい』と言いました。ビラールが中に入って預言者に尋ねますと、預言者は『その二人とはだれか』と聞かれ、ビラールが『ザイナブです』と答えると、預言者は『どのザイナブか』と聞かれ、ビラールが『アブド・アッラーフの妻ザイナブです』と答えると、預言者は『よろしい。彼女には二つの報酬がある。親族qarābaの報酬とサダカの報酬である』と言われました」と言った。(B・M・J)[65]

ここでは、ザイナブのサダカの対象に夫の他、保護している孤児たちが出てくる。では、「彼女には二つの報酬がある。親族 qarāba の報酬とサダカの報酬である」という預言者の言葉はどのように解すればよいだろうか。イブン・マージャによれば、この孤児は、

アブー・バクル・ブン・アビー・シャイバ ↑ ヤフヤー・ブン・アーダム ↑ ハフス・ブン・ギヤース ↑ ヒシャーム・ブン・ウルワ ↑ 父 ↑ ザイナブ・ビント・ウンム・サラマ ↑ ウンム・サラマ

神の使徒は我々にサダカをお命じになりました。アブド・アッラーフの妻、ザイナブは「夫、彼は貧乏です、そして孤児である私のおいたち（兄弟の息子たち）にサダカを出すことはサダカの報酬がありますか。わたしは、このように彼らに出費しています。いかなる場合でも」と聞くと、彼は「ある」と答えた。（J）[66]

とあるように親族とみなされる。よって預言者の言葉で「彼女には二つの報酬がある。親族 qarāba の報酬とサダカの報酬である」とある内、親族の報酬は身内の孤児たちへのサダカ、サダカの報酬とあるのは、夫へのサダカ、と解することが出来よう。

次のハディースは注意を要する。

ムーサー・ブン・イスマーイール ↑ ウハイブ ↑ ヒシャーム ↑ 父 ↑ ザイナブ・ビント・アブー・サラマ ↑ ウンム・サラマ

彼女が「神の使徒よ、私にはアブー・サラマの息子たちに出費することで報酬がありますか。私は彼らを見捨てるつもりはありません。というのも彼らは私の息子たちです」と言うと、神の使徒は「その通り。あなたには、彼らに出

費したことで報酬があります」と言った。(B・M[67])

このハディースはブハーリーでは「扶養の書」「ザカートの書」にあるものである。ここでは、私(ザイナブ)の息子たちであることがはっきりと明示され、さらに、サダカではなく出費するという用語を用いている。妻が実の子にサダカを与えることがないことは、ここに確認できる。妻が夫にサダカを与えること、子供に出費することは、義務行為ではないが(この点夫の立場とは異なる)、報酬のある行為とみなされるわけである。

おわりに

サダカの分配規定にあって、ハディース集はそれぞれ内容が微妙に異なるため、総括するに慎重であらねばならないが、ハディース学者の見解に大きく逸脱しない程度にまとめれば、次のようになる。

- 妻、子供、奴隷(召使)、その他の扶養家族への出費は男(夫・父)にとって義務であり、サダカの供与は認められないが、この義務にはサダカ以上の報酬がある。
- 男には、扶養家族以外の血縁の者に経済的に貧しい者がいた場合、心配り、サダカを出すことが求められる。これには神の報酬がある。
- 男には、扶養家族、血縁の者以外の近親、親族に経済的に貧しい者がいた場合、サダカを出すことが求められる。これには神の報酬がある。
- 妻には夫へのサダカ、子供への出費、血縁の者(母親を含む)への心配りやサダカ、親族へのサダカにおいて神の報酬がある。

初期法学派の様々な学説を経た上で、ブハーリー、ムスリムらハディース学者が採用した見解、すなわちハディースは、イスラム法全体の枠組みを常に考慮に入れながら、個々のハディースに慎重な分析を加えた上で提示されたものである。決して、イスナードの強弱によってのみハディース採用の可否が判断された、というような代物ではない。ハディース六書の場合、あくまでもサダカの規定に限って筆者の感想を言えば、やはりブハーリーの仕事が法解釈の点で行き届いており、確実である。

預言者のスンナを確定するという作業が定着した後、イスラム法の諸学派は法理論の再構築を迫られるが、マーリク、シャイバーニー、シャーフィイーといった名だたる碩学の業績が各法学派において否定されることは法見解の細部に至る問題においても非常に少なかったと考えられる。つまり、ブハーリーらのハディース学は初期法学派の遺産の上に積み重ねられているからである。後の法学派に残された仕事は、まず、初期法学の業績をもとにイジュマーを確定していくことであり、その後、より詳細な、そして幅広い事例に対応することであった。

本稿で取り上げたサダカの親族への分配規定にあっては、扶養家族、血縁の者、親族などの用語だけをとってみても、それぞれがどの範囲までの人間集団を意味するのか未確定で曖昧な点が多く見られた。イスラム法で用いられる親族名称はこの他にも多くあり、この問題だけをとってみても、膨大な仕事が後世の法学者に託されたと言ってよい。

本稿で用いた史料と本文で用いた略記号は以下の通り。

MA : Mālik b. Anas (d. 179 / 795), al-Muwaṭṭa’, ed. Muḥammad Fu’ād ‘Abd al-Bāqī, 2vols, Cairo, 1913.

B : Bukhārī (d. 256 / 870), Ṣaḥīḥ al-Bukhārī, 8vols, Beirut, 1981.

牧野信也訳『ハディース　イスラーム伝承集成』上・中・下巻、中央公論社、一九九三－九四年。

M : Muslim (d. 261 / 875), Ṣaḥīḥ Muslim, ed. Muḥammad Fu’ād ‘Abd al-Bāqī, 5vols,Cairo, 1991.

M : Ibn Māja (d. 273 / 887), Sunan Ibn Māja, ed. Muḥammad Fu’ād ‘Abd al-Bāqī, 2vols, Beirut,n. d.

D : Abū Dā’ūd (d. 275 / 889), Sunan Abī Dā’ūd, ed. Muḥammad Muḥyī al-Dīn ’Abd al-Ḥamīd, 4vols, Beirut, n. d.

T : Tirmidhī (d. 279 / 892), Sunan al-Tirmidhī, ed. ‘Abd al-Raḥmān Muḥammad ‘Uthmān, 5vols, Beirut, 1983.

N : Nasā’ī (d. 303 / 915), Sunan al-Nasā’ī, 8vols, Beirut, 1995.

Saḥnūn b. Sa’īd (d. 240 / 855)’ al-Mudawwana al-Kubrā, 6vols, Beirut, n. d

Shāfi’ī (d. 204 / 820), Kitāb al-Umm, 8vols, Beirut, n. d

Abū ‘Ubayd (d. 224 / 838), Kitāb al-Amwāl, ed. Muḥammad ‘Imāra,Cairo, 1989.

Balādhurī (d. 279 / 892), Futūḥ al-Buldān, Leiden, 1968.

Ṭabarī (d. 310 / 923), Jāmi’ al-Bayān ‘an Ta’wīl Āy al-Qur’ān, 30vols, Beirut, 1995.

Ibn Ḥajar al-‘Asqalānī (d. 852 / 1449), Kitāb Tahdhīb al-Tahdhīb, 12vols, Beirut, 1985.

（1）コーランでサダカ ṣadaqa の語が用いられているのは、二、四、九、五八の四つの章においてである。いずれもメディナ啓示。サダカを出すという意味の taṣaddaqa については、他の章にも見えるが、啓示により意味内容が異なる。啓示の下った歴史的時期については W. M. Watt and R. Bell, Introduction to the Qur’an (Islamic Surveys 8), Edinburgh, 1970, pp. 206–13 参照。

（2）タバリーによるこの節の解釈については、医王秀行「サダカの分配規定―タバリー『タフシール』とアブー・ユースフ『租税の書』から—」(以下「サダカ」と略記)(『東京女学館短期大学紀要』第二〇輯、一九九八年)七五—九二頁を参照のこと。

(3) 医王秀行「預言者の土地財産とワクフ—イスラームの公共制度の起源」(以下「ワクフ」と略記)(『東京女学館短期大学紀要』第一九輯、一九九七年)八九—一〇二頁を参照。

(4) Abū ʻUbayd のサダカの分配を扱った部分(pp. 653-728)の翻訳については、医王秀行「アブー・ウバイド『財政論』に見るサダカの分配規定(前編)」(以下「アブー・ウバイド(前)」と略記)(『東京女学館短期大学紀要』第二一輯、一九九九年)、同「アブー・ウバイド『財政論』に見るサダカの分配規定(後編)」(以下「アブー・ウバイド(後)」と略記)(『東京女学館短期大学紀要』第二二輯、二〇〇〇年)を参照。引用の際に記す数字はハディースの通し番号。

(5)「アブー・ウバイド(後)」一八五五。

(6) タバリーのタフシールではアーミル、サダカを買った人、神の道(戦士と同義)、旅人、サダカを贈られた人の五つである(Ṭabarī, vol. X, p. 212, no. 13122, 13123)。拙稿「サダカ」八六頁も参照。また、アブー・ウバイドには旅人に代えて負債者とするハディースもある(拙稿「アブー・ウバイド(前)」一七二九)。

(7) ちなみに、金持であることを知らずにサダカを与えてしまった場合についてはウラマーの間で様々な議論がある。金持ちの親族にあえてサダカを与えても報われることがないのは、言うまでもない「アブー・ウバイド(後)」一九三五—三九。

(8)「アブー・ウバイド(後)」一八五七。

(9)「アブー・ウバイド(後)」一八六二、一八六三、一八六四。

(10)「アブー・ウバイド(後)」一八六七; Abū Dā'ūd, vol. II, p. 132 (ザカートの書四五章第一六九一節); Nasā'ī, vol. V, p. 64 (ザカートの書五四章第二五三一節)。

(11)「アブー・ウバイド(後)」一八七一。

(12)「アブー・ウバイド(後)」一八六九。

(13)彼の扶養家族の定義については、マーリクをはじめヒジャーズ学派の主張にほぼ等しいが、イラク学派は結婚が禁忌となる血縁者も出費(扶養としてではない)を求めることが出来るとしている(「アブー・ウバイド(後)」一八七二、一八七三)。結婚が禁忌となる血縁者とは男から見た場合、母、娘、姉妹、おば(父方、母方を含む)である(この定義については E. W. Lane, Arabic-English Lexicon, Cambridge, 1863 に従った)。

(14)「アブー・ウバイド(後)」一八七四。

(15)「アブー・ウバイド(後)」一八七六。

(16)「アブー・ウバイド(後)」一八七七。ここに翻訳したのはハディースの一部である。

(17)「アブー・ウバイド(後)」一八八〇。

(18)ただし、六大ハディース集の中ではアブー・ダーウードのスナンのみである。Ibn Ḥajar al-ʿAsqalānī, vol. VIII, p. 283.

(19)Shāfiʿī, vol. II, pp. 80-81(サダカの分配の書、分配の申し立ての章).

(20)Saḥnūn, Mudawwana, vol. I, p. 298.

(21)Bukhārī, vol. II, p. 117(ザカートの書一八章。牧野訳、上巻、三八四頁);vol. VI, p. 190(扶養の書二章;牧野訳、中巻、七九一頁);Nasāʾī, vol. V, p. 70(ザカートの書六〇章第二五四〇節).

(22)以下のハディースを参照。
ウスマーン・ブン・アビー・シャイバ ↑ ジャリール ↑ アーマシュ ↑ アブー・サーリフ ↑ アブー・フライラ
良いサダカは富を遺して、またはサダカを出すにあたって富を手元に残して行うものである。まず、扶養している者から始めなさい。
Abū Dāʾūd, vol. II, p. 129(ザカートの書第一六七六節).

クタイバ・ブン・サイード、ヤジード・ブン・ハーリド・ブン・マワッヒブ・アッラムリー ↑ ライス ↑ アブー・アッズバイル ↑ ヤフヤー・ブン・ジャーダ ↑ アブー・フライラ

財産の少ない状態で骨をおることである。まず、扶養している者から始めなさい。

Abū Dā'ūd, vol. II, p. 129(ザカートの書第一六七七節).

(23) Muslim, vol. II, p. 717（ザカートの書三二章第九五節）; Nāsā'ī, vol. V, p. 70(ザカートの書六〇章第二五三九節).

(24) 以下のハディースを参照。

クタイバ ↑ バクル ↑ イブン・アジュラーン ↑ 父 ↑ アブー・フライラ

良いサダカは富を手元に残して行うものである。上の手は下の手よりも良い。まず、扶養している者から始めなさい。

Nasā'ī, vol. V, pp. 63-64(ザカートの書五三章第二五三〇節).

ナスル・ブン・アリー、ズハイル・ブン・ハルブ、アブド・ブン・フマイド ↑ ウマル・ブン・ユーヌス ↑ イクリマ・ブン・アンマール ↑ シャッダード ↑ アバー・ウマーマ

アダムの子らよ、余ったものを惜しまず与えるのは良い。出し惜しむのは悪である。生活資財については(サダカを出さずとも)構わない。まず、扶養している者から始めなさい。上の手は下の手ょりも良い。

Muslim, vol. II, pp. 717-18（ザカートの書三二章第九七節).

ハッナード・ブン・アッサリー ↑ アブー・アルアフワス ↑ バヤーン・アビー・ビシュル ↑ カイス・ブン・アビー・ハージム ↑ アブー・フライラ

あなた方の一人が、朝、出て行き、必要な物を集め、それをサダカとして出し、それで充足するならば、人に乞うより良い。人が与えようが、拒もうが。上の手は下の手よりも良い。まず、扶養している者から始めなさい。

Muslim, vol. II, p. 721（ザカートの書三五章第一〇六節）; Tirmidhī, vol. II, p. 94(ザカートの書三八章第六七五

節）．

ムーサー・ブン・イスマーイール ↑ ウハイブ ↑ ヒシャーム ↑ 父 ↑ ハキーム・ブン・ヒザーム

上の手は下の手よりも良い。まず、扶養している者から始めなさい。最も良いサダカは富を手元に残して。神は慎みを求める者には慎みを、富を求める者には富をお与えになる。

Bukhārī, vol. II, p. 117（ザカートの書一八章。牧野訳、上巻、三八四―三八五頁）．

アブー・アンヌーマーン ↑ ハッマード・ブン・ザイド ↑ アイユーブ ↑ ナーフィウ ↑ イブン・ウマル

アブド・アッラーフ・ブン・マスラマ ↑ マーリク ↑ ナーフィウ ↑ アブド・アッラーフ・ブン・ウマル

神の使徒は説教壇の上に立って、サダカと慎みと物乞いについて語り、「上の手は下の手よりも良い。上の手は出費するもので、下の手は物乞いするものである」と言われた。

Bukhārī, vol. II, pp. 117-8（ザカートの書一八章。牧野訳、上巻、三八五頁）；Mālik, vol. II, p. 998（サダカの書二章第八節）；Muslim, vol. II, p. 717（ザカートの書三二章第九四節）；Abū Dā'ūd, vol. II, p. 122（ザカートの書二八章第一六四八節）；Nasā'ī, vol. V, p. 63（ザカートの書五二章第二五二九節）．

アブー・バクル・ブン・アビー・シャイバ、アムル・アンナーキド ↑ スフヤーン ↑ ズフリー ↑ ウルワ・ブン・アッズバイル、サイード ↑ ハキーム・ブン・ヒザーム

この財は緑豊かで、甘美である。良い心で受け取ったものには祝福があり、傲慢に受け取る者に祝福はない。あたかも食べても満足する事がないのと同じことだ。上の手は下の手よりも良い。

Muslim, vol. II, p717（ザカートの書三二章第九六節）．

（25） Abū Dā'ūd, vol. II, p. 128（ザカートの書第一六七三節）．

（26） Abū Dā'ūd, vol. II, p. 129（ザカートの書第一六七八節）．

（27） Bukhārī, vol. VI, p. 189（扶養の書一章。牧野訳、中巻、七九〇頁）；vol. I, p. 20（信仰の書四一章。牧野訳、上巻、三七頁）；Muslim, vol. II, p. 695（ザカートの書一四章第四八節）；Tirmidhī, vol. III, p. 232（敬虔と心配りの

書四二章第二〇三一節）; Nasā'ī, vol. V, p. 71（ザカートの書六〇章第二五四一節）.

（28） Muslim, vol. III, p. 1253（遺産の書一章第八節）.

（29） Abū Dā'ūd, vol. II, p. 132（ザカートの書第一六九二節）.

（30） Muslim, vol. II, pp. 691-92（ザカートの書一二章第三八節）; Ibn Māja, vol. II, p. 922（ジハードの書四章第二七六〇節）; Tirmidhī, vol. III, p. 232（敬虔と心配りの書四二章第二〇三二節）.

（31） Muslim, vol. II, p. 692（ザカートの書一二章第三九節）.

（32） Bukhārī, vol. II, p. 82（葬式の書三七章。牧野訳、上巻、三四七頁）; vol. I, p. 20（信仰の書四一章。牧野訳、上巻、三七頁）; vol. V, p. 127（遠征の書七七章。牧野訳、中巻、四八四頁）; vol. VII, p. 9（病人と治療の書一六章。牧野訳、中巻、八六八頁）; vol. VII, p. 160（祈願の書四三章。牧野訳、下巻、一〇四―一〇五頁）; vol. VIII, p. 5（遺産の配分の書六章。牧野訳、下巻、一八九―一九〇頁）; Muslim, vol. III, pp. 1250-51（遺産の書一章第五節）; Abū Dā'ūd, vol. III, p. 112（遺言の書二章第二八六四節）; Tirmidhī, vol. III, p. 291（遺言の書一章第二一九九節）; Mālik, vol. II, p. 763（遺産の書三章第四節）.

同様のハディースであるが、ハディースの末尾が異なるハディースに次のものがある

ムハンマド・ブン・カシール ← スフヤーン ← サアド・ブン・イブラーヒーム ← アーミル・ブン・サアド ← サアド・ブン・アビー・ワッカース

何であれ、お前が費やすものは、お前にとってサダカである。妻に与える一口の食料でさえ。神はお前に与えてくだされよう。人々はお前から利益を得、他の人は害を蒙ろう。

Bukhārī, vol. VI, p. 189（扶養の書一章。牧野訳、中巻、七九〇頁）; vol. III, p. 186（遺言の書二章。牧野訳、中巻、一〇頁。文末で「サードには一人の娘しかいなかった」とある）.

ナサーイーは同種のハディースを一〇種採用しているが、末尾の部分がいずれも欠落している。遺産分配の規程からは外れているためであろうか。Nasā'ī, vol. VI, pp. 243-46（遺産の書三章第三六二五節から第三六三四節まで）.

(33) この議論については、医王秀行「ワクフ」、ならびに「ファダクの土地と預言者の遺産」『オリエント』三六―一、一九九三年を参照のこと。

(34) Bukhārī, vol. VI, pp 189-90（扶養の書二章。牧野訳、中巻、七九一頁）.

(35) Nasā'ī, vol. V, p. 63（ザカートの書五一章第二五二八節）.

(36) Abu Dā'ūd, vol. II, p. 132（ザカートの書四五章第一六九一節）; Nasā'ī, vol. V, p. 64（ザカートの書五四章第二五三一節）.「アブー・ウバイド(後)」一八六七では「妻」ではなく「家族」ahl となっている。注(10)参照。

これと、よく似たハディースに次のものがある。

クタイバ・ブン・サイード、ムハンマド・ブン・ルムフ ↑ アッライス ↑ アブー・アッズバイル ↑ ジャービル

（前略）ヌアイム・ブン・アブド・アッラーフ・アルアダウィーが奴隷の代金の八〇〇ディーナールを持って神の使徒のもとにやって来た。神の使徒はそれを奴隷の元の所有者に渡し、「あなた自身から始めなさい。それからサダカを自分自身に出しなさい。何か余ったらあなたの家族（ahl）に、それでも余ったら、あなたの親族（dhū qaraba）に、それでもあまったら、これこれの者に」と言われ、「前の者、右の者、左の者に」と言われた。

Muslim, vol. II, p. 693（ザカートの書一三章第四一節）; Nasā'ī, vol. V, p. 71（ザカートの書六〇章第二五四二節）; vol. VII, pp. 324-25（売買の書八四章第四六六一節）.

(37) Muslim, vol. II, p. 692（ザカートの書一二章第四〇節）.

(38) Mālik, vol. I, p. 285（ザカートの書三〇章第五六節）.

(39) Mālik, vol. I, p. 283（ザカートの書二七章第五一節）.

(40) Tirmidhī, vol. II, p. 84（ザカートの書二六章第六五三節）.

(41) Ibn Māja, vol. I, p. 591（ザカートの書二八章第一八四四節）.

(42) Mālik, vol. II, p. 754（判決の書四二節）.

（43） Bukhārī, vol. II, p. 119（ザカートの書二四章。牧野訳、上巻、三八六頁）; Muslim, vol. I, p. 114（信仰の書五五章第一九五節；第一巻、九二一九三頁）.
（44） Abū Dā'ūd, vol. II, pp. 132-33（ザカートの書第一六九三節）.
（45） Abū Dā'ūd, vol. II, p. 133（ザカートの書第一六九六節）.
（46） Abū Dā'ūd, vol. II, p. 133（ザカートの書第一六九七節）.
（47） Muslim, vol. IV, pp. 1891-92（教友の美徳の書一三章第八三節）.
（48） Muslim, vol. II, p. 696（ザカートの書一四章第四九節）.
（49） フダイビヤの和約と思われる。
（50） Muslim, vol. II, p. 696（ザカートの書一四章第五〇節）.
（51） Muslim, vol. II, p. 805（断食の書二七章一五七節）; Abu Dā'ūd, vol. II, p. 124（ザカートの書三一章第一六五六節）; vol. III, p. 116（遺言の書一二章第二八七七節）; vol. III, p. 237（誓約の書二四章第三三〇九節）; Ibn Māja, vol. II, p. 800（サダカの書三章第二三九四節）; Tirmidhī, vol. II, p. 89（ザカートの書三一章第六六二節）. サダカとして再び与えられるという議論もある（Sunan Abu Dawud, tr. by A. hasan, vol., NewDelhi, 1997, p. 434, n. 954参照）。
（52） Muslim, vol. II, p. 694（ザカートの書一四章四四節）; Abu Dā'ūd, vol. II, p. 132（ザカートの書一六九〇節）.
（53） Ibn Māja, vol. II, p. 800（サダカの書三章二三九五節）.
（54） アブー・ウバイドにも「母親に土地をサダカとして与えたが、母親が死んだために土地が遺産として戻ってきた男に対して神の使徒は『あなたの報酬は必ずある。あなたの財産が戻ってくる』と言った」（「アブー・ウバイド（後）」一九七七）という同内容のハディースがある。これを同解釈すべきかは判然としない。
参考までに、ナサーイーには、次のようなハディースもある。
サイード・ブン・アルムサッヤブ ↑ サード・ブン・ウバーダ
「神の使徒よ、母は死にました。母の代わりにサダカを出しましょうか」と言うと、彼は「よろしい」と言われた。私が「どのサダカがもっとも良いものでしょうか」言うと、彼は「水の供与である」と言われた。
Nasā'ī, vol. VI, p. 257（遺言の書九章第三六六三）.

(55) Bukhārī, vol. III, p. 185（契約の条件の書一九章。牧野訳、上巻、七五二頁）. 以下、類似のハディースに、vol. III, p. 196（遺言の書二八章。牧野訳、中巻、二二頁）; Muslim, vol. III, p. 1255（遺言の書四章第一五節）; Abu Dā'ūd, vol. III, p. 116-17（遺言の書第二八七八節）; Ibn Māja, vol. II, p. 801（サダカの書四章第二三九六節）; Tirmidhī, vol. II, p. 417（権威の書三六章第一三八九節）; Nasā'ī, vol. VI, p. 232（ハブスの書二章第三五九六節）; vol. VI, pp. 232-33（ハブスの書二章第三五九八節）; vol. VI, p. 233（ハブスの書二章第三五九九節）; vol. VI, p. 233（ハブスの書二章第三六〇〇節）がある。

(56) 「ワクフ」九七―九八頁参照。

(57) Ibn Māja, vol. II, p. 801（サダカの書四章第二三九七節）; Nasā'ī, vol. VI, p. 234（ハブスの書三章第三六〇二節、第三六〇三節、第三六〇四節）. バラーズリーの伝えるハディース（ヤフヤー・ブン・サイード ↑ ブシャイル・ブン・ヤサール）によれば、預言者はハイバルを三六の部分(sahm)に分け、その内の半分にあたる一八を預言者自身が管理、残りをムスリムに分配したが、各部分はさらに百の部分(sahm)に細分されていた。百の割り当て（sahm）とは、このことを指すものか。Balādhurī, pp. 25-26 参照。

(58) Bukhārī, vol. II, p. 126（ザカートの書四四章。牧野訳、上巻、三九二―三九三頁）; vol. III, pp. 65-66（委任の書一五章。牧野訳、上巻、六〇九-六一〇頁）; vol. III, pp. 195-96（遺言の書二六章。牧野訳、中巻、二〇―二一頁）; Muslim, vol. II, pp. 693-94（ザカートの書一四章第四二節）; Mālik, pp. 995-96（サダカの書一章第二節）.Bukhārī, vol. III, p. 190（遺言の書一〇章。牧野訳、中巻、一四頁）も末尾部分は同じ。

(59) 「アブー・ウバイド（前）」一七六三以降を参照。アブー・タルハのハディースは、一七六八にある。宗教的義務というよりは自発的な善行として認められている。

(60) Bukhārī, vol. III, p. 192（遺言の書一七章。牧野訳、中巻、一六―一七頁）.

(61) Muslim, vol. II, p. 694（ザカートの書一四章第四三節）; Abu Dā'ūd, vol. II, pp. 131-32(ザカートの書第一六八九節); Nasā'ī vol. VI, p. 233-34(ハブスの書二章第三六〇一節).

(62) Bukhārī, vol. III, p. 190(遺言の書一〇章。牧野訳、中巻、一三一一四頁).

(63) Saḥnūn, Mudawwana, vol. I, p. 298.

(64) Bukhārī, vol. II, pp. 126-27(ザカートの書四四章。牧野訳、上巻、三九三頁).

(65) Bukhārī, vol. II, p. 128(ザカートの書四八章。牧野訳、上巻、三九四—三九五頁); Muslim,vol. II, p. 695（ザカートの書一四章第四六節; Ibn Māja, vol. I, p. 587(ザカートの書二四章第一八三四節).

ブハーリーには、末尾が同内容の次のハディースがある。

預言者は「人には二つの報酬がある。親族の報酬とサダカの報酬である」と言われた。

Bukhārī, vol. II, p. 126(ザカートの書四四章。牧野訳、上巻、三九二頁).

ムスリムにもほぼ同様の内容のハディースがある。イスナードと以下の本文が異なる。

ハサン・ブン・アッラビーウ ↑ アブー・アルアフワス ↑ アルアーマシュ ↑ アブー・ワーイル ↑ アムル・ブン・アルハーリス

……あなた(アブド・アッラーフ)は財産が少ない。神の使徒は私たちにサダカをお命じになりました。彼のもとに行って、このことが(夫にサダカを与えることが)私にとって報いとなるのか尋ねて下さい。そうでなければ他の人にそれ(サダカ)を出します。……夫と保護している孤児たちへのサダカは二人に報酬があるか、二人の女性が門のところで聞いていると預言者に伝えて下さい。

Muslim, vol. II, pp. 694-95（ザカートの書一四章第四五節).

(66) Ibn Māja, vol. I, p. 587(ザカートの書二四章第一八三五節).

(67) Bukhārī, vol. VI, p. 194(扶養の書一四章。牧野訳、中巻、七九六頁); vol. II, p. 128(ザカートの書四八章。牧野訳、上巻、三九五頁); Muslim, vol. II, p. 695（ザカートの書一四章第四七節).

マムルーク朝における遺産相続

――セント・カテリーヌ修道院文書の事例から

松田俊道

はじめに

マムルーク朝時代の古文書であるセント・カテリーヌ修道院文書やハラム文書には、普通に日常生活を送っていた人々の財産処分に関するものが数多く含まれている。とりわけ死亡した人の財産処分、すなわち遺産相続に関するものが多数残されている。その理由は、相続人が存在しない財産は国庫に没収されるため、死を間近にした人はもちろんのこと、マムルーク朝政権の行政担当者も遺産相続に注意を払ったためである。遺産相続が実際にどのように行われていたのかは、これまでエルサレムで一九七〇年代に発見されたハラム文書に依拠したホダ、リトルの研究によって明らかにされてきた(1)。しかし、彼らの依拠した文書はエルサレムの住民に適用されたものである。エルサレムは、マムルーク朝時代の区分ではシリアの司法行政区に属する。しかし、本稿で依拠するセント・カテリーヌ修道院文書はエジプトの司法行政区に属する人々によって作成されたものであり、異なった司法行政区での遺産相続の在り方を比較することも可能である(2)。それゆえ、本稿ではマムルーク朝時代の遺産相続をより広い観点から考察することを試みたい。また、これらの文書は広い意味での法廷文書であるが、裁判という非日常的な状況を取り扱ったものではなく、日常生活のなかで普通に起こり得ることを取り扱ったものであり、そこからは普通に日常生活を送っている人々の暮らしぶりをかいま見ることができる。文書に登場する人物は、ほとんどがマムルーク政権を支えた政府の高官や有名なウラマーなどではなく、商人、様々な職種の職人、主婦などの普通の人である。本稿では、その様な人々のことを歴史的に再構成する余裕はないが、もう少し文書を読むことにより実現したいと考えている。

一　遺産の処分方法

マムルーク朝時代の遺産相続の歴史的研究は、これまでホダ、リトルによって、ハラム文書に依拠して行われてきた。それらをもとにマムルーク朝時代の遺産相続のプロセスの大筋を記してみよう。(3)

基本的には、ある個人は死に際して、その財産の処分をめぐって、以下の三通りの方法の選択が可能であった。

(一)　遺言書 waṣāyā に依るもの

遺言書には一定の形式があり、それは一般的に遺言書を作成する公証人のマニュアルのなかに記されている。それによれば、マムルーク朝時代の遺言書はおおむね以下に述べるようなことがらが記されていた。

ムスリムであろうとズィンミーであろうと、個人は、任意に遺言書を作成することが可能であった。そこには遺言執行人の任命、ムスリムの場合は財産の三分の一を超えないで、法定相続人以外に、ある個人や慈善のために遺産を残すことを明示できた。また、遺言者は、遺言のなかで、資産と負債の記述、法定相続人の記載や、葬儀に関する指示、追悼の祈りや、代理巡礼に関する指示、あるいは奴隷の解放についての指示を記すことができた。遺言は、公証人による文書の形式で記され、法廷で確証された。遺言者の死後、その執行人は、遺言に従い遺産の分配を行ったのである。

また、マムルーク朝時代の遺言書の形式はオスマン朝時代に踏襲され、tarikāt や mukhallafāt と呼ばれた。そして、オスマン朝史研究においてもその重要性が認識され、社会経済史の分野で研究が行われている。(4)

(二) 財産証書に依るもの

もしある個人が遺言を残さなかった場合、財産証書を作成して財産処分を行うことが可能であった。これは裁判官の認可のもとに、公証人によって記された。この証書作成の主たる目的の一つは、文書の中で特定された相続人が彼らの相続分を確実に受け取るためであり、また、もう一つの目的は、相続人のいない財産目録を作成することであった。すなわち、相続人によって相続されなかった残余部分は最終的に国庫 Bayt al-Māl に帰属したからである。中世エジプトやシリアにおいては、この証書作成の際には、しばしば国庫や復帰（没収）財産庁 Dīwān al-Mawārith al-Ḥashrīya(5)の書記が立ち会っている。したがって、この証書作成の明白な目的は、主として財産を処分する際に使われることになる財産リストを提供することであり、次いで、マムルーク朝政権が、死亡した人々の法定相続人や、イスラーム法によって規定された相続によって分けつくされなかった場合、その残余部分を取得できるという目的があったからである。

この財産証書は、常に資産と負債の列挙、相続人の特定、そしてもし国庫が取得する部分があればそれも記述された。さらにこの証書が作成されたとき、もしその個人が生きている場合には、その人は遺贈を指示することができたし、まれには執行人をも任命できた。したがって、財産証書は遺言に類似しているといえよう。

しかし、こうした証書の多くは、死亡した人のために作成された。リトルはその理由を、財産証書は遺言書と違って任意のものではなかったからではないかとしている。(6)

(三) 両者の組合せに依るもの

遺言書と財産証書の両方に基づき遺産相続をするもので、両方セットになって残っている例は少ないが、遺言書は死を間近にした人が遺産の処分方法を指示したものであり、死後財産目録が記され、遺産相続が正確に行われたのである。

二　財産証書の史料的性格

ホダ、リトル両氏によれば、財産証書は以下のように規定できる。財産証書は、wuqūf と呼ばれ、ハラム文書では四二三点残されている。また、これに関連した文書が二種類あり、makhzūmāt（死亡者の財産の特定品目の売却文書）と wasāyā（遺言書）で、それぞれ二三点、一一点あり、全部で四五七文書が確認されている。

セント・カトリーヌ修道院文書においては、ハラム文書に見られるような wuqūf と呼ばれる文書、すなわち財産証書そのものは見受けられないが、これに関連した文書はかなり見受けられる。しかし、存在するその文書の枚数を正確に把握できないのは、修道院文書は、財産の処分とそれにともなう所有権の移動、それも複数にわたる移動においても、それぞれが独立した文書に記されるのではなく、多くの場合同一文書の余白、紙背、欄外などに同一物件の所有権の移動状況が分かるように書き連ねられている。そのため、枚数を計算するのが困難であるからである。(7)

財産証書は、大部分が共通の目的と共通の形式をもち、マムルーク朝時代の下層・中間層の人々に関するものである。文書は以下の内容を含んでいる。

一、財産証書の日付

二、死を間近にした人や死亡者の性別、正式名（父、父方の祖父の名を含む）、ラカブ、ニスバ、シュフラ

したがって職業や出身地なども記される

三、配偶者の名、婚姻の状態、例えば、離婚している、寡婦であるなど

四、住居の場所と位置、街区名や公共施設名を記すことによって特定する

五、住居の詳細、すなわち、そこが自己所有の自宅であるか、ワクフに設定されているか、ザーウィヤ（修道場）であるかなど

六、職場とその場所、負債並びに債権の関係

七、法的受益者の名、その居住地

八、文書起草の際の関係した役人、例えば、裁判所の公証人、地方の復帰財産庁の役人の名

九、所有財産の品目の詳細なリスト、例えば、不動産、衣服、家具、日用品、機織り機、在庫商品、宝石、現金、奴隷など(8)

また、makhzūmāt と wasāyā とを財産証書に含めるのは、これらは死を間近にした人、あるいはすでに死亡した人に関係するからである。すなわち、makhzūma は当該人物の名、職業や出身地を示すニスバ、婚姻の状態、相続人の名などを含んでいる。また、wasāyā は死を間近にした人の完全な所有物のリストを含み、財産証書に類似しているからである。

ただし、makhzūma と wasīya とは目的が当然異なる。一般的に wasīya は法文書に属し、ある個人が死の前に残すものである。そして、wuqūf、makhzūmāt、wasāyā の三者の関係は以下のようである。というのは、同一人物に関するこの三種類の文書が存在するからである。あるケースでは、wasīya は wuqūf 文書の三カ月半前に書かれていた。またあるケースでは、wasīya は makhzūma 文書の二カ月半前に書かれていた。またあるケースでは、wasīya は makhzūma 文書の四カ月前に書かれていた。このことから、遺言書は死の二から四カ

月前に書かれたらしいことが明らかである。(9)

三　セント・カテリーヌ修道院文書の遺産相続

一、文書番号二五二番（二八センチ×一〇七・五センチ　紙）　Taṣāduq（確認書）

神に讃えあれ、かくの如く行わしめよ
全ての預言者と使徒にお恵みを
慈悲深く慈愛あまねき神の名において。神を讃えよ創造の主。
代理裁判官 Muḥī al-Dīn Abū al-Jūd ʿAbd al-Qādir al-Rāwī al-Ḥanbalī の前で、①メリク派のキリスト教徒で石鹸製造業者であり Makīn b. Ilyās b. Ṣāliḥ と呼ばれ、Ibn Wajad-hu として知られる Jirjis、および②メリク派のキリスト教徒であり Manṣūr b. ʿĪsā の娘で Naṣr Allāh al-Jūkhī の夫人として知られる、Shaqrā は、彼らの法的有効性、健全性、自由意志、法的適正のもとに、以下の条件で委託を行った。

（一）メリク派のキリスト教徒で、Naṣr Allāh b. Badr の娘の Maryam の死に際して、彼女の遺産は、

①彼女の夫で上記の Makīn
②彼女の息子で未成年の Mūsā
③彼女の母で上記の Shaqrā

の間で、共有されることなく、障害なく分配されること。

（二）Mūsā の死に際して、彼の遺産は、

①彼の祖母 Shaqrā

②彼の父 Makīn
の間で、共有されることなく、障害なく分配されること。

（三）Maryam が残した財産は、qumāsh（衣服）、athāth（家財）、nuḥās（銅製品）、maṣāgh（金銀細工）、lu'lu'（真珠）などであった。これらの全ては彼ら二人の遺産管理人によって売却され、現金化された。それは総額一三一、一九四ディルハムであった。

（四）未決済の負債、一二、〇〇〇ディルハムが、彼女の許可のもとに Makīn によって支払われた。その後、法的な出費及び人件費などとして九、一〇四ディルハムが支払われた。それゆえ、上記遺産の残余額は、一一〇、〇九〇ディルハムとなった。

（五）この残余財産は、Makīn と Shaqrā との間でイスラーム法に基づく分配 farīḍa に従って分配された。

Shaqrā の相続分は 6 / 24＋1 / 72 ＝ 29,051 ディルハム

Makīn の相続分は 24 / 17＋72 / 2 ＝ 81,038 ディルハム

であった。両者の間で法的な会計を済ませた後に分配額に関する報告と確認がなされ、両者のそれに対する証言が行われた。

（六）上記の分配額は、セント・カトリーヌ修道院の修道僧 Maqārī b. Musallim Shubrā から渡された。

（七）Shaqrā は、彼女の娘 Maryam の婚約金（sadāq）と、彼女の結婚から死に至るまでの衣類（kasāwa）（?・）からなる遺産で、Makīn が証言した Shaqrā の相続分を遺漏なく受領した。Makīn はそのことを確認した。両者は、上記説明以外には、また他の理由でも、相手にいかなる権利の主張をもしないこと、権利の要求、訴訟、金銭の受け渡し、物々交換、返還、請合い、借金などをしないことを供述した。

（八）両者の間には、Maryam によって残されたアレクサンドリアの不動産と一対の絨毯のみが残されてい

た。これは Maryam の父の負債を決済するためのものであった。彼は、これを期間を限定することなく抵当に入れていたのである。両者は、この負債を解消した。

（九）Makīn は、彼の妻 Maryam の遺産について言えばすでに権利があるので、仲介者の証言およびアブー・イブラーヒームとして知られるキリスト教徒のバラカからの証言を必要としないこと。訴訟、金銭の要求なども行わないことを供述した。

（一〇）Makīn と Shaqrā の両者は、上記の裁判官の前で、上記の内容で確認されたものを確証した。八八九年サファル月一六日（一四九三年一一月二六日）に証言された。

私はそこに出席していた。
私はこの件に関して上記裁判官に証言した。
神が確認者 Makīn と Shaqrā 高めますように。上記供述の日付において説明されたものに関して彼ら二人に確証が与えられた。
al-Anṣārī Hishām が記述したものに神のご加護がありますように。

私はそこに出席していた。
私はこの件に関して上記裁判官に証言した。
神が確認者 Makīn と Shaqrā 高めますように。上記供述の日付において説明されたものに関して彼ら二人に確証が与えられた。

……………………………

二五二番の文書は、形は確認書であるが、ハラム文書の財産証書に相当するものであるといえよう。すなわち、この証書の作成の目的は、死亡した Maryam の遺産を、法定相続人である Makīn と Shaqrā が相続するために必要な法的手続きであったものと思われるからである。

文書の中には、財産証書として必要な要素がもり込まれている。すなわち、(1)法定相続人の特定、(2)死亡した Maryam の資産と負債、(3)負債の処分のために使われた諸経費、(4)負債処分に使われた諸経費を差し引いた残余部分が、イスラーム法に基づく両者の相続分であること、が記されている。

さて、リトルやホダのハラム文書研究によると、ハラム文書においては遺言書や財産証書は残っているが、実際の財産の分配、すなわち、イスラーム法の相続の分配の形式である farīḍa に従って分配を行っていることを示す文書が見あたらない。

ところが、セント・カテリーヌ修道院文書では、この二五二番の文書のように farīḍa に従って遺産の相続が行われていたことが分かる。このことは、ハラム文書とセント・カテリーヌ修道院文書の性格の違いが現れているからであると思われる。すなわち、ハラム文書の場合は、遺言書、財産証書、マフズーマとが同一人物を取り扱ってもそれぞれが独立した文書として書かれているからである。それに対してセント・カテリーヌ修道院文書の場合は同一物件の所有権の移動が、同一文書に時間の経過を経た後でも書き連ねていく性格を持っているためである。このため、遺産相続が時間の経過とともにどのように行われたかがかなり明確に明らかになるのである。

さて、ここでこの文書を検討してみよう。以下のカッコ付き数字は巻末に付したアラビア語の文書の中のカッコ付き数字に対応する。

(一) 法文書の冒頭はこのような言葉で始まるが、この件に携わった裁判官のサインである。したがって、明らかに文書の本文とは筆跡が異なっていることが分かる。この文書では、代理裁判官 Muḥī al-Dīn の手によるものである。これは 'alāma と呼ばれ、スユーティーはいくつかの例をあげている。例えば、jarā dhālik ka-dhārik（かくの如く行わしめよ）、i'tarafa 'indī bi-dhālik（彼は私に対してそれを認めた）[10]、ad-hintu fī dhālik（私はその件について許可を与えた）などである。

（二） Sayyidna al-'Abd al-Faqīr ilā Allah ta'ālā は代理裁判官（Khalīfat al-Ḥukm）の称号である。他の文書では、代理裁判を Nā'ib al-Ḥukm とも記している[11]。

（三） この部分が財産のリストに相当するのだが、現存してはいないが財産証書が記されていて、そこにはこの部分が詳細に記されていたものと思われる。

（四） mubāshira（遺産管理人）によってこの売却が行われたのだが、遺産の売却はスユーティーのマニュアルによれば mubāshira によって行われていた。文書に「売却されて、セント・カトリーヌ修道院の修道僧 Maqārī b. Musallim Shubrī の手を通じて手渡された」とあるのは、マカーリーがこの遺産の管理人であったからであろう。

（五） ta'rīf（報告）、tasdīq（確認）が行われたが、この文書は taṣādiq でありいくつかの確認をまとめたものである。

（六） kasāwat-ha の意味がはっきりしないが、そのすぐ後の min hīna shu'ni-hi bi-hā wa-ilā hīna hīlāki-hā（彼女の結婚から死に至るまで）とあることから、おそらく衣類という意味であると推測される。

（七） nafaqa はこの場合は生活費という意味で、婚約が解消したときに夫から妻に一定の期間支払われるもの。

（八） ここは二人の公証人によるこの文書に対する証言の部分で、それぞれ代理裁判官 Muḥī al-Dīn による二人の相続人に対してなされた確認が法的に有効であることを証言するものである。

さて、次にこの文書から明らかになることを検討してみよう。メリク派のキリスト教徒の Maryam が死亡し、その遺産を彼女の夫の Makīn と彼女の母の Shaqrā とで相続するという状況である。彼女の息子であり未成年の Mūsa の存在がこの記述だけではっきりしないが、おそらく、彼もほとんど同時期に死亡したのであろうか。とすれば Maryam の遺産が上記二人によって相続されることに納得できる。二人は裁判所に出向き、裁判官にこの相続の委託を行ったことが分かる。

ついで、実際に両者の間で遺産の分配を行うのであるが、財産の項目から判断して富裕層や有力者ではなく、普通の暮らしをしている人の相続であることが明らかである。このことからは、多量に残っている遺産相続に関するハラム文書の内容と似た傾向がうかがえる。遺産はリストアップされ、売却に回されるのであるが、この段階で実際には残っていないが wuqūf 財産目録と makhzūma が作成されていたであろう。売却が遺産管理人によって行われ、売却総額が決定した。そこから、Maryam が生前残した負債が差し引かれ、さらに売却処分に使われた経費を差し引くと、残余額すなわち実際に分配される総額が決定した。両者は分配の内容を確認し、裁判官の前で確証したのである。

また、この文書で興味深いことは、Shaqrā と Makīn とに分配された分配額がセント・カテリーヌ修道院の修道僧 Maqārī b. Musallim Shubrā から渡されていることである。しかもこの Maqārī は以下に紹介する二七五番の文書に登場する財産の購入者の Maqārī と同一人物である。これをどうすればうまく理解できるのであろうか。考えられることは、この遺産を売却処分した際の購入者がこの Maqārī であり、相続人の二人に分配額を支払ったのである。すなわち、二七五番の文書ではもう少しはっきりとした形で現れるのであるが、このケースでも将来復帰財産庁に没収される可能性を回避するための方法として、購入者の Maqārī がその後ワクフに設定したかどうかはわからないが、修道院が関与したことは明らかであると思われる。

いずれにせよ、この相続においては遺言書が作成されたかどうかは明らかではないが、財産証書が作成され、それに基づいて相続が行われたと思われる。この文書は財産証書そのものではないが、それに関するもので、財産証書に基づき処分される遺産相続をより確実にするために行われた裁判官への委託による手続きを記したものと言えよう。

二、文書番号二七五（三一・五センチ×二一〇センチ　紙）売却文書

神に讃えあれ。al-Shaykh Jalāl al-Dīn al-Bakrī、神がこの審理に関して彼に御加護を与えられますように。

登録せしめよ。

慈悲深く慈愛あまねきアッラーの御名において。すべての預言者および使徒に讃えあれ。これは売却文書である。その内容は以下の如くである。代理裁判官 Jalāl al-Dīn Abū al-Faḍl ʻAbd al-Raḥmān b. al-Amāna al-Anṣārī al-Shāfiʻī のもとでその日付で以下のことが確認された。

①al-sayyid al-sharīf Zayn al-Dīn Abū Bakr b. Shihāb al-Dīn Aḥmad al-Ḥusaynī, は有力商人の一人で al-Sarūjī として知られる

②al-ṣadr al-ajall Nāṣir al-Dīn Muḥammad b. Jamāl al-Dīn ʻAbd Allāh, は Ibn ʻAbd al-Ḥamīd として知られる

③Jamāl al-Dīn ʻAbd Allāh b. Yaʻqūb b. ʻAbd Allāh, は Ibn ʻUmayra として知られる

上記三人は、八七三年ジュマーダー第二月二日の日付のある遺言書の記載によって Ibn Ṭarḫān として知られるメリク派のキリスト教徒 Mūsā b. Saʻīd b. Ilyās の遺産の三分の一に関するおよび負債の支払に関する遺言執行人に任命された。

Mūsā の死後、遺言執行人の受け入れが行われた。そのことが確認されたことに従って、上記執行人たちによ

ってイスラーム法に基づく処分の後に負債の返済が行われた。また、同年ラジャブ月二二日に証言を求めるために上記遺言に記載されている範囲のものが彼らに説明された。

その結果、以下の財産の移動が生じた。

セント・カテリーヌ修道院の修道僧として知られているメリク派キリスト教徒 Maqārī b. Musallam b. Shubrā は以下の財産を購入した。売却人は、この三分の一の財産の売却、そして死亡した Mūsā の妻であるメリク派キリスト教徒で ʿĀmir の娘の Tāj の財産の売却を執行する上記の執行人② Nāṣir al-Dīn および③ Jamāl al-Dīn であった。彼女の夫によって、上記遺言執行人および彼女の代理人による彼女の分け前の売却に関する証言が彼女に適用された。彼女の分け前の売却においては、適切な価格がつけられ、証言に基づく受け渡しが行われた。また、メリク派のキリスト教徒でトゥールの水運び人 Niqūlā b. ʿĪsā b. Saʿīd も売却人としてこの売却に加わった。

それらは、次の三つの部分からなる。(1)カイロのスワイカ Suwaiqa al-Sharīf 地区の中の北側でシャリーフとして知られる路地に面して位置するサンルーフ al-riwāq 付きの建物群、(2)カイロのアトゥーフ地区にあり、スワイカ地区の故 Baktimur の家の近くにある建物群および土地、(3)トゥールの海岸沿いにある建物及び土地である。

Ibn Ṭarḥān として知られる上記 Mūsā はその日付前に死亡した。そして三分の一を決められたものに残した。それ以外は、上記遺言書に記載されているように、Tāj、彼の孫 Sulaymān b. Yuḥannā、そして孫の Sulaymān の死の際には彼の父の兄弟すなわち従兄弟で上記の Niqūlā に相続されることになった。彼の妻 Tāj の相続分は二四分の八、彼の孫は二四分の二、従兄弟が二四分の一四であった。

売却額は一九一ディーナールであった。

私は上記代理裁判官 Jalāl al-Dīn al-Anṣārī al-Shafiʻī に証言する。
Aḥmad が記す。
私は上記代理裁判官 Jalāl al-Dīn al-Anṣārī al-Shāfiʻī に証言する。
Abū Muḥammad Muḥammad Mūsā が記す。

（右余白）ワクフ文書

神を讃えよ。創造の主。

これはワクフである。上記遺産の購入者 Maqārī b. Musallam b. Shubrā は、健全な心身をもっている。以下に記す財産は売却処分の際に彼が取得したものである。それらは(1)スワイカ地区にあるサンルーフ付きの建物群、(2)アトゥーフ地区にある土地と建物からなる全建築物、(3)トゥールにある土地と建物からなる全建築物である。それらの境界の記述はすでに記されたとおりである。そしてワクフの契約が行われた。これは通常のワクフのように、売却されることなく、贈与されることもなく、抵当に入れられることもなく、相続、所有、交換、分割もされることがない。

かくの如き条件に従って、上記ワクフ設定者（ワーキフ）は以下に説明されるようにこれをワクフに設定した。管理人は以下の管理を行う。このワクフの受益者は、(1)セント・カテリーヌ修道院在住の修道僧、もしそれが困難な場合は(2)エルサレム在住のギリシャ正教徒の修道僧、またそれが困難な場合は(3)ヘブロンの利益のため、またそれが困難な場合は(4)居住場所を問わず困窮者であること。

このワクフの管理人は、(1)修道僧、次いで(2)上記修道院の主教、次いで(3)トゥールのウクルーム、もし上記修道院の修道僧が困難な場合は(4)エジプトのメリク派のパトリヤック、それが困難な場合は(5)エルサレムのメリク派のパトリヤック、もし、受益者がヘブロンの利益のため及び貧困者に移行した場合は、管理人はエジプトのシャーフィイー派の裁判官に移る。証言がこの裁判官の権威のもとに行われた。八七四年（一四六九年一一月）ラビーウ第二月一六日。神は最もよく知り給う。

上記ワクフ設定者にかくの如く証言した。
ʻAbd Allāh b. Aḥmad al-Badawī
上記ワクフ設定者にかくの如く証言した。
Abū Muḥammad Muḥammad Mūsā al-Safatī

二七五番の文書は売却文書であるが、文書の内容から、Mūsā は死の直前の八七三年ジュマーダー第二月二日に遺言書を書き残した。その後まもなく Mūsā は死亡した。遺言書が作成されてからおよそ一カ月半後に、それに基づいて遺産の売却処分が行われ、負債の返済、埋葬のためのさまざまな出費などが支出された後に、遺産相続がなされたものと思われる。そして、それからおよそ九カ月後に購入者のマカーリーがこの全財産をセント・カテリーヌ修道院のワクフに設定していることが分かる。この流れを図で分かり易く説明すると次のようになる。

（八七三年ラジャブ月二二日）

Mūsā
- 三分の一 →｛負債の返済／埋葬費用｝
- 三分の二 →｛Tāj　二四分の八／Sulaymān　二四分の二／Niqūlā　二四分の一四｝— Maqārī　→　セント・カテリーヌ修道院のワクフ

遺言書（八七三年ジュマーダー第二月二日）→ Mūsā の死亡　→　遺産の売却処分（八七三年ラジャブ月二二日）

→　ワクフの設定（八七四年ラビーウ第二月一六日）

またこの文書の内容を検討してみよう。以下のカッコ付き数字は同様に巻末に付したアラビア語の文書の中のカッコ付き数字に対応する。

（一）　この部分は、この文書に記載されている執行内容を精査した裁判官のサインの代わりの題辞。

（二）　li-yusajjila は裁判官が記すが、スユーティによれば、basmala の bā' の下に位置し、本文の脇で文書の第一行目の始まりの所に位置する。エジプトのスタイルでは、裁判官が li-yusajjila khaṣṣatan と記した。もし、裁判官が欲すれば、li-yusajjila bi-thubūti-hi wal-ḥukm bi-mujabi-hi または li-yusajjila bi-thubūti-hi wa-tanfīdhi-hi または li-yusajjila bi-thubūt mā qāmat bi-hi al-bayyina fī-hi wal-ḥukm bi-hi と記した。

（三）　Sayyidnā al-ʻabd al-faqīr ilā Allāh taʻālā al-shaykh al-imām al-ʻālim al-ʻallāma は代理裁判官の称号。

（四）　ʻalā wafā mā ʻalā min daynin sharʻīin この売却の目的を示している。すなわち、死亡した Mūsā の借

金を清算するためにも売却が必要であった。イスラーム法では財産に対する三種類の請求権を認めている。すなわち、埋葬、死亡者の負っている支払義務、死亡者の財産の継承の場合である。

(五) makutūb al-īsā' は遺言書の意味である。遺言書は一般的には waṣāya を使う。

(六) awṣiyā' は遺言執行人で、Zain al-Dīn と Nāṣir al-Dīn と Jamāl al-Dīn の三人の名前が記されている。ハラム文書の遺言書には遺言執行人の名前は記されていない。

さて、この文書は売却文書とワクフ文書であるが、マムルーク朝時代の一庶民の遺産相続をめぐる興味深い事実を示してくれる。死亡した Mūsā の出身や職業に関することは文書には一切記述がないので、彼の経歴は明らかではないが、勿論同時代の人名辞典にも記載されるような有名人ではないことから、ごく普通の一庶民であることがわかる。その Mūsā が死を直前にして、自分の財産の処分に関する遺言を残したのである。その遺言書は残念ながら残っていないが、その内容の大筋はこの文書から推測することができる。

すなわち、財産の三分の一は後に詳しく触れるがイスラーム法の遺言の規定に従って処分していることがわかる。イスラーム法の規定では、財産の三分の一で債務の返済、奴隷の解放、葬儀の費用、代理巡礼などを行ってよいことになっている。文書では、売却処分後負債の返済が行われたということを除けば、三分の一は決められたものに残したとだけしか記されていないので、詳しいことはわからないが、おそらく負債の返済を行った後、埋葬の費用などに使われたものと思われる。

さてこの文書によると、Mūsā の遺産の購入者 Maqārī は購入した全財産をセント・カテリーヌ修道院のワクフに設定している。購入者の Maqārī はこの修道院の修道僧である。このことは何を意味しているのであろうか。第六章に詳しく記すが、特に相続人のいない人が財産を復帰財産庁に没収されるのを回避するために、生きている間に全財産あるいは財産の一部をワクフに設定するということがしばしば行われた。このケースもおそらく、この財産が復帰財産庁の手に渡るのを防ぐためにワクフに設定されたことが推測される。しかし、このワクフの設定者 Maqārī は文書の文章を忠実に訳せばセント・カテリーヌ修道院の修道僧として知られているとある。はっきり修道僧と明記しないで修道僧として知られているという記述に何か意味があるのだろうか。Maqārī が修道僧であれば普通は相続人がいないことになるので、ワクフに設定する動機がよく分かる。しかし、彼がこの修道院の修道僧であるということであれば、カイロにある不動産を購入するということが不可解である。ここからは筆者の解釈であるが、カイロにあるメリク派のキリスト教徒地区内にある不動産がマムルーク朝政権に没収されるのを防ぐため、セント・カテリーヌ修道院がこれに関与したものと思われる。しかも、修道院が直接購入という手段をとるよりは、ワクフの対象になっていた方が都合がよい。そのため、修道僧として知られる Maqārī に購入を依頼し、それをワクフに設定してもらうという方法をとったのではないだろうか。したがって、この文書は遺産相続という普通の財産処分を記しているとともに、マムルーク政権による財産没収から逃れる巧妙な手段が記されているとも言えるのである。

四　財産証書の機能

セント・カテリーヌ修道院文書のなかで財産証書に類するものが何点含まれているかはすでに記した理由から正確には把握できないが、ハラム文書の場合は、現存する文書のうち約半数の四二三文書を数えることができる。しかも、ハラム文書の多くは一四世紀の最後の一〇年間にエルサレムで作成されたものである。したがって、マムルーク朝時代のエルサレムでは復帰財産庁がよく機能していて、遺産相続の監督をかなり厳格に行っていたことが推測できる。しかし、このことによってある階層の全ての住民が財産証書の作成を免れることができなかったかどうかは分からないという。[12] いずれにせよ財産証書は、軍人やその他のエリート層を除いた階層の人々に関するものであることが推測できる。というのは、彼ら二流階層に属する人々の財産証書は別枠であったのである。すなわち、特に軍人階級の場合は、マムルークは死後イクターを返還しなければならなかったからである。ブルージー・マムルーク朝時代には、高貴な家系に属する人々aʿyān al-nās の財産から収集された収入は、直接スルタンの収入、すなわちスルタン庁 dīwān al-khāṣṣ に組み込まれたからである。[13]

一、財産証書の起源

エジプトやシリアにおいて財産証書がいつ頃から記されたかははっきりしない。しかし、イブン・マンマーティーによれば、ファーティマ朝後期、アイユーブ朝初期のエジプトの財務行政に関する記述、すなわち「復帰財産 mawārith」のなかでそれは次のように記されている。[14]

　財産を残す者が死亡すると、財産から控除されるものは、葬儀の費用、借金である。残りが相続人に分けられた。もし、その者に相続人がいない場合は国庫 bayt al-māl がそれを受け継いだ。もし、相続人が遺産の全てを相続する権利がない場合は、相続分を相続し、残りは bayt al-māl に帰属した。

　男の相続人は次の十五人に分類できる。息子、孫及びその下、父、祖父及びその上、父及び母の兄弟、父の兄弟、母の兄弟、父及び母の兄弟の息子、父の兄弟の息子、父及び母のおじ、父のおじ、父及び母のおじの息子、父のおじの息子、夫、男解放奴隷である。

　女の相続人は次の十一人に分類できる。娘、息子の娘とその下、母、母方の祖母、父方の祖母、父及び母の姉妹、父の姉妹、母の姉妹、妻、女解放奴隷、女奴隷の女奴隷である。

とある。しかし実際には、ラビーアによれば、九六九年エジプトを征服したジャウハル Jawhar al-Siqillī はエジプト人にアマーンを与え、死亡した人の財産から国庫に帰属したものを免除した。すなわち、シーア派の原理を導入したファーティマ朝はスンナの慣行を否定したのである。ファーティマ朝は、間接的な証明であるが、国庫の収入源として復帰財産を拒否したのである。[15] したがって、イブン・マンマーティーのこの記述は、アイユーブ朝時代に入ってそれが復活してからのものと思われる。

以上のことから、このイブン・マンマーティーの記述には財産証書が記されたことが明確に記されてはいないが、アイユーブ朝時代のエジプトやシリアにおいては、復帰財産が国庫に帰属する重要な財源であったことから、おそらく財産証書が記されていたと推測される。

また、ここでは相続人の定義が明確になされていることにも注目しておく必要があろう。すなわち、イスラーム法の用語でこれを定義すれば、相続人は次のようになるであろう。

(1)ザウ・ル・ファラーイド：コーランの規定により、特定の相続分の権利を持つ者、(2)アサーバト：男系親族からなる相続人、(3)ザウ・ル・アルハーム：被相続人の血族で、アサーバトにもザウ・ル・ファラーイドにも属さない者、(4)契約による相続人：奴隷を解放したときに生じる。(5)承認された血族男子：被相続人の兄弟(6)単独受遺者：前述の者がすべて欠けている場合にあり得る、(7)国家に分けられる。[16]

イブン・マンマーティーがこれを男、女、奴隷に分類して定義しているのは、イスラーム法の用語で定義するよりもきわめて分かりやすいからだと思われる。さらに言えば、この時代の相続のあり方もきわめて明確にうかがい知ることができる。

次いでイブン・マンマーティーの記述からは、国家がある時期から誰かが死亡すると財産の相続に関して干渉したことも明らかである。すなわち、アイユーブ朝治下のことであるが、イブン・マンマーティーは人が死亡したときの習慣を次のように記述している。[17]

死体洗人、運搬人、経帷子取扱い人は処理を行う前に、mawārith の役人に知らせた。役人は相続人の同定を行った。もし、死者に全財産を受け継ぐ家族の相続人がいたら、mawārith の役人は財産に手をつけることを禁じられた。もし、死者に相続人がいないかまたは財産の一部しか受け継がない場合は、財産を差し押さえた。こうした手続きをへて死体は埋葬された。その際、全ての債権者は、bayt al-māl かまたは他の相続人から取分を得た。もし、相続人がその時不在であったならば、bayt al-māl の役人は相続人が戻るまで財産を保護しなければならず、また現れても死者との結びつきが証明されるまでは財産を解放しなかった。

この記述からは、死亡者が出たときには埋葬を執り行う者が復帰財産庁の役人に届け出、その許可がなければ埋葬を行うことができなかったことがわかる。そして担当の役人は相続人の有無を調べ、相続人がいる場合は相続人を同定し、いない場合はその財産を差し押さえたことがわかる。そのような手続きを間違いなく行うためにも、おそらく財産証書の作成が行われたのではないかと思われる。

ゴイテインの『地中海世界』によると、アイユーブ朝時代のことであるが、

ある個人が死ぬと、すぐに彼の財産の目録が作成された。そして裁判所の印が各財産に押された。ゲニザ文書によると、あるケースでは、それが埋葬前でさえ行われた。また別なケースでは、ある裕福な金細工師の財産は彼が死去

した当日にこの印が押された。第三のケースでは、ある休日の週に死亡した医者の家では、その期間は普通は如何なる法文書も記されないのに、あらゆる物が登録された。(18)

とあり、ユダヤ人社会にもこの方法が及んでいたことがわかる。そしてユダヤ人社会にも財産目録の作成が及んでいたことが、ゲニザ文書およびそれを利用したゴイテインの研究からわかること、また、上記のイブン・マンマーティーの記述から判断して、アイユーブ朝時代には財産証書の作成の習慣がエジプトやシリアでは存在したと言えよう。

二、財産証書による相続

財産証書には、死亡した人物の相続を具体的にどのように行うかが記されている。それぞれの財産証書にはイスラーム法の財産相続の規定に基づく様々な相続のあり方が記されている。イスラーム法による分配の規定は複雑である。この時代のエジプトやシリアではどのようであったのだろうか。イブン・マンマーティーはファリーダに関してのみ次のように記述している。(19)

半分：五人の相続人が想定される。すなわち、娘、息子の娘、父と母の全血姉妹、父方の半血姉妹、もし女の死亡者に子供および息子の子供がいない場合は夫。

四分の一：もし女の死亡者に子供または息子の子供がいない場合は夫、もし男の死亡者に子供または息子の子供がいない場合は妻たち。

八分の一：もし男の死亡者に子供または息子の子供がいない場合は妻または妻たち。

三分の二：娘たち及び息子の娘たちを越えて、父と母の全血姉妹たち、父方の半血姉妹たち。
三分の一：子供と孫のいない、または兄弟姉妹の両方いない母、母の子供たち。
六分の一：七人の相続人が想定される。子供のいる父、保護者のいる母、子供のいる祖父、祖母たち、母の子供の一人に、三分の二が確定している娘をもつ息子の娘たち、三分の二が確定している父と母の全血姉妹たちをもった父方の半血姉妹たちに。

これも明確にその分配方法が記されていると言えよう。ファリーダに関しては既に前節でも言及したが、イブン・マンマーティーはイスラーム法の用語を使って相続分を説明するのではなく、相続分に相当するのが具体的に誰であるのかを記しているので、きわめて理解しやすく整理していることがわかる。ただし、実際の相続はおそらく様々なことを考慮したうえで相続分を決定しているようで、第四章で紹介した文書において分配額が具体的にどのように決定されたのかはよくわからない。

三、遺言書

ヌワイリーによると遺言書は例えば以下のように作成されたことが分かる。(20)

もし、誰かが誰かに遺言を残す場合は次のように記された。
これは私が某人に書き記す遺言である。死が自分に突然訪れるかも知れないので、スンナに従い、遺言書を残すことが義務であるという神の使徒の命に従うものである。精神が正常であること、身体が健全であること、感情が正常であること、理解が確かであること、適法性があること、イスラームの柱を知り、ハラールとハラームとを知り、コーランとスンナを保持し、死とその意味、墓、天使の調査を知っていること、死後復活し、あの世の道を渡ること、天国と地獄、永遠の命とその安定、もはや教えられることもなく思い出させることもなくなることを信じていることを自分に証言した。遺産の相続人の枠に入る全ての権利のある相続人は以下のとおりである。現在に至るまで結婚関係にある妻某、彼女との間の自分の子供たち、すなわち某たち、それ以外には誰も遺産を共有しない。また、妻などのためにかくの如き支払い義務があること、そして残りが自分の保護下にあること、某人には債権があること、所有物はかくの如くであることを証言した。また、奴隷某にはイスラーム法に従って、「お前は私の死後自由である。お前は、私が自由に出来る私に権利のある私の財産の三分の一の中から解放される」と言う準備があることを証言した。もし、自分が死んだら某人に遺言する。財産の全てを彼の手に押さえ、三分の一の財産の中から埋葬の準備、死体の清め、帷子、納棺のための支出をイスラーム法に従って行うこと、自分が負った借金の返済を速やかに行い完済すること、また、三分の一から巡礼の仕方を良く知っている信頼できる人を自分の代わりに巡礼を行ってもらうために雇う特別の支出を分けておくこと、そしてその巡礼は某所から出発し、イヒラームに入ること、ハッジとウムラの両方を行うこと、イスラーム法に従って両方を完全に全うすること、全ては遺言者の立場に立って行うこと、遺言者にはこの代理巡礼者を助けるため巡礼に出る際に上記総額を支払う管理人がいることを証言した。それから、三分の一の財産の分配にもどるが、上記奴隷に値段を付け三分の一の中に含め、解放を確証する。また、もしサダカを行う場合は、何処で誰に対して行うかを明らかにする。

次いで、財産の三分の二の分配である。すなわち、遺言者に権利のある三分の一を越えるものはイスラーム法の分配に従う。成人にはその分け前を直接渡し、後見人が必要な未成年者には現金、不動産などの中から決められたものを成人になるまで後見人の手をへて手渡す。私はその全てが私の死後実行されることを遺言します。そして自分の代わりに宗教を良く知り、公平さ、誠実さを備えた人物を代理人に任命する。もし、彼が可能な場合は、遺産の管理は某が行う。またもしそれも不可能な場合は、某所のハーキムが管理を行うものとする。

この記述からは、マムルーク朝時代の遺言書がどのように記されたかを明確に知ることができる。これによれば、死を間近にした人は遺言書を書き残すことが信者の義務であることを認識し、遺言を残した。ここで注目しておきたいことは、奴隷の解放と代理巡礼である。コーランには奴隷は解放することが望ましいことが記されているが、一般的に奴隷所有者が死の際に奴隷を解放することがよく行われたものと思われる。その際、奴隷は自由処分のできる遺産の三分の一の中に含めたのである。また、この三分の一の中から代理巡礼の費用も出されたこともわかる。生きている間に巡礼に行けなかった人が全費用を準備したうえで然るべき人に巡礼を委託するのである。その際、遺言者は代理人にどのように巡礼をして欲しいかを具体的に指示している。

ハラム文書の遺言書はどのように記しているのであろうか。ホダが一一例残っているうちの一文書だけ翻訳紹介している。それによと、エルサレム在住の 'Alā al-Dīn が死期が近いことを悟り、遺言書を残した。遺産はまず埋葬の出費、次いで負債の決済のために使われるべきことが記されている。次いで、彼がエルサレムで所有した財産が記されている。そして、彼の遺産は彼の息子と彼の妻に残されることが記されている。[21] この遺言書は、上記のヌワイリーのマニュアルにおおむね従っていることが分かるが、遺言者は遺産の内容から代理巡礼を行ったり、奴隷の解放を行うような富裕層ではなく、ごく普通のと言うよりもむしろ最下層に属するものと言えよう。

四、マフズーマによるもの

スユーティーによれば、マフズーマは以下のように記される。[22]

マフズーマの書き方。マフズーマは誰かの遺言書に従ってその遺産のなかから売却されたものに関して書かれたものである。もし財産の中から、遺言の検認が行われ財産目録が記された後に所有物が売られたならば売却文書 awrāq al-mabī' が記された。この文書は、①死亡者の名前、②相続人の名前を含む財産目録内容の詳細な提示、③売却を取り結ぶ者の名前、例えば、遺言執行人、相続人またはその代理人など、そして証人、仲介人、両替商の名前、④価格とともに売却された所有物の項目別に記入されたリスト、それには購入者、仲介者の名前をともなう、⑤仲買手数料、使用料、証人代金など市場において発生する経費、そしてその差引き残額、⑥売上高の集計を記す。

この記述からわかるようにマフズーマは遺産のなかのある物の売却証書といえるものである。すなわち、遺産を処分する際には普通ある物を売却しなければならないのであるが、その際、遺言書や財産証書に基づき、執行人や仲介人よって売却が行われ、その過程を正確に文書として記録したものである。

五　マムルーク朝時代の遺産相続

マムルーク朝時代におけるエジプトの財政史研究を行ったラビーアによると、ファーティマ朝崩壊後遺産相続の管理を行っていた復帰財産庁 mawārith ḥashrīya に流入するものが国庫収入の重要な部分を占めるようになったという。[23] 同時代におけるイスラーム法に基づく遺産相続の在り方の詳細については、前章で紹介したようにイブン・マンマーティーが書き記しているが、相続人がいない財産および相続人が遺産の全てを相続できない場合の残余財産は最終的に国庫に帰属した。それゆえ、復帰財産庁の書記たちが如何に熱心にこれに関与しようとしたかは彼の記述から明らかである。そして、その後書記たちがかなり違法に関与したという。

そうした理由からであろうか、相続人のいない人々は死を前にして、死後復帰財産庁に財産を没収されることを回避するための方法を選んだのである。たとえば、財産を他人に分与したり、ワクフに設定したりしたのである。[24]

また、マムルーク朝時代には復帰財産庁が不正に復帰財産を収集したのである。たとえば、スルターン・クトゥズ Quṭuz はモンゴル軍と戦うため、死亡した人々の財産の三分の一は国庫に帰属することを決定した。もちろん、これにバイバルスが廃止しているが、マムルーク朝政権によってかなり恣意的に復帰財産が集められたことがわかる。(25)

さて、マクリージーの *al-Sulūk* によると、(26)

> 八三三年 A.H. ジュマーダー第二月四日、カイロの諸門から運び出された死人の数は、郊外の Hakkūra、Ḥusaynīya、Būlāq、al-Ṣalība、Madīna Miṣr、二つの Qarāfa、砂漠地区からのは別として一、二〇〇に達した。だが、その数は実際にはそれ以上であった。カイロの復帰財産庁は、三九〇人を登録した。というのは、人々が棺を慈善のために作ったので、復帰財産庁がこの棺で運ばれた死人の名前を登録できなかったからである。

と記されており、すでに前章で記したイブン・マンマーティーの記述が実際に行われていたことがわかる。この記述はエジプトを襲った疫病で大量の死者が出たため復帰財産庁の役人が職務を消化できないほどであったこともわかる。しかし、マクリジーのこの記述からはマムルーク朝政権による遺産相続の監督が十分行われていたことがわかる。また、キトブガー Kitbughā の治世、六九四年ズー・アルヒッジャ月（一二九五年一〇—一一月）には、疫病のためカイロだけでおよそ一七、五〇〇人の相続人のいない財産が復帰財産庁に帰属したことがわかる。(27)

また、マクリジーは次のようにも記している。(28)

> カイロで死亡した人の数と名前は復帰財産庁に登録されたが、サファル月二〇日からラビーウ第一月の終わりまで

（一四一九年三月一八日から四月二六日まで）で、七、六五二人であった。男が一、〇六五人、女が六、六六九、子供が三、九六九人、男奴隷が五四四人、女奴隷が一、三六九人、キリスト教徒が六九人、ユダヤ教徒が三二人であった。

この記述からは、この復帰財産庁が死亡した人を正確に把握しようとしていたことがわかる。おそらく、国庫に帰属する財産があるかどうかを調べるためであったと思われる。

死者の数がこのように異常に多く記されているのは、この時代エジプトでは疫病が蔓延し、多くの人々が命を落としたからである。この記録は異常事態であるから付けられたのではなく、この官庁の慣行として行われていたものである。

また、カルカシャンディーは、

このディーワーンの習慣として、書記が死亡した人々に関する日々の記録を付ける際に、その人がhashrī（遺産を何も残さなかったかまたは自分に完全に権利のある財産を持たなかった人）であるか、ahlī（遺産を持っている人）であるかを、そして男、女、子供、キリスト教徒、ユダヤ教徒であるかを記した。

と記している。[29] そしてこのディーワーンの慣行が実際に行われていたことは上記マクリージーの記述からはっきりと見て取れる。

死亡者について、まず遺産を持っている人であるか持っていない人であるかを把握し、男、女、子供、男奴隷、女奴隷の他にキリスト教徒、ユダヤ教徒であるかも分類している。しかし、イスラーム法の理論上は、キリスト教徒およびユダヤ教徒は人頭税を支払う代わりに遺産相続に関してはそれぞれ独自の法を適用することを許されていた。ゴイテインによれば、「サラディンの時代、イスラーム法の権威者によって与えられた見解は、非イスラーム教徒の共同体が彼らの財産を独自に取り扱う権利を強調している」[30]。しかし実際には、「キリスト教徒及びユダヤ教徒は遺産相続に関しては彼ら自身の法に依拠し彼ら自身の法廷で取り扱われる権利を保持するために戦わなければならなかった」[31]。そして、マムルーク朝時代のエジプトにおいては、この努力もむなしく非イスラーム教徒の遺産相続はマムルーク朝政権によって直接管理されたのである。

さて、ラビーアによると復帰財産庁が死亡者の財産を不正に収集しようとしたことについては、その理由の一つはワクフの成長であるという。すなわち、エジプトのシャリーア法廷文書に数多く事例が見られるように、ワクフに設定しておけば、本人が生きている間は没収を恐れることなく所有財産から得られる全収益を享受できるし、死後はワクフ文書に記載されている自分が定めた規定に従って収益が分配されるからである[32]。

マムルーク朝時代の遺産相続は、基本的にはイスラーム法に基づき行われていたのであるが、国家権力の介入の恐れがあったため、そうした不安定さから自らを守るための方法として財産をワクフに設定して不動化する方法がしばしば取られたのである。

むすび

マムルーク朝時代の遺産相続に関しては、豊富な文献史料もその実態をほとんど伝えていない。しかし、現存している文書はその実態を様々な形で伝えている。本稿で紹介した文書も、マムルーク朝時代のエジプトのカイロのキリスト教徒の地区におけるある相続に関してその手続きをかなり詳細に伝えていることがわかる。しかも、この文書は特別な事例を取り扱ったものではなく、カイロでごく普通の生活を送っていた人物の相続を記したものである。両文書とも代理裁判官が担当していることもそのことを示している。代理裁判官は裁判官を目指す者が最初に就くポストでありその後経験を積んで昇進していったからである。本稿で利用した事例はエジプトのものであるが、エルサレムでの事例と比較してもイスラーム法の適用に関してはそれほど大きな乖離はないことも判明した。

マムルーク朝時代のエジプトやシリアでは、遺産相続に関して遺言書や財産証書などを作成し、一般的には遺産を売却して、負債の返済、埋葬の費用その他の必要経費にあて残りを相続分としていたのである。そして、文書の記載内容からして当時の社会ではこうしたことがごく普通の人々の間で日常的に行われていたことも分かる。また、国家権力の介入から逃れるための手段としてそれをワクフ化することもしばしば行われていたのである。

（1） Huda Lutfi, *Al-Quds al-Mamlukiyya : A History of Mamluk Jerusalem Based on the Ḥaram Documents*, Berlin, 1985. Huda Lutfi, A Documentary Source for the Study of Material Life : A Specimen of the Ḥaram Estate Inventories from al-Quds in 1393 A. D, *Zeitschrift der Deutschen Morgenländischen Gesellschaft* vol.135, 1985, pp.213-26. Donald P. Little, *A Catalogue of the Islamic Documents from al-Ḥaram aš-Šarīf in Jerussalm*. Beirut, 1984. Donald P. Little, Ḥaram Documents Related to the Jews of Late Fourteenth Century Jerusalm, *Journal of Semitic Studies* vol.30, 1985, pp. 227-64. Donald P. Little, Documents Related to the Estates of a Merchant and His Wife in Late Fourteenth Century Jerusalem, *Mamluk Studies Review* vol.2, 1998, pp.93-193. 拙稿「マムルーク朝時代エルサレムの裁判官」『中央大学文学部紀要』史学科第四二号、一―一八頁、一九九七年。

（2） Shams al-Dīn Muḥammad b. Aḥmad al-Minhājī al-Asyūṭī, Jawāhir al-ʻUqūd wa-Muʻīn al-Qudāh wal-Muwaqqiʻīn wal-Shuhūd. および Shihāb al-Dīn Aḥmad b. ʻAbd al-Wahhāb al-Nuwayrī, *Nihāyat al-Arab fī Funūn al-Adab*, vol.9, Cairo, 1933 などにはその区分がみうけられる。

（3） Huda Lutfi, Al-Quds, pp.1-106, Little, Documents Related to the Estate of a Merchant and His Wife in Late Fourteenth Century Jerusalem, pp.93-193. には、スューティーやヌワイリーなどのマニュアルだけではなく、ハラム文書の具体的な事例に基づいて遺産相続のプロセスが記されている。

（4） Little, *Catarlogue*, p.59.

（5） このディーワーンは Bayt al-Māl および al-Ḥisba と切り離せない関係にあった。すなわち、このディーワーンのシャーッドが bayt al-māl のシャーッドを兼ねる場合があるからである。このディーワーンはすでに記したように、相続人のいない死亡者の財産、死亡者の財産で相続人が一部を相続した残余財産を没収するところである。このディーワーンの実務担当者が財産を没収する際には、担当者の出席のもとに財産証書が記されることになっているが、実際には、すなわちハラム文書に見られる事例では、むしろこのディーワーンの担当者よりも bayt al-māl の担当者のほうが数多く立ち会っている。

また、ホダの al-Quds によれば、このディーワーンの役人には比較的ランクの低い軍人が就任していることが分かる。そして、ハラム文書を注意深く分析すると同一人物が名前を変えて両方のシャーッドを兼ねている場合があることが分かる。

（6） Little, op. cit., p.96. また、H. El-Nahal, *The Judicial Administration of Ottaman Egypt in the Seventeenth Century*, Minneapolis and Cicago, 1979, pp.47-48. によれば、「オスマン朝のカーヌーンによれば、誰かが死亡した場合、直ちに国庫に知らせなければならなかった。国庫の担当者は、国家がその遺産に対して何らかの権利があるかどうかを決定するために死亡者の家に派遣された。国庫の担当者の主要な業務は、まず相続人の合法性を調べることであった。国家に権利が生じた場合は、財産を調査するための委員会が編成された。国庫の担当者は留保され、委員会が法的な相続人になり、裁判所の公証人、調査員 ahl-khibra が財産の評価や売却に携わった。そして、委員会は死亡書の財産の調査を開始した。すなわち、身の回りの物、家庭用品、都市内の財産、借金、動物、奴隷などである」とあり、国家が関与していたことが明らかである。

（7）セント・カテリーヌ修道院文書においても、証書と分類されたものが最も多く残っているが、一つの文書が、例えば、売却文書とワクフ文書を兼ねているのがほとんどである。

（8）Hoda, op. cit., pp.3-4.

（9）Hoda, op. cit., pp.30-31.

（10）al-Asyūṭī, op. cit., II, 369-77.

（11）al-Asyūṭī, ibid., II, p.594. 中世イスラーム世界の法文書にしばしば登場する ḥākim と qāḍī との間の区別であるが、リトルは東トルキスタンのヤルカンドの中世イスラーム文書の研究を行った Monika Gronke の説を紹介している。彼女は、qāḍī は ḥākim よりも高い地位にあると述べている。リトルは、ハラム文書から分かることは、ḥākim は裁判長または行政長官という意味で使われている。すなわち、両方とも完全な裁判官で、Qāḍī al-Quḍāh と代理 Qāḍī、Aqḍā al-Quḍāh と代理 Ḥākim として使われている。ランクから見ても、マムルーク朝時代のエルサレムでは qāḍī と ḥākim とは同じであると考えたいとしている。Little, op. cit., p.149.

（12）Little, op. cit., p.95.

（13）Huda, op. cit., p.17.

（14）al-As'ad b. Mammātī, Kitāb Qawānīn al-Dawāwīn, A. S. Atīya ed., Cairo, 1943, pp.319-20.

（15）Hassanein Rabie, *The Financial System of Egypt A. H. 564-741 / A. D. 1169-1341*, Oxford, 1972, p.127.

（16）遠峰四郎『イスラム法』紀伊國屋書店、一九六四年、五三―五五頁。

（17）Ibn Mammātī, op. cit., pp.324-25.

（18）S.D. Goitein, *A Mediterranean Society*, vol.3, Berkeley, 1978, 283. また、彼は次のようにも記している。サラディンがファーティマ朝から政権を奪取すると、遺産相続に干渉し相続人のいない人の財産に権利を及ぼしたが、ユダヤ教徒にも及んだ。このことは、この新支配者の止むことのない戦争の資金のために必要であった。そして、一三世紀には政権はいっそうマイノリティーの財産に干渉を始めた。ある父親は、その遺言書のなかで彼の財産の三分の一を一人の娘に、三分の二を一人の息子に割り当てることを指示した。二人とも未成年であった。彼らが成人して訴訟が起こるのを予防するためである。こうした文書に見える散発的な予防策の事例は、疑いなくこの政策の変化を示している。

(19) Ibn Mammātī, op. cit., pp.322-23.

(20) al-Nuwayrī, op. cit., pp.104-107.

(21) Hoda, op. cit., pp.61-3.

(22) al-Asyūṭī, op. cit., pp.465-66. また、Little, op. cit., p.118-121. にもハラム文書に基づくマフズーマが記されている。

(23) Rabie, op. cit., p.127.

(24) Rabie, op. cit., pp.128-29.

(25) Rabie, op. cit., p.129.

(26) al-Maqrīzī, *al-Suluk*, vol.4, part2, p.826.

(27) Rabie, op. cit., p.130.

(28) al-Maqrīzī, *al-Suluk*, vol.4, part1, p.492

(29) al-Qalqashandī, op. cit., vol.3, p.460. カルカシャンディーは同じ箇所にこのディーワーンについて次のようにも記している。このディーワーンは二つの部分に分かれる。エジプトの首都の部分と首都以外の部分である。首都の部分はその監督はスルタンの権威によって行われる。その執行者は、シャーッド、書記、ムシャーリフ、公証人である。その収入は国庫に運ばれる。

(30) Goitein, op. cit., II, p.398.

(31) Goitein, op. cit., II, p.394.

(32) Rabie, op. cit., p.132.

252

الحمد لله جرى ذلك

وصلى على ساير الانبياء والمرسلين(1)

عرض

١. بسم الله الرحمن الرحيم الحمد لله رب العالمين.

٢. بين يدى سيدنا العبد الفقير الى الله تعالى(2) الشيخ العلامة محى الدين شرف العلماء اوحد الفضلاء مفتي المسلم ابي الجود عبد القادر الراوي الحنبلي خليفة الحكم

٣. العزيز بالديار المصرية ايد الله تعالى احكامه واحسن اليه تصادق جرجس المدعو مكين بن الياس بن صالح النصراني الملكي الصبان المعروف بابن وجده وشقرا

٤. المرأة ابنة منصور بن عيسى النصرانية الملكية المعروفة بزوجة نصر الله الجوخى تصادقا شرعيا في صحتهما وسلامتهما وطواعتهما واختبارهما على هلاك

٥. مريم المرأة الابنة نصرالله بن بدر النصرانية الملكية والحصة وراثها الشرعي في زوجها مكين المذكور وفي ولده منها موسى القاصر وفي والدتها شقرا المذكورة

٦. من غير شريك ولا حاجب وعلى هلاك موسى المذكور والحصة ورثه شرعي في جدته لامه شقرا المذكورة وفي والده مكين المذكور من غير شريك ولا حاجب.

٧. وعلى(3) انها خلفت مما يورث عنها شرعا قماشا واثاثا ونحاسا مصاغا ولولوا وغير ذلك وعلى ان ذلك جميع ابيع بمباشرتهما(4) لذلك وفض ثمن ذلك وجمع منه

٨. ماية الف درهم وبعده واحد وثلاثون الف درهم وماية درهم واربعة وتسعون درهما فلوسا والي ان صرف من ذلك قبل تاريخه علي جميع التركة المذكورة

٩. من يد مكين المذكور اثني عشر الف درهم فلوسا باذنها له في المصرف المذكور. وصرف بعد ذلك في مصارف شرعية وعرفية وكلفة وعمالة وغيرها تسعة آلاف درهم

١٠. وماية درهم واربعة دراهم وصار المتأخر بعد ذلك لجهة التركة المذكورة ماية الف درهم وبعده وعشرة آلاف درهم وتسعون درهما فلوسا قسم ذلك بين مكين

١١. المذكور وبين شقرا المذكورة بالفريضة الشرعية نحو ستة اسهم و ثلث سهم من ذلك لشقرا المذكورة وقدر ذلك تسعة وعشرون الف درهم واحد وخمسون درهما

١٢. وبعد ذلك لمكين المذكور اعلاه نحو سبعة عشر سهما وثلثي سهم وهو احد وثمانون الف درهم وثمانية وثلاثون درهما بما في ذلك مما ابيع علي كل منهما

١٣. في التركة المذكورة وذلك بعد محاسبة شرعية صدرت بينهما(5) في ذلك وتعريف كل منهما بمقدار حصته من ذلك وتصديقه علي ذلك التصديق الشرعي اشهد عليه

١٤. كل من مكين وشقرا المذكورين اعلاه شهودة شهادة شرعيا في صحته وسلامته

واختباره انه وصل الي حصة المذكورة اعلاه الوصول الشرعي بما فيه

١٥. من المبيع المنبه عليه اعلاه وبما في ذلك علي يد مقاري بن مسلم شبرى النصراني القسيس بدير طور سيناء الملكي. ولم يتاخر لكل منهما قبل الآخر.

١٦. ثبت ذلك وكالة ولا شيء قل ولا جل واشهدت عليها شقرا المذكورة شهودة شهادة شرعيا انها حاسبت مكين المذكور بحصتها مما اشهد اليها بالارث (6)

١٧. الشرعي من صداق ابنتها مريم المذكورة اعلاه ومن كساوتها من حين شأنه بها والى حين هلاكها المحاسبة الشرعية واستوفت من ذلك الاستيفاء الشرعي ولم يتاخر

١٨. لها ايضا قبله ثبت ذلك وكالة ولا شيء قل ولا جل وصدقها علي ذلك مكين المذكور اعلاه التصديق الشرعي ثم اقر كل منهما انه لا يحقو علي الآخر

١٩. بسبب ما شرح اعلاه ولا سبب غيره من الاسباب مطلقا حقا ولا استحقاقا ولا دعوى ولا طلبا بوجه ولا سبب و لا فضة ولا ذهبا ولا فلوسا ولا

٢٠. قيضا ولا رجوعا به ولا واجبا ولا قياما به ولا دينا بمستحق ولا بيع ولا حسابا ولا غلطا فيه ولا جهالة ولا نسيانا ولا دعوى بذلك ولا عقد ولا { ؟ }

٢١. ولا فرضا ولا افراضا ولا هبة ولا موهوبا ولا قماشا ولا اثاثا ولا نحاسا ولا وديعة ولا سكني

٢٢. ولا عمارة ولا بنا ولا عقارا ولا حصة منهما ولا ارثا ولا موروثا ولا صداقا ولا هبة من صداق و لا كسوة ولا نفقة (7) ولا حقا من حقوق الزوجية ولا غيرها

٢٣. ولا شهادة مودعه ولاعملاها ولا ايداعا في ايداع وان بناهاتكرر و تسلسل بالغا ما بلغ ولا ما تصح به الدعوي وتقام به البيعة وشوهد عليه الشهود

٢٤. والمطالع ولا بنا من الأبنا كلها قليلها وكبيرها حليلها وخفرها على اختلاف انواعها وتباين اجناسها وتعدد صفاتها الله تعالى ولا شيئا

٢٥. قل ولا جل لما بقي من الزمن والي تاريخ سوى ما بينهما من شركة في عقارات بثغر اسكندرية تخلفه عن مريم المذكورة علي حكم الفريضة المذكورة

٢٦. اعلاه وسوى زوج بسط متبقي لجهة دين لوالد مريم المذكورة وهو رهن عليه بغير زمان على ذلك وابرأ كل منهما ذمة الاخر وثبوت

٢٧. الابراء الشرعي القاطع الجامع المانع المقسط لكل حق وعلو وبيع ولم يتقدم على ذلك والى تاريخ ما عدا المتبقي اعلاه وقبل كل منهما ذلك الوقت

٢٨. من الآخر قبولا شرعيا واقر انه عارف بمعناه وما يترتب عليه شرعا تصادقهما على ذلك التصادق الشرعي واقر مكين المذكور انه لا يستحق على

٢٩. الشهود من الدلالة ولا على بركة النصراني المعروف بابي ابراهيم بسبب تركة زوجته مريم المذكورة حقا ولا دعوى ولا طلبا ولا فضة ولا ذهبا

٣٠. ولا فلوسا ولاسببا من الاسباب كلها ولا يمينا بالله تعالى ولا شيا قل ولا جل لما

مضى من الزمان والى تأريخه بذلك شهود   شرعي

٣١. وثبت لها وكل من مكين وشقرا المذكورين اعلاه على نفسه بجميع ما سند اليه اعلاه علـــي ما نص وشرح اعلاه لدي سيدنا الحاكم

٣٢. المشار اليه اعلاه زاد الله تعالى علاه شهادة شهودة ثبوتا صحيحا شرعيا وحكم ايد الله تعالى احكامه واحسن اليه

٣٣. بموجب ذلك وبصحة الابراء من المجهول المشروح ذلك اعلاه على ما نص وشرح اعلاه ما عد المبقي اعلاه والى جمال   شامل

٣٤. لافراده حكما صحيحا شرعيا تاما معتبرا مرضيا مسيولا في ذلك مستوفيا شرايطه شرعية من دعوى شرعية صدرت بينهما

٣٥. في ذلك لديه احسن الله اليه واقامة بقدره شرعية ويستمد له منهما بالمجلس وعن ذلك بما يجب اعتماده شرعا عالما بالخلاف من ذلك واشهد على

٣٦. نفسه الكريمة بذلك وبه شهد بتاريخ سادس عشر صفر الخير سنة تسع وثمانين ثمان ماية وحسبنا الله ونعم الوكيل

(8)

حضرت ذلك
وشهدت عليهما الحاكم المشار اليه
اعلاه زاد الله تعالى علاه وعلى مكين
وشقرا المتصادقين المذكورين اعلاه بما ثبت
اليهما اعلاه على ما نص وشرح اعلاه في تاريخه
المقر اعلاه والحمد لله على ما نص
الانصاري هشام

حضرت ذلك
وشهد عليهما الحاكم المشار اليه
اعلاه زاد الله تعالى علاه وعلى مكين
وشقرا المذكورين اعلاه بما ثبت
ليهما اعلاه علي ما نص وشرح اعلاه
في تاريخه المقر اعلاه

الحمد لله الشيخ جلال الدين البكري ايده الله تعالى نظر فى ذلك بطريق الشرعي (1)
ليسجل (2)

١. بسم الله الرحن الرحيم صلى وسلم على سائر الانبياء والمرسلين
٢. هذا تبايع شرعي مضمونه ان لما ثبت قبل تاريخه لدا سيدنا (3) العبد الفقير الى الله تعالى الشيخ الامام العالم العلامة جلال الدين شرف العلماء
٣. اوحد النصراء مفتى المسلم ولى امر المومنين ابي الفضل عبد الرحمن بن الامانة الانصاري الشافعي خليفة احكام العزيز بالديار المصرية ايد الله تعالى احكامه
٤. ي بعد ان كلا من السيد الشريف زين الدين ابي بكر بن السيد الشريف شهاب الدين احمد الحسيني احد السادة التجار الشهير بالسروجي والصدر الاجل ناصر الدين محمد بن جمال الدين عبد الله
٥. لشهير بابن عبد الحميد وجمال الدين عبد الله بن يعقوب بن عبد الله الشهير بابن عميرة وصى شرعي على ثلث تركة موسى بن سعيد بن الياس النصراني الملكي الشهير بابن طرهان
٦. بطريق الاسناد من قبله لكل منهم على الثلث المذكور وعلى (4) وفا ما على من دين شرعي وشرح بمكتوب (5) الايصاء المورخ بالثاني من جمادى الآخر
٧. سنة ثلاث وسبعين وثمانماية وهلاك موسى المذكور وقبول الاوصياء (6) وحكم بموجب ما ثبت عنه وارد الاوصياء المذكورين في التصرف
٨. فيما لهم من التصرف في ذلك بالطريق الشرعي وشرح بالحالة اليهم المسطر نطاق مكتوب الايصاء المذكور لجميع الاشهاد المذكور بالثانى والعشرين
٩. من شهر رجب المنور السنة المذكورة اشترى مقاري بن مسلم بن شبري النصرانيي الملكي الشهير بالقسيس المتحدث
١٠. علي دير طور سيناء بما له لنفسه من ناصر الدين الشهير بابن عبد الحميد وجمال الدين الشهير بابن عميرة الوصي الشرعي المذكورين بالعالية
١١. القايم في بيع هذا الثلث المذكور وفي بيع هذا تاج المرأة النصرانية الملكية ابنة عامر زوج موسى المهلك المذكور باعاليه
١٢. المتجه اليها بالشهد الشرعي من قبل زوجها المذكور مما باقي ذكره فيه بطريق الاوصياء المشروح بالعالي وبطريق التوكيل عن تاج المرأة المذكورة ما عاليه
١٣. في بيع حصتها الآتي ذكرها فيه بالثمن المثبت المعين فيه وفي المتسلم والتسليم المعاين الاشهاد علي الحكم الاسلامي شرح وبيان وحسبما
١٤. و في ذلك اوصياء شرعيا شهادة شهوده ومن نقولى بن عيسى بن سعيد النصراني الملكي السقاء بالطور علي حكم التفضل الاسلامي

١٥. شرح ومبايعه وجميع ما باقي شرح وبيانه في فمن ذلك جميع بناء

١٦. الرواق الكاين بالوجه البحري في الخط سويقة الشريف واحد درب يعرف بالشريف المشتمل علي باب مربع يغلق عليه زوجا باب

١٧. يدخل منه الى رواق يشتمل على ايوان ودورقاعة وخزانة ومطبخ ومرتفق ومنافق وحقوق مسقف ذلك نقيا مفروش ارض ذلك

١٨. بالبلات المكسر مركب الرواق المذكور على دعايم حجر ويخط ذلك حدود اربعة القبلي ينتهي الى السلم المشرك الطريق

١٩. بين هذا الرواق المبيع وبين الرواق الثاني ذكره فيه المعروف بملك موسى المذكور الى الرواق المذكور والبحري الى الطريق

٢٠. الحلول و الشرقي الى الطريق الدعايم والباب المتوصل به الى السلم المشرك المذكور اعلاه والغربي الى

٢١. القاعة المعروفة بموسى المذكور اعلاه ومن ذلك جميع الدار القايم ارضا وبناءاً الكائن بخط العطوف

٢٢. بالقرب من بيت المرهوم بكتمر سويقة الشريف المشتملة على بابين مربعين بواجهة حجر يصعد من الباب الاول الى سلم يصعد من عليه

٢٣. الى رواق مرخم وايوانين واغاني ومرافق وحقوق وطبقة ومن الباب الثانى الى قاعة مفرش ارضها بالبلاط وبعض رخام

٢٤. قد افرز من هذه القاعة قطعة ارض صارت قاعة قزازة ويخط بذلك المذكور حدود اربعة الحد القبلي ينتهي الى بيت

٢٥. السيد الشريف بكتمر والحدود البخري ينتهي الى الكرم الذي هناك و ال استبل يعرف بالعلاي علي الشحنة والحدود الشرقي ينتهي الى

٢٦. بيت يعرف بالحاج احمد الشهير بقلقاس والحدود الغربي ينتهي الى الزقاق والبير الذي هناك ومن ذلك جميع

٢٧. المكان الكامل ارضا و بناءا الكاينين في بندر الطور شاطي البخر الملحي صفة المكان المذكور فيه يشتمل على حانوتين كل منهم

٢٨. يشتمل على مسطبتين وباب وداخل[حلخل] وعلى واجهة بجواره الحانوتين علي يسرة الداخل من الزقاق بجوار الحانوتين المذكورين مبنية بالطوب

٢٩. اللبن الاصفر بها باب يغلق عليه فردة باب يدخل منه الى ساحة تحوي مخزنين لكل منهما باب يغلق عليه فردة باب وبها سلم مبنى بالحجر الاسود

٣٠. يصعد من عليه الى طبقة يغلق على بابها فردة باب تحوى ايوانا واحد ودورقاعة وخزانة نومية علو الحانوتين وبالساحة المذكورة حفرة مرحاض

٣١. على الحد القبلي ينتهي الى الطريق الحلول وفيه يفتح باب الحانوتين

المذكورين والحد البخري ينتهي الى

٣٢. املاك يعرف بسعيد بن جلاب والحد الشرقي ينتهي الى الزقاق المذكور وفيه يفتح الباب

٣٣. المذكورين والحد الغربي ينتهي الى ملك يعرف بغنيمة وحقوق

٣٤. الباقي الجهالة الكامن البايع بالبيت مبيع فيه موسي الشهير بابن طرحان المذكور باعلاه هلك قبل تأريخه ووصى بثلثها له المعين

٣٥. وغيره وشرح بمكتوب الايصاء المشروح بالاعلى والحصة لهم الشرعي بعد الثلث المذكور فيه ووصية تاج المذكورة باعالى وفي ولد ولده

٣٦. سليمان بن يوحنا من غير شهد ولا صاحب سليمان ولد الولد المذكور والحصة لهم الشرعية في ولد عمه شقيق والده نقولى

٣٧. المذكور باعلى وشهد موسى المذكور باعلى مسطر ما يورث عنه شرعا حسبما وصف وحدد باعلى وكاتب حصة الثلث

٣٨. بما يعد لهم من اربعة وعشرين سهما و حصة لزوج تاج المذكورة يحق الثمن سهمان كاملان ويحق ولد الولد نفسه ذلك اربعة عشر سهما

٣٩. ويحق الثبت القول الى ولد عمه نقولى المذكور باعلاه حسبما ذلك من حكمه بالفصل الثبت مسطر بعد و حسبما ذلك بموسى

٤٠. المذكور باعلى على الايصاء المكتوب فصل المتبايع بالشرف المودع الخامس شوال سنة سبع وخمسين ثمانماية و حسبما ذلك له

٤١. فصل الاشهاد والمسطر بمكتوب اعلاه الورق و حسبما مكتوب ابايع الشرف المودع بالرابع عشر من شوال المبارك

٤٢. سنة اربعة وخمسين ثمانماية الثابت في التأريخ الشريف الحلق بموجب المكتوب المذكور الي الشهود الشافعي خليفة الحكم العزيز بالديار المصرية وبعد ذلك

٤٣. بدلا له اعلاه الحط المكتوب المذكور وهمت المعامل المذكور بيعة ذلك حقا موافقا التأريخ والشهود التسلم المثبت المذكور على يد المشتري

٤٤. سهما ثمانماية درهم من الذهب الاشرفي و الذهب المعاملة الديار المصرية يومذ ماية دينار واحد وتسعون دينار

٤٥. بعد ذلك خمسة وتسعون دينار والجميع على حكم الحلول فيمن ذلك ما باعه الوصييان المذكورين باعلاه على جهة الثلث المذكور في اعلاه

٤٦. بطريق الشهاد المبيع باعلاه حصة الثلث المقر باعلاه بثلث الثمن المقر باعلى وهو ماية وسبعون دينارا وثلث دينار بموجب ذلك

٤٧. يد الموصى المذكور باعلاه وما باعه الوصيان الرجلان المذكورين باعاليه عن البيع

المذكور بطريق التوكيل للبيع باعاليه

٤٨. حصتها للبيع باعاليه بخمسة عشر دينارا ونصف دينارا ثم صار بموجب ذلك يد
بايع الموكلة المذكور باعاليه وما باعه نقولى ولد العم المذكور باعليه
حصته للبيع ماعاليه من اربعة عشر سهما للثمن المقر باعاليه بموجب سك

شهدت على سيدنا الشيخ الامام العالمي
العلامة جلال الدين الانصاري الشافعي الحاكم المشار اليه باعاليه
ايد الله تعالى احكامه واحسن اليه بما نسبت اليه
وعلى ناظر محمد عبد الحميد
عبد الله وتاج المراة النصرانية ومقاري ونقوله المذكورين فيه
بما نسبت اليهم باعاليه في تاريخه المقر باعاليه
مصلح جمال وصحيح ذلك وكتب
عبد الله بن احمد البدوي

شهدت على سيدنا الشيخ الامام العالمي
العلامة جلال الدين الانصاري الشافعي الحاكم
المشار اليه باعاليه ايد الله تعالى احكامه واحسن اليه
بما نسبت اليه وعلى ناظر محمد عبد الحميد
عبد الله وتاج المراة النصرانية ومقاري
و نقوله المذكورين باعاليه بما نسبت اليهم باعاليه
في تاريخه المقر باعاليه وكتب
ابو محمد محمد موسى السفطي لطف الدين

الهامش :

الحمد لله رب العالمين
وقف وحبس وابد
مقاري بن مسلم بن شبرى ...
المشتري المذكور قريبه ومتولي حال صحته
وسلامة وطواعية و .. ما هو
حا وتصرفه بدلا له التبايع
المسطر قريبه وذلك جميع بنا الرواق

الكاين بسويقة الشريف وجميع الدار
الكامل ارضا وبنا الكاين بخط العطوف
وجميع المكان الكامل ارضا وبنا
الكاين بساحة بندر الطور والموصوف
ذلك جميعه المحدود في المستفي بوصفه
وتجري بيوع ذلك عادة م وقفا
صحيحا شرعيا وحبسا صريحا شرعيا
لا تبايع ذلك ولا يوهب ولا يرهن ولا
يورث ولا يملك ولا يناقل به ولا ببعضه
فانما على اصوله محفوظ علي شروطه
امتثال لواقف المذكور فيه
وقفه هذا على ما باقي ذكره فيه وشرحه
مفصلا مبينا فيه يتولى الناظر على ذلك
والمتولى على يسغل ريع ذلك لوحده
الاستغلال ليد الشرعية ويصرفه للرهبان المقيمين
بدير طور سينا الذي له شهرة في بوصفه
قال يقدر صرف ذلك لهم ويصرف من فحوه
التعذرات الشرعية صرف ذلك للرهبابات
الروميات المقيمات بالقدس الشريف
فان تعذر ذلك يوصرف وجوه التعذرات
الشرعية صرف ذلك في مصالح الخليل علي
فان تعذر ذلك يوصرف وجوه التعذرات الشرعية
صرف ذلك للفقرا والمساكين مطلقا
اينما كانوا وحينما وجدوا فانما و
للصرف الي مابعد الصرف اليه صرف
على غيره يجرى الحال في ذلك
وجود او عليها وتعذر
الي اديرة الله جل جلاله للامور من
عليها حمل النظر على ذلك الوجه
عليه محط استحقاق الرهبان ثم
الرهبات للاسقف بالدير المذكور بما عليه
ثم من بعده للاقلوم بالطور بان يقدر

دار النظر علي ذلك للرهبان بالدير المذكور
فان تعذر فلبطريك الروم بالديار
المصرية فان تعذر فلبطريك الروم بالقدس
الشريف وعند تعذر ذلك وفي حال
ايلوليته لمصالح الخليل وللفقرا
مطلقا يكون النظر علي ذلك
والولاية على الناظر علي حربي
القدس والخليل فان تعذر ذلك
كان النظر على ذلك الولاية عليه
لحاكم المسلم الشافعي المذكور بالديار المصرية
حسب ذلك وريع الواقف المذكور
عن ذلك ماله وارد للناظر علي
ذلك في تسلمه ويضاف به لجهة الوقف
ووقع الاشهاد على ذلك بالتوكيل
للحاكم به توكل شرعيا
بتاريخ سادس عشر من ربيع الاخر
سنة اربع وسبعين وثمانمية وحسبنا الله ونعمة الوكيل

شهد علي الواقف المذكور بذلك	شهد علي الواقف المذكور بذلك
عبد الله بن احمد البدوي	ابو محمد محمد موسى السفطي

一六世紀オスマン朝のエジプト支配についての若干の考察
——アラビア語とトルコ語の年代記史料の性格をめぐって

熊谷哲也

はじめに

一六世紀初頭にセリムⅠ世がマムルーク朝を滅ぼして（一五一七年923A. H.）エジプト支配を開始する。これによりエジプトはオスマン朝の統治下にはいるが、この時代のエジプトに関する研究のなかでも、とくにオスマン支配開始初期の研究が十分になされているとはいえない最も大きな原因は、その史料的な制約にあろう(1)。

この時期に関するアラビア語の主要年代記史料として、イブン・イヤースの年代記『歴史の出来事の驚異』Ibn Iyās, Muḥammad b. Aḥmad, *Badā'i' al-Zuhūr fī Waqā'i' al-Duhūr*, が詳細な情報をもたらすが、マムルーク朝の滅亡後の記述についてはわずか五年間（928 A. H. まで）をカバーするにすぎない。この五年間は、セリムⅠ世からエジプト統治を委任されたハーイル・ベク（ベイ）Khāir Bek（Bey）の支配期間に相当し、彼の死の直後で年代記の記述も終わりとなる。

一方、これにならぶオスマン・トルコ語の主要年代記史料としては、ディヤルバクリー『エジプトの諸カリフと諸王の記述』Abd al-Ṣamad al-Diyarbakrī, *Tarjama Dhikr al-Khulafā' wa al-Mulūk al-Miṣrīya* がある。アラビア語の書名をもつこの書は、そこからわかるように、既存のアラビア語年代記であるḤasan b. Ṭūlūn, *Dhikr al-Khulafā' wa al-Mulūk al-Miṣrīya* のオスマン・トルコ語への翻訳であり、実際にその抄訳によって記述を開始することで、伝統的なエジプト年代記のスタイルを踏襲する。だが最も詳細な部分は 922 A. H. から 938A. H. までの内容で、その後 948 A. H. で記述を終えている。[(2)]

以上二つの史料はともに、同時代人の著者の手による詳細な年代記史料という点で他に例を見ない。互いにその性格は異なるものの、同時代史料ならではのヴィヴィッドな情報を多く含んでおり、これらを詳細に突き合わせることが、この時代のエジプト史を研究するうえで基本的な作業となろう。

とくにイブン・イヤースの記述が終了して後、エジプトにおけるカーヌーン・ナーマの発布（931A. H.）にはじまるA・H・九三〇年代が、オスマン朝のエジプト支配が本格的に打ち建てられる重要な時期であり、この時期を知るためにはディヤルバクリーの記述を検討する必要があるが、史料的性格からすれば、ディヤルバクリーは征服直後にオスマン本国から赴任してきたカーディーによる同時代記録であり、伝統的なエジプト年代記作者の記述とは興味や視点が多少異なる。したがってディヤルバクリーを、そのままイブン・イヤースの年代記の延長として扱うには無理があり、ひとまず、両方の史料の年代が重なる時期について十分に比較検証する作業をふまえることが肝要であろう。

同時に、この二つの史料の比較はオスマン朝によるエジプト支配開始の時点における、アラビア語とオスマン・トルコ語という両言語の記述を突き合わせる作業となるので、それ自体、オスマン治下のエジプトを理解するための多くの示唆を得ることができる。

本稿では、両史料の比較を試みるものの、総括的な成果はなお後日に期さざるを得ない。部分的な比較は可能であるものの、そこから重要な結論を導くには、両史料の記述全体にさらに通暁する必要があるからだ。そこで、ここではひとまず両史料が互いに対応する部分を並記して紹介することを念頭におき、若干の考察を加えながら、それらの史料的性格の一端を明らかにしたい。なお、ディヤルバクリーの写本は、とりあえずブリティッシュ・ライブラリー所蔵の写本を用いた。(3)

一　両史料の基本的性格

まず、両史料の基本的な性格について了解したい。

ハーイル・ベクはマムルーク朝スルターンに寝返ってセリムI世によるエジプト征服を可能なさしめた人物だが、セリムは帰国にあたって彼にエジプトの統治をまかせた。(4)

一般に理解されているその後の経緯は次のとおりである。セリムの帰国後、ハーイル・ベクは従来のマムルーク朝のスルターン同様に、四法学派のカーディー・アルクダーから月初めの慶賀の挨拶を受けるなど、(5)マムルーク朝スルターンの儀礼の延長の中に身を置き、エジプトの残存マムルークを再編して政権を維持した。ハーイル・ベクの死後は、やがて本国から赴任してきたワーリーのアフマド・パシャが残存マムルーク勢力とむすんでエジプト反乱を起こすが、征討軍を率いてきたイブラーヒーム・パシャによって鎮圧される。その結果彼によってエジプト支配が建て直され、法典であるカーヌーン・ナーマ・ミスルが発布（931 A. H.）され、そこからオスマンによる本格的なエジプト支配が始動する。オスマン支配の最初の世紀である一六世紀は、おおむねオスマンによるエジプト支配は良好に貫徹していた時期である。(6)

このようにハーイル・ベクの支配は、オスマン朝が本格的にエジプトを支配するまでの便宜的な暫定政権のような役割に位置付けられがちだが、オスマン朝スルターンの臣下としての総督（ナーイブ）に任じられてエジプト支配を委ねられ、国内では「アミールたちの王」(Malik al-Umarā')[7]という称号を用いたハーイル・ベクが、マムルーク朝スルターンの職掌を継承したわけではもちろんないが、イブン・イヤースはハーイル・ベクを、あたかも従来のマムルーク朝スルターンのような、為政者として記述する。

［イブン・イヤース　九二五年シャッワール月一日］

四法学のカーディー・アルクダーたちがラマダーン明けのイードのあいさつに上がり、ハーイルベクと共にイードの礼拝をおこない、やがて帰宅した。この日におこなわれていた、カーディー・アルクダーたち、アミールたち、側近、官吏たちに下賜する慣例は一切廃止された。エジプトのこの偉大な制度(ニザーム)は、あたかもそれがはじまっていなかったかのように廃止された。(Ibn Iyās, V, 316)

ハーイル・ベクは、月があらたまるごとに、カーディー・アルクダーたちから慶賀を受けており、彼をマムルーク朝スルターンの延長のように描くイブン・イヤースの視点からは、ここであたかもハーイル・ベクがなすべき下賜の儀礼がなされないような印象をうける。しかしこれは、オスマン政府の新たな施策が、イブン・イヤースの記述において、伝統的な制度の廃止としてのみ描かれていることの好例でもある。背後では、オスマン本国からひんぱんに使者が到着し、細かな指令が逐次届き、旧来の制度の廃止が着々とすすめられており、例えばこの新月の慶賀も、やがてハーイル・ベクの支配中の928A.H.にカーディー・クダーの制度自体が廃止されて消滅する。オスマン朝によるエジプト統治の目的は、ショウ(S.J.Shaw)の述べるように、豊富な地租と、メッカ・メディナ両聖都の管轄権にあったが[8]、これらを貫徹するためのさまざまな施策がハーイル・ベクの支配の当初から実質的に機能していた[9]。

ハーイル・ベクの支配の性格を分析し、そこにマムルーク朝の支配体質の延長として認める多くの見解は、多少、イブン・イヤースの史料の叙述の性格にとらわれすぎるきらいがあるような印象をうける。[10] これは、単にハーイル・ベクの支配の性格を論ずる問題であるにとどまらず、オスマン朝によるエジプト支配開始時の性格を論ずる問題に通じると考える。オスマン朝によるエジプト支配が、本格的にはカーヌーン・ナーマの発布をともなってイブラーヒーム・パシャの統治下からなされた点に異存はないが、筆者は、エジプト支配の重要な起点はむしろハーイル・ベクの時代、とくにスレイマン大帝即位後の一連の法令施行の時期にあり、カーヌーン・ナーマはむしろハーイル・ベクの時代の法令の集成としての面が大きいと推察するからであるが、この問題については稿をあらためて論じたい。[11]

これに対し、ディヤルバクリーの年代記史料は異なった性格をもつ。すでに触れたように、著者のディヤルバクリーは923A. H.、セリムI世にともなってエジプトに入り、ダミエッタのカーディーに任命された。前述のようにその年代記は最初 Ḥasan b. Ṭūlūn によるアラビア語の年代記をオスマン・トルコ語に翻訳する形で開始され、オスマン治下からは記述が詳しくなり、とくに928A. H. にハーイル・ベクが没してから931A. H. にイブラーヒーム・パシャがスレイマン大帝によるカーヌーンナーメを発布するまでの時期における、同時代の年代記史料としては唯一のものである。この史料の特徴は、著者がオスマン朝のカーディーであり、オスマン朝支配の法制面がヴィヴィッドに現われている点である。

ウィンターによると、オスマン朝の支配によって、風紀が粛正され、また、ジンミーが平等にあつかわれるようになった点が明らかであるという。[12] しかしそれはイブン・イヤースにはどのように映っているだろうか、例をあげてみよう。

［ディヤルバクリー　九二八年ラジャブ月］

……女たちは屋内に留め置かれ続けることになった。カザスケルのナーイブ（ここではMısır halfı）はこのように道を正し、また、兵士への給与を増額したことは驚くべきである。（中略）一人の女は、とらえられたときに、カザスケルのナーイブに多くの物を贈ったが、彼は「神よわれわれを守り給え（na ʻūdh bi-llāhi）」といって受取らなかった。各々の仕事は神の恩寵となり、まことに見事である。（中略）明るい時代が到来し、この明るさのうちに、富める者も貧しき者も、大衆もアミールも、ユダヤ教徒もムスリムも、たがいに等しくシャリーアに導かれることを喜んだ。（Diyarbakrī fol. 268a-b）

［イブン・イヤース　九二八年ラジャブ月一日］

この日ハーイル・ベクと（ナーイブ）カーディーアスカル（カザスケル）の連名で命令がだされ、女性が男の手を離れて一人でスークへ行くことを禁じ、また、ロバに乗ることも禁じた。許されたのは老婆だけであった。これを守らない女は皆、打たれてから騾馬の尾に髪を結ばれ、カイロ市中を引き回しとなる。おかげで女達には大変な苦しみであった。

（数日後）カーディーアスカルはカルアに登ったとき、イスバハーニーの軍隊が女とスークの真ん中で話しているのを見た。そこでカルアに上ると、ハーイル・ベクに言った。「げにカイロの女はハーンディカール（スレイマンⅠ世）の軍隊を苦しめている。そのようなことをする者は皆殺せ。」そして、ハーイル・ベクにイスバハーニーと共にいた女の話をした。そこでハーイル・ベクは方針をあらため、ワーリー（アル・カーヒラ）に命じて次のような声明をだした。女は家から出てはいけない、御者のいるロバにも乗ってはいけない。女を乗せた御者は問答無用で死刑にする。（Ibn Iyās, V,p. 461-2）

イブン・イヤース全体を通じて、彼がオスマンによる新たな施策を好意的に描くことはまず無い。むしろ他国の支配下におかれた者たちに通じる鋭敏な感受性をともない、支配者側の不正をあばくかのようであるが、これはちょうど、ディヤルバクリーの記述に、従来のエジプトにおける司法行政の不正を指摘しようとする態度が見られるのとは正反対である。少なくとも、イブン・イヤースからは、オスマンの法令によって人々が喜ぶという様子は捉えることができない。このような女性に対する風紀の粛正は、いつの時代もイスラームにもとづく支配の正当性をアピールするための政策だが、両史料においてはその受け止め方の立場の違いが対照的である。

したがってイブン・イヤースは、オスマンの統治下に入ったエジプトの変化を、旧来の制度から較べて追うための手がかりとしては、かなり鋭敏な識眼をもつが、エジプト統治のための施策の展開をオスマン朝の側からとらえるためには、把握しにくい一面をもつ。それにくらべディヤルバクリーは、少なくとも司法にかかわる記述の態度はオスマン朝カーディーとしての立場をとる。

さて、もうひとつの例は、オスマン朝のスルタンがセリムI世からスレイマンI世（大帝）に代わったさいに、本国からカーディー・アスカルのナーイブが派遣され[13]、さらに遺産の監督をおこなうカッサーム（qassām tark）が設置されるくだりである。

［イブン・イヤース　九二八年ジュマーダーII月五日］

その（イスタンブルから帰還した）軍団にともなって一人のオスマン朝の人物がやってきた。彼はスルタン・スレイマンのカーディーの一人であると主張し、彼をカッサーム（qassām）とよばれる職に任ずる旨が記されたスレイマンの勅書をたずさえていた。この職は遺産を、それがアハリーであろうとなかろうと（al-ahlīya wa ghayr al-ahlīya）完全に調べあげて報告する役目であり、人々はだれも彼に逆らわなかった。彼は調べた遺産総額の一割をバイトルマールのために取る。アハリーであろうとなかろうとである。このために人々は大いに苦しめられた。(Ibn Iyās V, p. 451-2)

［ディヤルバクリー　九二八年ジュマーダーII月五日］

一人の男がスルタン（padişah）の勅書をたずさえてきたが、それによると、誰かが死ぬとそれが軍人（askeri）であれ人々の側（ahl ciheti）であれ、カッサームが遺産を分配（kismet）して、そこからカザスケルにその一割（uşur）をもたらすという。エジプトの人々はそれを聞いて驚きを増した。(Diyarbakrī fol. 265a)

ここに示されるカッサームの職掌については、両史料に共通であり、議論の余地がないが、ここでイブン・イヤースが、遺産がアハリーであろうとなかろうと、とする部分に対して、ディヤルバクリーでは軍人の側であれ人々の側（アハリーに相当）であれと記述している点などは、些細な点ではあるがこの勅書の原形を想定させる部分である。その後カッサーム職がエジプトに存続しつづけ、一七世紀になると、カッサーム・アルアスカリーとカッサーム・アルアラブとに分かれるという事実を考えるならば、(14) この時点におけるディヤルバクリーの記述は、そのままオスマン的な行政感覚を正確に表現していると考えるからである。そのうえでワクフ政策との関連の考察などが今後の課題となろう。また、この施策に対してエジプトの人々が驚いた点についても、イブン・イヤースほどの反感はこめられていないがディヤルバクリーの記述から窺い知ることができる。

二　司法面における記述例をめぐって

ディヤルバクリーの史料的性格を検討するには、当時のエジプトの司法統治に関連する記述について、イブン・イヤースの内容と突き合わせるのが効果的だが、その前に、征服以来の、オスマン朝による司法統治の経過について述べておきたい。筆者は以前すでにこれについて論じたことがあるので、[15]ここでは一部重複を承知で概略をのべ、若干の考察を加えてみる。

セリムI世はエジプト征服に際し、カイロのマドラサ・サーリヒーヤにカーディー・アラブを置いた。マドラサ・サーリヒーヤの実態は、当時イエニチェリ軍のアミールの一人がマドラサ・サーリヒーヤの門のイスに座り、マフダル（maḥḍar）と呼ばれている。マフダルは通訳を介して原告・被告の話を聞き、一件につき双方から六アシュラフィーを、マスラハートと称して取り、カーディー・アルクダーから裁定を委ねられているといつわり、打ったり投獄したりしていた。マフダルのまわりには常にイエニチェリ軍団がおり、カーディー達もマフダルの決裁に干渉しなかったので、彼は相当な額を得ていた。スルタンにいつわって着服していたともいう。

人々の生活に密着した法的な手続きのうち、結婚契約はおもなものであったらしく、たびたび史料にあらわれる。925A. H. には以下のような政令が出る。

［イブン・イヤース　九二五年ラジャブ月］

（カーディー・アルクダーの）ナーイブである者（カーディー）は、カーディー・アルクダーの家におり、そこで用件を聞く。結婚契約であれば初婚の場合は六〇ニスフ、再婚の場合は三〇ニスフ取り、アーキド（'āqid）やシャーヒド（shāhid）もいくらかを得、残りの額はワーリー・アルカーヒラ（wālī al-Qāhira；wālī al-shurṭa と同義）に運ばれる。人々は一人としてこのカーディー・アルクダーの家以外で結婚や離婚をしてはならず、マドラサ・アルサーリヒーヤのワキールは完全にこれを禁ずる。（Ibn Iyās, V, 305）

これによると結婚契約については、まず、カーディー・アルクダーのナーイブ、アーキド、シャーヒドといった者たちが手数料をとり、最終的にはカーディー・アルクダーはもちろん、ワーリー・アルカーヒラの権益に結び付いていた。また、ここにはワキールやラスールといった代理人を、マドラサ・サーリヒーヤのワキールとあいまって禁止しているが、このような禁令がわざわざ出るところを見ると、事実上、人々は四法学派のカーディー・アルクダーの家においてだけでなく、マドラサ・サーリヒーヤにおいても手続きをおこない得た。[16] このため、従来からの四法学派のカーディーたちはオスマン軍やマドラサ・サーリヒーヤとたびたび衝突する記述が現われる。[17]

この衝突について一例を述べよう。925A. H. ラジャブ月に、シュパーヒー軍団（イスバハーニー）の指揮官であるイスカンダル・パシャがカーディー・アルクダー職の視察におもむいたところ、シャーフィー派のカーディー・アルクダーのナキーブであるヌールッディーン・アリー・アルマイムーニーといさかいになった。ハーイル・ベクが彼をナキーブ職から解任したところ、ヌールッディーンは彼を罵ったので、ハーイル・ベクは彼だけでなく、他の三つの法学派のナキーブたちも解任してしまった。[18] また、そのさいマドラサ・サーリヒーヤに座って商売するワキール、ラスールも禁じ、このようにしてカーディーの職を正したという。[19] 法廷手続きの有料化による権益をオスマン側にのみ帰すかのようである。この例が、シュパーヒー軍団による大規模な反乱の渦中で起きていることは興味深い。直後には、彼らは三カ月分の支払い要求をたてに反乱を起こし、チェルケス人有力アミールのヤフシュバーイを殺害し、[20] 対策を迫られたセリムI世は、急きょ約千名におよぶ交替要員を送り、シュパーヒー軍団を入れ換える対策をとることになる。[21] したがって、この経過のなかでカーディー・アルクダーのナキーブ職を廃止するという施策は、何らかの意味で彼らの不満をなだめる効果をもたらしたのではないかという推測も成り立ち得るが、シュパーヒー軍団とイエニチェリ軍団と司法制度との権益との結び付きは今のところ明確とはならず、後述のように、シュパーヒー軍団とイエニチェリ軍団の間に感情的な対立が多く見られる点を指摘するにとどまる。ディヤルバクリーもこの件については詳細に対応しておらず、ただ、シュパーヒー軍団（laşkar halkı）が司法のことで何らかの事件をおこしたので、ハーイル・ベクはそのことで監視を強化したという記述があるのみである。[22] もちろんこれに対してイエニチェリ軍団は、前述の史料の中のマフダルの例にあるとおり、司法制度のなかでの権益を享受している。

　このように司法制度とイエニチェリとの利権、また、結婚手数料についての経緯を見たので、それを前提としてさらに以下の記述を検討してみたい。これは九二八年の記述で、スレイマンによってカーディー・アルクダーの制度が廃止される少し前のものである。

［イブン・イヤース　九二八年ムハッラム月七日］

　その者たちはアズハル（Jāmiʿ al-Azhar）の学生たち（mujāwirūn）のうちのウラマーやフカハーの一団であり、約百名の学者であった。ハーイル・ベクがこの者たちはだれだ？　ときいたところ、彼らはアズハルのフカハーの一団で、ハーイル・ベクに話があるという。そこで、かれらのうちの主だった者たちをよこすよう言った。ハーイル・ベクのもとに来た人物は、①al-Shaykh Shams al-Dīn Muḥammad al-Laqānī al-Mālikī ②al-Shaykh Shams al-Dīn Muḥammad al-Maʿrūf bil-Dayrūṭī ③al-Shaykh Shihāb al-Dīn Aḥmad Ramlī ④al-Danjalī al-Shāfiʿī ⑤ al-Shaykh Shihāb al-Dīn Aḥmad b. al-Jalabīであった。

彼らは集まるとハーイル・ベクに言った。「マリク・アルウマラーよ、すでに結婚についての預言者のスンナは破られている。彼らは初婚妻の場合は六〇ニスフ（フェッダ）、再婚妻の場合は三〇ニスフ取っており、その額から公証人やワーリー（ワーリー・アルカーヒラ）の官吏やその他の者たちが取っているが、これによってシャリーアを破っている。（略）」と言ってから彼らはハーイル・ベクのもとでコーランとハディースを朗唱した。ハーイル・ベクは一向に関心を示さず、その中の一人であるシャムスッディーン・マーリキーに言った。「シャイフよ聞け。なぜ私なのだ。スルタン（セリムⅠ世）が命じたことではないか」。すると彼は言った。「かれらはオスマン朝の法（al-yasak al-Uthmānī）をエジプト中に通用させようとしているのだ」するとその中にいた⑥al-Shaykh ʿĪsā al-Maghribīと呼ばれる者が「これは不信心な法（yasak al-kufr）である」と言ったので、ハーイル・ベクは激怒し、彼を罰するためにワーリーに引き渡すよう命じ、ワーリーの館へ連行されたが、アミールの中の者がとりなした。

その日、しばらくして後、ハーイル・ベクのところに船大工たち（al-najjārūn）や塡隙工たち（al-qalāfiṭa）の一団がやってきた。彼らの中にはアーリムたち（aʿlām）がおり、首からコーランを下げていた。そして彼らは神がスルタン・スレイマン・ブン・オスマーンに勝利をもたらすよう神の助けを叫んでいた。ハーイル・ベクは、はじめ彼らをアズハルのフカハーかと思ったが、やがて彼らが船大工や塡隙工たちであり、かれらはかつてハーイル・ベクがローダ島で船を造らせ、かれらを不正に苦しめたことの苦情を訴えにきたのだった。騒ぎが大きくなったところで、側付きの一人のイェニチェリ兵士に命じて彼らを打たせたので、彼らは散り散りになった。(Ibn Iyās V, p. 427-8)

[ディヤルバクリー　九二八年ムハッラム月七日]

この時、ウラマーやフカハーがやってきて、ハーイル・ベクに近づいて来た。ハーイル・ベクが彼らと会ったり話をしたりすることを望まないうちに、かれらのうちの主だった者がすぐ側まで来た。ハーイル・ベクは会ったが、彼らとは、①マーリク派のアウラムで、ムフティーで、ムスリフである Shams al-Dīn Laqanī、⑤ハナフィー派のムフティーであり、アウラムであり、ムクタダーである Shihab al-Dīn ibn Çelbī、③シャーフィイー派のムフティーであり、アウラムであり、ムウタミドである Shihab al-Dīn Rçmlī、そして② Shams al-Dīn Tayrunī であった。（中略）彼らは言った。あなたはカーディーたちを側に呼んで彼らに命じて処女（kız oğlan）からは結婚手数料を六〇パラ取り、未亡人（dul avratı）からは三〇パラ取らせている。そしてベイリクのために（beylik-içun）スバーシに支払う。このようにあなたがたは命じている。この金額からさらにカーディー以外の者たちも証人の書類（hüccet）のためのお金（アクチェ）をとる。スバーシの取り巻きたち（subaşı adamlar）もまた仲良く受け取っているのだ。カーディーのやり方について騒ぎが大きくなっている。今のカーディー達はシャリーアに反している。預言者ムハンマド〈賛〉の行ないをみれば、彼は六パラを払っただけであり、また、コーランにはこれに関する句がある。（中略）そのなかの⑥マグレビーで、サーリフで、信心深い者であるシャイフ・イーサーという者が、このカーヌーンは不信心なものであり、各々は守る必要が無く、満足すべきではなく、カーフィルのカーヌーンである。と言ったところ、ハーイル・ベクは怒りをつのらせ、その者の名前を記録してスバーシーヤに引き渡し、彼らはこれを投獄して、処罰しようとした。そこでハーイル・ベクのところにウラマーやフカハーが来て、これをなだめたが彼は解放しなかった。だれもが（ハーイル・ベクを恐れて）行動をおこさなかったが、突然神の恩寵を伴った行動がおこった。ある者たちが勇敢にもこの件のために叫び声をあげはじめた。（Diyarbakrī fol. 257a-8b）

まず、双方の記述に出てくる複数のウラマーの名前について、呼称に若干の違いが見られるものの、おおむね正確に一致していることに注目したい。多少長く引用したが、全体の構成やこまかな説明の順序からして、両者の記述が同一の情報源にもとづく可能性については疑いようが無い。これはディヤルバクリーの年代記全般についていえることだが、ある記述部分の内容構成がイブン・イヤースの記述の構成と似通っている場合、そこに出てくる人名や固有名詞はおおむね正確に一致する。また、とくにウラマーに関する記述については、イブン・イヤース以上の情報が追加されている場合も出てくる。

ここでは結婚手数料の、初婚六〇ニスフ（パラ）再婚三〇ニスフ（パラ）という額が争点となっている。イブン・イヤースのほうでハーイルベクが言っているとおり、この額は当初からオスマン本国からの指示によるものであるが、これにたいし、ハーイル・ベクに苦言を呈するウラマー達が、預言者のスンナを尊重して六ニスフ（パラ）にすべきだと主張する点は、その額がオスマン統治以前の相場であったとはいいがたかろうが、コーランの例にもとづくウラマーならではの主張の根拠で、双方の史料に共通して登場する点である。

だが、ハーイル・ベクに対する要求のニュアンスが双方では多少異なる。イブン・イヤースでは、スルタン・セリムがオスマンの法（yasaq al-ʿUthmānī）をエジプト中に適用しようとしているということへの不満が争点であり、多少侮蔑をこめたとも判断し得るyasaqの語の使用も興味深い。ところが、ディヤルバクリーにおいて彼らの不満は、結婚手数料がスバシとその側近たちの利権となっているという、現実の利権に対する不満が争点のように見受けられ、この場合カーヌーンは、オスマン朝のさだめた現行規定を意味する。

詳細については稿をあらためるが、ディヤルバクリーにおいてスバシ（subaşı）はほぼワーリー・アルカーヒラ個人をさす。ワーリー・アルカーヒラは、さきに述べた925A. H.当時においてチェルケス軍団のアミール、コムシュブガーであったが[23]、この記述の時点では、すでにイエニチェリ軍団のアガーのアミール・アリー・アルカイヒーヤ（Amīr ʿAlī al-Kaykhīya）に交替しているので[24]、結婚手数料が彼らオスマン兵士たちの利権となってしまっていた。まさにこの点が、ウラマーたちが、いまさらのように訴え出た根拠であると理解し得る。したがってその直後ハーイル・ベクがマグリビーを投獄するために引き渡したスバシとは、ワーリー・アルカーヒラ配下のイエニチェリ軍団をさすことを意味する。

内容が類似しているため、ディヤルバクリーでは省略したが、イブン・イヤースのほうには、これに続く記述を引用した。両史料において続く記述に対する扱いの違いが端的に現われているが、イブン・イヤースにおいて、あい続く二つの記述の間の関連をみとめない記述の不自然さに注目したい。この時期に民衆のあいだでは、オスマンの法の施行を求める、一種の開明運動に似た示威行為が散見されるが、ここにおいて、同日に起きた二つの事件が、ある程度関連していたと考えるほうが自然であり、その関連において船大工たちの一団の示威行動の理由をとらえるべきであろう。マムルーク朝末期のスルタン・アルガウリーによってマグリブからの一団が造船にたずさわる者たちとしてカイロにもたらされていたが、ここでハーイル・ベクによって捕えられたシャイフ・イーサーがマグリビーであった点との関連は明確にはできない。いずれにせよ、ハーイル・ベクに対して苦言した者が捕えられたことに対し、何かの示威行動があらわれたと考えるのが自然のように思われる。

三　人名の不一致の例をめぐって

次に、ディヤルバクリーの政治・軍事情勢に関する記述のうちで、あきらかに人名が一致しない例をあげてみる。

［イブン・イヤース　九二五年ラビーウⅠ月二三日］
この日ダミエッタの辺境から知らせが届き、（オスマン朝の）使節が海路ダミエッタに到着し、セリムⅠ世（al-

handikār b. ʻUthmān）は使者に、エジプトに赴任しているスィナーン・パシャとファーイク・ベクの召還を托しているということである。それがスィナーン・パシャとファーイク・ベクのもとに確実な知らせとして届くと、二人はハーイル・ベクに言った。「これはすべてお前の仕組んだことだ。お前は al-Dassa にいるセリムに我々のことを手紙で書き送り、彼に訴えたのだ」と。（中略）やがて使節が到着したが、彼らは二人のアミールであった。一人はイスカンダル・パシャといい、もう一人はファルハート・ベクという。彼ら二人には百人あまりのギルマーンが従っていた。（Ibn Iyās, V, 281）

［ディヤルバクリー　九二五年ラビーウI月二三日］

ダミエッタに二人の使者が到着したという知らせが届いた。その一人はスィナーン・ベクで、もう一人はファルハート・ベクである。勅令によるとスィナーン・ベクとともにファーイク・ベクをイスタンブルへ連れて行かせるということである。この知らせはまだ使節が到着しないうちから人々にひろまり、ハーイル・ベクをいやがらせ苦しめて言った。これはすべてお前（ハーイル・ベク）がやったことであり、お前の不正な血はチェルケス兵士の死によってのみ贖われれば良い。（Diyarbakrī fol. 195-b）

この記述は、スィパーヒー軍団の専横と騒乱に疲弊した状態に対して、セリムが使者を遣わして指揮官をイスタンブルに召還する場面である。イブン・イヤースにおいては、スィパーヒー軍団の指揮官が①スィナーン・パシャ②ファーイク・ベクであり、これを召還するためにやってきた使者は③イスカンダル・パシャ④ファルハート・ベクである。これに対し、ディヤルバクリーにおいて、指揮官は②ファーイク・ベクの一名だけであり、使者は④が共通だが、③のかわりにスィナーン・ベクとなっている。これについて、イブン・イヤースの①スィナーン・パシャとディヤルバクリーのスィナーン・ベクの名前が同一なために混同したのではないかという疑問も成り立ち得る。

イブン・イヤースにおいて①や③はどのように現われているのだろうか。①のスィナーン・パシャは②ファーイク・ベクとともにセリムのカイロ占領の時点でセリムによって任命されており、二人はそれぞれ、ルメリー軍とアナドル軍のイスバハーニー（スィパーヒーをさす）の指揮官に任じられた。[25] その後本国から使節がくるたびに、スルタンからその地位を安堵する旨が通達されているが、スィナーン・パシャは上述の召還の使者がくる直前には配下の兵士たちへ支払うべき俸給を横領して騒ぎを起こしている。その際に兵士たちはハーイル・ベクに、われわれの俸給をスィナーン・パシャに一括して与えず、チェルケス人マムルーク同様、われわれに個別に支給して欲しいと嘆願しているが、[26] 前年にも兵士たちが本国に帰りたいと騒ぎ、とりあえず冬を越したら帰国を許可するとハーイル・ベクに約束させているのもスィナーン・パシャの行状が原因と思われる。[27] 上の史料で、ハーイル・ベクがセリムに報告したため、自分が召還されるのだと誹謗しているのはそのためである。

③のイスカンダル・パシャはさきにも一度名前が出たが、彼はスィナーン・パシャ召還ののち、短期間だが後任をつとめた。この間にもスィパーヒーたちの暴挙はおさまらず、三カ月分の俸給支払いをたてに反乱をおこし、チェルケス人有力アミールのヤフシュバーイを殺害したので、[28] セリムはスィパーヒー軍団全体の交替をはかり、約二カ月後にはカラームーサーを指揮官として兵員およそ千人を送り、イスカンダル・パシャはその際にこれらと交替に本国にもどることになる。[29]

さて①と③の二人は、ともにこれだけの履歴がある以上、イブン・イヤースの史料でこれら人物が誰かと取り違えられたとは考えにくく、全体の一貫性からみておそらくイブン・イヤースの記述に誤認はなさそうである。また、ディヤルバクリーによれば、スィナーン・ベクとともに連れかえるということなので、その点を重視するならば、ディヤルバクリーがスィナーン・ベクとイスカンダル・パシャとを混同したのでもなさそうだ。なぜなら事実として、イスカンダル・パシャはこの時点ではカイロに残るからで、みずからスィナーン・パシャに伴ってイスタンブルに戻ってはいないからである。もちろんスィナーン・ベク（あるいはパシャ）が二人別人として実在した可能性もあるが、いずれにせよ、ディヤルバクリーが使節の二人のうち片方の名前を誤ったことはおそらく確かであろう。このような人名の誤記はディヤルバクリーの他の部分でも気付くことが多い。基本的には、イブン・イヤースと比べ、ディヤルバクリーの年代記に登場する軍人の個人名は圧倒的に少ない。

ところが興味深いことに、ディヤルバクリーのこのような姿勢のわりには、ハーイル・ベクに対する誹謗の内容などは、イブン・イヤースがおよそ簡潔であるのに比べ、実に具体的に記述している。これは、イブン・イヤースにおいては、エジプト年代記の伝統的な編集姿勢にもとづく情報整理がきちんとなされていることを示すが、それに対してディヤルバクリーは、同時代の風聞を、不正確さも含めながら未加工のまま素直に記述しており、これがディヤルバクリーの特徴を示しているといえよう。

四　編集姿勢をしめす例をめぐって

両史料の比較によってイブン・イヤースの編集姿勢がさらに良くわかるような例をあげてみたい。オスマン本国でセリムI世が没したときにカイロで起きた騒ぎである。

［イブン・イヤース　九二六年ズルカアダ月］

伝えによると、イエニチェリ軍の者たちが、ズワイラのハーラに略奪に赴いた。言われるには、彼らの慣習には、スルターンが死ぬと軍隊がユダヤ教徒のハーラを略奪するというのがあり、それが起こった。イエニチェリ軍の一団が行って略奪をおこなったが、ナーイブ・カルアのハイルッディーン、カラームーサー、ファルハートがそれを止めた。彼らはそれに対して怒り、ビルカ・アルハバシュ birka al-ḥabash に赴き、酒屋に入り、カイロ中を略奪しつくした。そこで、彼らとハーイル・ベクの間に（本国からの）使者が訪れ、イエニチェリ軍団は兵士一人当たり八〇ディーナールの支給、イエニチェリのアガーであるスバーシーヤには一人百ディーナールの支給がおこなわれたので、彼らはそれに満足したが、イスバハーニーヤとクムーリーヤには一切支給がなかった。状況はこのとおりである。

(Ibn Iyās, V, 316)

[ディヤルバクリー　九二六年]

カイロ（Mısır）で伝えられるには、イエニチェリ軍の者たちが事件をおこし、ユダヤ教徒たちの、ズワイラという名で知られた街区（mahalle）を襲撃した。彼らが略奪して言うには、イスタンブルでの我々の慣習というのは、それぞれスルターンが没すると、ユダヤ教徒たちを略奪するが、しかし彼らが避難するならば襲わないと言う。その時、イエニチェリたちのアガーでカルアのベイであるハイルッディーン、ルメリ軍の長（baş）のファルハート・ベク、アナドル軍の長のカラ・ムーサーたちがやめさせ、（略奪を）させなかった。イエニチェリたちは不快になり、悲しんだあげく事件をおこし、ミスルからなだれこんで出てゆき、ビルカ・アルハバシュに赴いて占領し、カイロのある地区を略奪した。カイロではスィパーヒーたちもまた武具を身に着け、一斉に馬にまたがった。……ある一人の男が原因で内戦となった……（中略）

（兵士）一人ずつに八六を与えられ、パシャには百をあたえられ（る提案がなされ）たが、イエニチェリ達が言うには、我々は（金を）受け取り、満足して（提案を）受け入れる。シュパーヒー軍団には何も与えられませんように。

悪は押さえられ、反乱は運び去られ、害悪が拒絶されるためにそれらの提案が受け入れられ、それらの約束のおかげで公正となると言い、そのように要求が実施され、ギュヌリたちは満足した（略）。(Diyarbakrī fol. 229a-b)

これら二つの記述も、説明の順序や全体の構成が似通っているが、イブン・イヤースがこれらの情報を簡潔に整理している様子がわかる。だが、そこでは騒乱の途中でシュパーヒー軍団（イスバハーニーヤ）が介入してくるいきさつを省略したために、最後にイスバハーニーヤへの支給がなかった事実に至る関連が明確になっていない。また、クムーリーヤはギュヌリたち（ギュヌリヤーン、ここでは gönulilar）に該当するようだが、これはシュパーヒー軍団のうちの一部の志願兵たちをさすと思われるので[30]、イブン・イヤースでは軍の内容を把握せずに整理しているようである。クムーリーヤの名はイブン・イヤースの年代記には数度しか現われず、しかもオスマンの軍団のなかにおける位置付けを把握できるような記述はない[31]。

略奪を止めた三人のオスマン軍の指揮官の人名については双方の記述が一致している。ハイルッディーンのナーイブ・カルア職はディヤルバクリーではカルアのベイと出てくる。また、ディヤルバクリーではファルハート・ベクがルメリ軍を統括し、カラ・ムーサーがアナドル軍を統括しているとあるが、オスマンの軍団はイエニチェリは別にして軍全体がルメリとアナドルに分かれており、スィパーヒー、ハルカ騎士、ギュヌリヤーンなどのは、その時々に応じた呼称として現われるようである。これに対し、前述のようにイブン・イヤースは、このファルハート・ベクとカラームーサーをイスバハーニーヤの指揮官（アガー）としており、もちろんこれは騎兵団を率いると言う意味で実態を反映したものではあろうが、このイスバハーニーと、ディヤルバクリーにみられるスィパーヒーを直接対応させ、この二人のベクがとくにスィパーヒー軍団だけを統率していたということは考えにくい[32]。

また、両史料の記述からは、支給金額の不一致など細かな点が指摘できるほか、イエニチェリがスィパーヒーに対してもつ憎悪など、イブン・イヤース側にはない情報がディヤルバクリー側に見出せる。これは、両史料が同一の情報源にもとづくことを仮定とするならば、イブン・イヤースのほうがはるかに整理された記述であることを示し、両者を合わせ読むことで、内容をより正確に補えられることもさることながら、イブン・イヤースの編集姿勢をよく理解することができる。

イブン・イヤースはオスマン勢力を好意的には捉えないが、この傾向が記述にどのように現われているだろうか。

[イブン・イヤース　九二五年ラマダーン月一八日]

ワッラーキーンの（スークの）商人の一人であるマハッラーウィーという者が捕らえられた。彼の悪行は高利貸しとして有名であった。すでに彼に関しては、ラマダーン月の最中、オスマンの兵士たち（turkmān）に酒やハシーシュ（al-ma'jūn）を売ったと人々が知らせ、そのことについてワッラーキーンの者たちが彼について証言していた。これらの事が、マイダーンにおいてハーイル・ベクに確認されると、彼（マハッラーウィー）をワーリーに引き渡し、事柄を調べるよう命令を出した。そこでワーリーが身柄を受け取りワーリーの家に向かい、彼が、言われているように酒とハシーシュを売ったと自白するまで罰しようとした。すでに、ハーイル・ベクはラマダーン明けの祭りの後に彼を絞首刑にすると約束していた。ワーリーが彼を連れて家に行き、かれの生い立ちについて調書を書こうと赴いたところ、彼のもとにイエニチェリ軍のうちで、かつてマハッラーウィーからハシーシュを売ってもらった知りあいたちがやってきて、ワーリーのすることをやめさせようとし、彼を口汚なくののしった。やがて、彼らはワッラーキーンのスークに行き、マハッラーウィーを告げた者たちを打った。彼らはスークを略奪し、そこの店々の商人たちをののしった。（二〇日木曜日）商人たちがカルアに登ってきて、ハーイル・ベクに、イエニチェリ軍が起こしたことの内容を告げた。ハーイル・ベクは激怒し、すぐにマハッラーウィーをマイダーン門で斬首にすると命じた。（Ibn Iyās, V, 313）

［ディヤルバクリー　九二五年ラマダーン月一八日］

カイロのワッラーキーン[33]という名のスーク（çarş）で、そこの商人たちがハーイル・ベクに苦情を言い、不平がわき起こった。商人たちが言うには、われわれの中にマハッラーウィーという悪人がおり、ラマダーンの最中に、不明を恐れず、不信心を恥じず、軍隊のなかの兵士（levende）たちに酒を出し、ハシーシュ（macun）を売って、恥かしさも信心もなく高利貸しをしている。それを聞いてハーイル・ベクはその者（マハッラーウィー）をつかまえてスバーシに「行ってこの男を自由にしてから、よく調査をしたいが、正しいだろうか間違っているだろうか」と言った。そこでスバシーは彼の家に行った。すると彼の前に、関係する兵士（levende）たちがあつまってきて、苦情を言った。そして言うには、いたわってやれ。この者は痛んでいる。これ以上苦しむと死んでしまう、といった。そこでスバシは、自分が何をしたというのだ。理由はこの者に敵意を持つ者たちが満足する必要からだと言った。彼らもまたその場所から追い出しにワッラーキーンのスークへ（おまえたちが）行き、マハッラーウィーの口から出た者たちに対してたちあがり、店々を略奪すること望んだ。そこで人々はおそれてすぐに行って店々をしめた。翌日、ハーイルベクのところに一団がやってきて、ハルカの兵員から苦情がでるやいなや、起きたことを（ハーイル・ベクに）知らせ、これによってハーイル・ベクは不快になった。（Diyarbakrī fol. 203b）

ディヤルバクリーにおいては、マハッラーウィーの逮捕が、彼に敵意を持つ者たちの証言のせいであることをスバシ（ワーリー・アルカーヒラ、当時はコムシュブガー）が発言し、それに対する反感が兵士たちをかりたて、ワッラーキーンのスークでの襲撃さわぎに至ったと捉えている。ところが、イブン・イヤースは最初から、これをイエニチェリたちの不品行にもとづく事件としてとらえているので、ワッラーキーンのスークを襲撃した兵士たちは、かつてマハッラーウィーからハシーシュを売ってもらった知り合いであるとしており、したがってその後のワッラーキーンのスークの襲撃さわぎも、これらの兵士たちによる腹いせのように映る。また、イブン・イヤースの態度の特徴として良く言われていることだが、彼はハーイル・ベクを好ましく描いてはいない。年代記についてここには事件を把握する両者の視点の違いが多少感じられる。

この騒ぎを起こした兵士たちは、イブン・イヤースではイエニチェリとなっているが、ディヤルバクリーではイエニチェリの語ではなくlevendeという語をあてている。この語を不正規軍として解釈する可能性もあろうが、史料に現われる実態の整理がついていないので、今のところ両史料の語句の対応については特定できない。いずれにせよ、オスマン軍の一部が不品行で知られていたことは事実であり(34)、イブン・イヤースの視点が事実を歪めているわけではなく、むしろ事実を正しく把握しているともいえそうだが、翌日（イブン・イヤースでは翌々日）に苦情を言いに来た者たちが、イブン・イヤースでは被害を受けたワッラーキーンの商人たちであるのに対し、ディヤルバクリーではハルカ（騎士団）の兵員である点はとても興味深い。彼らをスィパーヒー（イスバハーニーヤ）の一員と捉えるならば、前述したようなイエニチェリとスィパーヒーの対立は、この頃からさまざまな形で現われてきており、このおよそ二カ月後には、イエニチェリを率いるハイルッディーンとイスバハーニーを率いるカラームーサーが喧嘩となり、カラームーサーがイエニチェリの不品行をののしり、イスバハーニーの兵員たちが、カイロの町中で不品行な遊びをしているイエニチェリを組織的に取り締まってカルアにつれも

どす場面が出てくる。(35)

オスマン軍人が統治開始間もないエジプトの社会にどのように入り込んでいたかをうかがわせる一例を示そう。

［イブン・イヤース　九二七年ムハッラム月七日］

伝えられるには、マリク・アルウマラー（ハーイル・ベク）はムハンマド・ブン・シャムスッディーン・ムハンマド・アルファルナウィー（al-Farnawī）の斬首を命じた。その理由は次のとおりである。彼はマドラサ・スルタン・ハサンのワクフの管理人（ムバーシル）であったが、一人の農民を投獄した。するとその農民の縁者のものが、一人のオスマーニーを連れて来た。そしてイブン・ファルナウィーにその農民を釈放するように言ったが、彼はその農民を牢から出そうとはしなかったので、そのオスマーニーは彼を罵倒し、侮辱した。そこでイブン・ファルナウィーは彼に「近々、シリアのナーイブのガザーリー（Jān Bardī al-Ghazzālī）がやってくる。どうせお前達はみなエジプトから出て行くのだ」と言った。するとそのオスマーニーはハーイル・ベクのところへ行き、彼の言ったことを告げて苦情を申し立てた。そこでハーイル・ベクはファルナウィーを呼び出し、「何故お前は近々ガザーリーがやってきてエジプトを支配すると言ったのか」と詰問したところ、彼はそのことを否認した。そこでオスマン兵士たちが呼ばれ、そのなかに彼の言ったことを証言する者達がいたので、ハーイル・ベクは怒り、斬首を命じた。やがて彼はラムラで処刑され、先に述べたイヤースの時と同様に不正な支配の成り行きとなった。ファルナウィーはイマーム・アルアミール・アクバルディー・アルダワーダールやアルアミール・ヤシュバク・アルダワーダールという著名な人物（a'yān al-nāṣ）の父親であった。（Ibn Iyās, V, p. 378）

［ディヤルバクリー　九二七年ムハッラム月七日］

ムハンマド・アルファルナウィー・アルアスワド（al-Aswad）がラムラで〈Rumeilada〉処刑された。その理由は次のように伝えられる。彼はスルタン・ハサンのマドラサのムバーシルで、そのワクフの農民達のうちの一人からハラージュをとりたてたが、彼は頑固にこばんで出さず、逆に抵抗してきたので、捕まえて投獄した。……そこにムルヒドのムタワッリー（mülhid mütevellisi）がやってきた。そしてこれらの農民の男達は、やって来て彼に何がしかの物を差し出した。そこで彼は前述の徴税吏（ファルナウィーをさす）に、彼が捕まえて投獄した農民を解放してやるように言った。するとファルナウィーは彼に言った。私はいつもこのようにする。おまえはおまえのやり方でせよ。どうせすぐにお前は命令を受けて避難するのだ。（中略）ここでかなの罵りがあったという。やがて噂が噂をよび、話が話を生んで騒がしくなった。そこでこのムルヒドはこのやりとりについて上申したのでハーイル・ベクにこの件が届いた。ハーイル・ベクはこのただならぬ内容におどろいた。（中略）そのムハンマド・アルファルナウィーが召されて御前にきた。そこでハーイル・ベクはこの件について話の内容をのべてから、私はこのように話を聞いたが本当かと尋ねたので、彼は、これは見識ある人間によるしわざではありませんと答えた。そのムルヒドの言い分が信頼できることをそこにいた者たちのなかで証言する者があったので斬首となった。（Diyarbakrī fol. 236b-7a）

シリアのナーイブに任じられていたジャン・バルディー・アルガッザーリー[36]が、当時オスマン本国からの独立を企てたが、ハーイル・ベクはその風聞や影響がエジプトに及ぶことに対し神経質であった。もちろんエジプト内ではシリアにならってエジプトも独立すれば、オスマン軍を追い出せるという期待が渦巻いたが、ハーイル・ベクは、ここではムハンマド・アルファルナウィーの処刑という形で自らのポーズを示した。

ファルナウィーと対立したムルヒドのムタワッリーとは、イブン・イヤースではオスマーニーであり、口論の内容や、すぐにハーイル・ベクに申し立てをした経緯から、彼がオスマンの軍人であることは間違いなかろう。

ムルヒドmülhidは、この時代のカーディーである著者が用いる語としては、狂言のあまり逸脱したスーフィーくらいの意味であろうが、[37]これが具体的にはオスマン兵士の一部であることは間違いなく、彼らの影響力がすでに農民のレベルにおいて、何らかの頼り得る新たなチャンネルとして具体的に機能していたことを示す。このような情報はイブン・イヤースのようなエジプト側の史料にはあまり出てこない種類のものである。

オスマン軍人がエジプトの行政に関わる様子について、イブン・イヤースにおいて例を探すならば、例えば925A. H.にザイニー・バラカート・ブン・ムーサーが上エジプトの検地に赴いたさい、同行した一人のオスマン軍人をムタハッデイス・ヒスバとして置いてきていることが記されているが、[38]このように当然新たな支配機構の中で活躍したであろう、オスマン軍人や文人たちの職務の実態が、最も見えにくい部分であることを繰り返し指摘しておきたい。この点をあまり視野に入れずに、単にハーイル・ベクとエジプトの残存マムルークたちとの関わりを中心に、従来然として述べるイブン・イヤースの記述スタイルは、その性格を念頭におかなければ、ハーイル・ベクの支配時期は暫定的なマムルーク朝の延長にしか映ってこないのである。

おわりに

ディヤルバクリーの年代記を用いた著名な研究はショウ（S. J. Shaw）とウィンター（M. Winter）であるが、両者ともイブン・イヤースと併用し、出典として引用はするものの、記述内容に関して両史料を具体的に比較検討して何かを論じることはない。[39]もっとも、両史料が提供する情報は、オスマン朝治下のエジプトの初期のきわめて短期間に関わるものにすぎないので、三世紀間におよぶオスマン朝支配全体の見通しの上においては、ともすれば脇に追いやられがちであったことも確かであろう。

本稿では両史料の比較として若干の考察を加えてみたものの、いまだ史料紹介の域を出ず、総括的な考察結果についてはぜひ稿をあらためなければならないが、ここでの比較を通して気付くことは、この作業そのものに多くの可能性が認められる点である。

両史料のあいだに現われる内容の差異には特定の傾向が認められる。ディヤルバクリーの記述は、イブン・イヤースほど広く網羅的な叙述スタイルではないため、イブン・イヤースの記事のすべてに対応してはいない。だが、対応した部分の内容を見るならば、多くの場合、構成や説明の順序が大変に似通っており、両者が同一のソースにもとづくことを強く感じさせる。ただ、イブン・イヤースがマムルーク朝後期の記述を通して培われた一定の編集姿勢のもとに情報を選択し、整然と整理された叙述を特徴としているのに対し、ディヤルバクリーは各方面の言い分が、バランスを気にせず未加工なまま記録されている場合が多くあり、これが逆にイブン・イヤースの編集姿勢を鮮明にし、また、場合によってその内容を補う場合が多くある。

（1） Shaw, S. J. 'Turkish Source-materials for Egyptian History' P. M. Holt (ed.) *Political and Social Change in Modern Egypt*, London, 1968. pp. 28-48. 白岩一彦「オスマン朝のシリアとエジプトに関する史料と研究」『東洋文庫書報』二六号、八九—九三頁。

（2） M. Winter, *Society and Religion in Early Ottoman Egypt*, New Brunswick, pp. 18f. Shaw, S. J. *The Financial and Administrative Organization and Development of Ottoman Egypt 1517-1798*, Princeton, 1962, pp. 405f.

（3） Diyarbakrī, Abd al-Ṣamad, *Tarjama al-Nuzha al-Saniya fī Dhikr al-Khulafā' wal-Mulūk al-Miṣrīya*, MS. Add. 7846, the British Library, London を使用。例えばShaw の前掲書同頁にあるように、ショウはイスタンブル Millet Library 版を用いている。

（4）熊谷哲也「オスマン・エジプト初期における軍事勢力について――ハーイル・ベクの統治期間を中心に――」『イスラム世界』二九・三〇号、一九八八年、一七頁および次頁。鈴木董「セリム1世の対マムルーク朝遠征と征服地における支配体制組織化過程――トプカプ宮殿付属古文書館所蔵D9772号文書の再検討によせて――」『オリエント』三〇―一号、一九八七年、九九頁。

（5）熊谷哲也「オスマン・エジプト初期におけるマドラサ・サーリヒーヤとナーイブ・カーディー・アスケルの任命」『中央大学アジア史研究』一三号、二二、三四頁。

（6）Shaw, *op. cit.* pp. 1-10.

（7）鈴木董、前掲、九九頁、熊谷哲也「オスマン・エジプト初期における軍事勢力について――ハーイル・ベクの統治期間を中心に――」一七頁。

（8）Shaw, *op. cit.* pp. 1-10.

（9）さらに、ハーイル・ベクの時代からオスマン官吏がかかわった検地がなされていることを挙げておく。Ibn Iyās, V, p. 301.

（10）このような見解の例としてはBehrens-Abouseif, *Egypt's Adjustment to Ottoman Rule : Institutions, Waqf and Architecture in Cairo (16th and 17th Centuries)*, Leiden, 1994（林佳世子氏による書評「D・ベーレンス=アブーセイフ著『オスマン朝支配に対するエジプトの適応――16～17世紀のカイロにおける諸組織、ワクフと建築物』」『東洋学報』七八、一九九五年、pp. 69-76）.

（11）カーヌーン・ナーマの内容については、Ahmad Fu'ād Mutawallī によるアラビア語訳と解題があることを紹介しておく。Aḥmad Fu'ād Mutawallī, *Qānūn-nāmi' Miṣr*, al-Qahira, 1986.

（12）M. Winter, *Egyptian society under Ottoman rule 1517-1798*, Routledge, pp. 7,109f.

（13）熊谷哲也「オスマン・エジプト初期におけるマドラサ・サーリヒーヤとナーイブ・カーディー・アスケルの任命」三三―三四頁。

(14) Layla Abd al-Laṭīf Aḥmad, *al-Idara fī Miṣr fī al-Aṣr al-'Uthmānī*, Cairo, 1978, p. 33.
(15) 熊谷哲也、前掲。
(16) 熊谷哲也、同、二五頁。
(17) 熊谷哲也、同、二六頁。
(18) Ibn Iyās, V, p. 305.
(19) 同右
(20) Ibn Iyās, V, pp. 306f.
(21) Ibn Iyās, V, p. 309.
(22) Dyarbakrī, fol. 201b
(23) コムシュブガーの任命は923A. H. である。熊谷哲也「オスマン・エジプト初期における軍事勢力について——ハーイル・ベクの統治期間を中心に——」p. 18. Ibn Iyas, V, 二一一頁。
(24) Ibn Iyās, V, p. 339.
(25) Aḥad Fu'ād Mutawallī, al-Futḥ al-'Uthmānī lil-Shām wa Miṣr wa Muqaddimatihi, pp. 202f.
(26) Ibn Iyās, V, p. 294.
(27) Ibn Iyas, V, p. 308、スィナーン・パシャが着服したであろう総額は八万一千ディーナールであったという。
(28) Ibn Iyās, V, pp. 306f.
(29) Ibn Iyās, V, p. 309.
(30) *Shaw, op. cit.* pp. 188ff.
(31) Ibn Iyas, V, p. 241, 382. 熊谷哲也「オスマン・エジプト初期における軍事勢力について——ハーイル・ベクの統治期間を中心に——」二三頁。
(32) しかし、イブン・イヤースには「イスバハーニー軍団のうちファーイク・ベクに属する兵士達」という表現がみられるのも事実であり、これら軍事勢力の呼称の整合性の問題については稿をあらためたい。熊谷哲也、前掲、二三頁。

(33) 使用写本ではｒをｚに、ｑをｆに誤記しており Wazafin という綴りになっている。

(34) イブン・イヤースによるオスマン軍不品行に関する典型的な記述は Ibn Iyās, V, p. 233f. など。

(35) Ibn Iyās, V, p. 318f.

(36) ダマスカスの総督への任命は 923A. H. 熊谷哲也、前掲、一八頁。

(37) 'mulḥid' in *EI*², VII: 546a, by W. Madelung.

(38) Ibn Iyās, V, p. 303.

(39) ともに参考文献の Shaw, Winter の著書など。とくに Winter, *Society and Religion in Early Ottoman Egypt*, 第二章。

主要参照文献

Diyarbakrī, *Abd al-Ṣamad Tarjama al-Nuzha al-Sanīya fī Dhikr al-Khulafā' wal-Mulūk al-Miṣrīya*, MS. Add. 7846, the British Library, London.

Ibn Iyas, Muḥammad b. Aḥmad, *Bada'i al-Zuhūr fi Waqā'i al-Duhūr*, 5vols, Cairo, 1960-75.

Najm al-Din al-Ghazzī *al-Kawākib al-Sā'ira bi-A'yān al-Mi'a al-'Ashira*, Beyrut, 1979

Aḥmad Jalabī, Abd al-Ghanī, *Awḍaḥ al-Ishārāt fī-man Waliya Miṣr al-Qāhira min al-Wuzarā wal-Bāshāt*, ed. by Fu'ād Muḥammad al-Māwī, Cairo, 1977.

Ibn Ṭulun, Muḥammad, *Mufākaha al-Khillān fī Hawādith al-Zamān*, 2vols, Cairo, 1962-4

S. J. Shaw, *The Financial and Administrative Organization and Development of* Ottoman Egypt *1517-1798*, Princeton, 1962.

Ahmad Fu'ād Mutawallī, *Qānūn-nami' Mişr*, Cairo, 1986.
H. Inalcik 'Suleiman the Lawgiver and Ottoman Law', *Archivum Ottomanicum*, 1, *The Hague, 1969.*
Seyyid Muhammed es-Seyyid Mahmud, Misir Eyaleti, Istanbul, 1990.
A. C. Hess 'The Ottoman Conquest of Egypt (1517) and the Beginning of the Sixteenth Century World War', *IJMES*, 4-1 (1973)
J. Bacque-Grammont, 'Une denonciation des abus de Ha'ïr Beg. gouverneur de l'Egypte ottomane, en 1521.' *Annales Islamologiques* 19, 1982.
M. Winter, *Society and Religion in Early Ottoman Egypt*, New Brunswick, London, 1982.
——, *Egyptian society under Ottoman rule 1517-1798*, Routledge, London, 1992.

鈴木董「セリム1世の対マムルーク朝遠征と征服地における支配体制組織化過程——トプカプ宮殿付属古文書館所蔵D9772号文書の再検討によせて——」『オリエント』三〇—一号、一九八七。

『オスマン帝国の権力とエリート』一九九三。

『オスマン帝国とイスラム世界』一九九七。

大河原知樹　「ダマスカスにおけるアーガー層の成立」『日本中東学会年報』七号、一九九二。

熊谷哲也　「オスマン・エジプト初期における軍事勢力について——ハーイル・ベクの統治期間を中心に——」『イスラム世界』二九・三〇号、一九八八年。

「オスマン・エジプト初期におけるマドラサ・サーリヒーヤとナーイブ・カーディー・アスケルの任命」『中央大学アジア史研究』一三号、一九八九。

イギリスのインド統治機構の再編成
——一八五八—七二年

山崎利男

はじめに

一八五七年五月にはじまったインド大反乱は北インド一帯に広がり、イギリスの支配を脅かして、イギリスの政府と国民を震撼させた。このため、一世紀にわたってインドを統治してきた東インド会社の失態が批判され、翌五八年一一月、イギリスはこの会社のインド統治を廃止して、インドをイギリス国王の直接支配のもとにおき、内閣の一員であるインド大臣がインド統治の責任をもつことになった。それから一〇余年間、イギリスは大反乱の舞台となった北インド、とくにアワドと西北州の秩序の回復に努めるとともに、軍隊組織を改編し、行政、立法、司法の統治機構を改革して、インドの支配体制を再編成した。

この時期、インドでは、カニング総督が大反乱を鎮圧し、初代の副王として秩序の回復にあたったのち、エルギン、ローレンス、メイヨーがあいついで総督となった。インディゴ騒乱、オリッサ、ベンガルの悲惨な飢饉があったけれども、四〇年代や五〇年代に比べると、内外ともに平穏であって、イギリスが大反乱後のインド社会を安定させ、その支配を強化するため、統治機構の再編成をおこなうには時宜にかなっていた(1)。

本稿では、一八五八年の国王の直接統治のはじまりから七二年のメイヨー総督の死までの時期を対象として、イギリスのインド統治機構の再編成について考察する。はじめにロンドンにおける本国政府のインド統治機構、つぎにインドにおける行政・立法機構と司法機構、最後に官僚制度について、四節に分かって述べることにしよう。

いうまでもなく、インドはイギリスの最大の植民地であった。一八七一年前後におこなった英領インド全域の最初の人口調査によれば、英領インドは西ヨーロッパに匹敵する広大な面積をもち、人口は約二億と算えられた（第1表参照）。インドはイギリス帝国のなかで特別の地位が与えられ、本国政府では、植民地省が管轄するのではなく、インド省が管轄した。その法制では、「植民地」のなかに含まれず、一八六五年「植民地の法の効力に関する法律」に定められた「植民地」ではなかった。経済的には、「世界の工場」として繁栄の頂上をきわめていたイギリスにとって、インドはその工業製品の市場であるとともに原料の供給地であり、鉄道などの事業の投資市場であって、その繁栄に大きな貢献をしてきた。インドの租税から支出される「本国費」（Home Charge）をはじめ、毎年インドから送られる金額は膨大な額にのぼった。こうしてインドは「インド帝国」とよばれて、七六年にはヴィクトリア女王は「インド皇帝」という称号が与えられた。それほどにインドはイギリス帝国のなかできわめて重要な植民地であった。

イギリスにとっては、インドは遠いところにあり、非常に異なった文化・宗教をもつ国であった。しかもインドにはさまざまな文化・宗教の人びとが居住しており、諸地方の間には文化・宗教ばかりでなく、社会や経済の相違が大きかった。イギリスのインド支配の基幹となったのはベンガル、マドラス、ボンベイの三管区であって、三管区では統治機構、地租の査定・徴収、刑法などの多くの面でそれぞれかなり独自の統治がおこなわれた。その後に征服した地方では、三管区とは異なった支配体制が樹立された。このイギリスの統治のもとで、インドの

第1表　英領インド　面積と人口

州		面積(平方哩)	人　　口	調査年次	人口密度	鉄道(哩)
ベンガル	準知事	248,231	66,856,859	72年初	269	1,298
	ベンガル	85,483	36,769,735		430	
	ビハール	42,417	19,736,101		465	
	オリッサ	23,901	4,317,999		185	
	アッサム	35,130	2,207,453		63	
	チョータ・ナーグプル	43,901	3,825,571		87	
マドラス	知事	139,698	31,597,872	71年11月	226	836
北西州	準知事	81,402	30,769,056	72年1月	378	
パンジャーブ	準知事	103,748	17,596,752	68年1月	170	410
ボンベイとシンド	知事	124,943	16,352,623	72年2月	131	2,270
アワド	地方長官	23,042	11,220,032	69年2月	469	235
中央州	〃	84,895	8,201,519	72年1月	96	466
ビルマ	〃	88,364	2,747,148	72年8月	30	
アジメール	直轄	2,672	426,268	65年1月	159	
クールグ	〃	200	168,312	71年11月	84	
マイソール		27,077	5,055,412	71年11月	187	
ベラール		17,344	2,231,565	67年11月	128	
計		941,606	193,223,418			

Statement exhibiting the Moral and Material Progress & Condition of India, 1872, p.203.

ベンガル州内の5地域の面積と人口は Administrative Report of the Bengal Government, 1871-72, p.147. から転載した（5地域の面積の合計は州の面積と一致しない）。

第1図

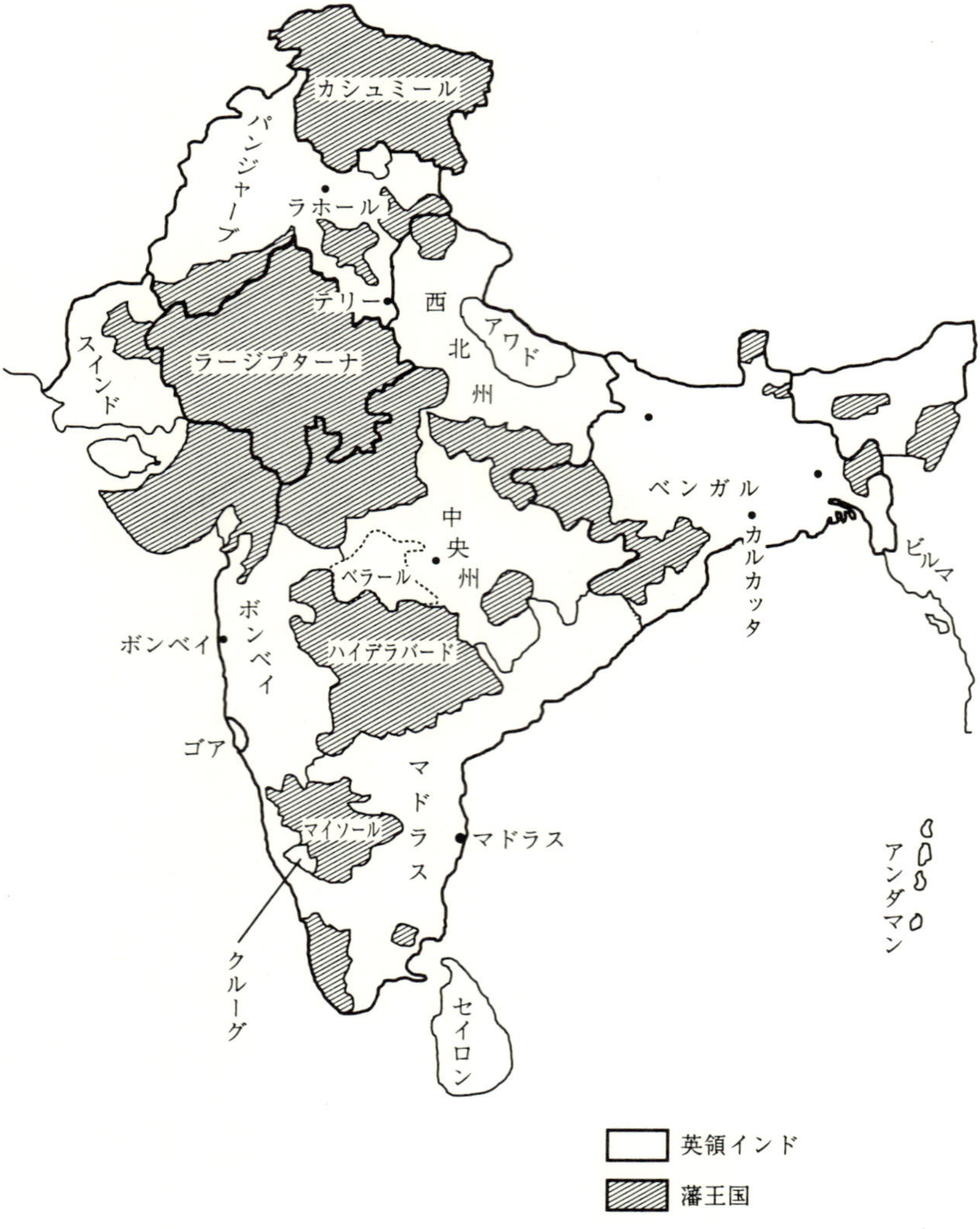
カシュミール
パンジャーブ
ラホール
デリー
西北州
アワド
スインド
ラージプターナ
ベンガル
カルカッタ
ビルマ
中央州
ベラール
ボンベイ
ボンベイ
ハイデラバード
ゴア
マドラス
マドラス
マイソール
クルーグ
アンダマン
セイロン
英領インド
藩王国

社会も経済もこれまでにない変貌を遂げた。とくに一八五〇年から営業がはじまった鉄道事業は急速に発展し、またパンジャーブなどで潅漑事業が進み、それによって商品流通が促進され、資本主義経済体制が浸透して、地域的にはきわめて不均等であるが、都市ばかりでなく農村も大きく変わりつつあった。

この時期、世界最強を誇った軍事力をもつイギリスは、インドに六万二千人のイギリス人将兵を駐在させ、その統制のもとに、大反乱後に編成し直した一三万五千人のインド兵を擁した。「インドを力によって征服し、同じく力をもって支配する。」このことばはイギリスの統治者たちの間でしばしば述べられたが、もとより武力だけで支配できるものではない。イギリスは、インド統治の枢要な職務に就いた九百人前後の高等文官を含めて、三千人ほどの官吏を派遣し、多数のインド人の属吏を雇用して統治したが、インドをどのように統治し、安定した支配を確保できるかについて心を砕いた。この時期におけるその現われのひとつは、統治機構を改革して法と司法の体制を確立したことである。

インド統治機構の歴史は、イギリス支配時代には官吏の必修の科目であり、歴史書では経済、社会、文化の歴史よりも多くの頁が費やされた。その例として、一九三〇年代のイギリスの代表的なインド史の概説書である“The Cambridge History of India”(Vol. 6,1932)、“The Cambridge Shorter History of India”(1934)があげられよう。この統治機構の歴史のなかで、一八五八―七二年の時期はその再編成の時期としてきわめて重要である。わが国ではこの時期の問題について研究はほとんどおこなわれなかったので、本稿では、法律をはじめとしてよく知られている資料を読み、イギリスとインドの研究を参考にして執筆することにした。

一　イギリス国王の直接統治

東インド会社の統治機構の特質

一八五八年一一月一日、ヴィクトリア女王は宣言を公布して、女王のもとでインド統治がはじまった。この東インド会社の統治から国王の直接統治への転換は、インド植民地支配の歴史においてどのような意義をもっているのであろうか。この直接統治は、東インド会社時代の統治体制と政策を継承してはじめられたが、それから一〇数年間にインドの統治機構はどのように変わったのであろうか。はじめに、東インド会社の統治機構の特質について、一八三三年と五三年のインド特許状法[1]にもとづいて、イギリス政府・議会との関係を中心として述べておきたい。

(1)　東インド会社は、いうまでもなく、イギリス国王から東インド貿易独占権の特許状が与えられた特殊な商事株式会社であった。この会社が、自分の武力と財力をもって、インドの諸地方をつぎつぎに征服して、それを領土として統治した。この征服し獲得した領土は、イギリスの法理によって国王の領土となった[2]。

東インド会社がベンガル地方を領有して統治をはじめると、会社が財政危機に見舞われたうえ、会社の職員の乱脈な行動がはげしい非難を浴びたため、会社の運営を改善する必要に迫られた。一七七三年、イギリス議会は特別委員会を設けて、会社の商業活動と徴税・司法の実態を審議して、会社の理事会（Court of Directors）を規制し、インド統治機構を改善する法律を定めた[3]（ノース規制法 North's Regulation Act）。これによって、会社の理事会の権限を強化して、理事を二四名として、任期四年で六名ずつ交替することになった。インドでは、ヘースティングズ（Warren Hastings）をベンガル総督に任じ、総督に四名の参事（Councillors）を加えて総督参事会(4)(Governor General in Council)を構成し、総督参事会がマドラス・ボンベイ両知事参事会に対して監督・統制することになった。それとともに、カルカッタに最高法院(Supreme Court)を開設し、ロンドンの王座部裁判所(King's Bench)と同様な権限を与えた。この裁判所は、バリスタ(法廷弁護士)から判事たちが任命されて、管区都市(presidency town)内のヨーロッパ人とインド人の事件を裁判した。総督参事会にはベンガル管区に適用する法律を制定する権限が与えられ、それは条例(Regulation)とよばれ、最高法院が登記することによって有効となり、また国王はこれを否認することができた。

その後も議会はインド問題を審議して、八四年にピットのインド法(Pitt's India Act)を制定した。この法律によって、政府内に大臣と六名のメンバーで構成する監督庁(Board of Control)が設置され、監督庁は会社の商業活動に対してではなくインド統治に対して監督、統制、指示することになった。(5)ここに会社の理事会と監督庁との「二重統治」の体制がはじまり、株主総会がインド統治に関する発言権を奪われるとともに、ベンガル総督参事会の他の二管区に対する監督・統制の権限が強化された。

ついで一七九三年には、コーンウォリス(Chareles Cornwallis)総督がベンガル地方の徴税・行政・司法の体制を樹立したあと、議会はインド統治に関する規則を統合して定めて、東インド会社に特許状を賦与し、再び二〇年間のインド統治の権限を与えた。それ以後、一八一三年、一八三三年の特許状更新にあたって、会社のインド統治の全般にわたって検討して、その改善を図るとともに、会社のインド統治を承認してきたのである。

一八三三年インド特許状法によって、東インド会社は貿易独占権のすべてを奪われた。これによって、会社は商業活動をすべて停止して、もっぱらインドを統治する機関となった。(6)この法律の前文では、「国王陛下のインド領土」と記され、「国王陛下の信託で」(in trust for His Majesty)、会社がインドを統治する旨がはじめて明記された。このときには、従来と同じく二〇年間のインド統治を認める特許状が与えられた。

このように会社の統治を廃止して国王の統治に移さなかった理由としては、(1)ホイッグ党が伝統的に国王に多くの権限を与えるのを嫌ったこと、(2)国王の直接統治になると、議会がインド統治を効果的に統制できないこと、(3)インドの統治機関で、政府から独立して政党の政権交替と関係をもたない機関が、東インド会社以外にはないこと、(4)政府がインド統治の必要な知識と経験をもっていなかったことがあげられている。(7)

(2) この三三年の法律では、ベンガル総督はインド総督と名称を改められた。ベンティンク (William Bentinck) は初代のインド総督となり、インド総督はインド全域の支配に対してそれまで以上の権威と権限をもつことになった。(8) 総督参事会で制定される法律は、それまでの条例ではなく法律 (Act) とよばれ、最高法院の登記なしに適用されて、英領インドではイギリス議会制定法と同様な効力をもった。(9) それにともなって、両管区にそれまで賦与されていた立法権が廃止されて、両管区の知事参事会が法律の制定を必要とする際には、法案の原案をつくって総督のもとに送り、その制定を要請するように改められた。(10) このように、インド総督参事会は全インドの立法権を集中して、財政の面でもマドラス・ボンベイ両管区を従属のもとにおき、インドを一元的に支配することを目指したのである。

このとき、総督参事会のメンバーとして新たに第四の参事の職を設けた。それは法律参事(11) (law member) であって、英領インド全域にわたって適用される法律を制定する責務を担った。初代の法律参事には、監督庁総裁 (President) としてこの法律の制定に尽力したマコーリ(12) (T.M. Macaulay) が就任して、インド刑法典草案を起草するなど、インドの立法・教育の改革にあたったことは、よく知られている。

(3) 会社の理事会はインド総督以下の職員に対する任免権をもっていたが、インド総督、マドラスとボンベイ両管区の知事、法律参事の任命には監督局総裁の承認を得ねばならなかった。(13) インド総督はコーンウォリス以来貴族の政治家や軍人から選ばれ、知事の多くもロンドンから派遣されて、その任命には政府の意向が強く反映した。

東インド会社の理事会は、インド総督に対して文書の往復を通じて指示し、戦争や藩王国などの重要な問題は、理事長と少数の理事をメンバーとする秘密委員会（Secret Committee）で決定した。これに対して、監督庁総裁はインドから理事会に送られる文書を閲覧し、理事会がインドに送る文書に関して指示・命令する権限をもった。(14) その権限の行使はしだいに強大となって、四〇年には、イギリス政府はロシアの南下政策に対抗して、アフガン問題について積極的に干渉し、スィク戦争についでアフガン戦争をおこして、インドの軍隊をアフガンなどに派遣したのである。

(4)　一八五三年のインド特許状法のときには、東インド会社のインド統治を廃止して、政府が直接統治すべきであると主張する意見が強まっていたが、議会は会社の統治の存続を議会で承認した。しかし、統治期間は二〇年間ではなく、「議会がほかに定めるまで」として、議会がいつでもその統治を停止できることにした。(15)

東インド会社理事会の構成は改革されて、理事は二四名から一八名に減らされ、しかもそのうち六名は監督庁総裁が指名することになった。(16) また、総督、知事に加えて、総督と知事の参事会のメンバーの任命も、監督庁総裁の承認が必要となった。(17) さらに重要なのは、インドの行政、徴税、司法の枢要な職務をおこなってきたCovenanted Civil Serviceとよばれた職員、いわば高等文官の任用である。(18) 理事会のメンバーたちは高等文官の推薦・任用する特権をもっていたが、このパトロネジ（patronage）が奪われて、高等文官は公開競争試験によって選抜することに改められたのである。その試験は理事会の手から離れて、監督庁のもとに設けられた人事委員会がおこなった。(19) 試験の規則はマコーリを長とする委員会の報告書にもとづいてつくられて、(20) 五五年から実施された。その受験年齢は一八歳—二三歳であり、大学卒業生をも採用することを意図した。試験合格者が従来よりも年齢も高く学歴もあるので、東インド会社の教育機関であるヘイリーベリー校(21)（Haileybury College）はかれらの教育に適当ではないと判断されて、五八年一月、その四五年の歴史を閉じることになった。

　このように、東インド会社は商事株式会社からインドの統治機関へと変質し、理事会の機構も変わり、しだいに政府の監督局総裁の監督・統制の権限が強大となり、それに応じて東インド会社理事会の権威と権限が減少していった。一九世紀中頃には、この会社と政府との「二重統治」とよばれたインド支配体制は、時代遅れなものになっていた。議会責任制がもっとも発達していたイギリスで、最大の植民地インドを統治する東インド会社がイギリス国民に対して直接に責任を負っていないのは、イギリスの国制のうえから、はなはだ不合理であると考えられるようになっていたのである。

国王の直接統治へ

　五七年五月一〇日、デリーの北にあるメーラトでインド兵（シパーヒー）が蜂起し、たちまち反乱は北インド各地に広まった。[22] その情報がイギリスに伝わると、人びとはまったく予期しなかった大反乱に非常に驚き大騒ぎとなった。イギリス側は兵力の不足と雨期の悪天候のために鎮圧にかなりの月日がかかり、政府も国民もデリー、カーンプル、ラクナウの奪還の戦況の知らせを一憂一喜して待ちわびた。かれらは大反乱を招いた失態の責任が東インド会社にあるとして、会社に対して非難の的が向けられた。その秋には、パーマストン（Viscount Palmerston）首相はインド統治を会社から政府に移すことを決め、ロンドンのインド統治機構をどのようにするかについて検討をはじめた。

　これに対して、会社の理事会は五八年二月九日と一一日に請願書を上院と下院に提出した。理事会は、インド統治の失策について監督庁総裁も責任があることを強調し、今後の統治機構については大反乱鎮圧後に慎重に検討すべきであると訴えた。会社を廃止して政府が統治するならば、インド統治の経験と知識をもった十数名が構成する機関を設け、それは、議会や政党から独立して、大臣を補佐すべきであると力説した。[23]

二月一三日、パーマストン内閣は、インドを国王の直接支配のもとにおき、インド大臣とかれを補佐するインド評議会について定めた法案を議会に上程し、議会は直接統治に移すという大綱を承認した。そのすぐあとパーマストン内閣はトーリー党のダービー（Earl of Derby）内閣にかわり、この内閣は第二次法案を提出したが、評議会メンバーの選出手続が複雑であったため嘲笑されて、法案を取り下げた。ついでダービー首相の息子のスタンリ（Lord Stanley）が監督局総裁に就任し、六月二四日、かれの手になる第三次法案が議会に上程され、それが通過して、八月二日に法律として制定された。[24]

一一月一日、東インド会社の統治は廃止されて、インドは国王の直接統治のもとにおかれ、ヴィクトリア女王によって宣言が公布された。[25]それは女王の要請でダービー首相自身が起草したものであり、[26]大反乱によって混乱したインドの秩序を回復し、イギリス支配の安定を確保するため、インド統治の方針を表明したものである。そこでは、藩王に対しては、東インド会社がかれらとの間で取り決めた条約や協定を今後も守ることを約束し、イギリスが領土の拡大を望んでいないこと、藩王の権利・威信・名誉を尊重することを保障した。インド国民に対しては、キリスト教を決して強制しないこと、かれらの宗教信条や祭式礼拝へ介入しないことと、法の平等と公平な保護を保障して、人種や宗教信条のいかんにかかわらず、どの官職にも任用することを約束した。そのうえ、大反乱に対する制裁をおこなわず、イギリス人を殺した者を除いて、寛大に扱うことを表明して、秩序の迅速な回復を希望したのである。

イギリス国王によって、その名で統治することの意義は、当時、きわめて大きいものであった。大反乱後のインドの秩序の回復には、国王の権威がなによりも肝要であると考えられた。反乱勃発の情報がイギリスに届いた直後の七月二七日、下院で、トーリー党の有力者ディスレーリ（Benjamin Desraeli）は、会社の統治の廃止を説き、国王によって統治することがインドの人びとに大きな効果を与えることを力説した。[27] パーマストン首相も国王の権威をもって統治することの重要さを説いたのである。[28]

インド大臣とインド評議会

イギリス国王の直接統治によって、監督庁総裁スタンリはインド大臣（Secretary of the State for India）となり、大臣には政務・事務次官が補佐し、監督庁の官吏に加えて、東インド会社のロンドンの職員を官吏として、インド省の体制をととのえた。[29] 大臣を補佐するため、インド評議会（Council of India）を新設して、インド統治の経験と知識をもった会社の理事たちや、インドの軍事、行政、司法にたずさわった人びとをメンバー（評議員 Councillors）とした。インドでは、インド総督以下の職員は国王の官吏となり、軍隊も国王の軍隊となって、従来通りの職務をおこない、その任免権はインド大臣が掌握した。こうしてイギリス政府と東インド会社との「二重統治」は解消された。[30]

インド評議会の構成と権限については、議会の内外で論議され、三次の法案の間でかなり変わった。評議員にはどのような人を任命するか、会社の理事会の経験をどのように継承するか、インド大臣の権限をどのように抑制するかが、問題の焦点であった。

五八年インド統治法では、評議員は、国王が任命する八名と、東インド会社理事会が理事を経歴した者から選出した七名であって、その一五名のうち九名は一〇年以上にわたってインドの勤務もしくは在住して、この一〇年以内に帰国した者と定められた。[31] 評議員の任期は定められていなかったが、かれらは議会に議席を占めることができなかった。[32] インド統治を政党の利害から離すことが期待されたのであろう。最初の評議員は、理事長や理事を経歴した者が一一名であり、かれらを含めて、高等文官出身が八名、武官出身が四名、法律家でインドの職の経歴のある者が二名であり、残りの二名は理事長を経歴した実業家であった。[33] このように、評議員はインド統治の専門家であり、会社の理事会のメンバーが多かったところから、評議会は会社の理事会を継続したといわれた。

評議会は、週一回（木曜日）に会議を開き、インド統治に関する問題、とくに評議会を可決することが定められたところの財政、人事などの問題と、インドに送る文書について審議した。インド大臣は議長としてこの会議を主宰し、評議員のなかから副議長を任命して、大臣が欠席のときには、副議長がその代理を勤めた。評議会は三つの委員会（Committees）に分かれ、それぞれ五名の評議員で委員会を構成した。委員会は、(1)財政・内務・公共事業、(2)政治（藩王国）・軍事、(3)租税・司法・立法であって、のちに五つの委員会となった。[34] 評議員たちはそれぞれの委員会で職務をおこない、インドからの文書を閲読し、インドに送る文書については、事務局が起草する段階から相談を受けた。

しかし、インドへの文書はすべてインド省が送付したのであり、評議会にはイニシアチブがなく、評議員たちの多数意見に対しても、大臣はこれを斥けて執行する権限をもった。その際には大臣はその理由を記して議会に提出せねばならなかった。評議員は大臣の執行に対して意見を異にする場合には、それを記録することができた。[35] ただインドの租税の支出は大臣・評議会の管理に属し、その大臣・評議会の所有に帰する財産の処分については、会議の出席者の過半数の賛成が必要であり、またインド総督参事会と二管区の知事参事会のメンバー（参事）の任命も同じく過半数の賛成が必要であった。[36] しかし、戦争・外交、藩王国に関する重要な文書や緊急の問題の文書と、インドから「秘密」と記された文書の返信は、評議会に諮ることなく、大臣は送付することができた。[37]

このように、評議会はインド大臣を補佐し、インド統治、とくに財政に関して大臣を抑制するように配慮されたが、大臣は評議会の多数意見に従わず、大臣の裁量によって政策を決定することができたのである。[38]

評議会の最初のメンバーは六八年までに七人が退職し、インド統治に経験のある人たちが新たに任命されたが、インド省がインド統治の経験を積み重ねるにつれて、メンバーたちの実力が失われていった。六九年、評議員の選任方式について、理事会が選んだ評議員の後任は評議会で選任するという規定であったが、これを廃止して、インド大臣が任命することに改められた。また、評議員の任期は定められていなかったが、その後に任命された者については、任期を一〇年間に限った。特別の理由のある場合には、五年間の再任が認められ、大臣はその理由を記して議会に提出することにした。さらに総督参事会と二管区の知事参事会のメンバー（参事）の任命にあたって、評議会の過半数の賛成をうるという要件が廃止されて、インド大臣が独自に任命できることになった。(39) こうして、インド大臣の権限が大きくなって、評議会はしだいに大臣を抑制する役割を減じて、大臣の諮問機関となっていったのである。

インド大臣チャールズ＝ウッド（Charles Wood）は五九年六月から六六年二月までこの職にあった。東インド会社贔屓とうわさされたかれは、インド問題の専門家である評議員たちと巧みに接触して、在任中にかれらの意見を覆して執行したことは四回であったといわれる。そのあと、リポン（Lord Ripon）の四か月の短い期間のあと、クランボーン（Lord Cranborne　のちの Marquis of Salisbury）、ついでノースコット（Stanford Northcote）が大臣となると、かれらの意見を強力に主張した。

このインド大臣の権力の増大は、インド総督に対しても見られた。大臣はインド総督の任命権をもち、議会においてインド統治の責任を負ったところから、イギリス綿製品の関税問題やアフガン問題などで、インド総督参事会にたいする大臣の指導力が強まった。七二年一月にアンダマン島で殺されたメイヨー（Lord Mayo）のあと、ホイッグ党内閣はノースブルック（Lord Northbrook）を総督に任命し、翌年トーリイ内閣にかわった。インド統治は政党を越えてイギリスの立場からおこなうことが説かれてきたが、このころからトーリイ・ホイッグ両党のインド問題への関与とインド政策の相違が顕著になっていった。[40] こうして、インド政策はイギリスの帝国主義の一環として組み込まれていくのである。

二　行政と立法

行政機構

一八五八年、インドがイギリス国王の直接統治のもとに移されたとき、インド勤務の東インド会社の職員は国王の官吏となり、従来どおり職務を続けることになったが、統治機構については、インド大臣を任命しインド省を創設して、その補佐機関であるインド評議会を設置するのにとどまった。それから三年あとの六一年八月になって、インド参事会法、インド高等裁判所法、インド文官法があいついで制定されて、インドにおける行政・立法・司法制度が改革された。本節では、インドにおける行政・立法機構の再編成について述べよう

インド総督は国王のもとで副王[1]（Viceroy）という称号を与えられた。総督はインドでの最高統治機関であるインド総督参事会を主宰・指揮して、外交・軍事を含むきわめて大きな権限と責任をもった。この点は従来と変わりなかった。総督はインド政策に関係した有力な政治家や貴族が任命されるのが慣例であって、六四年一月にインド高等文官出身のジョン・ローレンス[2]（John Lawrence）が任命されたのは、ヘースティングズ以来のことで例外的である。かれはパンジャーブの統治と大反乱の鎮圧で有名になり、帰国してインド評議会メンバーを勤めた人であって、総督として通例の五年の任期を勤めた。

総督は、その政策の決定・執行にあたって、インド大臣と文書の往復を通じて協議し、大臣の指示を受けた。ロンドンとカルカッタの間は船便で二か月ほどかかり、六九年のスエズ運河の開通によってその日数は短縮され

たが、インド総督参事会が独自に決定する事項は多かった。

インド総督参事会は、総督のもとで、軍司令官と五人の参事によって構成された。このメンバーに加えて、カルカッタで参事会が開かれるときには、ベンガル準知事が出席した。参事については、五人のうちの三人は、インドの行政や軍事の職を長年にわたって経歴した高官から、インド大臣によってインド評議会の過半数の賛成を得て任命された。[3] 三人のうち一人は武官で軍事を担当し、他の二人はインド高等文官であって、内政、財政、公共事業という広範な事項を管轄した。これに対して、法律参事はインド大臣によってバリスタ（法廷弁護士）から選ばれ、インドの法律制定を担当した。国王の直接支配の最初の十数年間は、広範な分野にわたって多くの法律がつくられた時期であって、ヘンリ・メイン（Henry S. Maine）とJ・F・スティーヴン（James Fitzgerald Stephen）が法律参事としてイギリスから赴任して、その制定に大きな貢献をしたことはよく知られている。[5] もうひとりの参事は五八年に増員され、その職については特別の規定がなかった。大反乱後には財政が極度に悪化して、その建て直しが緊急の課題であったため、この職は財政を担当する参事があてられた。[6]

総督と参事たちが検討する書類が膨大な量であったが、総督から順次に書類を回覧して意見を記したので、その処理に多くの時間を要した。エレンボロ（Lord Ellenborough）総督の時代からその能率的処理のために事務の簡素化が試みられた。キャニング（Lord Canning）総督は、大反乱の危機にあたって総督の権限を強化し、五九年八月には、財政の再建のために専門家ジェームズ・ウイルソン（James Wilson）をロンドンから招き、またボンベイの高等文官フリーア（Bartle Frere）を抜擢して参事とした。こうして、かれは六一年一月、参事たちがポトフォリオ（portfolio）制を採って、大臣に相応する役割を果たすように改めることを要請し、それがインド参事会法で採用された。六二年三月、参事会の運営規則が改正され、参事たちがそれぞれの行政事務を分担して能率的に処理し、週一回開かれる参事会の会合では、重要な案件やインド大臣からの文書について審議することになったのである。[7] しかし、参事たちが総督のもとで一体となってインド統治にあたることは従来と変わりなかった。

この参事会のもとに、内務、外務、軍事、財政と、公共事業の局（Department）がおかれていた。軍事局の長官は武官が就任したほかは、局の長官（Secretary）はふつう高等文官が就任した。外務局はインドの近隣諸国との関係を扱ったが、主たる職務は五〇〇以上にのぼる大小の藩王国の監督と統制であった。この局を担当する参事はおかれず、総督が副王として直接に藩王たちを統轄し、局長官は総督の指示を受けた。

これらの五局のなかで、公共事業局は五五年に新設された。この時期、潅漑水路がパンジャーブ地方のインダス川や、ガンジス川の流域で建設され、鉄道が七〇年までに五千マイルも敷設されるといったように、建設事業が大規模におこなわれた。そのなかには、総督府の事業が多く、その財政支出が多額にのぼったのである。ついで内務局の一部局であった立法部は、多数の法律制定の職務が増大したうえ、三管区の法律制定の助言をおこなったため、六九年には独立して立法局になった。[8]

つぎに地方統治について述べよう。英領インドは、インド総督のもとで、二つの知事（Governor）州、三つの準知事（Lieutenant Governor）州、三つの地方長官（Chief Commissioner）州に分けて統治された。この行政区画は東インド会社時代から引き継いだものである。

ベンガル、マドラス、ボンベイの三管区では、前節で述べたように、三四年三月まで立法の権限が与えられていたので、それぞれの管区では条例が制定された。このことから三管区は条例州（Regulation Provinces）とよばれた。とりわけベンガル管区の領土が拡大したので、三六年には西北州が分離して準知事州として創設され、ベンガル、ビハール、オリッサの地域には、五四年にベンガル準知事州が設けられた。

知事州はマドラスとボンベイの二管区であって、知事はインド大臣によって任命され、政治家がロンドンから派遣されることが多かった。知事参事会には軍司令官のほか二名の参事がおかれ、そのもとで政庁は二、三の局で構成され、総督参事会と比べて規模の小さいものであった。これに対して、準知事は総督が高等文官から任命し、準知事州では、参事会も設けられず局もおかれなかった。租税監督局（Board of Revenue）はヘースティングズの時代からもっとも重要な収入源である地租の査定と徴税を管轄した重要な機関であって、三管区と西北州に設けられていた。

このほかでは、四四―四五年のスィク戦争で領土に加えられたパンジャーブは、五九年に準知事州となった。五四年に併合されたナーグプルを中心とする中央州、五六年に併合されたアワド、五二年に征服されたビルマ（下流域）は、いずれも地方長官州であった。[9] これらの地域は非条例州とよばれ、イギリスの統治のもとにおかれて年月が浅かったので、条例州との間には、統治政策、法律、官吏の任用などの面でかなりの相違があった。

立法機構

インド総督参事会は行政の執行機関であり、執行参事会（Executive Council）とよばれたのに対して、法律を制定する機関は総督立法参事会（Legislative Council）であった。[10] それは総督参事会の補助機関であって、法律は総督参事会の法律として制定された。そこには英領インド全域にわたる立法権が与えられていたが、植民地の立法機関であるので、その立法には制限が課されていた。イギリス議会がインドの統治機構などの重要な事項について法律を制定したのであり、総督立法参事会はこれらの制定法を修正・廃止することはできなかったし、イギリスの国制の慣行などについて改めることができなかった。[11] それに反する法律は権限踰越（ultra vires）の法理によって、裁判所は無効を宣することができたのである。[12]

この立法参事会は、総督参事会のメンバーに加えて、ベンガル準知事、および総督が任命する追加メンバー

(Additional Members) によって構成された。追加メンバーは六名—一二名の官吏と民間人で、二年の任期であった。民間人はこの追加メンバー全員の半数以上と定められた。(13) 立法参事会は六二年一月に開設され、そのメンバーのなかにインド人を参加させたことは、植民地統治の歴史のうえで画期的なことである。

立法参事会はすでに一八五三年インド特許状法によって創設されていた。その追加メンバーは総督が任命した官吏と裁判官であって、三管区と西北州の高官からそれぞれ一人、およびカルカッタの最高法院の首席判事と陪席判事一人であった。ダルハウジー (Lord Dalhousie) 総督は、翌五四年、この一〇余名の会議に対して、イギリス議会にならって運営規則を定めたが、(14) この法律制定の責任者であったチャールズ・ウッドの意図とはちがったものであった。つぎのキャニング総督は、首席判事ピーコック (Barnes Peacock) が所得税法案に対する演説などで議事の進行を遅滞させたとして、立法参事会の運営とメンバーの構成に不満であった。そのような事情から、六一年一月、かれは能率的に法律を制定できるように立法参事会改革の意見を提出した。(15) インド大臣ウッドはこの意見を取り入れて、インド参事会法を定め、立法参事会のメンバーについては、裁判官を除き民間人を入れて大きく改革された。そのうえ、翌年に制定された運営規則では、会議で椅子に座ったままで発言することにして、これを立法議会とすることを極力避けたのである。(16)

立法参事会では、インド総督は議長となり、その不在のときには総督の任命する者が議長となった。(17) 行政と財政のもっとも重要な事項は参事会が決定したのであって、立法参事会の審議事項はきわめて制限されていた。そこでは、予算を審議することはできなかった。政府の債務、宗教と宗教的慣習、軍事や藩王国との関係という統治に重要な関係をもつ問題については、総督の事前の許可なしには、動議を提出できなかったのである。(18)

立法参事会で審議し可決した法案は、総督の裁可を経て、法律として制定された。総督は法案の裁可を拒否することも保留することもできた。保留した法案はインド大臣に送られ、その判断を仰いだ。これに加えて、総督が裁可した法律でも、インド大臣はインド評議会に諮って、イギリス国王の名で無効とすることができた。[19] この総督と大臣の拒否権が発動されることはなかったが、イギリス政府と議会はつねにこの安全措置を規定することを忘れなかった。

さらに、インド参事法は、緊急の場合に、総督が参事会に諮ることなく政令（Ordinance）を発布する権限をはじめて賦与し、この政令は六か月間法律と同じ効力をもつと定めた。[20] これは総督の権限を強化するものであった。

つぎに地方の立法について述べよう。六一年インド参事会法は、マドラスとボンベイの知事参事会に対して、三四年以来失われていた立法の権限を与えた。そのうえ、総督参事会がベンガル州、西北州、パンジャーブ州にも立法の権限を与えることをも認めた。[21] これにもとづいて、六二年一月、マドラスとボンベイの知事立法参事会が開設され、ベンガルの準知事立法参事会も開設された。これらの三管区の立法参事会のメンバーは、総督立法参事会に準じて定められた。総督立法参事会と相違する点は、参事会メンバーに加えられた追加メンバーには、法務総裁[22]（Adovocate General）が加わり、知事あるいは準知事が任命する官吏と民間人の人数が四人―八人であったことである。追加メンバーの任期が二年であり、半数以上が民間人であって、インド人が参加したことは同じである。

三管区の立法参事会では、通過した法案は知事あるいは準知事の承認を受け、そのうえで総督のもとに送られ、総督の裁可を得て、法律として制定された。これらの法律も、総督立法参事会の法律と同じく、インド大臣が否認することができた。[23]

各管区の立法参事会の法律制定にも、総督立法参事会と同じく制限があり、政府の債務、軍事、宗教、藩王国との関係という重要な事項に関しては審議できなかった。そのうえ、インド全域にわたる通貨、郵便、電信や、特許権、著作権に関する事項は、総督立法参事会の管轄事項であって、立法できなかった。一八六〇年インド刑法典は英領インドのほぼ全域にわたって画一的に規定したものであったので、これについても立法できなかった。[24]これ以外には管区の立法について明確な規定がなかったが、総督参事会は知事参事会を統轄し、三管区の政庁は法案の起草のときから総督府と協議したので、両者の立法管轄権については問題とならなかった。

一八五八年から七二年の間は、イギリスがインドの立法をもっとも精力的におこなった時期である。イギリス議会が制定した法律を別にして、インド総督参事会と三管区の知事（あるいは準知事）参事会とが制定した法律の数は、第2表のとおりである。

第2表　インドの法律制定数　1858-72年

年次	インド	マドラス	ボンベイ	ベンガル
1858	41			
59	28			
60	53			
61	33			
62	24	5	10	9
63	32	6	13	6
64	38	4	6	7
65	30	10	8	9
66	30	6	15	10
67	37	9	9	11
68	28	2	4	8
69	26	8	6	8
70	28	1	5	7
71	33	7	2	11
72	27	2	3	3
計	488	60	81	89

インドはインド総督立法参事会、マドラスとボンベイは知事立法参事会、ベンガルは準知事立法参事会で通過して制定された法律を示す。

総督参事会では、一八五八―七二年に四八八の法律を制定した。年平均で三二・五である。三四―五七年には六三六の法律を制定し、年平均は二六・五であり、七三―八四年間には二六六の法律を制定し、年平均は二〇・四であるから、この時期には多くの法律が制定されたといえよう。それらのなかには、刑法典、民事・刑事訴訟法典をはじめとして、非常に長文で、重要な基本的な法律がいくつも見られる。しかもこれらの法律はしばしば修正されたのであり、七二年には刑事訴訟法典が全面的に改正された。
これに対して、全三管区では、六二―七二年の間に制定された法律の数は二三〇にのぼるが、年に平均すると二〇・四である。各管区で制定された法律は、地租査定・都市自治体（munincipalities）といった事項であって、総督参事会で制定された法律に比べて、いちじるしく少なかったのである。この時期には著名なインド人が立法機関のメンバーとなっていたが、まだかれらの立法活動が活発ではなかった。

総督立法参事会は、各管区の事項に関しても、一八六九年ボンベイ民事裁判所法をはじめとする司法に関する法律のように、全英領インドにわたって統一を図るために法律を制定した。三管区以外の北西州、アワド、パンジャーブといった特定の地方に適用する法律は、これらの地方に立法権が与えられていなかったので、総督立法参事会が制定した。七〇年には、総督参事会が、立法参事会に諮ることなく、特定の地方に関して条例（Regulation）を制定する権限を与えられ[25]、これによって西北辺境地区やサンタル居住地域などの部族の居住地域に対する法律を制定した。このように、総督立法参事会の法律は英領インド全域と特定の地方との両者に適用されるものがあった。

これらの法律のなかでよく知られているは、総督参事会が制定した「英印法典」（Anglo-Indian Codes）である[26]。この法典化の歴史についていては、ここに詳述する余裕はないが、三次にわたるインド法律委員会が草案を作成して、総督立法参事会で審議して制定されたものである。スティーヴンが退職した七二年までに、その主要な法典は制定された。これらの法典は、インドの事情に適合するかぎり、イギリス法の原則を簡潔にして成文化しものである。これらによって、できるかぎり画一的で組織的な法体制をつくり、法が空白であった分野に法を設け、不明瞭な点があった法を明確にしたのである。

このように多数の重要な法律がつぎつぎと制定されると、とくにイギリス人の官吏や弁護士の間から過剰立法

(over-legislation) という非難の声があがった。[27] しかしながら、イギリスとちがって、インドは植民地の専制的支配のもとにあり、その立法参事会は政府の任命する人びとから構成されたのであって、その外には有力な法律家階層がなかったので、過剰立法に対する非難を越えて、法典化はおこなわれた。

イギリス人の官吏から見れば、インドの法と慣習については、法が存在しない領域があり、また法が存在しても、裁判で依拠できる明確な規定がなく、あるいは規定があまりにも非人道的で、適用できないものが多かった。このような法の領域には、その法の空白の程度に応じて、イギリス法がつぎつぎに導入された。[28] たとえば、契約法の事件はインドの法と慣習に依拠して裁判すべきことが、再三にわたって法律によって定められたが、インドの法が見出されないときには、「正義、衡平、および良心」(justice, equity and good conscience) によって裁判するという規定があり、[29] イギリス人裁判官たちはこの規定を活用して、イギリス法によって事件を判決した。「正義、衡平、および良心」ということばがイギリス法を意味することは、枢密院によって認められた。このようにして、裁判所によってイギリス法がインドにつぎつぎに導入されたのである。

この裁判所によるイギリス法の導入は少しずつ断片的におこなわれ、決して体系的ではなかった。インドでは、イギリス法は知られておらず、イギリスの判例集がある図書館はわずかであって、インドの人びとがまったく知らない法が適用されたわけである。しかも、裁判官が専門の法学教育を受けておらず、年少の時に覚えたイギリス法の知識であったり、イギリス法の教科書をよく理解できずに適用した。メインはこのように裁判所による導入を非難し、インドの人びとに悪しき影響を及ぼしていると説いた。[30] この断片的な導入の弊害を救うものは、組織的な立法である。メインは、つぎのような有名なことばを記している。「インドでの真の革命的な要因は、行政府でもなく立法府でもなく、裁判所である。裁判所がなければ、インドでイギリス支配の存在をほとんど知ることができなかった。この変化の過程を是正する唯一の可能な道は立法である。[31]」

こうして法律が整えられると、それまでのイギリス人官吏が個人の裁量によって統治してきたのにかわって、法律にもとづいて統治するようになっていった。メインやスティーヴンによって、これは「裁量による統治」から「法律による統治」とよばれた。(32) 法律だけでなく、ロンドンのインド省、カルカッタの総督府や知事の政庁から行政の執務に関する回状（Circulars）や文書が頻繁に地方官吏に送られて、官吏に執務規範が与えられたのである。それによって、インド大臣・インド総督から県の行政の長官まで指示・命令が迅速に伝達されて、支配体制が一段と整備されたのである。

最後に、これらの立法参事会のインド人メンバーについて述べておきたい。

イギリス政府は、反乱が再び勃発することを恐れて、インドの宗教や慣習に反する法律を制定しないよう、人びとの間に反英感情が助長しないように留意し、そのためには、法律制定の際にインド人たちの意見を聴取することが肝要であると考えた。そのうえ、インド人を立法機関のメンバーとして任命することによって、イギリスの体制を支持する階層を育成し保持することを意図した。インド人の側では、ベンガルの知識人たちの政治団体である英印協会（British India Association）やムスリムの有力者サイヤド・アフマド・ハーン（Syed Ahmad Khan）などは、立法参事会にインド人が参加することを要求していた。イギリス側はこの要求を無視できなくなっていた。こうして、六一年一月にインド人がはじめて立法参事会に参加したのである。インド人は総督や知事が指名した人たちであり、立法参事会の立法に非常な制限があったけれども、この参加はインドの人びとに大きな影響を及ぼした。この立法参事会がインドの立法機関として発展を遂げ、そのなかでインド人が議員として議会政治を経験することになるのである。

総督立法参事会で六二年一月に任命されたのは、パンジャーブのパティアラ藩王、バナーラスのマハーラージャ、グワリオル藩王国の元宰相ディンカル・ラオ（Dinkar Rao）の三人であった。藩王や大地主（ザミーンダール）といったいわば貴族階級で、大反乱のときにイギリスに対して顕著に忠誠を尽くした者である。貴族階級を選んだのはこの立法参事会の権威を示すためであったと思われる。六〇年代にはこの立法機関のメンバーのほとんど全員は貴族階級であった。

これに対して、三管区の立法参事会の最初のインド人メンバーを見ると、ベンガルでは、弁護士のプラサンナ・クマール・タゴール（Prasanna Coomar Tagore）、同じく弁護士のラーマプラサード・ローイ（Ramaprasad Royラーモーハン＝ローイの次男）とムスリムの代表者の三人である。マドラスでは弁護士が一人、ボンベイでは、パールシー、ムスリム、ヒンドゥーの指導者が任命された、このように、総督立法参事会とちがって、各集団の指導者や有力な弁護士が任命されたのである。六七年にはタゴールが総督立法参事会のメンバーに任命され、しだいに知識人階層は管区の立法参事会から総督立法参事会へ参加した。こうしてインドの知識人たちは、立法参事会に参加して、イギリスの体制内で地方自治体、租税、教育などの問題の法律を審議するようになるのである。

三　司　法

高等裁判所の創設

一八世紀末以来、東インド会社の地方統治では、県には租税徴収と警察を担当する長官と民事・刑事事件を担当する判事とが一対として配置され、地租徴収を中心とした行政と並んで、土地の権利などの紛争を裁判した司法が際立っていた。その裁判所では、イギリス人の裁判官が多くのインド人下級裁判官を監督・統制したので、各級の裁判官の権限が異なり、上訴に関して複雑に定められた特異な機構であった。そこで適用される法も複雑であって、インド固有の法のなかには規定が見られない点や明瞭でない点が多かったので、裁判所の判決によってしだいにイギリス法が導入された。しかも、訴訟事件は非常に多数にのぼり、上訴も頻繁におこなわれた。訴訟はイギリス支配の根拠地であるカルカッタをはじめとする大都市ばかりでなく、地方都市や農村地域でもおこなわれ、また富裕な階層ばかりでなく、広い階層にわたっておこなわれ、貧しい階層まで訴訟が知られていた。このように、裁判は多くの人びとの身近な問題となり、その直接あるいは間接の影響は無視しがたいものであったといえよう。前述のように、メインは、裁判所が真の革命的要因であり、裁判所がなければ、人びとがイギリスの支配を認識しなかったであろうと述べたが、このことばはあまり誇張したことばとは考えられないのである。

この裁判所機構が改革・整備されて、英領インド全域にわたってほぼ画一化されるのは、国王の直接統治の最初の十数年間の時期である。それは前節に述べた法の整備と同じ時期であって、法と裁判とは相互に結びついていたのである。本節では、この裁判所の再編成について、高等裁判所とそのもとの下位の民事・刑事裁判所とに分けて考察しよう。

東インド会社の統治時代には、「国王の裁判所」(King's Court)と「会社の裁判所」(Company's Court)とが併存していた。「国王の裁判所」は、カルカッタ、マドラス、ボンベイの三管区都市(presidency towns)を管轄地域として、イギリス議会の制定法によって定められ、国王の開封勅許状(Letters Patent)によって設置された最高法院(Supreme Courts)である。(1) ここでは、イギリスの王座部裁判所(King's Bench)と同じく、判事も弁護士もバリスタであって、イギリスの訴訟手続と法に準拠して裁判がおこなわれた。それはヨーロッパ人の事件を裁判するために設立されたことに由来する。その管轄権は管区都市に居住するインド人にも及び、かれらの家族と契約に関する事件には、被告人の法であるヒンドゥー法あるいはイスラム法を適用することが準則とされた。そのうえ、総督や知事の参事会の条例も適用されたことはいうまでもない。

これに対して、英領インドの管区都市以外の地域はムファッサル(muffasal)とよばれ、そこには東インド会社が設けた特異な機構をもつ裁判所が管轄した。それは「国王の裁判所」に対して「会社の裁判所」とよばれた。三管区では、最終審裁判所は首位民事裁判所と首位刑事裁判所とよばれ、[2]そのもとに、県（District）と郡（Taluk）にわたってピラミッド型に、民事と刑事の裁判所が配置された。[3]そこで適用された法は、総督や知事の参事会が制定した法律に加えて、インド固有の法と慣習であった。その裁判官は東インド会社の職員であるイギリス人とインド人であった。イギリス人裁判官は本国で正規の法律教育を履修した専門家ではなかったし、弁護士はインド人だけに限られていた。インド人についていえば、ヒンドゥーとムスリムの両者ともそれぞれの法に通暁した者がいたが、弁護士という職業はなかったので、イギリスの支配のもとで、多数の者が下級の裁判官として勤務し、また弁護士という新しい職業を見出して、「会社の裁判所」で活躍するようになったのである。[4]

このような「国王の裁判所」と「会社の裁判所」の併存は不便なものであり、不合理なものである。たとえば、カルカッタの中心部は管区都市であって、「国王の裁判所」が管轄するところであるが、サーキュラー・ロード（循環道路）を越えると、「会社の裁判所」の管轄権の地域に入り、訴訟手続も法も弁護士もちがってしまう。このため、両者の統合は長年にわたって問題となっていた。

五三年には、イギリス政府は議会に対して両種の裁判所の統合を決意していることを通知し、翌年に設置された第二次インド法律委員会は、それに従って、最高法院と首位民事・刑事裁判所との統合を検討して、三管区のそれぞれに、新しい高等裁判所法案と、管区都市とムファッサルにそれぞれ適用する訴訟法典案を作成して、五六年に提出した。[5]しかし、両者の統合が実現したのは、東インド会社が廃止されて、インドが国王の直接統治のもとにおかれたのち、六一年のインド高等裁判所法によってである。直接統治によって、この実現がはじめて容易となったといえよう。

翌六二年七月一日、カルカッタ、マドラス、ボンベイに高等裁判所が開設された。その第一審は最高法院の管轄権、上訴審は首位民事・刑事裁判所の管轄権を引継ぎ、[6] 当初は従来の両種の裁判所を合体したものであった。イギリスは高等裁判所に対してインドでの最高の裁判所としての権限と権威を賦与して、司法制度に重要な役割を果たさせた。ついで六六年には、アラーハーバードにも高等裁判所が開設された。[7] また、六五年、パンジャーブには高等裁判所に準じた首位裁判所（Chief Court）が設けられた。[8] こうして、高等裁判所はインド司法制度の要として、重要な役割を果たすことになったのである。

カルカッタ、マドラス、ボンベイの高等裁判所の判事の定員は、それぞれ一三名、五名、七名である。カルカッタ高等裁判所が第一の地位を占め、規模も大きく、他の二つの高等裁判所よりも重んじられた。これらの高等裁判所の首席判事（長官）はバリスタに限られ、開設のときには、最高法院の首席判事が任命された。陪席判事は、五年以上の経歴のあるバリスタ（法定弁護士）、一〇年以上インドに勤務し三年以上の県判事の経歴のある高等文官、一〇年以上の下位裁判所裁判官の経歴のある者、一〇年以上の高等裁判所の弁護士の経歴のある者から選任された。バリスタと高等文官とはそれぞれ判事の総数の三分の一以上が割り当てられた。[9] インドの事情をよく知らないバリスタと、法学教育を受けずイギリスの上位裁判所の裁判を知らない高等文官とが、それぞれの長所を発揮して短所を補って裁判をおこなうことを期待したのであろう。

この判事のなかにインド人が登用されたことは、画期的なことである。すでにイギリス人裁判官に伍して十分に職務を遂行できるほどのインド人の裁判官や弁護士が存在しており、イギリス政府は、インド統治のうえで、インド人を責任ある地位に任用するには、行政職よりも司法職がはるかによいと考えたのである。六二年にはカルカッタ高等裁判所判事としてサンブーナート・パンディット（Sambhoonath Pandit）が任じられ、[10] ついで七八年にマドラス高等裁判所判事も任じられた。こうして、八〇年代には、各高等裁判所で一人—二人のインド人がつねに判事の職に就くようになった。[11]

高等裁判所判事は、非常な高給を支給され、退職金や年金も恵まれていた。インド人から見れば貴族と見える判事たちは、訴訟当事者や弁護士に対して威信と権威をもって振舞った。裁判所の建物はそれぞの都市の中心部に位置し、七〇年代には威厳のある立派な建造物が建てられた。この建物は人びとに威圧感を与えたことであろう。

その法廷は第一審と上訴審に分けられた。第一審法廷（Original Side）は最高法院の管轄権を継承して、管区都市内の係争額が一、〇〇〇ルピーを越える民事事件と、重罪の刑事事件を裁判した。[12] 通常、事件はひとりの判事が審理し判決を下した。刑事事件では陪審審理が多くおこなわれ、裁判所は人身保護令状（writ of habeas corpus）の発給権をもち、[13] また法廷侮辱罪を宣することができた。このようにイギリスの裁判がもっとも顕著に移植されたところである。その弁護士としては、イギリスと同様に、バリスタ（法廷弁護士）とソリシタ（事務弁護士）という二種の専門家が存在した、訴訟当事者はソリシタの事務所に赴いて訴訟事件の弁護を依頼し、ソリシタは訴訟事件に関する一切の書類を整えて、バリスタを選んで法廷での弁論を依頼し、訴訟当事者は直接にはバリスタと関係をもたなかった。インド人から見れば、この訴訟はかなり多額の費用がかかるものであった。

これに対して、上訴審法廷（Appellate Side）は首位民事・刑事裁判所の管轄権を継承して、管轄地域の下級裁判所からの上訴事件を審理し判決した。[14] そこでは二人以上の判事が裁判をおこなった。高等裁判所への上訴については、民事と刑事との両訴訟法典に詳細に定められており、法律で認められた特定の事件にだけ上訴が権利として認められ、それ以外の場合には裁判所から特別許可を得ねばならなかった。そのほかに、新たに高等裁判所の第一審判決からの上訴事件も、この上訴審の法廷で裁判することになった。[15] それは開封勅許状上訴といわれた。

上訴審では、第一審とちがって、法廷弁護士と事務弁護士の制度がなく、イギリス人のバリスタばかりでなく、多くのインド人弁護士が登録し、出廷して弁論した。インド人弁護士はすでに首位民事・刑事裁判所で活躍して、有能な弁護士を輩出していた。六〇年代には、大学で法学士（L.L.B.）の資格を得た若者たちが弁護士となって、この上訴審に登録した。第一審法廷の弁護士は別に試験があったが、かれらの多くはこの資格を得て、バリスタのなかに進出した。また六〇年代には、ロンドンに赴いてバリスタの資格を得た者が現われ、しだいにヒンドゥーとムスリムのバリスタが多くなった。このように、この時期、インド人の弁護士はイギリスの裁判の知識を習得して、独自の弁護士階層を形成したのである。

イギリス帝国の最終審裁判所は、ロンドンの枢密院司法委員会（Judicial Committee of the Privy Council）である。インドの最高法院や首位民事裁判所の判決に対して、ここに上訴する事件は決して少数ではなかった。(16) 高等裁判所開設後は、それ以前と同じく、係争額一〇、〇〇〇ルピー以上の民事事件について、枢密院へ上訴することができた。(17) 刑事事件では上訴できず、例外的に、法の問題に限って高等裁判所の特別許可を得て上訴できたにすぎないが、それはほとんどなかった。この上訴は非常に多額な費用を要するものであったことはいうまでもない。それにもかかわらず、この上訴事件が多かったために、七一年に枢密院はカルカッタ高等裁判所の元首席判事二名を裁判官として増員したほどである。(18)

枢密院のインドからの上訴事件の判例集は刊行され、その判例がインドの裁判所で非常に尊敬されていたことはいうまでもない。この判例は先例拘束の原理（Principle of stare decisis）によって、インドの裁判所を拘束し、インドの法の解釈に大きな貢献をしたといわれる。インドでも最高法院や首位民事裁判所の判例集は一八二〇年代から刊行され、それを継承した高等裁判所の判例集が刊行されていたが、民間の法律家の手で編集・刊行されていたので、七六年には法律で公式の判例集が各高等裁判所で刊行されることになった。これによって、先例拘束の原理がインドでも尊重されるようになり、法が一層明確になり安定性をもつことになった。

このほか、高等裁判所には、つぎに述べる下位の民事と刑事の裁判所を監督・統制する責務があった。県の民事・刑事裁判所の長官は県内の訴訟事件について判決とともに定期的に詳しく報告し、高等裁判所はこれに対して指示・命令を下した。このため、管轄地域内の裁判に関する諸規則を制定し、裁判所職員の執務規則や訴訟費用を定めたのである。さらに、まだ自治自律の権利を獲得していなかった弁護士に対して、監督権をもっていた。このように、高等裁判所はインドの司法制度において非常に重要な役割を果たしたのである。

下位裁判所：民事と刑事

東インド会社時代、三管区には、首位民事・刑事裁判所のもとに、ピラミット型に民事・刑事裁判所が設置されていた。裁判所機構は三管区の間でかなりの相違があり、管区都市には特別の裁判所が設けられていた。それ以外の地方では、三管区とは異なるそれぞれの裁判所機構があった。こうした諸地域の裁判所機構をできるだけ画一化し、訴訟手続を簡明にして裁判をおこなうことが、長年にわたって要請されていた。

一八三七年に、第一次インド法律委員会が刑法典案を起草すると、刑法典と表裏する刑事訴訟法典を作成することが急務とされて、その起草が試みられた。しかし、総督も会社の理事会も法典の制定に対して積極的ではなかったうえ、アフガン戦争などの戦争・政治問題に忙殺されて、刑事法・民事法の法典化は顧みられなかった。五四年になって、第二次インド法律委員会は民事と刑事の訴訟法典の検討に着手して、各管区と各管区都市とを別々にして草案を作成した。これらは総督参事会に送られ、そこでは法律参事ピーコックによって検討されたが、国王の直接統治に移ったあと、五九年に民事訴訟法典、六一年に刑事訴訟法典が制定された。

刑事裁判所の構成と権限については、刑事訴訟法典の第二章に規定され、管区都市を除いて、英領インド全域にわたって画一的に定められている。これに対して、民事裁判所は、民事訴訟法典だけではなく、一八六九年ボンベイ民事裁判所法などのように、特定の地方の民事裁判所法に定められており、各地方の事情に応じていくらかの相違が見られた。

県では、セッションズ判事（Sessions Judge）と民事判事（Civil Judge）が長官であり、両者は同一の人が担当し、それはインド高等文官に保留された職であった。長官は県の民事と刑事の裁判の責任を負い、県の下級裁判官たちを統括・監督した。

県の裁判所機構では、各級の裁判官が裁判できる事件の範囲について法律で定められており、あらゆる事件が最下級の裁判官の法廷で裁判されるのではなく、民事事件では係争額によって、刑事事件では訴追された犯罪の種類によって、第一審の裁判所の法廷が異なっていた。上訴については複雑な規定があり、一律に県裁判所から高等裁判所へ上訴されるのではなく、県裁判所内で下級裁判官から上級裁判官へ上訴されることが多かった。したがって、裁判所には第一審と上訴審との裁判所の区別がなかった。

四　官僚制度

インド高等文官

統治制度の再編成のもうひとつの重要な問題は官僚制度である。一七九三年にコーンウォリス総督がベンガルの徴税・司法制度を樹立して以後、インドの各地方の官僚制度はしだいに整備されていった。そのなかで枢要な地位を占めたのはインド高等文官(1)（Indian Civil Service）である。一八五八年にインドが国王の直接統治のもとにおかれると、東インド会社の高等文官は引き継がれ(2)、東インド会社理事会からインド大臣の管轄と監督のもとに移された(3)。かれらは九〇〇人前後の人数であり、その身分は保障されて、従来の職務を継続し、従来どおりの高い給与を受け、休暇、退職金、年金の面でもきわめて優遇された。ついで六一年のインド文官法は、高等文官について、かれらに対して留保して他の者には就任できない職を明示した。その職は、インド総督府とベンガル、マドラス、ボンベイの三管区政庁の局長官や、県の行政・司法の長官といった要職である。(4)

このように高等文官はインド統治の責任ある重要な職を独占し、各地方で数十の村や町を管轄する県（District）のレベルまで配置され、多数のインド人を雇用して、行政・徴税・警察・司法の職務をおこなった。かれらなしには、一日たりとも、イギリスはインドを支配できなかった。まさに高等文官はインド統治を担ったのであり、かれらが果たした役割の重要さはよく認識され、のちにはインド支配の「鋼鉄の骨組み」といわれた。

したがって、高等文官の任用はインド支配の視点から重要な問題であった。それは上流と中流の階級の子弟の就職の点からも関心を集めた問題であった。前述のように、五三年、東インド会社理事会メンバーのパトロネジによる任用は廃止されて、公開競争試験によって高等文官を任用することになり、翌年のマコーリ委員会の報告書にもとづいて、五五年度から公開競争試験がおこなわれた。国王の直接統治のもとでもこの試験は継続され、五九年度からはインド大臣と評議会の作成した規則にもとづいて、政府の公務員委員会（Civil Service Commission）が試験を実施した。このように、イギリス本国の高等文官よりも早く、インド高等文官の公開競争試験による任用がおこなわれたのである。

高等文官としてインド統治の職務に就く者は、どのような人がもっともふさわしいと考えられていたのであろうか。(5) マコーリ委員会では、イギリスの最良の教育を受け、ジェントルマンとしてイギリスの宗教、文化、教養を身につけた若者が適当であると考えられた。当時のイギリス社会では、階級意識が強固であったため、上流階級と中流階級の上層（upper middle class）が植民地支配の使命を果たすことが当然のこととして考えられた。委員会の報告では、パブリック・スクールを終えて、オックスフォード・ケンブリッジ両大学に修学・卒業するような、この階級の子弟から選抜することが意図された。そのため、受験者の年齢は二三歳から一八歳までとして、それに応じて、英語の作文と、古典語・外国語を含む人文・自然科学が試験科目として指定された。(6) この報告が採用されて、五五年以後この方針で試験がおこなわれた。

インド高等文官は、若くして責任ある職につき、それは威信と名誉のある職であった。その職で十分に能力が発揮でき、高額の給与を受け、昇進を望むことができた。適切な年齢で退職すると、年金などの厚遇を受けたのである。(7) その任用のときには、かれらは命令に忠実に従い、誠実に勤勉に職務を全うし、職務上の秘密を守ることを誓約した。(8) かれらの間には、勤勉、忍耐、決断力、禁欲、克己のモラルが尊重されて、男らしくふるまい、果断に職務を処理することを誇りとして、仲間意識が助長されていた。当時のイギリス人のインド統治者のなかには、力によってインドを征服し、同じく力をもって統治するという意識があり、このことばはよく述べられていた。高等文官たちも、被支配者のインドの人びとに対して、つねに統治者として権威と威信をもって接し、適切な距離（distance）を隔てて振舞うことを意識していた。

ところで、インド高等文官の試験は毎年ロンドンでおこなわれ、五五年から七二年までの受験者と合格者の数は、第3表のとおりである。合格者数は、高等文官の欠員数が考慮されて、年によってちがった。大反乱後の六〇―六二年には八〇人ほどで格別に多かったが、その後は五〇人前後であり、七〇年からは四〇人を割るほどに減少した。このように合格者が少数であって、むずかしい試験であった。

六〇年までは、合格者は大学卒業生がほとんどを占め、とりわけオックスフォード・ケンブリッジ大学の卒業生は半数以上を占めた。しかし、両大学の卒業生にはイギリス国内によい就職口があったので、六〇年には、在学生に期待して、受験者の最高年齢は二三歳から二二歳に改められたが、期待した効果があがらず、その後は両大学からの合格者の割合は低下した。アイルランドとスコットランドの諸大学からは六〇年代を通じて二割、三

第3表　インド高等文官試験　受験者と合格者　1855-72年

試験年	受験年齢	イギリス人		インド人	
		受験者	合格者	受験者	合格者
1855	18～23歳	105	20		
56	〃	56	21		
57	〃	60	12		
58	〃	67	20		
59	〃	119	40		
60	18～22歳	154	80		
61	〃	171	80		
62	〃	170	82	1	
63	〃	187	59	2	1
64	〃	217	40	2	
65	17～22歳	282	52	2	
66	17～21歳	242	52		
67	〃	278	50	1	
68	〃	268	51	4	
69	〃	317	46	8	4
70	〃	325	39	7	
71	〃	224	36	5	1
72	〃	195	36	4	1
計		3437	816	36	7

B.B. Misra, The Bureaucracy in India, Delhi, 1977, p.101. cited from Appendix to the Islington Commission Report, 1913-16, pp.252-3.

割台を維持した。五〇年代には大学在学・卒業生以外の者はほとんどいなかったが、六〇年代になるとしだいに増加し、六六年には最高年齢が二一歳にさげられると、いよいよその割合は増大して、四割を前後するほどになった。かれらの多くはパブリック・スクールを卒業したが、大学に進学しないで、とくにロンドンの受験予備校で詰め込み教育を受けた者であったといわれる。合格者のなかでは、中流階級が圧倒的に多かった。インドに勤務する子弟や親族はあいかわらず多かったが、競争試験実施以前に比べて、その割合はいちじるしく減少した。それに応じて、聖職者、法律家や商人の子弟が増加し、中流階級の下層の子弟も加わったといわれる。[9] 競争試験によって、しだいに高等文官の出身階層が変わり、上司の命令に忠実に履行する官吏体制が整備されていったようになっていったと考えられる。六三年からはインド人のなかから試験に合格して高等文官となる者が現われた。インド人の問題については、あとで述べることにしよう。

試験に合格した者は、一年間、イギリスの大学でインドの言語を習得し、法律、歴史などを履修した。[10] 最高年齢が二一歳に改められると、履修期間は二年間に延長された。かれらのなかでは、オックスフォード大学、[11] とりわけこの試験の推進者の一人であったベンジャミン・ジョウェット (Benjamin Jowett) がいたベイリオル・カレッジ (Balliol College) で学ぶ者が多かった。その期間はいわば研修 (Probation) 期間であって、健康とモラルの点で問題がなければ、最終試験に合格すると、高等文官としてインドに派遣された。かれらはインド総督府に配属されるのではなく、各人の希望を考慮して、ベンガル、マドラス、ボンベイの三管区のいずれかに配属され、勤務の間その帰属はほとんど変わらなかった。

三管区では、数十の村や町を統括する県と数県を統括する地区 (Division) に分けられていた。ベンガル管区では、五地区と四五県、マドラス管区では、地区を設けず、一九県、ボンベイ管区では、五地区と二四県がおかれた。高等文官のなかで、ベンガル管区に帰属する者が約三分の二を占め、ベンガル管区や西北州はもとより、アワド、パンジャーブ、アッサム、ビルマにも勤務した。これに対して、マドラス管区ではボンベイ管区よりも人数はやや多く、両管区に配属された者は、管区以外に勤務することが少なかった。[12]

高等文官のなかには、気候・風土がまったく異なるインドの勤務地で、死亡した人は少なくなく、病気で帰国退職した人も多かった。勤務期間が二〇年を越えると、退職者が多くなった。二〇年を越えた者は県の行政・司法の長官以上の職に就いており、県の長官より高給の職は、数県の徴税・警察を統括する地区の長官

(Commissioner)、総督府や地方政庁の部局長、高等裁判所判事であった。知事や準知事、参事会のメンバーはかれらの最高の地位であった。このような高位の職は限られていたので、二〇年以上の勤務のあと、四〇歳代で退職帰国する者が多かった。このことから知られるように、二〇歳代と三〇歳代のイギリス人高等文官が実際にインドの地方支配を担っていたのである。

インドの地方支配の要となっていたのはコレクター(Collector 収税官)とよばれる県行政の長官である。この県長官は、地租の査定(settlement)・徴集をはじめとして、県の行政のすべてを職掌した。同時にふつうマジストレイト(Magistrate)を兼ね、警察を職務として治安に責任をもち、逮捕した犯罪人を裁判し、重罪の者に対しては、予審をおこなって、県判事の法廷に移した。このように県長官は非常に広範な職務をもち、その権限は大きいものであって、県のいわば支配者であった。総督や知事たちにとって、地方がどのような状況であり、なにが起こっているかをつねに把握する必要があり、その情報をいち早く知らせる信頼できる者が、この県長官であった。

高等文官は各管区で勤務に就くと、この県長官のもとのマジストレイト補(Assistant Magistrate)となり、そのあとで副マジストレイト(Deputy Magistrate)に昇任した。これらのマジストレイトの職は警察と刑事事件の裁判であるが、同時にコレクターを補佐して徴税と行政の職務をおこなった。この間にかれらは二年余で勤務地を変え、地方の事情を知り、地方統治について経験を積んだ。かれらが県長官の職に就くのは、勤務一〇年以上の経歴を経たあとであり、三〇歳代前半である。

県長官と並んで、県の司法の責任をもったのは県判事(District Civil Judge)である。県判事は二つの県を管轄することがあった。前節で述べたように、県判事は民事事件を裁判するだけでなく、セッション判事として刑事事件を裁判した。県判事のもとに下級職の判事補、副判事の職があり、副判事はレジスター(Register)として県裁判所の事務を統轄した。

高等文官の昇進に関しては、seniority（先任順序）の規則があった。それは六一年に廃止されたが、(13)かれらは勤務後一〇年ほどは同じランクの職に就き、ほぼ同時にランクを昇進していった。もとより、インド支配の視点から見て、ランクが同じでも、勤務地や職のなかでは重要性が異なり、前記の最終試験の成績やインドでの勤務評価によって、一人一人の配置が慎重に決められたのであろう。中央の政庁の部局にはポストが少なく、そこには県で顕著な仕事を果たした有能な官吏が就任したと思われる。

かれらは五年から一〇年の勤務の間に、行政職として県長官に進むコースと、司法職として県判事に進むコースとに分かれた。(14)司法職から総督府の局の長官に転じた者など、行政職と司法職とに厳格に分けて昇進したわけではないが、多くの者はコースに従って勤務した。この選択は、各人が自分の資質を考慮して希望を提出し、それを参考として決定したといわれる。司法職では高等裁判所判事が最高職で、その人数が全インドで一五人前後であったから、その職に選任されるのは容易ではなかった。司法職の官吏は法律に通じ訴訟手続をよく理解せねばならないことはいうまでもないが、裁判所の行政事務、下級の裁判官の監督も重要な職務であった。そのため、総じて希望者が少なかったといわれる。

前節で述べたように、この時期には、刑法典、民事・刑事訴訟法典をはじめとして非常に多くの法律が制定されて、前述のように「法律による統治」が政策として推進された。このため、司法職だけではなく、行政職の高等文官にとって法律が必修となった。しかし、とくに法律を職としている裁判官たちの法律の素養の不足は、六〇・七〇年代には深刻な問題として取り上げられ、法律参事のスティーヴンなどによってその改善が検討されたのである。(15)

以上述べた高等文官のほかに、インドの政庁に勤務したイギリス人官吏は多数にのぼった。そのなかには、法律にもとづかないで、高等文官に指定された責任ある職に就いた者もいたが、六一年インド文官法では、これらの官吏の任用を合法として認めた。とりわけ三管区以外の地方では、高等文官以外の多くの者が高位の職に就いた。イギリスが征服して年数が経っていないパンジャーブでは、武官が多く行政職に携わっていた。この地方はローレンス兄弟がパターナリズム（paternalism）によって支配がおこなった地方として知られ、簡単な刑法や行政法規を定め、行政と司法の職を分離せず、官吏が大きな裁量をもって統治してきた。この地方の人びとが大反乱のときに反乱に加わらず、イギリス側に味方したことによって、その統治政策は高く評価されていた。この地方でも、三管区と同じように「法律の統治」の政策が進められ、武官から文官への移行が考えられた。六七年、パンジャーブでは、三管区で留保されていた高等文官の職の三分の一が高等文官に、三分の二が武官に割り当てられたが、文官への全面的移行は決して容易ではなかった。他の新たに征服された地方でも同様であった[16]。

インド人官吏

つぎに高等文官以外の官吏、とりわけインド人官吏について考察しよう。

第4表は、六八年に月額七五ルピー以上の給与を得ていた官吏の人数を示したものである。この表によれば、ヨーロッパ人は四、七六〇人であり、そのほとんど全員がイギリス人である。一、〇〇〇ルピー以上の給与の者を見ると、イギリス人は六三二人であって、ヒンドゥーが一二人、ユーラシアンが四人に比べて、圧倒的な数である。高給の官吏の任用でいかにインド人が差別されていたかが知られよう。

イギリス人の高等文官は九〇〇人ほどであるから、四、〇〇〇人近くの人はそれ以外の者である。そのなかには、高等文官と同じく、技術者、医者としてロンドンの公開競争試験で任用されて、高い給与が給された者がかなりの数にのぼった。前述のように武官のなかに行政に携わっていた者が少なくなかったが、かれらはこの表の

第4表　インドの官吏（月給75ルピー以上）1867年

給　与　額	ヨーロッパ人	ユーラシアン	ヒンドゥー	ムスリム	計
75～　100	161	439	1,394	185	2,179
100～　200	1,030	1,604	2,560	464	5,658
200～　300	561	367	782	187	1,897
300～　400	528	139	166	31	864
400～　500	469	47	89	46	651
500～　600	531	21	43	13	608
600～　700	257	7	31	16	311
700～　800	304	3	12	3	322
800～　900	182	2	1	3	188
900～1,000	105				105
1,000～1,200	143	2	11		156
1,200～1,400	70				70
1,400～1,600	75	2			77
1,600～1,800	35				35
1,800～2,000	41				41
2,000～2,500	88				88
2,500～3,000	102				102
3,000～3,500	11				11
3,500～4,000	25				25
4,000以上	42		1		43
計	4,760	2,633	5,090	948	13,431

ヒンドゥーの欄にはムスリム以外のアジアの宗教徒を含む。
B.B. Misra, The Administrative History of India, 1834-1947, Delhi, 1970, p.228. cited from Progs. June 1904 (Home (Establishment) Home Dept. Resolution, 14 May, 1904)

なかに加えられたと思われる。それ以外にも、インドで官吏となったイギリス人が多く、法律、財政、土木、建築、教育といった専門の職の者ばかりではなく、行政事務にも多数の人が職を得ていた。植民地インドはイギリス人にとって大きな就職口であった。

表の第二欄のユーラシアンとは、ヨーロッパ人とインド人の混血であり、キリスト教徒であった。かれらの人口はヒンドゥーやムスリムと比べてきわめて少数であったが、官吏の割合はすこぶる大きく、しかも二〇〇ルピー以上の給与を得ているものが少なくない。インド政庁がかれらを優遇したことは、この表からもうかがうことができる。第三欄と第四欄を見ると、ヒンドゥーはムスリムの約三倍の人口であったが、高給の官吏では五倍以上である。官吏となるためには英語の習得が必要であったが、英語教育では、ムスリムはヒンドゥーよりも遅れたのであり、一九世紀後半になって英語教育の必要性が説かれ、その学校が多く設立された。[17]

インドの政庁の官吏の人数は、一九世紀になって増加の一途をたどり、六〇年代には非常に多数となった。とりわけインド人の大学卒業生にとって、就職すべき企業がきわめて少なかったので、官吏となることが最大の安定した就職口であった。月に七五ルピーが与えられた官吏は、インド人の間ではかなりの上級の職を就いた者である。三〇ルピー以下の者は、給仕、門番、雑役夫など非常に多数にのぼったのである。

ところで、インド人の官吏任用について、[18]一八三三年特許状法の有名な第八七条に、宗教、出生地、皮膚の色によって差別しないことがうたわれた。ベンティンク総督の時代には、インド人裁判官に対して上級のサドゥル・アミン（Principal Sadr Amin）の職を設けて、県の民事裁判所で係争額の制限なく全民事事件を裁判する権限を与えた。ついで、インド人の地租の査定・徴収の官吏をコレクターにつぐ職（Deputy Collector）まで登用した。しかし、東インド会社時代には、才能や資格などを欠くという理由で、インド人が責任ある高位の職に任命することはまったくなかった。

五八年の女王の宣言にも、どのような官職でも、人種や宗教信条によって差別することなく公平に任用すると公約した。六二年、前述のように、インドの立法参事会にインド人を追加メンバーとして任命し、カルカッタ高等裁判所、ついでマドラスやボンベイの高等裁判所でも、インド人を判事に任用した。しかし、行政職では、インド人をなかなか責任ある地位に任用しなかった。

高等文官の公開競争試験は、インド人にも門戸が開かれていたが、最良の教育を受けたイギリス人を対象として意図した試験であった。インド人にとって、ロンドンの試験地へ多額の費用を払って赴き、二三歳までにラテン語などの試験科目でイギリス人に劣らない学識を身につけるのは、きわめて難事であった。受験者の最高年齢が二一歳までさげられると、この試験はインド人を事実上排除するものとなった。しかも、ヒンドゥーには、海を渡って外国に赴くことはタブーであり、カーストから追放されるといった制裁が課されることもあった。そのため、カルカッタの英印協会に集まった知識人たちは、インドでもこの試験を実施することを再三にわたって要請したが、イギリス側はこれを決して採択しなかった。

それでも、六二年にはサティエーンドラナート・タゴール (Satyendranath Tagore) は試験に合格して、[19] 高等文官に採用された。ついで六九年には、R・C・ダット[20] (Romesh Chandra Dutt) やS・N・バネールジー[21] (Surendranath Banerjee) など四人が合格して、その後には少数ながらもインド人の合格者を出すようになった。こうした状況のなかで、六八年にローレンス総督は奨学金を給与して、九人の若者をイギリスに留学させたが、[22] それは一年で終わった。それにかわって、インド人に対しては、高等文官の職の一部を公開試験ではなく選抜によって任用することが検討されはじめた。

七〇年、この選抜によって、高等文官に留保した職にインド人を任用できるように法律を改め、それによって、高等文官試験合格者の人数を減らした。[23] しかし、インド人の選抜に関する規則はなかなか作成されず、七九年になってようやくインド大臣と評議会の承認を得て、試験採用の人数の五分の一以内でインド人を高等文官の職に任用できることになった。このように、イギリスはインド人を行政の責任ある地位に就けることを、法律で定めてあるけれども、多大の時間を費やして、ようやく少しずつ実施していったのである。

おわりに

イギリスはインドを国王の直接統治のもとにおくと、当初は東インド会社時代の統治体制と政策を継承したが、ついで大反乱後の秩序を回復して、十数年の間に支配体制を再編成した。その行政、立法、司法機構は一貫した体制のなかで相互に関連をもち、たえず細心に修正された。このことはイギリス統治の特質のひとつである。この機構を通じて、地租の査定と徴収、小作、農業債務、教育、潅漑、鉄道、貿易、飢饉といった問題の政策は実施されたのであるから、統治機構の理解はイギリスの政策を考察するうえで重要なことである。

この時期は、インド植民地時代を通じてもっとも立法活動が活発であった時期といえよう。そこでは、イギリスは刑法典、民事・刑事訴訟法典をはじめとして、多方面にわたって多数の法律を制定して、全英領インドにわたってできるかぎり画一的で組織的な法体制をつくり、法が空白であった分野に法を設け、不明瞭な点があった法を明確にしたのである。この立法と表裏して、国王が管区都市に設置した最高法院と東インド会社がムッファサルに設けた最終審裁判所を統合して、高等裁判所を創設し、その統轄・監督のもとに、各地方の下位の民事・刑事裁判所を整備・統一した。この法と司法の体制の確立によって、イギリスはインド支配の安定化を図った。

この体制のなかで地方統治を実際に担ったのは、インド高等文官たちである。かれらは個人の才能と識見によって行政や司法のさまざまな問題を処理してきたが、この時期には法律や多くの行政規則がつくられ、さらに本国政府や総督府から指示・命令が頻繁に送られて、かれらの職務に対して細かな執務規範が与えられた。官吏は個人の裁量で職務をおこなうよりも、法律や指示・命令文書に従って職務をおこなうようになった。それは「裁量による統治」から「法律による統治」へと移ったといわれた。こうして、インド大臣・インド総督から県の役人に至るまで命令が貫徹する体制が整えられ、インドの官僚制度は確立していくのである。

この時期に確立された法と司法は、その後の植民地時代を通じて継承されたばかりでなく、独立後のインドとパキスタンではその多くが継承された。一九世紀後半、イギリス人法律家たちは、法と司法こそがイギリスの支配が与えた最大の恩恵であり、イギリスがインドを去ったあとでも、もっとも存続する遺産であると自画自賛した。しかしながら、インドにおいて、イギリスの法と司法をそのまま全面的に移植することを決して考えていなかった。イギリスの統治のもとでインドの事情に合致するように移植したのである。

イギリスの統治者たちの共通の確信となっていたのは、インドが非常に遅れた地域であって、インド人は自ら統治する能力がなく、自由には適さないということであった。かれらの間には、インドをどのように統治し、どのように西洋化するかについて、意見が分かれていたが、イギリスが専制的にインドを統治するのが適当であるという点では異論がなかった。この考えは一八世紀後半から一貫して抱かれた考えであった。こうした思想にもとづいて、イギリスの安定した支配を確保するため、官吏の任用やイギリス人の刑事裁判などの広範囲にわたって、支配者であるイギリス人は特別に扱って、被支配者のインド人を差別したのである。

この時期には、インドの新しい知識階層が成長して、その階層は拡大した。かれらはイギリスに対してインド人の政治的権利を要求して、やがて民族意識が高揚するとともに、八五年から国民会議が毎年開催され、民族運動が活発になり、統治機構は改革されるのである。

はじめに　注

（1）　この時期のイギリスの政策とインドの状況については、T.R. Metcalf, *The Aftermath of Revolt, India, 1857*-

1870, Princeton, 1964 があり、S. Gopal, *British Policy in India, 1858-1905*, Cambridge, 1965, pp.1-63 は、歴代のインド総督とインド大臣の未刊の文書を徒獵して論述したすぐれた書である。

第一節　注

（1）一八三三年と一八五三年のインド特許状法は、イギリス議会が制定した法律であり、略称が定められなかった時代の法律であるので、Charter Act あるいは East India Company Act とよばれた。本稿ではインド特許状法とよぶことにする。

一九一九年と一九三五年のインド統治に関する法律は、Government of India Act と略称が記され、それはインド統治法と訳された。そしてイギリス議会がインドの行政、立法、司法など統治の重要事項に関して制定した一連の法律は、インドの Constitutional Law として扱われ、その歴史はインド統治法史とよばれた。その歴史については、イギリス支配時代には、C. Ilbert, *The Government of India* (1st ed., Oxford, 1898) と A.B. Keith, *A Constitutional History of India*, 1600-1935 (London, 1936) は、よく利用された権威書であった。インドの研究者の著作としては、いくつかの書があるが、A.C. Banerjee, *The Constitutional History of India*, (3 Vols., Delhi, 1977-79) が、もっともよく読まれている。わが国の先人の著作として、戸野原史朗執筆の『印度統治機構の史的概観』（満鉄東亜経済調査局、一九四四年）をあげておきたい。その資料集として、A.B. Keith (ed.), *Speeches and Documents on Indian Policy*, 2 Vols., Oxford, 1922 などが刊行されたが、今日では、A. C. Banerjee, *Indian Constitutional Documents* (3rd ed., 4 Vols., Calcutta, 1961-2) が、一九四五年の初版以来増補されて便利なよい書である。S.V. Desika Char (ed.), *Readings on the Constitutional History of India, 1757-1947*, Delhi, 1983 は、労作であるが、利用しやすいとはいいがたい。

（2）一七六五年、ベンガル知事クライヴはムガル皇帝からベンガル、ビハール、オリッサのデーワーニーの権限を獲得し、それがイギリスのインド領有のはじまりとなったことは、よく知られている。デーワーニーは租税徴収と民事裁判の権限であって、この賦与を記したムガル皇帝のファルマンには、その文書形式の伝統に従って、東インド会社は忠良な家臣（our faithful servant）と記され、皇帝に対して貢租を納入することが義務づけられ、またナジーム（警察と刑事裁判の権限）をもつナワーブ（太守）にも一定額を支払うことが記されている。A.B. Keith (ed.), *Speeches and Documents*, Vol. 1, pp.20-30。このように、クライヴはベンガル地方の領有権を獲得したのではなかった。

七二年、東インド会社はデーワーニーの権限を行使することを決め、ヘースティングズ知事は会社の職員を使って徴税と民事裁判をはじめた。その後、ナワーブが職務を十分に果たしていないという理由で、警察と刑事裁判をおこない、九三年には、コーンウォリス総督は徴税、司法を中心とする統治制度を樹立した。この間に、東インド会社はインドの諸地域を獲得して領土とし、一八〇三年にはデリーからマラータ勢力を駆逐して、ムガル皇帝を従属させて、会社の保護のもとにおき、皇帝に年金を与えた。こうして、イギリスはベンガル地方を他の地方と同じく自国の領土とし、その領有権を主張したのである。インドの領土がイギリス国王が主権をもつ領土であると明文化されたのは、一八一三年のインド特許状法である。その前文に、「国王の疑いない主権」(the undoubted sovereignty of the Crown) と記されている。

（3）ノース規制法以後の東インド会社のインド統治に関する議会の法律については、Lucy S. Sutherland, *The East India Company in the Eighteenth Century*, Oxford, 1952. C.H. Philips, *The East India Company, 1784-1834*, Manchester, 1940. P.J. Marshall, *Problem of Empire, Britain and India, 1757-1813*, London, 1968, pp.21-51、邦文では、高畠稔「インド統治における植民地支配体制の成立」、『岩波講座世界歴史』、第二一巻、一九七一年、参照。

（4）Governor General in Council という表現法は、イギリスではよく使われ、「参事会における総督」と直訳されるが、本稿では総督参事会と記すことにする。それは、インド総督一人ではなく、総督が主宰して参事会で審議して決定することを意味した。ノース規制法では、総督参事会でのベンガル総督の権限が強大ではなく、多数意見を覆すことができなかった。このためヘースティングズがフランシス（Philip Francis）とはげしく抗争したことはよく知られている。一七八六年、議会は、つぎの総督としてコーンウォリスを任命するにあたって、総督が参事会の多数意見に反して自分の裁量で決定できるように、法律を改めた（26 Geo. III, c.52）。

（5）ヘンリ＝ダンダス（Henry Dundas）は一七九三年から一八〇四年まで総裁を勤め、権力を発揮したが、個人の力量と内閣の安定さによって、監督庁総裁が行使できた権限が一様ではなかったといわれる。cf. P.J. Marshall, *op. cit.*, p.49.

（6）一八三三年インド特許状法（3 & 4 Will. IV, c.85）のときの事情については、C.H. Philips, *The East India Company*, pp.276-305 を参照。

（7）W. Holdsworth, *A History of English Law*, Vol.14, London, 1964. pp.321-2. これはマコーリの一八三三年七月一〇日の下院での有名な演説から要点をまとめたものである。

（8）一八三三年インド特許状法第三九条、六五条、六八条。

（9）一八三三年インド特許状法第四五条。

（10）一八三三年インド特許状法第六六条。

（11）法律参事は、一八三三年インド特許状法第四〇条では、立法以外の案件を審議する参事会には出席・投票の権限が与えられなかったが、ベンティンク総督は法律参事マコーリに対して他の参事と同じく出席することを認め、それが慣行となった。一八五三年インド統治法（16 & 17 Vict. c.95）第二一条によって、この制限は廃され、参事会での法律参事の権限は他の参事と同じとなった。

（12）マコーリは一八三四年九月から三八年一月まで法律参事を勤めた。かれのカルカッタ勤務の時期については、G. O. Trevelyan, *The Life and Letters of Lord Macaulay*, Oxford,1978, pp.333-430, Jane Millgate, *Macaulay*, London, 1971, pp.59-78 などの伝記のほか、Eric Stokes, Macaulay, the Indian year, 1934-38, *Review of English Literature*, Vol.1, Part 4, 1960, pp.41-50 を参照。かれのインドでの刑法典編纂については、G.C. Rankin, *Back-*

ground to Indian Law, Cambridge, 1946, pp.197–219, Eric Stoke, *The Utilitarians in India*, Oxford, 1959, pp.184–233に論述されている。

(13) 一八三三年インド特許状法第四〇、四二、五八条。

(14) 一八三三年インド特許状法第一九—二一条、二五条、三五—三六条。これらの条文は、一七八四年以来の特許状法の規定を繰返し定めたものである。

(15) 一八五三年インド特許状法第一条。この法律の制定については、R.J. Moore, *Sir Wood's Indian Policy*, 1853-66, Manchester, 1966, pp.24-33を参照。

(16) 一八五三年インド特許状法第二—六条。

(17) 一八五三年インド特許状法第二〇条。

(18) インド高等文官については、第四節で詳述する。

(19) 一八五三年インド特許状法第三六—四二条。

(20) cf. R.J. Moore, *Sir Wood's Indian Policy*, pp.87-94, C.E. Trevelyan, *The Life and Letters of Macaulay*, pp.300-303. 委員会のメンバーは、Lord Ashburton, Henry Melvill（Haileybury College学長）, Benjamin Jowett（Oxford大学の古典学者、のちにBalliol College学長）, Sir John Shaw Lefevreである。

(21) 篠原康生「帝国建設者と養成学校へイリーベリーとイズリングトン(1)～(3)」、東京大学教育学部教育学研究室紀要、一九—二一、一九九三—五年、浅田実「東インド会社とヘイリーベリー校」（木畑洋一編『大英帝国と帝国意識——支配の深層を探る——』、ミネルヴァ書房、一九九八年、九七—一二二頁、参照。

(22) 大反乱については、長崎暢子『インド大反乱　一八五七年』、中公新書、一九八一年、参照。その後にも海外で多くの研究がおこなわれており、その紹介が待たれている。そして、当時ロンドンに滞在したマルクスは『ニューヨーク・ヘラルドトリビューン』紙に一連の通信を書き送っていた。これは邦訳されており、大反乱に対するイギリスの反応を知るのに興味深い資料である。

(23) Hansard, 3rd Series, Vol.148, Appendix, A.B. Keith (ed.), *Speeches and Documents*, pp.298-319. この請願書については理事会は、"*Memorandum of Improvements in the Administration of India during the Last Thirty Years*" と題する文書をつくり、会社の統治のもとで、インドがこの三〇年間に地租制度、司法、立法、公共事業、教育などの面でどのように改善・発展したかを力説した。それらは通信審査部長（Chief Examiner）であったジョン＝スチュアート＝ミル（John Stuart Mill）が執筆したものである。それらは、*Collected Works of John Stuart Mill*, Vol.30, *Writings on India*, edited by J.M. Robinson, Martin Moir and Zawahir Moir, Toronto, 1990 に収録されている。ミルのインド問題とのかかわりについては、最近、M.I. Moir, D.M. Peers and L. Zastoupil, *J. S. Mill's Encounter with India*, Toronto, 1999 が刊行された。この書には一一編の論文が掲載され、そのなかで、D.M. Peers, Imperial epitaph : John Stuart Mill's defence of East India Company, pp.198-220 は、会社の終末に関するかれの活動と思想についてよく述べている。

(24) 一八五八年インド統治法（21 & 22 Vict. c.108）は、An Act for the better Government of India と題されている。この法律の制定経過については、D. Williams, *The India Office, 1858-1869*, Hoshiarpur,1983, pp.3-19, M. Maclagen, *Clemency Canning*, London, 1962, pp.166-70, 222-7, *The Cambridge History of India*, Vol.6, 1932, pp.206-12 参照。

(25) ヴィクトリア女王の宣言は、C. Ilbert, *The Government of India*, pp.571-4 などに収録されている。

(26) ヴィクトリア女王のダービー首相宛、一八五八年八月一五日書簡。C. Philips (ed.), *The Evolution of India and Pakistan, 1858-1947, Select Documents*, Oxford, 1962, p.10.

(27) 一八五七年七月二七日の下院演説、Hansard, 3rd Series, Vol.147, col. 479.

(28) 一八五八年二月一二日の下院演説、Hansard, 3rd Series, Vol.148, col.1279-84.

(29) S.N. Singh, *The Secretary of State for India and his Council*, Delhi, 1962, Appendix. D. Williams, *The India Office*, pp.20-21. インド省はリーデンホール街にあった東インド会社の建物に移った。ついでのちにホテルとなっ

た建物に移り、六七年にホワイトホール街の外務省に移るまで、そこに留まった。

(30) インド評議会については、D. Williams の前掲書を参照。かれにはつぎの論文がある。The Council of India and relationship between the Home and Supreme Councils, 1858-1870, *English Historical Review*, Vol.81, 1966, pp.56-73. The formation of policy in the India Office (1858-1869), A study in tyranny of the past, *Journal of Indian History*, Golden Jubilee Volume, 1973, pp.873-92.

(31) 一八五八年インド統治法第七〜一〇条。評議会のメンバーは、第一次法案では、八人であって、東インド会社の理事と、インドで勤務や在住した者とから選任することを提案した。第二次法案では、国王が指名した九名に加えて、ロンドン、マンチェスターなどの五つの大都市の選挙区から選出した者が五名、他の四名はインドでの勤務者や在住者、東インド会社や他の投資会社の株主から選出した者であった。両法案とも理事会の多くのメンバーを参加させることを考えていなかった。これに対して、法律として制定された第三次法案では、前述の理事会の請願書の影響を受けて、理事会のメンバーが多く参加できるように改められたのである。

(32) 一八五八年インド統治法第一二条。

(33) cf. S.N. Singh, *The Secretary of State for India and his Council*, Appendix.

(34) 一八五八年インド統治法第二〇条。cf. D. Williams, *The India Office*, pp.22-3.

(35) 一八五八年インド統治法第二三—二五条。

(36) 一八五八年インド統治法第四一—四二条。cf. A.P. Kaminsky, *The India Office, 1880-1910*, New York, 1986, pp.40-42.

(37) 一八五八年インド統治法第二六—二八条。

(38) インド統治に関する予算は議会で審議されなかった。議会にはインド政庁から毎年行政と財政など統治に関する報告書が提出されたが、議会は、インド問題が通常の審議に上程されないことから、インド評議会にインド統治を監督を任せ、関心が衰えたといわれる。また女王は国王の権威に関連してインドの軍隊問題について関心を抱いたが、アルバート公の没後にはその関心は薄らいだといわれる。D. Williams, *op. cit.*, pp. 31-2.

(39) 一八六九年インド統治法 (32 & 33 Vict. c.97) 第一一四条、第八条。

(40) 七〇年には紅海に電信網が敷設されてロンドン・カルカッタ間が電信による交信がおこなわれるようになった。これによって、インド大臣の指令は迅速に伝えられて、大臣の指導力が強まった。七六年にはトーリー党のリットン (Lord Lytton)、八〇年にホイッグ党のリポン (Lord Ripon) があいついでインド総督となり、二人のインド政策が大きくちがった。そのため、インドの人びとはイギリスの政党政治を強く意識するようになった。

第二節　注

(1) Viceroy (副王) という称号は、ヴィクトリア女王の宣言のなかに見え、インド総督は好んでこれを称した。総督は藩王を監督・統制し、藩王に対しては副王と称することが多かった。

(2) ローレンスについては、R.B. Smith, *Life of Lord Laurence*, London, 1883. Richard Temple, *Lord Laurence*, London, 1903. Dharm Pal, *The Administration of Sir John Laurence in India, 1864-1869*, Simla, 1952 参照。

(3) インド軍司令官は、総督参事会の extra-ordinary member であり、席次としてはインド総督につぐ者である。

(4) 一八六一年インド参事会法 (Indian Councils Act) (24 & 25 Vict.,c.54) 第三条。

(5) メインは、六二年一一月から七年の長期にわたって、多様な法律の制定にたずさわったばかりでなく、インドの多様で複雑な社会で、どのような法律がもっとも適切なものであり、その立法の原理がなんであるかについても所説を述べた。メインのあとを継いだスティーヴンは、六九年一一月から二年半の間、精力的に活躍し、証拠法、契約法、改正刑事訴訟法典といった重要な法典を制定した。この二人はイギリスの法学者として有名であり、総督立法参事会での演説や多岐にわたる問題を論じた覚書 (Minutes) は、その後も長く非常に尊重された。
　メインについては、拙稿「ヘンリ＝メインのインド法論研究序説」、創価大学比較文化研究、八、一九九二年、参照。メイン没後一〇〇年の一九八八年には、かれが晩年に学長を勤めたケンブリッジ大学の Trinity Hall で研究集会が開催された。そのときに寄せられた報告が九一年に刊行された。Allan Diamond(ed.), *The Victorian Achievement of Sir Henry Maine, A Centennial Reappraisal*, Cambridge, 1991. この書には、メインの進歩の理念、社会科学への献立、法学・法の変化・法学教育、インドについての二〇の論文が掲載され、巻末には詳細な文献目録が付されている。これによって、イギリスのメイン研究の最近の動向を知ることができよう。スティーヴンについては、K.M. Smith, *James Fitzjames Stephen, Portrait of a Victorian Rationalist* (Cambridge, 1988) が新しいすぐれた研究である。かれの法律学への貢献については、イギリス刑法史の権威 Leon Radzinowicz の *Sir James Fitzjames Stephen (1829-1894) and His Contriburion to the Development of Criminal Law* (London, 1957) と題する講演の小冊子を参照。邦文では、松井透「S・F・スティーヴンの政治思想——自由の批判・帝国の擁護——」、思想、四九八、一九六五年がある。

(6) 財政を担当した参事としては、五九年にロンドンから財政専門家の James Wilson が招かれたが、それは法律参事の空席を充てたものである。六一年以後には、Chares Edward Trevelyan, Richard Temple といった有能な高等文官が歴代就任した。cf. S. Gopal, *British Policy in India*, pp.48-56.

(7) 一八六一年インド参事会法第八条によって、総督は参事会の運営に関する規則をつくる権限が与えられて、この改革がおこなわれた。*cf.* B.B. Misra, *The Administrative History of India, 1834-1947, General Administration*, Delhi, 1970, pp.110-14. M. Maclagan, *Clemency Canning*, pp.270-71, R.J. Moore, *Charles Wood's Indian Policy*, pp.53-6.

(8) 立法局の創設はメインの努力に寄るところが大きい。かれは六八年九月に立法部を内務局から独立して局に昇格することを提案した。*Minutes by Sir H.S. Maine, 1962-69*, Calcutta, 1892, pp.204-11. さらに七一年には、農業・租税商業局が独立して設けられたが、七九年に廃止されて、八一年には租税・農業局が設置された。cf. B.B. Misra, *The Administrative History of India*, pp.115-24.

(9) このほか、クールグ (Coorg)（マイソール駐在官が統治）、アジメール・メルワラ (Ajmer-Merwara)（ラージプターナ駐在官が統治）、英領バルチスタン、アンダマン諸島の領土があった。ハイデーラーバード藩王から租借したベラール（Berar）はハイデーラーバード駐在官が統治した。

（10）インド大臣ウッドはこの立法評議会を議会とすることを嫌い、五三年の法律に見られたLegislative Council ということばを故意に使わなかった。cf. R. J. Moore, *Sir Charles Wood's Indian Policy*, pp.48-53.

（11）一八六一年インド参事会法第二二条。cf. C. Ilbert, *The Goverrnment of India*,pp.202-11.

（12）cf. A.V. Dicey, *An Introduction to the Study of the Law of Constitution*, 10th ed., London, 1959, pp.99-102.

（13）一八五三年インド特許状法第一〇条。

（14）ダルハージー総督の一八五四年五月一七日覚書。C. Ilbert, *The Government of India*, pp.532-42.

（15）キャニング総督のウッド大臣宛一八六一年一月一五日覚書。C.E. Philips（ed.）, *The Evolution of India and Pakistan*, pp.33-5.

（16）cf. B.B. Misra, *The Administrative History of India*, pp.20-22, 27-33.

（17）法案は政庁の関係部局で条文が作成され、法律参事と立法の部局が法技術の面から検討した。法案はその「目的と理由書」とともに官報に発表され、同時にそれは地方政庁に送られて、法案に関係が深い県長官などの官吏に配布された。多くの場合、かれらは法案に対する意見と有力なインド人たちの意見を書いて返答することが求められた。法案の問題によっては、高等裁判所などの裁判官たちにも意見が求められた。法案が上程されると、その趣旨説明は担当の参事あるいは法律参事がおこない、多くの場合、その日に参事を長とする数名から構成される特別委員会を設けられた。そこでは各方面からの意見を検討し、法案の条文を逐条審議して必要な修正を加えた。法案のもっとも実質的審議がおこなわれるのは、この特別委員会であった。ついで立法参事会では、特別委員会が修正した法案について、委員長の説明のあとに審議がおこなわれ、多くの法案は一日で可決された。投票に付された修正動機も多く、再検討の動議が採択されて、再び立法の部局から地方政庁に送られた場合も少なくなかった。法案は出席メンバーの多数決で決定され、賛否同数の場合には議長が決定権をもつと定められていた。

(18) 一八六一年インド参事会法第一九・二二条。

(19) 一八六一年インド参事会法第二〇・二一条。

(20) 一八六一年インド参事会法第二三条。

(21) 一八六一年インド参事会法第二九・四四条。

(22) 管区の法務総裁は、インド大臣が任命し（一八六一年インド参事会法第二九条）、知事参事会の法律顧問であって、知事の政庁が訴訟当事者となったとき、弁護士として裁判所に出廷して弁護した。

(23) 一八六一年インド参事会法第三九―四一条。

(24) 一八六一年インド参事会法第三八・四三条。

(25) 一八七〇年インド統治法（33 & 34 Vict. c.3）第1条。

(26) この時期のインド立法については、W.W. Hunter, *Seven Years of Indian Legislation*, Calcutta, 1869, ibid., *Life of the Earl of Mayo*, Vol.2, 1875, pp.143-226（J.F. Stephen の執筆）参照。「英印法典」については、W. Stokes, *The Anglo-Indian Codes*, 2 Vols., Oxford, 1887-88, J.F. Stephen, Codification in India and England, *Fortnightly Review*, Vol.18, Jul-Dec. 1872, pp.644-72, M.D. Chalmers, Codification of merticantile law, *Law Quarterly Review*, Vol.19, 1903, pp.10-18 参照。

(27) 法律参事のメインもスティーヴンも、この「過剰立法」の非難に対して反論した。*Sir Henry Maine, A Brief Memoir of his Life by M.E. Grant Guff, with Some of his Indian Speeches and Minutes*, selected and edited by W. Stokes, London, 1892, pp.227-46, W.W. Hunter, *A Life of the Earl of Mayo*, Vol.2, pp.152-77.（J.F. Stephen 執筆）。一八七二年までに主要な法律が制定され、スティーヴンの後任の Arthur Hobhouse は、法律の制定の速度をゆるめるようにいわれていた。

(28) 拙稿「ポロックのインド法論」、『山本達郎博士古稀記念　東南アジア・インドの社会と文化』、山川出版社、一九八〇、一四五―六頁。

(29) cf. J.D.M. Derrett, Justice, equity and good conscience in India, *Essays in Classical and Modern Hindu Law*, Vol. 4, Leiden, 1978, pp.8-27（原載 1962), ibid., Justice, equity and good conscience, *Changing Law in Developing Countries*, edited J.N.N. Anderson, London, 1963, pp. 114-53.

(30) cf. H. Maine, *Village-Communities in the East and West*, 4th ed., London, pp.300-301.

(31) H. Maine, *op. cit.*, p.300.

(32) *H. Maine, Indian Speeches and Minutes*, p.234, W.W. Hunter, *A Life of the Earl of Mayo*, Vol. 2, pp.160-72.（J.F. Stephen 執筆）

第三節　注

(1) 最高法院については、M.P. Jain, *Outlines of Indian Legal History*, 5th ed., Bombay 1990, pp.67-117 などを参照。

(2) 首位民事裁判所は Sadder Dewanny Adwlut、首位刑事裁判所は Sadder Nizamat Adwlut とよばれ、ボンベイでは、後者は Sadder Foujdary Adwlut とよばれた。

(3) 「会社の裁判所」については、M.P. Jain の前掲書などに詳しく述べられているが、邦文では、拙稿「ラームモーハン＝ローイの司法制度論（二）」、二一―五六頁参照。

(4) 拙稿、前掲論文、七五―八四頁参照。

(5) *First Report of the Indian Law Commission*, 1856.

(6) 一八六一年インド高等裁判所法（24 & 25 Vict. c.104）第二条。高等裁判所の設置にあたって、裁判所の権限と管轄権などを定めた国王の開封勅許状が賦与されるのが慣行であり、三高等裁判所には一八六二年五月一四日に賦与され、それは六五年一二月二八日に改定された（C. Ilbert, *The Government of India*, pp.351-72）。三高等裁判所では、一九六二年に開設百周年を迎えて、その記念誌が刊行された。*The High Court at Calcutta, Centenary*

Souvenir, 1962, *The Madras High Court, 1862-1962, Centenary Volume*, 1962, *High Court at Bombay 1862–1962, Souvenir*, 1962.

（7）アラーハーバード高等裁判所の開設は、一八六一年インド高等裁判所法第一六条にもとづいており、六六年三月一七日に開封勅許状が賦与された（C. Ilbert, *op. cit.*, pp. 372-86）。ここでも百周年にあたって記念誌が刊行された。*High Court of Judicature at Allahabad, 1866–1966*, 2 Volumes, 1968.

（8）一八六五年パンジャーブ首位裁判所法。

（9）一八六一年インド高等裁判所法第二条。法廷弁護士には、イングランドとアイルランドのバリスタのほか、スコットランドの弁護士団（Facualty of Advocate）のメンバーを含む。また、下位裁判所裁判官は、Subordinated Judge あるいは少額事件裁判所（Small Causes Court）判事以上の裁判官である。

（10）カルカッタ高等裁判所開設のとき、有能な弁護士で、ベンガル立法参事会メンバーであったラームプラサード＝ローイがその判事に任用されると報じられたが、かれは任命の前に死亡した。

（11）高等裁判所のインド人判事については、一九九三年に白東史学会で報告したが、ボンベイのテーラング（K.T. Telang）とラーナーデー（M.G. Ranade）を例として、論文を執筆する予定である。

（12）一八六五年カルカッタ高等裁判所の開封勅許状第一一―一八条。

（13）令状の発給は国王の大権であり、上位裁判所に賦与された。インドの高等裁判所も上位裁判所である。

（14）一八五九年民事訴訟法典。一八六一年刑事訴訟法典。一八七二年刑事訴訟法典。

（15）一八六一年インド高等裁判所法第一三条。一八六五年カルカッタ高等裁判所の開封勅許状第一五条。

（16）枢密院司法委員会への上訴については、M.P. Jain, *op. cit.*, pp.317-62 参照。

（17）一八六五年カルカッタ高等裁判所の開封勅許状第三九―四一条

（18）一八七一年枢密院司法委員会修正法（34 & 35 Vict. c.91）。この法律によって四名が増員され、そのうち二人は元首席判事の Sir James Colville と Sir Barnes Peacock であった。

第四節　注

（1） Indian Cicil Service（ICS）というよく知られた名称は、一九世紀後半から使われた。本稿では慣例にならってインド高等文官とよぶことにする。東インド会社時代には、Writer（書記）とよばれた者が、会社に対して、私的な商業をおこなわない、インド人から贈り物を受取らないなどを誓約し、会社はその勤務を保証して、年金などを定めた。これを記した誓約文書（covenants）に署名したことから、Covenanted Service とよばれた。かれらは配属された管区の名を冠して、Bengal Civil Service などともよばれた。国王の直接統治時代になっても、これらの名称は踏襲されたが、一八八六―七年の Atchison 委員会は、インドで任用した者を Provincial Civil Service とよぶのに対して、高等文官を Civil Service of India とよぶことを提唱した。その後ほどなく Indian Civil Service が公的にも用いられた。cf. L.S.S. O'Malley, *The Indian Civil Service, 1601-1910*, London, 1931, pp.83-6.

（2） 東インド会社時代の官僚制度については、B.B. Misra, *The Bureaucracy in India, An Historical Analysis of Development up to 1947*, Delhi, 1977, pp.38-90、を参照。

（3） 一八五八年インド統治法第三二条、三七条。

（4） 一八六一年インド文官法（24 & 25 Vict. c.67）。この法律の附則で高等文官に留保された職を要約してあげると、政庁の軍事局、海事局、公共事業局を除く、局の Secretaries, Junior and Under Secretaries, および、Accountant-General, Civil Auditor, Sub-Treasurer。司法では、Civil and Session Judges, Additional and Assistant Judges, Magistrates, Joint and Assistant Magistrates. 租税では、Board of Revenue のメンバーと Secretaries, Commissioners of Divisions, Collectors of Districts, Deputy and Assistant Collectors, Salt Agents, Controller of Salt Chowkis, Commissioners of Customs Salt and Opium, Opium Agents である。

（5） 官吏の任用については、B.B. Misra, *The Bureaucracy in India*, pp.91-210, B. Spangenberg, *British Bureaucracy in India, Status,Policy and the I.C.S. in the Late 19th Century*, Delhi, 1976 にまとまった論述が見られる。そのなかでは、とくにその試験と任用については、政府の公務員委員会の五八年以後の年次報告書などを資料とし

て研究がなされている。邦文では、時期が少し下るが、本田毅彦「一八八〇年代英領インドにおける植民地官僚制改革問題について」、史林、七三—一、一九九〇年、一—四〇頁。同「オックスホードからインドへ——一九世紀末エリートの就職戦略——」、西洋史学、一六二、一九九一年、三三—四七頁、の論文がある。また、浜渦哲雄『英国紳士の植民地統治インド高等文官への道』、中公新書、一九九一年、は、インド高等文官の歴史についてのわかりやすい概説書である。

（6）試験の科目と配点については、B.B. Misra, *The Bureaucracy in India*, pp.159-67.

（7）五九年のインド高等文官募集には公務員委員会はつぎのように記されている。"the emoluments of a Writership, the steady advancement in the Service of those who devote themselves to it with zeal and perseverance, the infinite opportunities of public usefulness which it presents, the dignity, honour,and inference of the positions to which it may probably lead, and the liberal and judicious provisions for retirement at a moderate age, all render the Civil Service a career full of interest and pecuniary advantage." L.L.S. O'Malley, op. cit.,p. 87.

（8）一八九〇年代の誓約文書（covenants）は、P. Ilbert, *The Government of India*, pp.593-6 に掲載されている。

（9）合格者の出身大学や父の職業・階級については、J.M. Compton, Open composition and the Indian Civil Service, 1854-1876, *English Historical Review*, Vol.83,1868, pp.265-84. B. Spangenberg, The problem of recruitment for the I.C.S. during the late-nineteenth century, *Journal of Asian Studies*, Vol.30, 1971, pp.341-60, ibid. , *British Bureaucracy in India*, pp.14-25, B.B. Misra, *The Bureaucracy in India*, pp.200-10. 参照。

（10）研修教育については、B.B. Misra, *The Bureaucracy in India*, pp.168-85 参照。

（11）高等文官とオックスフォード大学との関係については、Richard Symonds, *Oxford and India, The Last Lost Cause?* London, 1986. pp.28, 185-9 に記されている。なお、C.E. Buckland, *The Dictionary of Indian Biography* (London, 1906) は、知事や準知事などの高位の職についた者や、著作によって名がよく知られた者などを二六〇

〇人ほど選んで、その経歴・著作を記した便利な書である。重松伸司氏はこの書からインド高等文官を二九七人を抜き出してデータ・ベース化して、官僚制度研究の資料として提示した。『インド高等文官制度（I・C・S）――インド高等文官任用者データ・ベース――1』（名古屋大学文学部、一九八四年）。それによると、一八五五―七二年間に任用された者は、記載を欠くため完全に算定できないが、九七人ほどである。かれらのうち、オックスブリッジ卒業者と並んで、アイルランド、スコットランドの卒業者が多く見られる。また有名な著作や編著で知られている人も同様である。

（12） インド高等文官の名は、毎年の職員録（Civil List）に記されている。この時期の職員録を資料として、高等文官の転任、昇進、退職や行政職と司法職のコースなどについて研究がいまだおこなわれていない。本文の記述は一八六二年、六七年、七二年の職員録を見て考察したものであって、はなはだ不十分であるが、今後の研究のために記しておく。

（13） 一八六一年インド文官法第一条。昇進については、B. Spangenberg, *British Bureaucracy in India*, pp.55-78, 143-67 に論述されている。

（14） 行政職と司法職の問題については、B.B. Misra, *The Bureaucracy in India*, pp.188-95.

（15） *Minute by the Hon'ble J. Fitzjames Stephen on the Administration of Justice in British India*, 1872.

（16） cf. L.L.S. O'Malley, *Indian Civil Service*, pp.92-3. 行政職に従事した武官の任用が廃されたのは、アワド、中央州、ベンガル州の非条例地域、西北州が七六年、スインドが八五年、パンジャーブが一九〇三年、アッサムが〇七年である。

（17） cf. Anil Seal, *The Emergence of Indian Nationalism, Competition and Collaboration in the Late Nineteenth Century*, Cambridge, 1968, pp.298-310.

（18） インド人高等文官問題については、J.M. Compton, Indian and the ICS, 1853-1879,A study in national agitation and imperial embarrassment, *Journal of the Royal Asiatic Society*, 1967, pp.99-113, T.R. Metcalf, *The Aftermath of Revolt*, pp.268-75 参照。A. Lester and G. Bindman, *Race and Law*（Penguin Book, 1972）は、人種差別についての法律書であるが、その補論に"The First British Anti-Discrimination Law : A Cautional Tale"がある。

（19）cf. N.S. Bose, *Racism, Struggle for Equality and Indian Nationalism*, Calcutta, 1981, pp.152-58. なお、タゴールが合格すると、公務員委員会はサンスクリットとアラビア語の配点を七〇〇点から三七五点に減じたという。

（20）ダットについては、R.C. Dutt, Three Years in Europe, 4th ed., Calcutta 1896, pp.16-20 参照。

（21）バネールジーについては、S.N. Banerjea, *A Nation in Making*, London, 1925, N.S. Bose, *Surendranath Banerjee*, New Delhi, 1970 参照。

（22）C. Philips（ed.), op. cit., pp. 537-9.

（23）一八七〇年インド統治法（33 & 34 Vict. c.3）第六条。六二―七五年に、四〇人（二度の受験を数えるとのべ五七人）のインド人が受験して、一〇人が合格した。そのうち四人はベンガル以外の出身であるという。七六年に最高年齢が一九歳にさげられて、インド人たちははげしく抗議した。

あとがき

本論文集は、中央大学人文科学研究所における研究チーム「アジアにおける法と国家の比較史的研究」の研究成果である。この研究チームは、一九九四年度に、菊池英夫研究員を責任者とし、池田雄一研究員、川越泰博研究員、山崎利男研究員、医王秀行客員研究員、、大島誠二客員研究員、松田俊道客員研究員をメンバーとして発足した。その後、研究チームの責任者は、山崎利男研究員、ついで池田雄一研究員が務め、研究メンバーには、武山眞行研究員、石井正敏研究員、飯島和俊客員研究員、岩﨑力客員研究員、熊谷哲也客員研究員が新たに加わり、松田俊道客員研究員は、研究員に身分が変更された。

研究メンバーが、研究チーム「アジアにおける法と国家の比較史的研究」を発足するに当たって、近年アジア各地域史研究の中で、屢々前近代の「国家」形態、「国家」と「法」の観念が問題とされ、それらを扱うのに従来ともすれば「近代国民国家」概念に引きずられる傾向があったとの点に留意した。例えば領土や国民（民族）、主権の唯一絶対性を不可欠の前提とする「近代国民国家」観が投影されがちであった。これに対し、一部アジアの国家観念の特徴としては多民族的重層的なゆるやかな統合、人的組織の拡がりこそが重視され、「国境」観念の稀薄な「人主地従」的統合を「国」と考える。あるいはまた諸階級・階層・民族集団間の闘争を基軸に、その調停と社会的統合のための権威、ないし抑圧のための権力機構としての面からのみ「国家」を考察する傾向があったが、今日ではむしろ社会的再生産のための統合的管理システムとしての機能や諸集団間の均衡といった公共的な機能の面にも関心が向けられるようになってきた。世界史的に見た「国家」の発展類型を提示せんとする理論化の試みにおいては、アジアの歴史的「国家」を実例とする様々な「国家」形態の類型化が試みられ、人類学的歴史学の方向からも種々の概念が導入されてきた（例えば東南アジアの「小家産制国家」「港市国家」）。今日理論的にも整理を必要とする状況である。そのため先ず種々の「国家」の機能的実態の究明が必要であると考え、その統合の基軸となるべき「法」観念や、法秩序、成文法体系とそれが社会的現実との接点で如何に運用されていたか。宗教法と世俗法、宗教的権威と世俗権力との関わり等々について実態を明らかにする必要がある。種々なる「国家」の伝統的「法」が、今日まで各国独自の法文化を形成している点にも注目して、アジア全体を視野に入れた比較史的研究を目指し研究会を積み重ねてきた。

この間、東京大学名誉教授の山口瑞鳳氏、陝西師範大学歴史系教授の胡戟氏、東京大学名誉教授の滋賀秀三氏、東京大学大学院教授の岸本美緒氏、東京大学名誉教授の武田幸男氏、杭州大学日本文化研究所所長・教授の王勇氏等を招いて公開研究会を持ち、広く研究面での交流に努め、本年度、所定の研究期間が終了するのを機会に、一応の成果を纏めることにした。

本論文集は、当初目的とした研究成果を必ずしも満たしてはいないが、法と国家との課題をアジア全域において総合的に比較研究することは、あまり試みられることは少なかった。この意味で、本論文集は、今後の研究の出発点として役立てていただけると考える。

本研究チームの責任者を務められた、菊池英夫、山崎利男の両研究員は、本研究課題にとって誰しもが認める学界の第一人者である。本研究チームが菊池英夫、山崎利男両研究員を核として所定の研究期間を全うできたことは誠に貴重な経験であり、研究メンバー一同、その学恩に謝すること多大である。同時に菊池英夫、山崎利男の両研究員は、本年度めでたく古稀の雅齢を迎えられた。ここにささやかながら祝意を表したい。

（池田　雄一）

執筆者紹介（執筆順）

菊《きく》 池《ち》 英《ひで》 夫《お》　中央大学文学部教授

池《いけ》 田《だ》 雄《ゆう》 一《いち》　中央大学文学部教授

飯《いい》 島《じま》 和《かず》 俊《とし》　玉川聖学院講師

岩《いわ》 﨑《さき》 力《つとむ》　神奈川県立藤沢西高校教諭

石《いし》 井《い》 正《まさ》 敏《とし》　中央大学文学部教授

川《かわ》 越《ごえ》 泰《やす》 博《ひろ》　中央大学文学部教授

医《い》 王《おう》 秀《ひで》 行《ゆき》　東京女学館短期大学助教授

松《まつ》 田《だ》 俊《とし》 道《みち》　中央大学文学部助教授

熊《くま》 谷《がい》 哲《てつ》 也《や》　明治大学理工学部非常勤講師

山《やま》 崎《ざき》 利《とし》 男《お》　中央大学文学部教授

アジア史における法と国家　研究叢書23

2000年３月25日　第１刷印刷
2000年３月30日　第１刷発行

編　　者　中央大学人文科学研究所
発 行 者　中 央 大 学 出 版 部
代表者　辰　川　弘　敬

192-0393　東京都八王子市東中野 742-1
発行所　中 央 大 学 出 版 部
電話 0426 (74) 2351　FAX 0426 (74) 2354
http://www2.chuo-u.ac.jp/up/

清菱印刷・東京製本

ISBN4-8057-4205-4

19　ツェラーン研究の現在

Ａ５判 448頁
本体 4,700円

20世紀ヨーロッパを代表する詩人の一人パウル・ツェラーンの詩の，最新の研究成果に基づいた注釈の試み．研究史，研究・書簡紹介，年譜を含む．

20　近代ヨーロッパ芸術思潮

Ａ５判 320頁
本体 3,800円

価値転換の荒波にさらされた近代ヨーロッパの社会現象を文化・芸術面から読み解き，その内的構造を様々なカテゴリーへのアプローチを通して，多面的に解明．

21　民国前期中国と東アジアの変動

Ａ５判 600頁
本体 6,600円

近代国家形成への様々な模索が展開された中華民国前期(1912〜28)を，日・中・台・韓の専門家が，未発掘の資料を駆使し検討した国際共同研究の成果．

22　ウィーン　その知られざる諸相
―もうひとつのオーストリア―

Ａ５判 424頁
本体 4,800円

二十世紀全般に亙るウィーン文化に，文学，哲学，民俗音楽，映画，歴史など多彩な面から新たな光を照射し，世紀末ウィーンと全く異質の文化世界を開示する．

23　アジア史における法と国家

Ａ５判 444頁
本体 5,100円

中国・朝鮮・チベット・インド・イスラム等アジア各地域における古代から近代に至る政治・法律・軍事などの諸制度を多角的に分析し，「国家」システムを検証解明した共同研究の成果．

24　イデオロギーとアメリカン・テクスト

Ａ５判 320頁
本体 3,700円

アメリカ・イデオロギーないしその方法を剔抉，検証，批判することによって，多様なアメリカン・テクストに新しい読みを与える試み．

13　風習喜劇の変容

王政復古期からジェイン・オースティンまで

A５判 268頁
本体 2,700円

王政復古期のイギリス風習喜劇の発生から，18世紀感傷喜劇との相克を経て，ジェイン・オースティンの小説に一つの集約を見る，もう一つのイギリス文学史．

14　演劇の「近代」　近代劇の成立と展開

A５判 536頁
本体 5,400円

イプセンから始まる近代劇は世界各国でどのように受容展開されていったか，イプセン，チェーホフの近代性を論じ，仏，独，英米，中国，日本の近代劇を検討する．

15　現代ヨーロッパ文学の動向　中心と周縁

A５判 396頁
本体 4,000円

際立って変貌しようとする20世紀末ヨーロッパ文学は，中心と周縁という視座を据えることで，特色が鮮明に浮かび上がってくる．

16　ケルト　生と死の変容

A５判 368頁
本体 3,700円

ケルトの死生観を，アイルランド古代／中世の航海・冒険譚や修道院文化，またウェールズの『マビノーギ』などから浮び上がらせる．

17　ヴィジョンと現実

十九世紀英国の詩と批評

A５判 688頁
本体 6,800円

ロマン派詩人たちによって創出された生のヴィジョンはヴィクトリア時代の文化の中で多様な変貌を遂げる．英国19世紀文学精神の全体像に迫る試み．

18　英国ルネサンスの演劇と文化

A５判 466頁
本体 5,000円

演劇を中心とする英国ルネサンスの豊饒な文化を，当時の思想・宗教・政治・市民生活その他の諸相において多角的に捉えた論文集．

1　五・四運動史像の再検討　A５判 564頁（品切）

2　希望と幻滅の軌跡　A５判 434頁 本体 3,500円
—反ファシズム文化運動—

様ざまな軌跡を描き，歴史の襞に刻み込まれた抵抗運動の中から新たな抵抗と創造の可能性を探る．

3　英国十八世紀の詩人と文化　A５判 368頁 本体 3,010円
自然への敬虔な畏敬のなかに，現代が喪失している〈人間有在〉の，現代に生きる者に示唆を与える慎ましやかな文化が輝く．

4　イギリス・ルネサンスの諸相　A５判 514頁 本体 4,078円
—演劇・文化・思想の展開—

〈混沌〉から〈再生〉をめざしたイギリス・ルネサンスの比類ない創造の営みを論ずる．

5　民衆文化の構成と展開　A５判 434頁 本体 3,495円
—遠野物語から民衆的イベントへ—

全国にわたって民衆社会のイベントを分析し，その源流を辿って遠野に至る．巻末に子息が語る柳田國男像を紹介．

6　二〇世紀後半のヨーロッパ文学　A５判 478頁 本体 3,800円
第二次大戦直後から80年代に至る現代ヨーロッパ文学の個別作家と作品を論考しつつ，その全体像を探り今後の動向をも展望する．